HUMANITIES AND SOCIETY

驯化君主

Harvey C. Mansfield

[美国] 哈维·C.曼斯菲尔德 著 冯克利 译

译林出版社

图书在版编目（CIP）数据

驯化君主 /（美）哈维·C. 曼斯菲尔德（Harvey C. Mansfield）著；冯克利译．—2版．—南京：译林出版社，2017.9（2023.12重印）
（人文与社会译丛 / 刘东主编）
书名原文：Taming the Prince
ISBN 978-7-5447-6991-4

Ⅰ.①驯…　Ⅱ.①哈…　②冯…　Ⅲ.①君主制－研究
Ⅳ.①D033.2

中国国家版本馆 CIP 数据核字（2017）第 175534 号

驯化君主 ［美国］哈维·C. 曼斯菲尔德 / 著　冯克利 / 译

责任编辑　李瑞华　张海波
装帧设计　胡　苨　黄　晨
责任印制　董　虎

原文出版　Johns Hopkins University Press, 1989
出版发行　译林出版社
地　　址　南京市湖南路 1 号 A 楼
邮　　箱　yilin@yilin.com
网　　址　www.yilin.com
市场热线　025-86633278
排　　版　南京展望文化发展有限公司
印　　刷　江苏凤凰扬州鑫华印刷有限公司
开　　本　880 毫米 × 1230 毫米　1/32
印　　张　14.125
插　　页　2
版　　次　2017 年 9 月第 2 版
印　　次　2023 年 12 月第 2 次印刷
书　　号　ISBN 978-7-5447-6991-4
定　　价　88.00 元

主编的话

刘东

总算不负几年来的苦心——该为这套书写篇短序了。

此项翻译工程的缘起，先要追溯到自己内心的某些变化。虽说越来越惯于乡间的生活，每天只打一两通电话，但这种离群索居并不意味着我已修炼到了出家遁世的地步。毋宁说，坚守沉默少语的状态，倒是为了咬定问题不放，而且在当下的世道中，若还有哪路学说能引我出神，就不能只是玄妙得叫人着魔，还要有助于思入所属的社群。如此嘈嘈切切鼓荡难平的心气，或不免受了世事的恶刺激，不过也恰是这道底线，帮我部分摆脱了中西"精神分裂症"——至少我可以倚仗着中国文化的本根，去参验外缘的社会学说了，既然儒学作为一种本真的心向，正是要从对现世生活的终极肯定出发，把人间问题当成全部灵感的源头。

不宁惟是，这种从人文思入社会的诉求，还同国际学界的发展不期相合。擅长把捉非确定性问题的哲学，看来有点走出自我囿闭的低潮，而这又跟它把焦点对准了社会不无关系。现行通则的加速崩解和相互证伪，使得就算今后仍有普适的基准可言，也要有待于更加透辟的思力，正是在文明的此一根基处，批判的事业又有了用武之地。由此就决定了，尽管同在关注世俗的事务与规则，但跟既定框架内的策论不同，真正体现出人文关怀的社会学说，决不会是医头医脚式的小修小补，而必须以激进亢奋的姿态，去怀疑、颠覆和重估全部的价值预设。有意思的是，也许再没有哪个时代，会有这么多书生想要焕发制度智慧，这既凸显了文明的深层危机，又表达了超越的不竭潜力。

于是自然就想到翻译——把这些制度智慧引进汉语世界来。需要说明的是，尽管此类翻译向称严肃的学业，无论编者、译者还是读者，都会因其理论色彩和语言风格而备尝艰涩，但该工程却绝非寻常意义上的“纯学术”。此中辩谈的话题和学理，将会贴近我们的伦常日用，渗入我们的表象世界，改铸我们的公民文化，根本不容任何学院人垄断。同样，尽管这些选题大多分量厚重，且多为国外学府指定的必读书，也不必将其标榜为“新经典”。此类方生方成的思想实验，仍要应付尖刻的批判围攻，保持着知识创化时的紧张度，尚没有资格被当成享受保护的“老残遗产”。所以说白了：除非来此对话者早已功力尽失，这里就只有激活思想的马刺。

主持此类工程之烦难，足以让任何聪明人望而却步，大约也惟有愚钝如我者，才会在十年苦熬之余再作冯妇。然则晨钟暮鼓黄卷青灯中，毕竟尚有历代的高僧暗中相伴，他们和我声应气求，不甘心被宿命贬低为人类的亚种，遂把迻译工作当成了日常功课，要以艰难的咀嚼咬穿文化的篱笆。师法着这些先烈，当初酝酿这套丛书时，我曾在哈佛费正清中心放胆讲道：“在作者、编者和读者间初步形成的这种‘良性循环’景象，作为整个社会多元分化进程的缩影，偏巧正跟我们的国运连在一起，如果我们至少眼下尚无理由否认，今后中国历史的主要变因之一，仍然在于大陆知识阶层的一念之中，那么我们就总还有权想像，在孔老夫子的故乡，中华民族其实就靠这么写着读着，而默默修持着自己的心念，而默默挑战着自身的极限！”惟愿认同此道者日众，则华夏一族虽历经劫难，终不致因我辈而沦为文化小国。

一九九九年六月于京郊溪翁庄

致　谢

我要感谢以下各位对手稿的阅读和改进：Eve Adler，Allan Bloom，David Epstein，Ernest Fortin，Richard H. Kennington，Pierre Manent，Marvin Meyers，Nathan Tarcov，Jeffrey Tulis，Stephen H. Wirls。还要感谢 Grant Ujifusa 和 Adam Bellow 严格的编辑工作，以及 Elizabeth Vangel 和 Suzanne Watts 帮我打字。全国人文科学中心（National Humanities Center）和奥林基金会（John M. Olin Foundation）为我的写作提供了资助。对于我的夫人 Delba，我的感激之情难以言表。

目　　录

简装本前言

1989年此书问世以来，针对它产生的许多争议，基本上形成了两种反对其论证的观点。有些人无法同意，或毋宁说无法容忍，应当把马基雅维里算作现代宪政体制中的执行官的创始人，因为他们认为，我们的自由主义宪政体制与马基雅维里主义风牛马不相及。

另一些人是现代政治科学的捍卫者，也是现代自由主义的左膀右臂，他们无法接受我对执行权现象的暧昧性质的描述。在他们看来，暧昧性意味着含糊不清、不可信、不确定；他们或许认为，我对暧昧性的辩护，表明了一项从行为主义角度明确定义执行权的经验研究计划的失败。第一种反对意见来自政治理论家，第二种反对意见来自经验主义的政治科学家。它们都出自一种用心良好的努力，要维护事实上受到拙著伤害的自由主义。

宪政体制与马基雅维里主义是对立的，然而并非完全对立。它不接受马基雅维里对宪政形式的蔑视；它的目的就是抵制他对政治罪行的鼓励。宪政体制不接受他的如下观点：揭示行动之真谛者，是行动的效果，是如何使它产生，而不是它如何做成。但是，对于马基雅维里所说的根深蒂固的自私，又当如何看待？《驯化君主》请读者思考，自由主义是像今天的自由主义乐于相信的那样，拥有自己的起点，与马基雅维里无关，还是经过了马基雅维里思想的过滤，在得出自己的相反结论的过程中，从政治

xv 必然性中学到了教训。自由主义是有着纯洁无瑕的起点,还是诞生于原罪或反叛,从而使其良心染上了洗不清的污点?

这一争论触及到自由主义的个人主义的根源。自由主义是一种个人主义信念,然而我们需要搞清楚,自由主义是如何找到这个“个人”的。自由主义的创始人霍布斯和洛克认为,个人存在于自然状态,也就是说,存在于一种战争状态或严重不便的状态之中,这使每个人不得不自己照料自己,忍受这种状态下有可能必然存在的一切无序现象。如今,自由主义者已经忘了这种自然状态,或对它做了消毒处理。他们把个人组成的民主社会视为历史给定的,他们虚构出一个“初始位置”,在这个位置上,理性的个人变成了有同情心的自由主义者——他仿佛来自舒适的城郊。

我的看法是,我们给予信任的这个个人,需要做出不屈不挠的努力才能出现。洛克所说的“完全自由”的个人,必须自己摆脱或由洛克使之摆脱对上帝的义务。斩断这些纽带,是一种更主动的抉择,不像无争议的离婚,各奔东西即可。因为“相互同意”这条自由主义原则,是不能通过同意来加以确立的:必须先证明为何同意是合理而必要的。《圣经》上说,我必须担当自己兄弟的保护人,无论是否得到同意。我为何不这样做呢?回答这个问题,必须抱着渎神的勇气,进入神的领地,宣布它服从于人的必然性和人的至高无上性,譬如像马基雅维里那样,原谅罗慕路斯杀死自己的兄弟,因为他若想成为“uno solo”(单独一人),就只能如此行事。马基雅维里通过展示这种决意做到真正单独一人的勇气,从而催生出最早的自由个人。这个最早的个人是一个专制者,并且必然如此,因为用来对抗上帝、维护自我的自私,被带入了他与自己的人类同胞的关系之中(马基雅维里颠倒了《圣经》中的说教)。这个以令人震惊的处决和执行方式去打击世人的君主,就是最初被授予权力的个人。

无视这个自由的个人源于马基雅维里,等于否认用立宪政府驯化他的必要。假如权力本质上没有侵犯性,何必去限制它呢?人们也忘记了马基雅维里所强调并且得到自由主义哲学家赞同的在必然性与人的品质*之间的关系。假如不施以压力,我们能够很好地行使自己的权利,政府中的官员能够很好地履 xvi
行职责吗?忽视马基雅维里而给自由主义造成的伤害,来自于自满自足。

对执行权暧昧的不确定性的第二种反对意见,其实是对人的品质的必要性提出挑战。在自由主义宪政中,可以设计出能够导致良好行政的官职或机构,然而对于这种效果所必需的品质,并不存在任何保障。我们有些更讲科学的同胞,不满足于仅仅存在着倾向,而是要追求结果的确定性,于是他们放弃了可能或不可能使这种制度趋势得以完成的品质。品质是个真实又不易把握的变数,没有办法把它与一种制度融为一体。因此,这些科学家怀着最良好的意图追求行善,却拒绝谈论善。他们认为,只要从事实研究中清除各种价值,让我们实行自治这项自由主义的承诺就终将得到实现——这一实现将不再取决于机遇。

还有一些超级民主派,也给这些执著于空洞愿望的科学家助阵,他们因为品质的贵族性质而厌恶它。[参见谢尔顿·S. 沃

---

* 这里的"品质",原文是"virtue",兼有"品德"、"优点"、"优势"、"美好"等多重含义,是马基雅维里从罗马古典作家那儿借用的一个拉丁词,也是当代政治哲学文献中使用频率极高的一个概念,目前常见的译法有"德性"、"美德"、"品德"和"德行"等等,但在许多文本背景下,它的含义与"道德"有相当大的距离,甚至仅指一个人的"能力"或"才干",不具任何道德色彩。当马基雅维里说"virtue of lion and fox"(狮子和狐狸的品质)或"moral virtue"(道德品质)时,这一点表现得尤其明显。这里差强人意地把它译为较具中性色彩的"品质"或"优秀品质",妥当与否,尚待方家指正。——译注

林和我的对谈，*Studies in American Political Development*，vol. 6 (1992)，pp. 211—221。]这些人要求没有卓越品质的民主，他们担心这种卓越品质是不可问责的权力的来源，如果不加限制，它的危害不难想见。但是，这样的民主仍然需要"平等派"，仍要为他们保留官职并给予奖赏。即使应当实现超级民主——也许，我们不是已经看到它了吗？——人的品质也将以一种奇怪的扭曲形式得到保留，这不仅是为了抵抗虚假的品质主张（自由主义的意图），甚至是为了自我压制。但是，品质是无法压制自身的，因为这种努力本身也需要品质。品质将总是以无法消除的暧昧状态，存在于人类事务之中，既不可缺少，也不
xvii 牢靠。

前　　言

既维护自由又具备阻吓敌人、保障公民安全的强有力政府，是近代的一项发明，它出现于十八世纪的英国和美国。今天必须说，这项发明仍不是十分可靠，维护自由的政府往往倾向于变得软弱，而强大的政府倾向于放弃或践踏自由。“政府必然要么过于强大，危及人民的自由，要么过于软弱，无法维持自身的生存，一切共和国都有这种内在的致命弱点吗？”林肯在 1861 年 7 月 4 日的危机时刻提出的问题，今天仍然没有失效，仍然切中要害。

自由与强大政府的结合不易发生，也不会自然而然地发生，现代史的概貌和古人的经验都已证实了这一点。在整个西方，“现代国家”一度是君主制国家。自由的共和国要么下场可悲，例如日耳曼的城市；要么变成了光荣的陈迹，例如威尼斯；要么鲜花怒放而硕果无多，例如荷兰共和国；要么一直封闭于峰峦之间，例如瑞士的那些蕞尔小国。可见，共和主义的实践受制于环境，成效不大，它似乎是中世纪的特殊现象，而非现代的进步。在共和主义精神得到发扬光大的地方，例如在克伦威尔的共和国（更不用说 1792 年诞生的法兰西共和国），专制主义的过火行为使共和主义承受着民众厌恶和有教养者蔑视的重负。在共和主义原则幸存下来的地方，它们变成了一种“理想”，躲进了乌托邦主义。1688 年英国的旧制度经过改造以后，乌托邦共和主义者，如詹姆斯·哈灵顿（1611—1677）和阿尔格农·悉德尼（1622—
xix 1683）等人，便成了可有可无的人物。孟德斯鸠对哈灵顿的著名谴责是，“拜占廷的海岸就在他眼前，他却建起了卡尔西敦”：他本可以把共和国建在英格兰，却把它建在了乌有之乡。在美国立国之前，近代共和国的历史一直是平庸的、乏善可陈的、污迹斑斑的。

但是，一种新的共和政体，一种把共和国的自由和君主制的力量融为一体的共和国，从美国宪法中诞生了。它的一部分力量来自于这个新共和国的幅员辽阔，或是来自于一项发现：共和国不一定非要疆域狭小才能保持自由。然而，在这个共和国的宪法中，这种力量的新来源是执行部门。执行部门提供了君主政体的力量，但不容许其地位凌驾于法律之上，这样一来，君权不但不会与法治和宪法的至尊地位相抵牾，而且有望为两者效力。进而言之，把君权改造为执行权，才使它变得不但讲法治、行宪政，而且变成了可靠的民主制。

可以说，执行权使权力分立的原则有了可行性，这不是在贬低立法权和司法权。当政府的权力被划分为三个分支时，过去一直是为应付紧急状态而设立的执行权，确保了政府权力不至于缩小，更不会陷入瘫痪状态。因此，执行权的权能赋予这种权力的重要性，超出了“执行”一词所表达的严格的工具性含义；这种非正式的权力扩展，足以使执行部门与另两个部门平起平坐。没有三种权力的平等，分权制既不能运行，也无法持久。然而，以法律至上为基础的立法机关的至上地位，以及建立在相同基础上的司法机关的独立性，却威胁着这种平等。在必要时加以扩大的执行权，使法治不至于沦为野心勃勃的立法者和找别扭的法官的统治。

可见，执行权的美妙之处，在于它既服从又不服从，既软弱又强大。它能够到达法律不及之处，从而弥补法律的不足，但它仍然服从法律。现代执行权的这种暧昧地位，使它的强大力量可以有益于共和国，但不会威胁到共和国。因此，检讨执行权的性质，看看它这种暧昧地位如何被人各有所图地加以理解和发展，是本书的首要任务。 xx

政治家和哲学家在认识法律时，总是提出适用性的问题。法律的普遍性与人类的具体事务是不一致的，把法律适用于这些具体事物时，强制是必要的，这有可能使实施者变成对法律的挑战和威胁。这个问题是法律的痼疾。不过对此有若干解决办法，其中只有一种办法把实施者理解为执行人。这个实施者也可以是个神职人员或君主。发明政治科学的希腊人很少谈及执行的职能，致使它一直晦涩难解；他们根本没有设立过任何有“执行”之名的职务。不过，思考一下他们——尤其是亚里士多德——做了些什么，却是有启发的，因为只有对照古人的政治科学，才可以充分展示现代政治科学及其最大的优点。毕竟，在帕多瓦的马西利乌斯(1270—1342)把整个政府理解为主权者的执行人之后，“执行”才变成了政治科学的主题。但是，这种勇敢的突破立刻就受到限制和缩减，它并没有使马西利乌斯脱离亚里士多德。它仅仅揭示了古典政治科学设下的限制，不超越这些限制，不对这种政治科学提出根本性的挑战，执行权的现代理论是发展不起来的。

执行权的现代学说，是从尼可洛·马基雅维里(1469—1527)开始的，或者不如说是由他创立的，他对自己“sanza alcuno respetto”*(毫无顾忌地)摆脱传统有着充分的自觉。把这种学说称为“现代的”，意思是说，执行权是现代共和主义的关键因素。

---

* 意大利文，引自马基雅维里《君主论》第21章。——译注

一般而言，它是现代政府中的关键因素，从而可以更一般地说，它是现代政府力求加以管束的、无方向的自由中的关键因素。同样，说它是一种现代“学说”还意味着，与大卫在歌利亚脚下发现一柄剑[*]不同，执行权不是在政治实践中偶然发现的。这样说，并非抹煞偶然因素和历史发展对理解执行权的人的影响，更不是抹煞现实的现代君主制对它的作用；而是说，执行权从源头上说是一种观念和学说。对它的一些设想是善于创新的政治家力所能及的，所以我们现在把马基雅维里之前的许多人称为马基雅维里主义者。但是，要想领会全部设想，在常规性的基础上、在一个由各种制度组成的体系内实践它，并且有着清醒的良知——这才是困难所在。做到这一切，需要太多的勇气，太多的精深思考，对于寻找方便武器的政治家来说，这是他们的头脑不
xxi 能胜任的。只有在马基雅维里以及这种学说发展过程中的主要继承者霍布斯（1588—1679）、约翰·洛克（1632—1704）和孟德斯鸠（1689—1755）的帮助下，我们才逐渐看到了执行权的公示于众的系统演练。

在变动不居的环境中，面对当时的历史思想趋势，难以确定有深思熟虑的选择存在——讨论这个难题，是我的第二个目标。因此，本书不谈执行官的历史，他们中间无疑有不少人是执行权学说的不自觉参与者或受益者。但是，作为一本分析执行权的著作，这里的阐述将揭示某种思想，它对于认识执行权以及它所呈现出的选择的全部特征，是不可缺少的。不过，藏在执行权背后的这种思想的发展仍未得到揭示，它的理论家也尚未获得发言权。假如我能让执行权变得可以理解，我们也就能够知道它是如何产生的了。

---

* 见《圣经·旧约·撒母耳记上》17.22—51。——译注

从马基雅维里的思想中，不难找到今天的执行官的精神。如果送给现代执行官一本马基雅维里的《君主论》，他也许会对其中推荐的各种手段或行动方式留下深刻印象：迅速决断，依靠自己，把握必然性，不讲责任，依靠人民。尤其是一个核心观点，即到言辞的背后去认识“有实效的真理”（effectual truth）。但是，对于马基雅维里为自己的君主推荐的罪恶行径，他也会感到震惊。我们当代的执行官即使不是视为理所当然，也相信能够怀着清醒的良知去运用执行官的决策技巧，取得能够让他引以为豪的成果。

工商企业的执行官对自身道德观的信心，也再现于我们的政治中，并且得到了肯定，马基雅维里的执行官在这里已经变为“执行权”，作为政府的一个正常的合法分支被宪法所接受。所以说，宪政中的执行权是自由主义的一项发明，是洛克、孟德斯鸠和美国立国之父的发明，而不是马基雅维里和霍布斯的发明。确实，自由主义主张立宪政府——稳定的法律、正当程序、界限分明的权力部门和受到限制的征税，从这个角度说，自由主义似
乎与“有实效的真理”——它让你不管是否符合宪法、法律或道 xxii
德，不计手段地获取——截然对立。相应地，我们也第一次看到，美国的宪政主义所设立的拥有执行权的新共和政体，不但引入了君主制的力量，也引入了专制政体的一些技巧。它不但把英国的君主制改造为共和制，而且把反宪政的马基雅维里式的君主也纳入宪政体制[1]，这样一来，不管宪法只问结果的欲望便被整合到宪政之中，马基雅维里的设计经过改造之后，变得可以为最先由乔治·华盛顿占据的官职所利用。这篇前言一开始引用的那个林肯的问题，是他向一个正等着为他的非常行动提供正当性的立法机关提出的。他表现出足够的良知，所以不会成为马基雅维里主义者；又有足够的明智，所以不会排斥马基雅

维里。

这是如何发生的？马基雅维里的君主，这位执行权的令人难忘的主人，是如何变成了自由主义宪政体制中的执行官？答案是，马基雅维里主义的历史，首先是一个驯化的过程，马基雅维里的思想被自由主义宪政[2]所利用和吸收，由此而变得有了规则和正当性。自由主义在驯化这种粗野的学说上取得的成功——暂且假定已经取得了成功——或许给我们留下了深刻印象，然而马基雅维里本人却可以说，自由主义的宪政主义者采用了执行权，所以他们等于承认，没有马基雅维里，他们将一事无成。假如没有一个分支机构，其职能可以被正确地描述为——虽然你也许从未听到过这样的描述——在必要时绕开宪法，他们的宪政体制就无法运行。然后他也许会感到纳闷，到底是谁接纳了谁。遵循他的建议的人，就算对他的影响心知肚明，通常也不予承认，这对他无关紧要。马基雅维里十分清楚道德说教的必要，正如他知道行动的必要一样。

因此，我这本书的第三个目标，便是反思马基雅维里主义影响执行权的历史，但是也要反思它的更为广泛的含义。于是我发现，自己同研究马基雅维里主义的两个大名鼎鼎的权威，即波科克和斯金纳[3]，存在着分歧，这两位学者正确地强调了马基雅维里的影响，然而他们强调得都还不够，而且理解有误。他们坚信马基雅维里是共和主义者，但不是宪政共和主义的鼓吹者，而是共和主义品质的鼓吹者。他们通过现代共和政体的捍卫者
xxiii 去追寻他的影响过程，直到那些捍卫者向自由宪政体制俯首称臣或被淘汰出局。但是，要想研究马基雅维里主义，一定得了解马基雅维里本人。波科克和斯金纳(斯金纳比波科克更严重)是以一个已被驯化的马基雅维里为起点，所以他们没有认识到必须先去驯化马基雅维里。他们认为马基雅维里的品质观和自私

观是对立的，其实这种品质观是在推荐一种残忍的扩张行为，有时为了麻痹过于敏感的读者而对它乔装打扮。对于马基雅维里在同柏拉图和亚里士多德的古典传统决裂时所表现出的勇气，波科克和斯金纳都没有给予充分估计。他们没有看到一个简单的区别：古人赞扬人的优秀品质，是把它视为共和国的目的，而马基雅维里却把这种品质贬低为共和国生存或扩张的手段。[4]波科克和斯金纳也没有认识到在马基雅维里和自由主义之间存在着几乎得不到承认的关系，我们可以通过执行权的概念看到这种关系，虽然不限于这个方面；因为马基雅维里的"一个人自己的武装"这句口号，与自由主义的自我保护的权利有着明确的相似性。因此，波科克和斯金纳虽然大谈马基雅维里，却严重低估了他的影响。他们把这种影响视为对自由主义的道德主义抵抗[5]，或视为我们不再需要的建筑材料[6]，所以他们没有估计到马基雅维里同今天的相关性，他们也没有理解他为我们的实践做出的贡献，以及他对我们的信念提出的挑战。

我们当代的自由主义——我是指包括今天的保守主义在内的原教旨自由主义——有一个内在难题，可以说它是个马基雅维里式的难题，尽管马基雅维里没有谈过权利。自由主义是以一种个人权利的观念为基础的，自由主义的立宪政府是为了保护这些权利。可是，哪怕最谨言慎行的政府，也不能对个人行使其权利的方式不闻不问，因为他们的行为有可能威胁到别人的权利，或危及整个共同体的安全。自由主义的政府尊重个人权利，所以它必须把视线从权利的行使移开，因为一种权利的意义，就在于把它的正确运用交给个人的选择。但是，为了保护各项权利，政府又必须做相反的事情，它一定要盯住权利的行使，在必要时还要根据这些权利的目的对它们加以缩减。十七世纪自由主义的奠基人，尤其是约翰·洛克，很清楚这个难题，但是自 xxiv

康德以来，自由主义内部对立两派的出现，使问题变得有些模糊不清了。这两派人在躲避魔鬼的狂热努力中，或是在试图置它于死地的愚蠢希望中，分别只抓住这种困境的一个方面不放。

以权利为基础的或义务论的一方，和功利主义的或目的论的一方，在今天的学术辩论中相互对抗。双方都没有成功地消灭对手，他们也不可能取得成功，因为处于压力之下的双方，都不得不承认自己对手的立场的分量。权利派关心的是如何保持权利的完好无损，热中于捍卫形式和程序，是司法和喜欢立法的立法机构的天然盟友。功利主义的一方则以马基雅维里也会予以认可的方式，致力于打破成规"看目的"（或效用）。这一派是强有力的执行权和辅助性立法权的天然支持者。功利主义者并没有追随马基雅维里得出其最终结论的任何意图或欲望，但是权利必须有某种用途这一功利主义的暗示，却把一个马基雅维里的观点呈现在我们面前：一切道德观念，在紧急时刻必须服从于身体的安全。在紧急时刻采取行动，"执行官的权能"——用亚历山大·汉密尔顿的著名说法——是必不可少的，这迫使我们评估我们的自由主义的内在困难，并且使我们面对这样的可能性：它的来龙去脉并不像我们今天乐于认为的那样十分可敬。

本书要揭示执行权的来龙去脉，所以它类似于一项思想史或观念史的研究。但是也有一些不相同之处。我不认为，发展过程中的每一个新阶段都是对前一个阶段的改进，或这一过程是不可避免的，或它是由当时的环境决定的。其实，我不以为我们今天对执行权的理解，是最精深、最先进的，恰恰相反，我认为与过去的见解相比，它是软弱而贫乏的。因此，我既要对执行权的发展过程表达我的满足之情，同样也要表达我的彷徨、诧异和沮丧。如我所说，这一历史，与其说是执行权早期未得到承认的潜能的逐渐展开，不如说是对执行权基本性质的掩盖和限制。

但是，这种掩盖并不是因为历史事件的增多而发生的。霍布斯、洛克、孟德斯鸠对马基雅维里的观点所做的改造，是因为他们各自怀有革命性的意图，而不是或主要不是面对新的事实做出的 xxv
调整。后来的哲学家的思想，想必受着他们从前辈学说中所看到或预见到的效果的影响。所以，执行权学说有着可划分为“阶段”的发展这种说法是有意义的，虽然每个阶段在第一次得到理解时，都意味着最后一个阶段。

我们将会看到，执行权的学说源于马基雅维里的行为高于言辞的主张。这种行为至上论是否意味着，新思想是作为新事实的结果自动产生，所以不必加以宣布或思考呢？马基雅维里没有这样说。要想确切地肯定“事实本身就说明问题”，人们必须相信每一种环境都是连同它本身的解释和辩护一起出现的。如果是这样，所有的思想家都是在说他们不得不说的话——事实使他们在这件事上别无选择。假如他们都是在说他们不得不说的话，他们便都成了完美的智者——这是一种“reductio ad absurdum”（荒谬的推理）。

在我们这个时代，人们对解释的需要大事声张，希望每一代人或每一个人为自己做出解释的需要，将保障他的自由。但是，假如解释仅仅是为了自己，是一些奇思怪想，一些随意的言说，那它是无法摆脱事实的奴役的。因为事实将像每个人必须解释的那样得到解释，他的奇思怪想将被当作智慧，因为他说不出别的东西。自由解释不是决定论的对立面，而是一种历史的必然，它让嘴巴成为观念的仆人。

为了阐明执行权的发展，我选择了我认为最重要的思想家。我不想全面介绍“执行”一词的语义史。也许是过于天真了，我相信伟大的思想家能够找到他认为最适合表达其意图的用语，我专注于这个概念，把它作为与我的研究相关的标志，而不想去分析现在被我们称为“执行”的所有机构。关键是要发现，那些机构为何得到了这个称呼，它们为何被这样看待。我在美国设立总统制后画出一条界线，这是最早被理解为执行官并作为执行官而设立的一个职务，它不是要履行英国国王那样的职责。此后——虽然不是此前——执行权的能力便在汉密尔顿所说的
xxvi 意义上得到了接受，成为“定义良好政府的一个主要特征”。

执行权是在某人或某物（上帝、人民或法律）的名义下行使的。当我们没有任何特指，只是简单地说“执行权”时，我们经常忘记和掩盖了这个真相。在当代美国人的语言中，可以听到“灰熊队在那场比赛中真的执行了（really executed）”[*]。在这里它是个不及物动词，人们在欣赏完美之物时，对于代理人之外的事物便失去了感觉。然而，当我们想到执行时，它仍然是一种代理行为。不过，执行官虽然在形式上是代理人，其实他通常比代理人要强大得多，因为他的职责不像这个无害的头衔所预示的那样轻松。但是，当他遇到反抗、需要消除怨恨时，他又可以说自己仅仅是在贯彻别人的意志——国会、上司、人民、劝善经、董事会、公司或任何形式的最高当局，甚至历史。总之，他的形式上的软弱，强化了他的非正式的力量。

这个看似浅显的概念并不简单，因为它的本质是暧昧的。它在我们看来很浅显易懂，是因为它已经变成了家常事；它变成了家常事，是因为它取得了令人瞩目的成功。这种一人统治，即我们所说的我们现代民主国家中的执行权，居然得到接受，甚至对它热情有加，除了诧异之外，我们还能用什么来描述呢？我的意思不是说，无论怎样称呼统治都是一样的。但是，公平地观察

---

* 为保持语境的一致性，这里采用直译。它在口语中的意思是“灰熊队干得真不错”。——译注

一下我们称为总统、书记、专员、特派员或执行官的人，无论他们有何称谓，无论他们是在自由的政府还是不自由的政府，我们都会感到奇怪，我们为何不再用“国王”和“专制者”这种称呼了呢？有人向我们推销观念时，做得如此出色，居然使我们再也感觉不到营销的努力了。

确实，执行权这个概念已经变得耳熟能详，我们已经忘记了，为何会有人要求以自己的名义而非别人的名义进行统治。为了重新理解以个人名义进行统治的理由，我要考察一下执行权的史前史，那时的紧急措施和个人的自由裁量权被视为必要，但是并未被理解为执行的行为。在做出这种探索——这不是一项小任务，因为它需要研究亚里士多德的政治科学——之后，我们才能更好地理解——即使不是更好地体验——马基雅维里的发明带来的冲击。在评估这一冲击之后，我们才能更好地理解
把它纳入宪政体制的困难。我们对现代学术也会有更好的理 xxvii
解，它的错误便是源于对显而易见的事情的忽略。

但是，我们首先要更好地了解执行权是什么。如果遵循学术传统，在最佳意义上就是苏格拉底的传统，探索事物本质的方式首先是要穿越有关该事物的公认意见。那么，对执行权有哪
些意见呢？ xxviii

导论：执行权的暧昧性

为了理解现代的执行权学说，我们需要知道或至少大体上知道什么是执行权。首先，最好的办法就是径直观察一下事物本身，不去管那些有关它的意见。人们普遍同意，执行权是一种现代的必然性。那么，为何要把它称为一种现代学说呢？现代国家除非配备了强大的执行官，否则它会被认为并非一项持久的事业，没有执行官的国家在劫难逃，它会受到更幸运的国家的可怜和蔑视。

执行权的必然性，也不能被轻描淡写地说成一种无意识的假设、一种不受任何挑战的普遍现象。它受到过挑战，但挑战从未得逞。尽管有关执行权之必然性的假设具有普遍性，然而总有一些生活在自由政府下的人，有时是很多人，对他们认为具有灾难性的强大的执行行为发出抱怨。他们把这些行为当作专制政体的做法，表示悲哀并予以反对，用我们出于礼貌而需要并因我们的经验而熟知的许多专制的当代同义词去称呼它们。可是，一旦认识到它们的必然性，抗议声很快就会平息下来。要不然就是换了一副口气，开始大声呼吁过去不赞成但如今发现其有益的强有力的执行行为。于是强大的执行权的必然性一直在为过去看不到它的人所认可。抨击它的人要么不再吭声，要么
反过来责备自己。可见，把执行权称为一种现代学说，意味着发 1
现了一件过去被掩盖的东西，从而也可以说，是揭示了一种在新

旧可能性之间做出的选择,是面对一种看起来既明显又不可避免的需要而做的声明。

假如我们处在我们探索的结尾,那么也许能够说,执行权早期的导师,是想把专制政体的某些权力和技巧赋予自由政府,以此维持两者的区别。这类技巧之一是,让人民事实上服从你,同时又让他们觉得自己是在服从某种必然性。然而在这里,在我们研究的起点上,我们从执行权中却能看到某种暧昧的因素,它不是来自无可避免的必然性,它需要得到某种澄清——可能需要某种学说。虽然人人都同意强大执行权的必要性,但是大家也都同意采用一个称呼——“执行官”,从字面含义看,这个人本身并不强大,他仅仅是个代理人。换言之,人人都同意强大的执行者的必然性,可是似乎大家都同意掩盖这种必然性的重要。被人忘却的必然性,譬如饥饿感,在表达自身时毫不含糊,从不闪烁其词。但是一种需要加以隐瞒的必然性却更为复杂,需要给予解释。概言之,为何必须用一个贬低执行权的名称去称呼执行权呢?

字典里的执行权

在今天的政治中,“执行官”(executive)一词有两层含义。一是字典中的定义,指“贯彻”者,例如美国宪法中的总统,被授予“负责使法律得到切实执行”的责任。[1]“执行”(execte)一词源于拉丁语的“exsequor”,意思是“遵从”,古典作家和罗马法都从遵从法律以达到某种目的这种衍生的和特定的意义上使用它:辩护或惩罚。希腊语中的同义词“lambanein telos”和“ekbibazein”也有类似的含义。按这种原始的含义,美国总统的职责仅仅是贯彻法律的意图,亦即贯彻别人的意志——立法机构

的意志，说到底是人民的意志。然而，假如现实中的任何总统把
自己局限于这一使命，他将被人轻蔑地称为“听差”，他将仅仅把 2
自己当作代办，他的职责就是按照法律采取行动。

康德本着他的走极端的习惯，用三段论的形式表述执行的含义，其中的大前提是立法者的意志，小前提或“小原则”是执行，结论是具体事件的司法适用。[2]通过这种三段论的形式，执行的职能被人为地与司法的职能相分离，但它又明确服从于立法的职能。

但是，愿意接受康德这个大前提的任何立法机构，如果公然把执行官称为听差，却是不明智的，因为损害执行官的尊严会降低他的效用。可见，执行官的尊严超出了“执行”一词原始的词典定义，而是在“法律的实施”这个说法中得到表达的，它意味着遵守法律并非像一个机械过程那样发生。“法律的实施”意味着受法律管辖的人会违法，所以执行官必须宣布自己享有法律本身的某种权力和威严。有时，警察为了执行法律，仅凭彬彬有礼的询问是不够的；他为了使自己受到尊重，要避开听差的角色，做一些令人难忘的事情。连警察都不仅仅是个听差，更何况总统呢。

法律的权威性，在“法律的实施”这个说法中，大概比法律的威严表达得更充分。法律所宣布或内含的法律的目的（最终理由），是一种受到我们尊重和信奉的崇高思想，并且政府也是为了这一目的而在首要任务和充当工具的意义上执行法律。但是，执行就是实施法律这种想法，却让我们感到害怕，并提醒我们制定法律的原因（充足理由）：消除恐惧，提供安全。后者采用法制化的非法手段，即报复或预先防范的措施——假如不是由警察来实施，它们便是非法的。它们往往是令人难忘的惩罚措施，以此表明法律的主要目的是惩罚。这种措施也允许甚至要

求执行官亲自掌握一种权力，使最初的立法者能够让他那些不安分的臣民产生敬畏，对制定和执行自己的法律的人流露出畏惧，仿佛他是个愤怒的神祇。如果有人说执行官的尊严散发着专制政体的气息，这算不上夸大其词，因为它极大地扩张了工具
3 性的执行行为。

人们大可以谈论法律的统治不是人的统治，然而对于一个执行官来说，这可能是一种严重缺少依据的有关立法者尊严的断言。立法者可以热忱地相信，要想改变行为，通过一部法律足矣。可是仅仅表达智慧的法律，就像对聋子发出的祈祷一样。因为法律的统治所统治的是违法者，除非法律得到执行，不然它们便形同虚设。为使法律得到执行，必须给予执行官一部分、大部分甚至是全部立法者的尊严。从这种观点看，以人作为对象的法律的统治，也可以被归结为人的统治。

所以，我们在承认执行官尊严的《美国宪法》中看到，负责切实执行法律，仅仅是为总统规定的职责之一，为了履行这些职责，他还被赋予不少权力。其中一些权力，从性质上说既不是执行权（否决立法），也不是从属的权力（陆海军总司令）。此外，他还被授予“执行权”，根据汉密尔顿的著名论点[3]，它有自身的特征，只受必要因素的约束，不是可以一一列举出来的权力；他宣誓忠于职守，但不是针对法律，而是针对他的官职。[4]可是对康德说来，执行官不仅被描述为一个小前提，还被描述为——以康德的正确的现实主义，这就像他理论上的极端主义一样常见——一个拥有与其他两种权力并列的权力的道德人。[5]我们看到，这个真实的、实际的和非正式的执行人，即使不是专制者，也远比假设性的、理论上的或正式的执行人强大得多。

他的行动也更为迅捷，更有主子气象。在今天的政治科学中，“决策”一词被不加区别地用来指政府的一切行为或任何行

为,它传递着这样的含义:所有决策都是相似的,它们都没有“执行”的特点。然而人们也同意,决策往往是相继做出的一系列决策,因此可以听到“立法过程”、“司法过程”和“行政过程”。但人们没有听说过“执行过程”。[6]在实际使用中,执行者的决策保留着一种决断的味道,似乎有别于一般的、日常工作中的和令人放心的普通“决策”过程。 4

解释执行官的两个学派

在讨论美国总统制的学术文献中,执行官的暧昧性显而易见。在致力于定义这个领域的两本著作中,理查德·纽斯塔特的《总统权力》一书阐述的是真实的、非正式的总统制,而爱德华·考文的《总统:职责与权力》讨论的是有限制的、正式的总统制。纽斯塔特把对此职务的两种观点定义为职员和领袖(clerkship and leadership),他显然倾向于后者——利用其创制权为自己创造强大地位的总统,他利用自己职位的正式权力,把自己从职员变为领袖。考文没有否认总统个人权力的现实,但是他对此发出叹息。所以,他没有像纽斯塔特那样分析执行权的实例,而是把它划分成各种权力、职能或角色,以这种方式对它加以定义和限制。[7]考文并不羞于表明,总统制的“字面理论”部分地可以从宪法制定者的意图中找到,而且长期存在于宪法性法律的案例中。[8]他的理解是法学的和规范性的,而不是现实主义的。尽管考文没有把总统贬低为职员,他却请求我们记住十八世纪约翰·唐宁在英国议会针对王权势力提出的办法,并据此加以修正:“总统的权力已经扩大,并且仍在扩大,应当予以减少。”[9]

当然,在富兰克林·罗斯福和哈里·杜鲁门当政期间,考文的观点属于极少数,在随着约翰·肯尼迪而来的对总统制的歌颂声中，它几乎被人遗忘，只是在理查德·尼克松和罗纳德·里根当政时，它才又受到人们的青睐。[10]姑不论党派感情，我们当会看到，现实主义解释的学派，虽然具有长期占据主导地位的优势，却从未成功击败形式主义学派，正如形式主义学派也从未真正成功地定义执行权的现实一样。一个学派效力于正义，另一个学派效力于必然性；双方都效力于政治党派，他们在野时就高喊正义，当政时就大呼必然性。

然而，如果细加考察，这两个学派自身都暴露出对方的一些东西。考文同意，宪法虽然是一份正式文献，却折射出两种执行权观念之间的非正式斗争，可以从两种角度来确认它们：软弱的
5 执行权，它来自于立法机关代表人民的观点；强大的执行权，它来自于执行官是人民的化身的观点。[11]考文似乎偏向于前一种观点，但是对于这两种观点都有必要，他却从未发出过质疑。不保障执行权（尽管对它们有不同的定义）的统一性，就很难理解为何要通过一个人的身体的不可分割性，由一个人来代表人民。考文建议控制总统的权力，使它变得更守规矩、更少个人色彩，并且建议成立一个包括立法机构的领袖在内的内阁委员会，但并不取消一个人的执行权。既然一个人具有鲜明的个性是一个现实，正式授予他的权力的现实也只能如此。

那么，总统权力的现实取决于形式吗？纽斯塔特的主要观点是，总统为了保障得到许诺的正式权力，必须具备并运用个人的能力；“字面理论”，即宪法的形式，向他承诺了这种正式权力，但并没有为它提供保障。纽斯塔特认为，总统从形式上说是个强大的执行人，但在现实中他或是强大，或是软弱，这依他的人格力量而定。然而，持这种观点，就会把宪法提供的获得强大力量的机会视为理所当然，因为是宪法（正如我们将在第九章看到的）赋予总统“在我们政治体系中的独特地位”，使他能够或是要

求他“坐在他那个位置上”[12]——这是纽斯塔特从哈里·杜鲁门那儿借来的一个他所喜爱的说法,用来表示一个工作基础,而不是正式占有一个官职。纽斯塔特对“正式权力”和“实际势力”做了区分,这清楚地表明,在他看来正式权力并不是有实效的权力。正式权力是强迫的权力,而纽斯塔特的著作所信奉的命题是:强迫的权力本身没有价值。假如总统相信他能依靠这种权力,那么它肯定会变成有害的权力。在纽斯塔特看来,只有把正式权力理解为说服工作中的一个辅助因素,或“说服过程中的附带因素”,它才是有用的。[13]

然而,是不是做出相反的假设,即劝说是强迫的辅助手段,才更加合理、更符合现实呢?虽然强迫的权力必须经常甚至总要辅之以说服,但是总统没有强制性权力,他的说服的权力也会被大大削弱。如果缺少引起畏惧的能力,对利益的理性诉求也会大打折扣。此外,就他必须说服(其重要性是得到公认的)而 6
言,宪法不就是这样规定的么?由于宪法中划分和分享权力的特殊规定,说服(或讨价还价)是总统通常必须要做的事情,也是美国政治中的一种普遍现象。正如纽斯塔特所言,“命令权受到的限制,暗示着我们的政府的结构”;他把这种结构的源头追溯到宪法。最终必须被说服的人是谁呢?他们不就是那些掌握着宪法强制权的人么?因此,“实际势力”看来是以正式权力为基础。可是,纽斯塔特并不承认自己做出了重大让步,因为他稍后马上宣称,“权力的各种可能性不是来自[宪法的]字面理论”[14]。相应地,纽斯塔特把总统官职的潜在力量视为当然,它可以由最具忘我精神的人,借助于纽斯塔特本人的“字面理论”(literary theory),甚至不必借助于这种理论,而被激活。[15]一种潜在的教诲存在于宪法权力之中,它是政治家可以辨认出来的,或至少是可以呈示给政治家的。

纽斯塔特除了把执行权的正式力量视为理所当然以外，还忽略了它的形式弱点，从而也忽视了它的暧昧性。我们的政府结构中包含的“对命令权的限制”也意味着，形式的限制实施着真正的限制，迫使总统去讨价还价而不是去命令。此外，虽然纽斯塔特坚信需要一个强大的执行官，他却没有注意到执行一词的字典定义，没有考虑到执行别人的意志这种谦虚的伪装——最强大的总统尤其需要的伪装。他把形式上的执行官等同于宪法中规定的总统职位，但是正如我们所知，后者包含的权力超出了单纯的正式执行权。大概是由于宪法的设计，总统必须争取他的领导权，他也可以做出充当职员的选择，这或是为了逃避责任，或是为了给他扩张权力提供伪装。

纽斯塔特正确地强调了一个事实，即说服别人意味着使其相信有些事情符合他们的利益。但是，要想使说服获得成功，需要利用一种工具性的官职观，使人觉得总统本人不过是一种比他更重要、权位高于他的更强大力量的代表。因此，他不需要命
7 令别人服从他的意志，只需恳求向他请愿的人对他必须做的事情给予同情。在政治科学中，“利益”这个概念掩盖着决断的行为，它是指某种需要服从的抽象而客观的、有别于意志或随意性的东西。我按照自己的利益而必须做的事情，使我不得不这样做，历来如此。这对你来说很糟糕，可你不是也能理解它吗？

至于总统的个人权力，通过经纪人的委任状而不是直接付款，往往更容易获得。纽斯塔特清楚这一点，所以他说“说服变成了讨价还价”[16]，但是他没有说总统的形式弱点符合其个人权力的特点。人们不免纳闷，总统的个人权力到底是什么。纽斯塔特语焉不详，他没有说清楚，它是总统用来彰显自我的官职的权力，还是对私利的追求，他的官职的权力不过是这种追求的工具。在宪法规定的角色和马基雅维里式的自我扩张之间存在

着模糊性，所以总统"在我们政治体系中的独特地位"无法确保他一心一意关心我们的整个政体。他有可能只在整体同他有利害关系的范围内服务于整体。这样一来，法治不就必然退化为得到执行官默许的执行的尊严吗？假如是这样的话，执行官就不仅是一个作为职员的领袖了，他更像一个用职员的幻象伪装起来的暴君。

假如把纽斯塔特的理论推向极端，那么总统的个人权力只能根据每个总统的风格，如同写传记一般加以描述。[17]因此，纽斯塔特的著作表面上是对总统权力的研究，其实可以理解为一部艾森豪威尔总统的评传。纽斯塔特赞成艾森豪威尔总统的前任杜鲁门对他的批评，后者认为这位将军是个对政治一窍不通的自大狂。[18]较为晚近的一本书，弗雷德·格林斯坦的《耍手腕的总统》(1982)，没有直接评估个人领导权的凶险潜力，这大概是因为他虽然有党派倾向，还是被赞扬艾森豪威尔总统个人技巧的证据说服了。[19]

与纽斯塔特不同，格林斯坦认为，假如领导权表面上不像领导权，它往往更加有效：聪明的名望并非聪明本身。按格林斯坦的说法，艾森豪威尔有一种高超的技巧，他能够得到自己想要的东西，但让人觉得他并没有操纵结果。他事实上偷偷摸摸，却让人觉得他光明正大；他总在精打细算，却摆出一副只是交了好运的样子。为了做到这一点，艾森豪威尔利用其官职的形式规定， 8
使自己看上去不偏不党。然而，是否也可以这样说呢：既然艾森豪威尔党派倾向的一般内容不可能总是藏而不露，他便利用其官职的非正式因素，达到这一官职在形式上假定能够达到的目的？公开的笑容掩盖着小动作，但是小动作也为公开的笑容创造条件。

总之，格林斯坦为我们介绍了形式权力和真实权力之间的复杂关系，它不像形式理论和真实行为之间的关系那样简单。总统作为国家首脑的正式的、非党派的官职，能够通过掩盖党派手段服务于党派目的，所以形式权力能够变为真正的权力。但是，隐蔽的党派手段一定要用来服务于不必隐藏的目的，即能够公开宣布或主张的、使艾森豪威尔取得选举胜利的目的。如果这样来理解，则真实的权力和形式的权力是一致的。

最近的另一本著作，即理查德·皮奥斯的《美国的总统制》，其优点在于很难把它列入形式主义/现实主义二分法中的任何一方。站在形式主义一方，皮奥斯要求为紧急状态下行使的特权制定更严格的标准，但他更像是在批准权力，而不是减少权力。他认为，紧急状态的出现次数超出正常范围，是因为总统的正式权力和非正式权力都太弱。[20]给予总统更多的正式权力，将减少对其非正式权力的需要。但是作为一个现实主义者，皮奥斯强烈感到宪法是总统的非形式权力的来源。皮奥斯断定，宪法明白无误地提到一些事务，但对另一些事务沉默不语。它对建立政府三个分支机构所做的说明，使它们能够在宪法制定者沉默不语的事情上有所作为。拥有庞大行政班子的总统，特别适合于填补这一空缺："宪法没有言及之事，由总统宣布。"[21]因此，他的权力的现实没有得到宪法的描述，然而它取决于宪法中的描述。人们不能像纽斯塔特那样，划分出正式权力和实际势力。为了准确描述总统的实际势力，必须考虑宪法的"字面理论"。[22]此外，皮奥斯还注意到，宪法中的正式官职不仅一直被
9 用来服务于党派，而且还制造党派——"总统派"和"国会派"。按孟德斯鸠的预见，他们在维护自己所喜欢的官职时，在一定程度上摆脱了另一些党派考虑。[23]

宪法的制定者是否在宪法中故意用沉默不语来补充其公开的规定，皮奥斯的著作没有做出清楚的说明。他写道："宪法制

定者是杰出的政治家,同时他们也是谨慎的起草人。”[24]皮奥斯并不想冒失地说:由于宪法的制定者都是杰出的政治家,所以他们也是审慎的起草人。因此我们一直搞不清楚,执行权的暧昧性是不是宪法设计的产物。然而,通过皮奥斯本人的“总统权力理论”[25],我们可以部分地明白,如何能够自觉地筹划这种暧昧性。

后来又出现了一种更有心理学意味的理论,它涉及对总统人格的揭示。在这种理论中,被假定为关键因素的是个人的人格,而不是总统的政治处境或他的宪法官职的要求。因此人们不免预期,执行官的更具有个性色彩的、令人担心的一面将得到强调,而法律的特点将受到贬抑。这种预期既没有完全落空,也没有完全得到满足。在这种理论中,人格被划分为各种人格,并且根据宪法制定者划定官职的形式主义,把它们定义为多种类型或角色。詹姆斯·巴伯在其颇有影响的《总统性格》一书中[26],区分出“主动—肯定”(active-positive)型人格,这是更为可取的总统类型,他在从事自己的工作时,摆脱了为权力而权力的强制性欲望。这种人格有着非常幸运的素质:根据定义,他是积极主动的,从而避免了巴伯所谓“消极—肯定”(passive-positive)型执行官的卑贱服从,也避免了“消极—否定”(passive-negative)型的安守本分。但是,既然他具有肯定精神,他也避免了“主动—否定”(active-negative)型的执行官因其愚蠢的英雄主义和华而不实的朝气蓬勃而产生的暴力嗜好。最后,“主动—肯定”型执行官得到巴伯的认可甚至鼓励,他纵情于自己对戏谑玩笑的爱好,他相信政治就是游戏。[27]

这种性格及其学术创造者的阳光明媚的民主乐观主义是颇为引人瞩目的。与他的人格比制度更重要这一前提相反,巴伯表面上承认,现代执行官既不能消极,也不能软弱无力。他相应

10 地暗示说，软弱无力的执行者是强制性立法者的奴隶，他温顺地执行他们通过的法律，因而是通过效命于强者而变得强大。对巴伯来说，现代执行官必须更加强大。富兰克林·罗斯福无论如何不能被描述为软弱无力的人，他显然热爱政治。但是，他是否也喜欢做出那些只有强大的力量能够使其成为可能的严酷无情的决定，例如下令他的国家投身于战争呢？他是否喜欢用自己的政治手腕进行欺骗，就像他有时做的那样呢？[28]林肯那种伤感的挖苦，虽然是消极的，不是也博得了巴伯的喝彩吗？

就算必须有一个强大的执行官，对于领导国民参与游戏，他的强大也是不必要的，除非把游戏理解为一场比赛。在这种情况下，相信政治家的获胜欲望能够使他摆脱消极状态，但又不会让他产生危险的作威作福的欲望，那就太过分了。主动—肯定型人物纯粹是一种愿望，一种建立在心理学理论上的政治向往而已，这种人物如果不具备消极—否定型人物的“公民美德”，他就不可能约束自己当主子的欲望。此外，假如利用制度性限制，本着《联邦党人文集》第 51 篇的“必须用野心制衡野心”这条公理的精神，对这个总统加以制约，他就会变成一个主动—消极型的人物。

巴伯的著作能够走红，是因为心理学理论近来很时髦，还因为巴伯可以声称，他是在呼吁转向具有主动—否定型性格的理查德·尼克松。但是离巴伯最近的前辈是哈罗德·拉斯维尔，他的《权力和人格》(1948)一书也反映着——而且更加鲜明——一个不那么玩世不恭的主子欲望的问题。[29]拉斯维尔从不厌恶领会他的时髦观点的长远后果，他的主要优点在于他有着一种宏扬这种观点的不那么时尚的热情。他按照实情或可能的实情展示它们，大概用自己的冲锋号不自觉地发出了尖厉的警告。当他描述权力追求者的特征时，他并不回避无可避免的结论，即只有当权力的追求者统治了整个世界时，他们才会完全感到满足。[30]拉斯维尔毫不迟疑地说，他的政策科学的目标，从长远看就是“摆脱权力”[31]、摆脱政治，因为政治包含着——或不如说专注于——他用临床诊断的语气所说的“严重剥夺”。[32]

但是就短期而言，拉斯维尔要通过促进民主人格，去制约和
惩戒那种放弃社会关切、沾染上不健康的否定精神的权力。拉 11
斯维尔大体上更喜欢政府中的“鼓动家”类型，他们敏于变革，在危机中具有灵活性，对多样性给予宽容；而不喜欢“官僚”，他们对整齐划一的强制性欲望掩盖着其回避责任的欲望。[33]鼓动家就像巴伯的主动—消极型总统一样，倾向于成为强大的执行官，虽然不是十分强大。不过，他也是执行别人的意志，此乃执行制度的本质，这种观点笨拙而引人瞩目地限制为替代这种观点而随意设计出来的心理构造——仿佛大自然承担起了提供适合于民主领袖的灵魂的任务。[34]

暂不考虑美国的总统制，我们发现还有维尔和格温的两本大作，讨论的都是分权学说的历史。我们在这里再次看到了执行权的暧昧性。两位作者都坚信，必须把分权理论理解为是与混合制或制衡制的宪政这一观念联系在一起的，或者如他们所说，与这种观念难分难解。[35]这种混合政体似乎正是由执行权问题造成的。按他们的看法，由于分权是建立在功能分析上，并且由于执行的功能被认为服从于立法的功能，结果便是软弱无力的执行官。但是，这些权力除非有足够的力量相互抗衡、维护自身，从而保持独立性，否则它们在运行时便不能维持分立状态。既然如此，就需要一个强大的执行官。显然，对“执行”权的任何正式的字典定义或功能主义定义，都不能为它提供与立法权平等的地位，所以只能用混合制或制衡制的宪政来确立和论证这种补充性或非正式的现实。它只要求一种非正式的功能混

合或制衡，而无需对这些功能做出正式的界定。因此，为了保障实际的分权，分权学说必须超越它为分权提供的正式辩护，必须把握某种广义的、非正式的执行权观念。大体上得到了理解的对这种必然性的承认，导致了分权和混合制宪政的融合。相应
12 地，在思考分权学说的历史时，需要特别强调执行权。

执行官的形式与现实

假如我们同意，软弱的执行官和强大的执行官是持久且无所不在的现象，假如今天他们形影不离，那么我们便可以说，他们是相互依存的。[36]执行权是现代政府的典型特点，在这种政府中可以看到形式与现实之间有一定的距离。这是怎么回事呢？现代政府声称代表全体人民，可是实际上有些人比另一些人得到了更好的代表；它自称民主政府，然而它实际上是寡头制的或精英主义的；它自称立宪政府，可是超宪法的机构，例如政党，在实际操纵着它；它自称仅仅是“追求幸福”的工具，可它实际上却在培育一种幸福观；它自称具有普遍性，可实际上它只有在某些条件下才能运行；它的人民自称公民，可是他们其实仅仅是选民；它的领袖自称执行官，可他实际上是统治者。

这种状况太显著了，以至于今天我们倾向于认为，形式必然同现实分离。然而我打算证明，现代政府的这种特点，不管是自由主义还是非自由主义的政府，是故意设计出来的。它的起源可以从自由主义宪政中找到，在这种政体中，宪法的形式被展示于公众的眼前，而它们运行所必需的马基雅维里式的实践，则被隐藏起来了。

我前面说过，软弱的正式执行权是强大的非正式执行权的助手。吉本在解释奥古斯都皇帝制定的政策时，在他的历史著

作的第一页写道:“罗马元老院似乎拥有至高无上的权威,把政府的全部执行权都转移给了皇帝。”[37]他的意思是,真正的统治权(皇帝)表面上代表假设中的统治权(元老院)采取行动。可见从早期以来,执行权的概念似乎就没有软弱的含义,而只有软弱的表象,它自身的力量好像是从另一个机构的力量汲取过来的:一副隐忍的假面目,与行之有效的活动、与“éminence grise”(权臣)结合在一起。因为把它附加于一个人的权力,是去隐瞒它或贬低它,“执行”别人的意志这种司空见惯的借口,无论多么容易识破,对于自认为不可能受到愚弄的人来说,一点儿也不会引起厌恶。随着时间的推移,他逐渐赞赏自己的“执行人”的谦恭,正 13
如他从运用自己的权力中得到享受一样。其实,自由民主国家的现代公民有着一种执迷不悟的乐趣,他们津津乐道地指出一些诡计,他们并没有被它所骗,仅仅是受它的统治而已。我们现代的政治科学,除了表达一些俗套的愤怒,没有传达任何令人惊奇的见识,它所提供的发现,只是为了维持公民的好奇心。甚至我们最强有力的当代政治家,也仅仅自称人民的管家,他们发现,除此之外不再多言,对他们既有用,也必不可少。[38]

但是,思考一下强大的执行官对软弱的执行官的协助,指出另一个显而易见的现象,也是必要的。假如软弱的执行官唯唯诺诺,强大的执行官则是勇敢而张扬的。强大的执行官不遮遮掩掩,而是有着创造者和培育者的形象,有着充满阳刚之气和令人难忘的控制力的形象,这恰恰是因为这种现象很罕见。他的工作常规被不可预见的政策变动所打断,这种变化然后又由现代民主国家中老练的廷臣——记者、评论家和政治科学家——做出解释。强大的执行官,大可以被视为对感官刺激有着一种令人迷惑的嗜好,他热情地抓住一个政治事件不放,为了自己的好处而对它大事夸张;他甚至可以制造事件,他是纽斯塔特所说的“首创精神”的大师，是启动新事物的动力源——为了自己而设计，把惊奇留给别人。[39]他一般不会怯于发出警告，或是有力地提醒别人认清这事或那人的真面目。他的沉醉因他受到惩罚而变得甜蜜，他的主动—肯定性的笑容因他偶然表现出的主动—否定性的蹙眉而得到强化。然而，所有这一切的目的，不仅是为了提升软弱的执行官（一个丑角式人物）的自我，也是为了使合法的执行更加从容、更少压迫性。瞬间发出的一声咆哮或出击，如果是出于精心的选择，可以排遣受压抑的情绪，缓解无所不在、令人疑惑的畏惧，从而让胆大妄为的人不再作声，让大众感到满意。

这种结果对于自由的政府，要比对于专制政府更加有益，因为任何政府的必要索取，都会给自由政府带来比专制政府更大的危险和耻辱。消除自由的人民难免会对政府感到的仇恨，可以减少他们对自己必须承受的必要索取的抵抗。此外，一次性
14 的迅速打击，也总会令人印象深刻，而且几乎感觉不到痛苦。当这些想法被故意用来解释“节约暴力”[40]——也可以用断言人的暴力天性加以反对——时，即可看到强大的执行官使软弱的执行官成为可能。强大的执行官的权能，使政府能够脱离古典意义上的“统治”，变成一种范围和野心受到更多限制的事物——即现代意义上的“代表”，它使政府成为人民的仆人。[41]也可以把它称为“人民的管家”，因为人民的意志的强大执行官，从原则和意向上说，是人民的一个软弱的统治者。

因此，执行权的暧昧性，必须被理解为不是反映着两种对立的相反概念，而是有着两种面目或方面的同一个东西。[42]我们的眼光必须超越强大的总统和软弱的总统——例如西奥多·罗斯福和威廉·霍华德·塔夫托——之间的差别，寻找一个把两者统一起来的执行权观念，它反映在一个简单明了的真相之中，即

两者占据着同一个官职。能够让这两个人生存、让他们感到满足的官职,具有什么性质呢?巴伯的心理学理论未能认识到一个事实,他自豪地提出来的人格矩阵,并不是一项发明,而是一种官职本身的设立。心理学的现实主义者,是用别人的创设来构造他们的现实的。如果能把执行官描述为主动的或被动的、肯定的或否定的,这是因为那个官职本身涵盖着行为。可见,仅仅是由于官职创设者的设计,才使得这种描述看起来符合我们从总统性格中观察到的现象。

这个官职的统一性,意味着存在一个理想执行官的可能性,虽然这是一种遥远的可能。此人将把这一官职所固有的暧昧性综合于自己身上,在必要和适当的时候让它或隐或现。他的知识(其中的一部分内容是知道如何宽恕别人的无知——因为执行官通常不是过于软弱,就是过于强大,而不会既软弱又强大)将包含着执行权学说,在为那两个方面的分离辩护的同时,又把它们统一起来。在分离时,这两个方面证实了软弱的正式权力与强大的非正式权力之间的鸿沟。但是,当它们在假设性的完美状态中结合在一起时,这一官职的形式的暧昧性,将导致执行人行为的真实的暧昧性。这一假设性的结果暗示着,在正式权力和真实权力的关系中,存在着一个迄今未解开甚至未被认识到的谜团。在我们已经做过概述的文献中,我们看到一个正式 15
的执行官和一个非正式的执行官,我们窥见到他们之间的关系的复杂性。然而,没有任何学者把这种关系作为他们的讨论主题,或回答下面这个简单的问题:正式的执行权仅仅是真正的执行官的伪装呢,还是真实权力的原因?

对抗和执行官

不仅宪法中所规定的执行官,而且党派的执行官,都需要一种把执行权的两方面结合在一起的学说。仅就自由的文明世界而言,我们可以看到首席执行官的两种基本类型:宪法规定的执行官,例如美国总统,他从一份正式文件中得到权力;和党派执行官,例如英国首相,他从非正式的来源即政党获得权力。美国的执行官拥有宪法正式宣布的权力,在行使其权力时,不依靠立法机构中严格的政党纪律。不过,他似乎确实需要支持强大执行权的某种一般性知识的帮助,以便对抗立法机构的篡权及其搭档——傲慢的官僚团体。他需要一种学说,一种"字面理论",以此来保护自己,对抗立法机构采用字典中那种把他贬低为工具的定义。

在这种情况下,必然性似乎会举荐一个能够采取强有力行动的执行官。但是,这种必然性只教授那些被迫认识到这一点的人,而这种认识往往来得太迟。此外,假如这种必要的行动使一个强大的执行官生出不良用心,或让那些得到默许的人有了反骨,那么这种必然性的教诲也不可能取得成功。假如不存在公开的辩论,使全体公民知道执行官为何需要一种超常的权力,而不是严格的工具意义上的执行权,那么甚至连宪法也不足以保护执行官。例如,美国总统的宪法权力不会使他获得足够的力量,因为在实践中可以褫夺他这些权力。执行权的暧昧性,迫使每一位总统通过宣布其正式的权力来保护自己。为此,总统一定要具有某种令人信服的说辞。他需要一种学说、一篇辩护
16 词,例如汉密尔顿在《联邦党人文集》第 70—77 篇所做的论证,用来证明为何一个强大的执行官与共和制政府是相容的。宪政

体制的各项制度,必须用宪法语言加以充实和支持。政党的执行官虽然更多地受益于政党纪律而不是正式的宪法权力,但是他也同样需要受到保护,不被政党的命令所左右,就像宪法规定的执行官需要抵制立法机构的篡权一样。在这里,甚至立法机构也利用为强大执行人提供辩护的理由去抵制政党的命令。立法的独立性虽然受到政党纪律的严重限制,但它能够通过要求强大执行官负责这种责任制来加以维护,这是一种打破政党路线的责任制;政党本身是不能有效约束执行官的。

假如需要一种学说去解释和支持执行权的暧昧性,它会是一种什么样的学说呢?对于一个力量时大时小、时隐时现的官职,能够期待它带来什么好处呢?现在可以提出一个一般性的假设。根据我们作为起点的表面观察,大家普遍同意,一个强大的执行官是必要的,而且显而易见的是,这个执行官不能仅仅从事字典意义上的"执行"。但是,假如他为此必须获得并行使"个人权力"[43],暴政的危险将变得同样明显。现在应当对执行官为何不能仅仅从正式的意义上"执行"做出清楚的说明,暴政的危险也可以由此得到充分的评估。

假如法律是合理的,也就是说,假如它能够对每件事情做出必要的界定,假如它的条款没有遗漏任何使其意图落空的事情,那么执行人就能够忠实可靠地执行法律,他没有必要拥有自己的对抗性权力。合理的法律,必须首先是准确的法律,此外它必须是自足或完善的法律。然而事实上这都是法律做不到的事情。它不可能做到准确,因为它是针对人类的,而人类是抵制理性的。他们的抵制,虽然不能简单地称为可悲,却采取了一种顽固对抗的形式,无论法律多么合理或立法者多么聪明,我必须能够说"不"。说"不"的权利得到行使,经常足以使任何人不再相信,人类对这种权利的坚持是抽象的或古怪的,无论特定的"不"

是多么抽象或古怪。这种坚持可以用来解释对违法者进行惩罚的必要性。说“不”的需要，以及惩罚的需要，都在迫使立法者强
17 化立法的准确性。为了使人们认可法律，他必须使其符合大多数人的情况，它在一定程度上有别于对他们有益的情况。在处罚违法者时，他必须使处罚让大多数人看起来合理，而这在一定程度上会偏离真正的合理。为了得到认可，他必须根据人们的喜好去规定权利；为了进行处罚，他必须根据人们可以接受的标准定义违法行为。因此，这两种需要使立法者不得不放弃准确性，转向普适性，它或是接纳不当的权利主张，或是否认豁免权。哪怕是最好的法律，也总是因为过分的普适性而变得不合理，因为它必须以这样或那样的方式屈从于“说不的人”(naysayer)。

说不的权利来自于一个严酷的事实：人人都有独立的身体，这构成了他的不可分割的自我利益。有些人可能比你更聪明，但是他不能像你关心自己那样去关爱你的身体，而且他必须关照自己的身体，所以总会有人怀疑他的智慧不能用于你的利益，因此你要坚持拥有对他说不的权利。说不的人认为，法律的普适性通常比智慧的准确性提供了更多的保护，立法者把说不的人的这种疑心视为精明审慎而予以接受，或者说，他把这种疑心转化成了精明审慎。

人类的身体相互分离，使法律变得不准确，也向我们表明了法律的不完美。假如人类不会死亡，那么他们的身体是否相互分离就无关紧要。仅仅因为很快就要化为灰烬，才使我们意识到，我们不但受到身外之物的包围，我们其实也是它们中间的一分子。这个生理事实让我们感到恐惧，使我们认为，为我们制定的法律条款——我们的眼光仅限于从摇篮到坟墓这一段时间——是十分不恰当的。以关心我们为由而要求我们服从的法律，似乎不过是人类的一种自我吹嘘[44]，所以我们可以在必要

时不服从。

法律无法控制自然，是其不公正和不能消除恐惧的基本原因。由于法律的普适性，当用准确性来加以衡量时，它变得不公正，只有根据一目了然的偏好来衡量时，它才是公正的。既然不公正和恐惧必然伴随着法律，法律也只能利用不公正和恐惧，亦即为执行官树立尊严和威名的不公正，以及战胜我们的反抗行为的恐惧，才能得到执行。所以我们不得不说，既然法律必然伴 18
随着某种专制体制的痕迹，所以只能用暴政的方式实施法律：因为不公正和恐惧是暴政的基础。

我们既可以被这种极端的结论吓得畏缩不前，也可以用玩笑话做出回答，例如反思一下威廉·塔夫托的必要的暴政。在美国的执行官和另一些人看来，惩罚的权力（最初被当作一种软弱的执行权）已经被转移了，大部分都交给了独立的司法部门。惩罚的暴政性质被有效地掩盖起来，成了受到陪审团制约的法官的“裁决，而不是意志”，因此惩罚好像是来自于跟你我相同的人。[45]虽然能够认为对合理的法律说不是不合理的，可是说人有着不可救药的不合理性，却并非不合理。对于法律的普适性，以及对执行官的畏惧，这么说同样是正确的。但是这种论证并没有驳倒那个结论。它只为我们提供了与不合理性打交道的理性的理由，这种不合理性的人类名称就是暴政。

理性必须与专制打交道，认识到这一点是很重要的，因为与它打交道的办法不只一个。人们发现了两种方式，政治科学不能回避暴政，便试图用这两种方式去驯化和利用它。第一种是亚里士多德的方式，即由政治科学家取代暴君的位置，并尽量把暴君从法律的践踏者转变成一个君王，转变成法律的守护人。这个亚里士多德主义者尽可能谨慎地履行他的任务，但是没有把他的职责变成一个公共官职，也没有公然宣称法律的不完备。

第二种办法是由马基雅维里最先提出的，虽然美国的缔造者在利用这一发现时，对它做了实质性的修改。这种办法就是，公开承认在君主的性格中存在着暴政的必然性，他从事创新和发明，甚至当他以民主的方式为自己的行动寻求认可，使自己看起来仅仅是在执行人民的意志时，这种暴政也依然如故。后来，由于约翰·洛克的思想，马基雅维里的君主被规范化，成了一个官职，他被称为执行官，在宪法框架内，以一种我们所认识到的暧昧形式，与立法者的权力并列：时而服从，时而独立。从这种故意设计的暧昧性中，可以看到执行权的现代理论。

我们所评价的这些学者，把软弱或强大的执行官视为本质上的执行官。他们都没有领会到执行权的暧昧性，因为他们没
19 有把它视为一件作品，他们没有这样看，是因为执行权在他们看来是一种既定的必然现象，而不是一种选择。与执行权朝夕相处，看到它无处不在，他们便把它视为当然，徒劳地想把它形式化或人格化，如果必要的话则双管齐下。他们没有看到执行权是对付人类反抗的一种办法，是为了取代另一种办法而被选择出来的，因为执行权的成功完全掩盖了问题，从而也掩盖了选择的可能性。

有些见证了美国水门事件丑闻的人，一听到“执行权”就想到“掩盖”。他们这样想没有什么不对，因为掩盖的确是执行权的本质。执行权在运作时进行掩盖，是因为成功的执行官要尽量把他的选择说成必然，他是不情愿的，是不得已而为之。他没有选择接受你的办法，所以他也不承担伤害或侵犯你的责任。但是，假如我们想充分理解执行权，我们就必须把它视为一个整体；为此我们必须尽力想像一下，假如没有执行权，政府会是一种什么样子。所以，我们可以从观察作为一种选择、体现在一种学说中的执行权入手。幸运的是，我们的任务不需要任何与事

实相反的假设。想像一种没有执行权的统治,由于存在着亚里士多德的《政治学》而变得较为容易,因为在这本书里几乎看不到执行官。

第一部分
执行权的史前史

一
亚里士多德:作为王权的执行权

执行权的史前史始于亚里士多德。我希望我们在第四章以后能够认识到,这一阶段已经因为他而基本上得以完成。不过,说执行权有史前史,是什么意思呢?毕竟,假如执行权是发明出来的,它的发明也与指南针的发明不同,指南针较之十分不完善的工具,有着不可同日而语的优越性。在执行权发明出来之前的政治思想,并没有表现出原始的、缺少反思精神的理解力,后来的观念也没有展现明显的进步,因为正如我们所知,执行权模糊或掩盖了它所涉及的问题。这个问题就是人类对法律和理性的抵制,以及人类对选择自己的道路的坚持,并且他不想依靠指南针之类的高级工具。

执行权有史前史,它是由阐述这个问题的不同方式组成的。但是,这个问题本身,就像在令人吃惊的执行权的发明出现之前一样清楚可辨,甚至比那个发明的时刻还要清晰可辨。因此,考察执行权的史前史,要比研究取得技术突破的工程之前那种无知的自满或半自觉的摸索更有教益。

就执行权而言,最令我们吃惊的莫过于一个事实:亚里士多德很少甚至根本没有讨论过这个主题。所有现代政府都保留或试图保留一个强大的执行官,所有现代专家一致同意,一个强大的执行官多少是必要的,他们只是在这个"多少"上存在分歧。亚历山大·汉密尔顿比任何人更加强有力地表明了这一点,在他

23 那个时候，仍然有必要坚持“执行官的权能是定义良好政府的一个主要特征”（《联邦党人文集》70）。在这里，以及在涉及美国总统制的另一些篇章中，汉密尔顿没有停下来解释为什么如此，而是改变了策略，致力于证明一个强大的执行官与共和制政府不相矛盾。

但是，亚里士多德的《政治学》没有要求读者去赞成一部具体的宪法，它假设读者有闲情逸致去探索那些习以为常的假设。《政治学》的内容虽然无所不包，但也是以定义“良好的统治”为宗旨。作者的意图中不存在一般性的缺陷，这里也不能声称他有特定的缺陷，譬如亚里士多德对奴隶制的罪恶视而不见。但是，亚里士多德在任何地方都没有暗示说，执行官的权能是良好统治的首要特点。事实上，在他的著作中只有一页直接涉及到执行权。

在《政治学》第四卷，亚里士多德提出了他的有关混合政体和政体各组成部分的著名论述。对后者的讨论，被人们正确地视为他对现代分权学说的贡献。但是，在政体的三个部分中，与现代执行官相对应的那个部分——“官职”——并不是指执行的官职（《政治学》，1297b—1301a15）。只是在第六卷，在一段对官职的不那么显眼的次要讨论中，提到了执行人。亚里士多德在这里补充上了他前面省略的一些权力，并划分出了必要的官职和高贵的官职。他说，在必要的官职中，几乎最必要和最艰难的官职就是惩罚和看守犯人的官职。它之所以困难，是因为它令人厌恶，而不是受到尊重，然而它又是必不可少的，因为裁决如果得不到执行，它就是没有用处的（1321b2—1323a11）。亚里士多德的惟一建议是让人分担这个职务，以便不让任何人承受全部耻辱。

关于执行权，亚里士多德就说了这么多。我会适时解释这

段话的含义，但人们的主要印象仍然是，现代的、广义的执行权，
不见于亚里士多德的《政治学》。他心中所想的似乎是一个最下
层的武装官员——不是以热情推动自己创新计划的执行官，而
是随时打算用粗暴方式让犯人就范的人。人们可以想到法警、
税吏、监狱看守和刽子手。好像是为了证实这种不存在执行官 24
的印象，亚里士多德建议分担执行（被理解为卑贱的行为）所带
来的恶名，这与马基雅维里最先宣示的现代律令，即把执行权集
中到一个人手里，截然相反。

假如我们对亚里士多德的疏忽感到惊奇，又不想用巧妙的借口去打消这种惊奇，我们就要找出亚里士多德为何选择不去讨论执行权的原因。当发现这些原因包含在亚里士多德政治科学的基本原理之中时，我们便可以动手评价执行权的第一次露面了，我们对亚里士多德的疏忽感到的惊奇，正可以使我们做好准备，对马基雅维里那个巧妙而邪恶的发明感到震惊。

执行权的整个故事取决于对它为何不见于亚里士多德著作的理解。执行权的历史，取决于它的史前史。我们必须以自相矛盾的方式，花费大量的时间向亚里士多德讨教，因为他只用极少的篇幅来讨论它。这种深思熟虑的谦恭不应扩展到另一些思想家身上，我们假设他们受到了亚里士多德的理由的影响，或他们自己发现了这些理由，所以他们对执行权少有贡献。我们转向亚里士多德，是为了驱散一种感觉：现代执行权以及它所具备的超凡魅力是不可避免的。这种不可避免性也许已经被人预见到了，因为执行权学说的一个重要特征就是，亚里士多德所提出的问题已经得到解决和控制，或如我们将要看到的那样，已经被一种制度掩盖起来了。为了理解这种制度，必须先把它放在一边，重新提出那些老问题，不但要看看这种制度是如何建立的，也要看看它是为什么建立的。

所有现代政治科学都对亚里士多德的政治科学做出回应，然而采用的方式却是把人们的注意力从亚里士多德那儿移开。马基雅维里、霍布斯、洛克和孟德斯鸠都反对亚里士多德，但他们都没有与他直接辩论。结果是——当然是无意之中的——尽管他们都知道亚里士多德的存在和相关性，可是作为这些伟大现代思想家的后代，我们却已经忘了亚里士多德。今天的政治科学家，对于形形色色的现代政治科学之外的传统，充其量只是一知半解。就这项研究而言，尤其是今天的政治科学家，对于同"执行"形成完美对照的亚里士多德的基本的统治观念，是缺少了解的。我将努力揭示这种缺陷，虽然无法迅速或轻易地找出
25 解决之道。

人们也可以从柏拉图的《法律篇》中寻找必要的背景，因为那些对话中提出的问题，也可以在亚里士多德的著作中看到，而且它同样避免设立一个执行官。[1]那个"雅典的陌生人"，没有为了替一个可怕或至少令人难忘的长官辩护而纠缠于人类的罪行，而是对惩罚性法律这种可耻现象的必然性发出哀叹，由此开始了他对惩罚性法律的讨论。[2]当他谈到法律不可避免的偏差时，并没有建议由一个执行官发布法律无法提供的命令。相反，他求助于一种微乎其微的可能性，即天生聪慧、有着神灵般仁慈的人，对这种人的统治不需要法律，因为知识比法律更强大，能够建立自己的秩序。但是，在不存在这种智慧的情况下，雅典的陌生人得出结论说，我们只能安于次优的安排，即法律与秩序，不过他没有推荐执行官，把他作为一种比智慧的统治更具可能性、更有效也更合法的方式。[3]在柏拉图的《理想国》里，苏格拉底被说成是最先提出这种微乎其微的可能性(即一个有着超常天赋者的统治)的人，他也没有设想过执行官的统治。

对于我们的研究来说，另一本有用的入门书是色诺芬的《居

鲁士的教育》，这是帝王宝鉴序列中最早的一本。它的教育方式是，要求君主拿最出色君主的形象来对照自己。《居鲁士的教育》最著名的对手是马基雅维里的《君主论》。马基雅维里在该书中似乎把色诺芬当作他所喜爱的古典作家（《君主论》第14，16，17章）。色诺芬把居鲁士描绘成解决了我们前面讨论过的那个政治问题的人，即统治着自愿服从者的人（《居鲁士的教育》，I.1.1—6）。居鲁士证明了他的能力，他不是统治着跟他相似的一小群人，而是统治着许多人、许多城镇和民族。为了拥有这个显赫的帝国，他采用了一些马基雅维里式的伎俩，我们在执行权的工具箱里可以看到它们。[4]但是他在征战结束之后，便让自己成了一名君王而不是执行官，这时他对自己的朋友解释说，作为君王，他不能再像当将军时那样和他们亲近了（VII.5，46）。君王必须摆出万人之上的样子，他需要神灵一般不可接近的气派。与亚里士多德如出一辙，色诺芬的政治科学也把一个人的王权作为顶峰，这个人是人间的神，他不可以试图制造一种相反的假象，即作为“您的卑贱的仆人”的现代执行官。 26

但是，并不是出于对柏拉图和色诺芬的不敬，而是为了避免不必要的麻烦，我们转向亚里士多德的《政治学》，它大概涵盖了《理想国》和《法律篇》的所有领域。《政治学》不但是前现代政治科学的一座巍峨大厦，而且是它的基础。如果说它受到漠视是因为早期的现代思想家有意回避它而不去与它论辩，后来的一个与我们有着特殊关系的原因，却使它的复兴变得困难。这个原因便是一种历史趋势，认为文本受到自身时代的局限，不能给我们提供教诲。与这种趋势相伴随，人们也不信任一个作者有可能像教育自己的同代人那样，教育他那个时代以后的人。既然人们认为他的文本不能教给我们什么，他们便待之以不尊重和不耐烦。亚里士多德的迟疑不决被误解为前后矛盾，他的晦涩被误解为无知，他的重复被误解为健忘。由于这种态度，他的文本既失去了表层含义，也失去了深层含义。他们没有要求读者对表面细节给予充分的关注，于是也忽略了那些使自身转向更深层问题的表面问题。其实，读者根本没有认识到自己是受着引导的，文本是有变化的，它的措辞旨在按部就班地给他以指导。他在《政治学》第三卷的中间部分就民主政体所说的话，对于他在第三卷结尾处有关王权的讨论，或对于第四卷所讨论的混合政体，已经不适用了。要想理解亚里士多德的政治科学，一定要遵循它的阐述过程。必须把《政治学》作为一本著作来阅读——作为学识的来源，而不能把它作为希腊人的意见的来源，对于这些意见的大多数，亚里士多德是不赞成的。

我们这里的目的是要搞清楚，执行权为何没有出现在亚里士多德的政治科学中。但是，即使对他的政治科学中似乎有缺失的地方，也应给予尊重。这种缺失也许有很不错的理由，而不是我们给他找的借口，即亚里士多德不可能预见到我们的问题。也许他有更出色的想法。我们不妨假定他确实如此。（其他任何假设，尤其是历史主义的假设，采取了相反的观点，它们依靠的是一种带有随意性的假设：亚里士多德根本不可能有更出色的知识。）

我们的假设，即亚里士多德有更出色的知识，还有一种弱化的版本，即他持有一种必须给予重视的始终如一的观点。在开始时做出这种不过于强人所难的假设，也许就足够了。无论如
27 何，《政治学》第四卷和第六卷中同执行官关系最密切的两个段落，同今天大多数学者所设想的情况相比，值得给予更详细的分析和更深入的思考，并且它与一种普遍的看法更不相符：亚里士多德的《政治学》是一盘晦涩难解、絮絮叨叨和前后矛盾的大杂烩。[5]读者必须把这种观点抛在一边，根据一种假设（但切不可

放弃对它的检验)重新思考文本,这个假设就是,他的道路上放置的障碍,是为了得到他的教诲而安排的迷局。我将追随亚里士多德的文本,因为我不知道怎样才能比他更出色地阐述他的政治科学。我确实希望给读者提供一种强制性动力,使他们加入探索的行列,搞清楚亚里士多德要传授一些什么。

对于这两段话,必须从一种不局限于政治制度的观点加以考虑。在讨论人类对抗法律的天性(它使强大的执行权成为必然)时,我们将会看到,也必须讨论非人类的自然。因为正是亚里士多德和马基雅维里对自然的不同态度,区分了执行权的史前史和执行权的历史。不过还是让我回到出现在文献中的执行权问题,即形式执行权和真实执行权的问题,以此引入这种必然性吧。执行权的形式和实质为何相互抵牾呢?为了回答这个问题,我们需要更好地理解形式——也可以说,理解形式的实质,这种理解是我们当代政治科学所没有提供的。亚里士多德在《政治学》第三卷解释了形式的重要性。他的解释导致了他在这一卷结尾时对王权的捍卫,这又决定着他在第四卷和第六卷的论证,并决定着具体而言在《政治学》中、一般而言在亚里士多德的政治学中执行权的不发达状态。

形式因素在政治中的地位

我们已经看到,我们的政治科学试图要么从形式的角度,要么从现实的角度,去理解执行权。形式主义者试图用非人格的角色或职能,即有关执行权应当表现出什么样子的结论,对它加以界定。现实主义者则争辩说,对官职的形式化描述,并没有抓住执行权的真实的人格本质,不掌握这种权力的人,不能从外部 28
把它划分为不同的职能,或是用这些职能加以限定。虽然双方都向对方做出让步,但对双方而言,执行权的本质要么是形式,要么是实质,不能两者兼备。假如它两者兼备,他们就必须提出这样的问题:形式的权力是否从本质上说与真实的权力相对立。亚里士多德并不这样看。

亚里士多德甚至有可能认为,我们的当代政治科学家在直接定义执行权的性质时,走得太快了。他们急不可耐地要说出个所以然,他们说的是它如何运行,而不是它被如何看待。最好还是沉住气,看看有关这个主题的一般话语,别把它们当作不科学的言论置之不理。人们是如何谈论执行权的呢?他们说的第一件事情就是,它是“执行”的行为。这个词是什么意思呢?就我所知,没有哪个政治科学家在其著作中思考过“执行”一词的含义。仿佛这个概念是既定的,为何有这样的称呼,是一件无所谓的事情。然而正如我们指出的,“执行”权是以别人的名义而非自己的名义行使的权力。“执行”的字面含义或字典含义,是指一种从属的或依附性的权力。这不是个很有意思的事实吗?我们社会的精英,无论是当政的还是在野的,为何要拒绝以自己的名义进行统治呢?为何没有人说“我们不但是执行人,我们还统治”呢?我们说“人民统治”,可人民并不说“我们统治”。他们选出一个政府代表他们,或以他们的名义进行统治,它包括一个并不进行统治的立法机构,因为它仅仅通过法律;一个仅仅落实法律的司法部门,和一个仅仅贯彻法律的执行部门。

不以自己的名义进行统治的原因是,一切行使权力的行为,都被认为是违反正义的。当统治被人感觉到是在统治时,人们便觉得它是违反正义的。所以谁也不想声称对此负责。这种对统治和被统治的抵抗,比前面谈到的对法律的抵抗还要强大。这种抵抗虽然存在于人性之中,却是产生于现代政治的习惯,我们可以从马基雅维里那儿找到它的起源。今天的“执行官”的一般含义起源于以往的政治科学。但是,对统治的抵抗与对法律和理性的抵抗有着相同的结果:用一个强大的执行官对付这一问题的必然性。正是由于对统治的抵抗,使强大的统治成为必 29
要。它的合法性越少,它就越要通过运作和操纵去补偿自身的欠缺。于是人民发现,一个强大的执行官已经为他们提供了他们所需要的全部统治,所以他们没有理由减少对统治的敌视,也没有理由修改他们的统治违反正义的看法。一个软弱的、形式的执行官,维护着强大的、现实的执行官;同样,后者也维持着前者。可见,我们推导出形式的和现实的执行官相互依赖——执行官的暧昧地位——仅仅是因为听从人们对它的称谓。

但是,我们最初的讨论中出现的难题依然如故:假如执行权必须隐藏在它是执行别人的意志这一声明背后,那么为何它事实上十分强大呢?任何社会中最强大的权力,似乎是不必把自己藏在它仅仅是执行权这种声明背后的权力。最强大的权力,是能够说出自己最强大、不可挑战的权力。这是正式的权力,是能够在公开演说、文件和宪法中说出来的最强大、最可靠的权力。当然,非正式的权力确实存在,但这仅限于它尚未控制社会的公开形式之前,因为它太软弱,不足以向那种权力提出挑战。私下说的话往往更有意义,但在公开场合可以说和不可以说的事情更重要:后者是谁在社会中进行统治的最佳标志。各种形式和仪式中的公开演说,表达着正在统治的人的统治要求。

但是,如我们所知,在现代民主制度中,没有人宣称自己在统治,无论是人民、他们的政府还是执行官。在我们的民主制度中进行统治的人,他们的统治权利,被现代执行权学说"掩盖"起来。这种学说是一种不统治的声明——事实上,是一种拒绝权利的主张(disclaimer)。这种拒绝权利的主张,便反映在"执行官"这个首要概念的力量之中:我们为何不说"君王"呢?不去参考关于这个主题的公开演说而径直接研究执行权的性质，我们无法解释这种力量，也无法解释我们把一个君王称为“执行官”这一习惯用语始终存在的必然性。对执行的定义，必须既涵盖有关它的意见，也涵盖它的实相。“应然”与“实然”是并存的，字面理论和人格的现实是不可分的；形式和本质是一致的(或几乎是一致的)。在对执行权做了这种亚里士多德式的分析之后，我们现在打算看一看，亚里士多德本人为何没有构想出一种执行
30 权学说。

亚里士多德是在他的《政治学》第三卷[6]，而不是在更早的地方，讨论政治中的形式因素的，尽管形式的地位是其政治理解的关键。在前面的第一卷和第二卷，他试图不依靠形式，而是通过讨论政治中自然的事情，或通过假设政治中自然的事情，来解释政治(《政治学》，1252a25，1260b37)。这两种努力类似于今天的一些政治科学家，他们试图直接理解执行权的性质，不去考虑有关它的意见。[7]亚里士多德的努力可以被描述为阐释上的失败。第一卷的主题是谁拥有什么，它的问题是，自然是否保障或保存人类自认为拥有的东西；答案似乎是，我们并不知道我们是自然的财产，还是自然是我们的财产。[8]第二卷的问题是，人类共同拥有的东西是什么，但是我们无法通过询问自然搞清楚我们人类共同拥有什么，它不同于我们和非人类的自然共同拥有的东西(1260b40，1267b28)。因此，那些想把事情简单化的评论家所谓的亚里士多德对自然的“目的论”理解，呈现出不同的走向，或没有任何明确的方向，因为“自然法”不见于他的讨论，所以我们可以做出这样的假设。不要试图揭示政治的自然基础，而要以一个浅显的事实为起点，即人们在“听”，因为当亚里士多德把人定义为天性上是一种政治动物时，他是拿我们人类的言语(logos)能力作为证据的(1253a2—19)。

人们从政治中可以听到公民的言论，他们把自己限定于一种政体(politeia)，以此来定义城邦(polis)。他们在创立自己的政治时，自己便说出了政治是什么，因为政治总是某人或某一群人的政治。因此，试图根据自然直接理解政治，是没有认识到选择和自由的因素，我们正是利用这种因素，表达我们需要什么或认为什么事情是正当的。政治言论是什么，政治就是什么，因为它限定着只出现于政治之中的公民(polites)，他们不同于那些存在于政治之前或之外的个人或家庭。不去考虑为了自己而限定政治的公民的首创精神，就根本不可能定义政治是什么——它作为一个整体是什么，它与另一些事物有何区别。简言之，政治是以人类为起点的，公民是被创造出来的，而不是天生的。他们把自己的原则定义为产生或促进共同福祉。“原则”(archē)也意味着“开始”或聚集——一个起点、指向一个目的的主导“原则”。[9]但是这个目的要通过某种制度让公众看到，亚里士多德 31
把这种制度称为它的形式(eidos, 1276b2)。我们从公开解释的制度差别(例如，把 7 月 4 日缅因大道的阅兵与纪念布尔什维克革命的红场庆典进行比较)观察政治。我们从辩论中观察政治，在这种辩论中，我们的统治原则被断定为同另一些原则相反，一个整体与另一个整体判然有别。

可以说的话还有很多；由于亚里士多德以他的典型方式来谈论这个问题，所以很难判断他是在报告、评论还是说明自己的思想。但是，假如政治是由公民的声明所界定的，那么关键问题便是，这种声明是否成立。亚里士多德说，城邦“首先”是由——也就是说，主要是由，而非全然是由——政体来界定的(1276b11)。它的形式几乎与它的实质完全一致，因为形式就是由统治者建立的政体，所以它(如果成功建立起来)在公众中是不受挑战的。

例如，美国人经常自责，他们没有把他们所承认的统治原则，即人人生而平等，付诸实践。但是，无人能够公开挑战这一原则，他们也没有责备自己不承认有些人生而不平等，从这个意义上说，他们的确在实践着这一原则。因此问题是，是否有可能遵照《独立宣言》去生活，它是否确实声明了不言自明的真理？只有当形式上的政体宣布一个真理（其实是整个真理）时，它才把握住了政治的实质。假如它是虚假的，或更有可能的情况是，假如它只是部分正确，那么政治行为总是倾向于偏离对政治原则的落实。因为，假如人人生而平等是不真实的，我们岂能遵照这一原则生活？这样的努力怎么会是合理的呢？除非把我们的原则同另一些政体的部分真实的原则进行比较，然后以适当的怀疑主义接受它。

当亚里士多德说政治的形式“首先”是实质时，他的意思是，政治声明不仅是人们提出的与形式或实质无关的主张或愿望：它们是有关政治需要什么的论证，是有着充分理由的有关统治资格或分享统治的主张（1279a1—10，1283a16—42）。没有人能够仅仅因为自己要求或需要统治而成为统治者。他的需要必须来自某种得到明示的能力、某种为整体做出的积极贡献。他的说出政治真理的声明必须受到评估，因为在这种真理中，将附带
32 地为他的贡献和他的统治留出一席之地。为了经受住这种评估的检验，这种真理的主张一定要反映政治的本质，后者与断言无关，并使我们脱离政体相对主义，它认为每种政体都主张一种无从确证的真理。法律似乎是摆脱相对主义的避难所，是不偏不倚的保障者，然而如我们所知，法律也是相对于政体而言的，所以它也反映着政体相对主义。

假如政体的主张不可能得到确证，那么它的统治便是专制统治——它是一种为了统治者的私利而非共同利益进行统治的

政体或非政体。假如任何主张都无法得到确证,那么所有的政体都是专制政体——它是正当的,因为它是不可避免的。因为每一种政体所宣称的形式,都会同它的实质发生冲突。如我们所知,这恰恰就是隐蔽在执行权后面的那个假设:一切统治都是违反正义的,一切统治者都必须努力避开这种表象,规避统治责任。假如不存在符合自然的最佳政体,假如没有人倾向于这种政体,那么政治永远只能是强制和欺诈:必须有一个软弱的执行官,以便把统治者掩盖起来;必须有一个强大的执行官,以便让被统治者服从。因此,在第一卷和第二卷两次以自然作为起点的失败,以及在第三卷以人类的言论作为新的起点之后,亚里士多德让自己的讨论重新返回自然,以及为了考察自然并据以做出判断所必需的政治哲学——它有别于政治主张(1275b26—30,1282b23,1287b38—40)。直接以自然为起点,使人类的自由和选择受到忽略;而无法回到自然,将使自由成为任意的举动,使它失去向导。

自然为政治主张提供依据,使其超越了单纯的断言么?我们就会看到,执行权的政治科学宣称,这种依据是不可能的,或是不可知的。由此得出的结论是,从原则上说,在政治断言和政治真理之间、在形式和实质之间,总是存在着冲突。亚里士多德在这个根本问题上的结论不易确认,然而至少十分明显的是,他试图判断是否存在着自然的最佳政体,然后评价各种政体在政治中提出的与它对立的主张。这项努力包含在亚里士多德关于王权的论证之中;这种王权是为防范执行权而设计出来的、作为一种预先安排的替代品。 33

王权

通向王权的论证，是以民主派和寡头派的对立主张为起点，他们双方都断定，他们的特定政体使城邦成为一个整体。多数和少数之间的竞争，似乎是政治中最显然易见的普遍选择。其实，它是如此普遍，以至于人们通常没有机会做出选择。然而他们在城邦内部组成党派，为这人或那人效力并以此谋生，而且确实准备一有机会就做出决定。民主派的典型论证是，城邦是一个整体。他们说，城邦必须包括所有人，做到这一点最可靠的办法，就是让他们分享统治。此外，为了包括所有人，必须根据每个人同所有人之间的共性来定义他们，这个公分母似乎是拥有一个身体。简言之，民主政体是一种不排除任何身体的政体。但是，如果从可见的和一目了然的角度把城邦定义为一个由所有身体组成的整体，那么在人的身体和全部身体（其实是整体）之间，便不存在任何界限。[10]根据拥有身体决定着分享统治的民主原则，不但每个身体（everybody）而且每个事物（everything）都是统治者；只有把城邦理解为（用斯宾诺莎的方式）整个自然中具有同质性的一部分，城邦才是一个整体。这就是民主派的主张的结论。

然而，细加审视，这些历史上的民主派已被证明并不是指每一个人。他们要把外乡人、奴隶、儿童和妇女排除在外，他们不知道如何以符合理性的方式，得出符合习俗的结论。我们今天的民主派，虽然不敢认同于排斥奴隶和妇女的做法，但无疑也希望排斥外国人和儿童，并且无疑也面临着自我辩解的同样难题。寡头派揪住民主派的这种尴尬处境，作为他们论证的起点。[11]从统治的“全体”中排除任何人的做法，意味着做出某种区分，从而也意味着进行这种区分的某种原则：有关优越或卓越的某种观点，无论它多么温和或宽泛。至于跟少数串通一气反对多数的寡头，他的典型特点是比民主派更乐意接受卓越观，虽然他通常抱有粗俗的谬见，把卓越等同于财富。至少有一些寡头派，可
以教会他们严肃地看待卓越，追求或至少赞赏极罕见或极佳的 34
卓越类型；最严肃地看待卓越，也就是准备以卓越的名义，做出最不妥协、最不含糊的区分。

这些经过改造的寡头派，要求城邦不忽视人类的任何卓越表现；其实，他们将要求人类致力于这种卓越，排斥或贬低那些在这方面没有天赋或无所成就的人。寡头政体是一种有选择的政体，在这种政体中，由最值得选择的人统治受到轻视和拒绝的人。然而这一政治原则也反映着一种对自然的理解。使人有所区分的卓越，也把人和其他自然因素区分开，即使仅从选择的能力和卓越的机会这个角度看，也是如此。因此，寡头派的政治观意味着一种寡头派的自然观，据此，人类的优秀品质有别于并优于自然的其他因素，而民主政治则意味着自然也是一种民主政体，人类在其中没有特别之处。

寡头派可以指出，民主派难以自圆其说。他们的观点没有考虑到他们在落实自己意见的欲望，因为不仅理论性的理解力，还有法令，有时是带着一种专制者的愤怒强加于人的，在这样做时，它利用自然去压制它无法辨认的人类的卓越，仿佛他们正在清理贵族的头脑（1281a17，1284a26—38）。专制者的欲望，不正是民主的朋党精神的最狂热表达吗？——这种朋党精神的根源是一种反抗精神，它使人类为了肯定自身的个体性、为了他们的自由而说“不”。“拥有身体”这一民主原则与民主的事实相悖，也与个体的分立性所激发的自我保护欲望相悖，这种欲望的登峰造极表现，便是坚持自我选择的权利。因此，民主派的行为看

来与他们的"自然"原则不符，似乎是在宣称人类有着摆脱自然的特殊自由，即他们所理解的自由。

不过，寡头派也有问题。他们以人类的特殊性作为论证的起点，过于看重区别和划分，因此没有充分考虑到整体——无论是整个城邦还是整个自然。这意味着寡头派没有充分考虑到，是否以及在多大程度上，最杰出的人依赖于不太杰出的人、少数
35 依赖于多数、人类的选择依赖于自然。他们倾向于假设，对选择给予肯定就足够了，他们忘了衡量自己的能力，忘了确定他们是受外部势力的支持还是压制。他们变得飞扬跋扈，自讨被人打败的结局。就像民主派不能解释他们为自己要求的自由一样，经过改造的寡头派也无法解释他们所主张的卓越或品质。他们把卓越当作一种选择，所以他们能够作为对抗多数的少数而感到自豪和荣耀。可是寡头派忘了，需要一个标准来确定选择的价值，而这种标准不是选出来的。因此，不管他们选择了什么，那并非全然是他们的选择。他们把自己比作被这一原则赋予荣耀的任何东西——简言之，比他们自己更卓越的东西，他们以此为荣，并让自己服从于它的统治。这些受上天宠爱的人，不考虑自己以外的力量，忽略了他们的不但更为根本也更为荣耀的依赖性。他们需要理解整体，他们在其中可以说具有特殊性，但并非处于最高层，而是处于中间。

只有这样，整体才能在自然与人之间，在奉行自然原则的民主政体和奉行人性原则的寡头政体之间取得协调。从"民主政体"和"寡头政体"的广义上说，我们看到的城邦是一个整体，它反映着作为一个整体的自然。我们已经知道，亚里士多德说，在讨论城邦时，首先必须从政体的角度把它作为一个同质体(1276b11—12)，他把政体比作"形式"，而把"种族"(genos)类比为物质(matter)。也就是说，城邦首先不是它由以形成的种族、

民族或物质,不是身体的民主原则;而是一种选定的形式,是寡头政体的原则。没有自知之明的寡头派,对于许多低于他们的人要么冷漠无情,要么居高自傲,他们认为政体完全高于物质,其实并非完全如此。政体是在物质之中形成的,是在它能够达到的范围内形成的。每一种政体都有一些寡头政体的成分和一些民主政体的成分,因为寡头政体的原则和民主政体的原则都不能自立。但是按亚里士多德的观点,每一种政体的寡头成分都稍多于民主成分。甚至民主政体,即便它是一种被选定的形式,也更多地受益于寡头政体的原则而非民主政体的原则。

亚里士多德在他的政体观中提出两个难题,进一步深化了
民主政体和寡头政体之间的争论,并导致他为它们补充上“王 36
权”,作为一个使城邦成为整体的必要因素。首先,他从寡头政体的角度提出一个问题:好人的品质和严肃的公民是不是一回事(1276b16—1277b33)。假如好人是完美的,那么他显然是完全独立的,处于政体之上或之外——处于政治之外。他,或他所具备的知识,可以成为判断各种政体的标准。但是,处于政治之上的完人或事物,怎么可以成为政治之中的裁决者呢?牺牲相关性——具体而言,是与人类所坚持的自由的相关性——能够换取境界的提升。我们对自然施加给我们的规定性的反抗,展示着人类在自然中的特殊性,以及我们对自然之善跟人类之善相同这一点的怀疑。好人能够通过这种方式,从严肃的公民那儿学会怀疑;严肃的公民能够向他传授统治自由人所需要的知识,以及从这种统治中得来的知识。当严肃的公民告诉他,他认为好的,另一些人可能不认为好,便是在向他传授这种知识(1277a15—16,1277b8—9)。

但是,作为公民的人所表现出的自由,不能被视为理所当然。正像“寡头政体的”困难存在于自然之善与人类之善的关系

之中一样，“民主政体”的困难在于把自由人从另一些人中间分离出来，后者卑贱的工作使他们类似于奴隶；或者换言之，在于区分自由和必然性的困难。不参与统治的“banausics”（苦力）能算是公民吗（1277b33—1278b5）？假如让他们成为公民，他们便是没有公民品质的公民；假如不让他们成为公民，他们便得不到人类的自由和荣耀。亚里士多德在这里抓住机会强调说，自由是为优秀品质而存在的；但是，不去贬低人类在自然中的自由，便不能在人类中间促进优秀品质：寡头派的特殊性与民主派的特殊性一较短长并最终肯定会取得优势。民主派对此也许感到不解；[12]并且，假如高于自由的品质是政治人对处于好人品质之下的荣誉的热爱，那么他们对此表示反对也许是正确的。[13]

在实践中，民主政体似乎应当受到偏爱。它是自由的政体，而自由能够对人类的共同福祉有所增益。[14]亚里士多德在这里把城邦称为自给自足的，并且说，有品质的人就像富人一样，也
37 能对它有所贡献（1280b35，1281a1—9）。如此一来，多数穷人的政体能够成为一个自由人的群体，而那些不是穷人的人则为城邦的自给自足做出贡献（1279a38，1271b20—1280a7）。最好是让这个群体成为城邦中的主权者，因为受尊敬的人毕竟是少数，假如只有受尊敬的人进行统治，就会有太多的人蒙受耻辱。在为我们提供了相信某个群体的理由，大概是对类似于这个群体的东西抱有希望的理由之后，亚里士多德断定，这个群体在大多数事情上都是公正的主权者（1281b21，1282a39）。然而进一步思考之后，他又说，如果法律得到正确的制定，它就应当是至高无上的，在法律因为无法整体说明所有的事情而不能准确地发言时，统治者，无论是一人还是多人，则应当是主权者（1282b6）。

在此，我们突然面对一个统治者，他看起来像是据称并不严密的法律的一个执行官。然而，亚里士多德在这里，在这个让人

充满期待的背景下，却没有提供某种形式的执行权。相反，他坚持认为，法律是由统治者制定的，因而同政体有关。那么，我们可以问，法律怎么能够是主权者呢？既然有些人类群体并不比动物群体更优秀（1281a37—8，1281b18—22，1282b8—14），由一个动物般的群体所制定的法律，怎样能够限制这个群体呢？看来，要么是法律脱离人的欲望太远，无法满足人类的选择和自由，要么是法律本身成为欲望的俘虏，使人降低到动物群体的水平。[15]在这两种情况下，人的特殊性都没有得到尊重。把法律制定得更准确，是一项需要整体上搞清楚所有事情的任务，也就是说，是一项使人类与自然取得协调的任务（1286a17—20）。执行作为自然之命令的法律，或是执行作为人类动物性兴致之产物的法律，并不会使法律更准确，恰恰相反，只会使它变成无法分辨人类卓越的纯粹法令。运用这种蹩脚的不准确性，对自然温顺地服从，和反抗自然的声明，便成了完全相同的事情。因此，亚里士多德对于软弱的执行官和强大的执行官，会基于同样的理由予以反对。颁布奴役人们的法律的软弱执行官，并不比颁布命令使人们贬低和奴役自身的强大执行官更软弱；此外，处于这种法律之外的强大执行官，不比处在它们之内的软弱执行官更不公正。因此，在亚里士多德能够阐明一种执行权观点的 38
关键时刻，他却开始捍卫王权，以便让法律更准确地发言。他的捍卫借助了政治哲学、科学或艺术，它们将人类的善和自然的目的在“共同福祉”中协调起来（1282b14—23）。

政治哲学家，即我们前面看到的“严肃公民”，探究人们提出的主张：他们自己进行统治，其他事物也都由他们统治。[16]人们主张统治别人，肯定也会主张统治其他一切事物，因为我们现在认识到，甚至民主派，当他们肯定自己的自由和人类的特殊性时，也主张统治自然。但是这位政治哲学家很快便断定，人们据以主张统治权的所有标准都是不正确的，因为每个人都会不由自主地走向相反的极端（1283b37）。富人的统治能够退化为最富有的人的统治，因为假如财富是统治原则，那么他们中间那个最富有的人为何不应当统治呢？同样，自由人的统治也可以退化为生而最优秀的人的统治，有品质的人的统治退化为最有品质的人的统治。甚至在民主政体中，所有的人不是有着充分的理由，去赞赏他们中间最出色的民主派——某个托马斯·杰斐逊，或更可能是某个亚齐·邦克吗？[*] 这就是在一切政治现象的基础上都显示出君主制的那个令人困惑的困境。相应地，亚里士多德又补充说，假如群体因为优于少数而应当是主权者，那么假如一个人或若干人优于多数，他们就比群体更应当是主权者（1283b15—27）。这导致亚里士多德说，假如一人或多人在品质上大大胜过其他人，那么他或他们便不能被算作城邦的一部分。这个人将像是人类中的神，法律不能适用于这种人，因为他们自己就是法律（1284a3—14；参见 1253a25—30）。

这个有品质的“一人”，通常不被具体化为一个人或人类。他或它是纯粹的“君权”（monarchy），一个惟一的统治者，或一种统治原则，它大大超越其他人，因而变成了法律。这种君权高居于其他政体之上，或在某个方面高居于所有政体之上，因为它把人类的统治主张推向了非人类的极端。亚里士多德讨论了民主派用来摆脱他们认为危险的杰出人物的贝壳流放制度，以此证实这种论说。他说，在包括正确政体在内的所有政体之中，以及
39 在内外政政策之中，都能看到这种做法（1284a18—b18）。我们曾经指出，人类对被统治的抵抗，从其根源上说是民主的，然而

[*] 邦克：1970 年代美国电视连续剧《家庭至上》（*All in the Family*）中的主角，既固执笨拙，又不失敦厚明达，深受一般美国人喜爱。——译注

它也扩展到针对任何一个杰出人物的统治，甚至针对人们自身统治要求的杰出代表。既然一个人自己的身体进行抵抗的“archē”(根源)是身体，因此可以把使城邦形成一个整体的困难，重新表述为把两种统治原则或君权——身体或自然，人类的选择或优秀品质——结合在一起的困难。

亚里士多德强调“一或多”暗示着他的解决方案：“一”通过在人类群体中的可重复性而成为人们的法律。他在对五种王权的描述中阐明了自己的解决方案，这五种王权后来又被缩减为两种，即一个主宰生命的首领(generalship)的斯巴达式王权，和一种统治一切的王权(pambasileia)。前者被描述为由一个首领行使的贵族权力，这在古代包括在战场上杀戮的权力。亚里士多德说，当荷马让阿伽门农在集会上不断发出谴责，又威胁要处死战场上的懦夫时，他便是在证实这种权力。[17]阿伽门农的威胁，使我们想起我们想像出来的那个不严密的法律的暧昧执行官，他是在执行懦夫必死这条自然的命令。或者说，既然懦夫不会像人们因饥馁而死那样自动死亡，那么他不就是一个实施那种自然不予过问的人为区分的强大执行人吗？

亚里士多德在这里指出，这种首领制度能够存在于所有的政体中。它似乎再次能够演变为一个执行官。而且他好像承诺了以后再作讨论(大概是在我们就要考察的第六卷那段文字之中)；但是在这里他把它作为法律因素而不是政体，因此不予理睬(1286a3，1287a3—9)。只有通过“统治一切的王权”政体，才能使法律成为一个整体，在这种统治中，建立起了处于所有政体之上的政体，亚里士多德开始探究，是最杰出的人统治较好，还是最好的法律统治更优。

有人认为，受王权(不是“统治一切的王权”)的统治更好，在他们看来，法律条文只涉及整体，无法反映可能发生的具体事件。他们把法律比作艺人能够公开的一门技艺的成文规则；然而手艺人本人的技艺高于这些规则，他可以不服从它们。[18]针对这种观点可以说，统治者应当掌握“整体的语言”，因为他们在摆脱成文规则时可以受到自己欲望的影响。没有欲望因素（to
40 pathetikon）的东西，总体上要优于受自然约束的东西。法律不存在这种因素，而每个人的灵魂中必然都有这种因素。[19]

现在变得清楚了，亚里士多德在讨论王权时，是在讨论灵魂。法律来自于灵魂中的理性成分，它们受到欲望成分或愤怒情绪的对抗。显然应当有法律存在，但是当法律无法根据整体做出判断，或无法做出好的判断时，应当由最杰出的人还是由整体来统治呢？亚里士多德提出“群体”作为个体的愤怒误判的校正者，不过他再次把它描述为自由人的群体，或好人和好公民的群体。后者的灵魂就像一个优秀的（或有品质的）个人一样“严肃”。这个群体不同于前面讨论过的那个亚里士多德所谓的正义的主权者，它是通过灵魂而结合在一起的。[20]这种灵魂就是使城邦成为一个整体的政体。

然后他提供了反对王权的三种实践意见：王权如今已是过时的东西，因为伟大的民主政体已经出现；王权有继承问题；王权为维护法律所需要的权力会达到危险的程度。后者也许是一种执行权，但亚里士多德把它规定为君王的权力，并且它小于群体的权力（1286b27—41）。君王必须以某种方式使自身与群体协调一致，而不是担任群体的执行官。这就是为何亚里士多德现在说，这种论证的结论是一个按自己的意志做一切事情的君王，即所谓“统治一切的王权”。因为它就是这种王权，“根据它，君王按自己的意志统治一切事物”。[21]亚里士多德说他统治“一切事物”，而没有说“所有的人”或“所有公民”，因为亚里士多德希望维持这种王权符合自然，因此也是我们所追求的自然与人的协调。[22]

在有些人看来，亚里士多德这种协调似乎与自然相悖，因为他让一人高居于全体公民之上，而城邦是由相同的人构成的。相同的人是平等的，因为他们在要求荣誉上是相同的；他们与其说是在嗜好(epithumia)——它使某些人的举止类似于动物——方面相同，不如说是在精神(thumos)，即自卫性的"说不"的反抗(它甚至干扰最杰出者的统治)方面相同。亚里士多德在这里提出了有关法律的三点说明，对他前面关于法律没有欲望成分的说法做出了限制。他说，法律有利于在统治和反过来在被统治方面平等的人，因为秩序就是法律(1287a17—19)；也就是说，法 41
律所形成的秩序，是灵魂中的自卫精神的形式和肉体。法律不拥有这一部分欲望因素，可是它反映这种因素。在谈到"thumos"(精神)干扰甚至最杰出的人的统治之后，亚里士多德得出结论说，法律是没有欲望(orexis)的理智。[23]人们认为自己没有能力对自身的事情做出正确判断，所以他们在追求正义时寻求中间位置，它便是法律。

因此，尽管法律是没有欲望的理智，它却不是最好的，而是中等的。法律脱离了最杰出的人的欲望，以便保护人们免于他的(更不用说另一些人的)"thumos"的干扰。然而正是在这种脱离中也反映着它要予以克服的干扰：为了阻止一个人的偏颇，法律接受了表现为贝壳流放的多数人的普遍嫉妒，以低劣的虚荣创造公正。如此来理解的并且是针对最杰出者的法律，让我们想起源于霍布斯的现代法律，它从根本上说是民主的，因为它的制定是为了保护每一个人的自我，人人平等，概无例外。亚里士多德不像霍布斯那样，对最杰出者不感兴趣，然而他确实没有阻止这种在他看来不公正的事情。他的论证表明，最杰出者本人也将采纳这种法律，为了和其他所有人共同自卫，愿意接受它那种冷漠的中庸。

此外，虽然最杰出者的优越天性似乎赋予了他显而易见的权利，他还是为了自己而采纳法律，然而他是代表自然采纳它的。他接受“thumos”这一自然的馈赠，他也接受它的后果，他以人类的意愿作为自己的意志。这种对自然之目的的自愿和理智的接受，便是亚里士多德的“统治一切的王权”这个相当重大的主题的意义所在。最杰出者按自己的意志做一切事情，因为他有着“遵从那些因素”，即他用来统治一切事物的因素的意志。也就是说，他愿意把自然的王权作为他本人的王权。所以他的意志既不是任意的，也不是不自由的。无论是他的王权，还是对他的王权的限制，都不与自然相悖，尽管这种王权统治着相同而平等的人，而限制却是针对最杰出者。人们既不能简单否定最杰出者的主张，也不能简单认可这种主张。

亚里士多德显然没有否认专制的可能性，不过他否认专制者的伎俩符合自然（1287b40）。当专制者选择专制政体时，他只
42 对他本人负责，所以他不能宣称是遵照自然采取行动；因为专制政体有悖于我们的“thumos”，有悖于我们对专制政体的本能反抗。他更不能像一个没有把自己的任何东西增加进去的软弱执行官，或是像一个需要把自己的意志强加给自然的强大执行官那样，宣称是在执行自然的命令。但是，抵抗专制政体的人，如果不以最杰出者的抵抗为参照，便无法为自己的抵抗正名。他的“thumos”，从而所有其他人的“thumos”，因为同人们中间最杰出者的关联而变得高贵；同时，最杰出者也因为同人类精神中的共同因素联系在一起而变得仁慈。所以，最杰出的人选择了遵从自然，仿佛自然就是他本人的意志。他也进行选择，仿佛人类的选择，尤其是人类的那些与习惯缠绕在一起的过去的选择，就是自然的选择（1287b5—8）。这种对自然、法律和习惯的接纳，表现出一部分服从和一部分放肆，便是统治对于人们的含义：他

们使自身成为自己的和事物的初始原则。这跟执行权的观念截然相反,按这种观念,统治者把自己装扮成另一种权力(人类的或非人类的权力)的代理人,或装扮成一个受到残酷的必然性逼迫而采取行动的人。我们从惯用语中便可以看到这种差别:在希腊语中,进行统治意味着开始,而来自拉丁语“exsequor”的“执行”,却是指“落实”别人开启的事情。

如果我们不指出亚里士多德的论证和他那些迟疑不决的言辞所需要的“仿佛”[24],那么我的说明即使仅作为一种概述,也是不完整的。他在第三卷快要结束时说,几乎是相同的教育和习惯把一个人培育成严肃的人,也把一个人造就为成熟的公民和君王(1288b1)。严肃看待自己的人性的人,不能被等同于负责的(因此也是有君王气派的!)公民,即使他们能够在“我们宣称”为完美的那个好人的单一品质中取得一致。必须宣称他的品质是完美的,因为既不清楚也无法证实,这个公民—君王能够接受自然而又不损害人性的特殊性。严肃的人的职责,就是搞清楚是否能够做到这一点。严肃的人试图确定人们关于自己人性的断言是否真实,但他更多地是在做出判断,而不是进行统治(1287b24)。判断和统治之间的差别,意味着不同的教育和习惯,在亚里士多德的另一本著作《尼各马可伦理学》中,它可以演化为对智力品质和伦理品质的区分(1103a14—18)。但无论如何我们应当指出,亚里士多德没有提到一个哲学王。亚里士多
德和柏拉图一样,认为最好的政体是最杰出者的王权政体,政治 43
科学从本质上说就是研究这种政体的,然而亚里士多德的取向不同。他不想效法古人,把最好的政体建立在书本上,然后坐等哲学家和君王合为一体(《理想国》,473d)。亚里士多德是个严肃的人,他对既有的材料进行考察。他转而讨论现实中的政体,
以及在没有一个哲学家直接统治的情况下,如何改进它们。 44

二

亚里士多德：在混合政体中缺席的执行人

如何改进实际的政体，属于亚里士多德的实践性的政治科学。我们考察过的《政治学》第三卷的内容，则可以视为他的批判性的政治科学，因为他在这里提出“统治一切的王权”时，并不打算把它作为一种具有可行性的建议。这种王权，是对实际政体为自身辩解时提出的主张加以提炼，从这些政体中发展出来的。政治哲学家亚里士多德亲自进入政治，与政治活动家展开辩论。他向他们指出，他们的辩护意味着有可能存在一个人，他在最大程度上具备政体声称要加以促进的所有品质。他为何不应当成为君王呢？但是，假如他是君王，政体怎么能够生存下去？显然，一个极端寡头派和一个极端民主派的统治，对于寡头政体和民主政体来说，都是致命的。

所以，很明显，实际政体的政治产生出了无法满足的主张。或者，就算能够满足，它也是在对政治的理解之中，而不是在政治参与之中。亚里士多德把人定义为天生的政治动物，可是他并没有承诺其天性是完美的。另一些动物，它们由于缺乏言语能力而是非政治动物，能够心满意足地生活，并达到它们的自然目的；可是人的言语给人带来了麻烦，尤其是有关整体的麻烦。人要把自己的特殊关切绝对化，遵照一种原则或规则(archē)生活。这就是成为政治动物的含义。但是，当这一原则发展成统
45 治一切的王权时，它就变成了自我批判的。亚里士多德走进政

治，向统治者和公民表明，他们不能从政治中得到他们所要的东西。因为遵循他们所推崇的原则生活，他们必须让他成为君王。

然而，这个君王不满足于嘲笑他的同胞的那些不切实际的欲望。在《政治学》第四至六卷，亚里士多德要提出一些建设性的看法，不仅是出于仁慈，而且为了他自己的理解。在改善实际的政体时，这位政治哲学家明白了人类对改革的抵制以及如何去克服它。在对照王权这一乌托邦标准批判了所有的实际政体之后，他在一种混合政体的实践建构中，发现了促进优秀品质的因素。通过思考王权这种极端状态，政治人学会了别去企求太多；通过妥协的做法，他们明白了不应轻视具有可行性的东西。

在第四至六卷的实践性政治哲学之前，亚里士多德在第三卷结尾处有这样一些言论：我们现在必须尝试讨论最佳政体，它是如何自然而然发生的，以及它是如何生存的，必须对最佳政体做出适当的研究。这最后一段话在第七卷开头又做了重复，该卷（还有第八卷）明确讨论最佳政体，而第四至六卷则没有明确考虑这个问题。评论者由此断定，第四至六卷是违反亚里士多德本意的篡文。不过我们不妨更可靠地假定，他之所言即他之所欲言，由此我们可以设想，第四至六卷讲的是最佳政体如何自然而然地发生，第七和第八卷讲的则是它如何维持生存。

最佳政体的产生

最佳政体通过自然提供的材料自然而然地发生，这材料便是在实际政体中形成秩序的人类身体。因此，亚里士多德在第四卷开头处，十分恰当地把政治科学家比作体操教练（1288b18）。教练按照人们身体的本来面貌对待它们，他通过训练而不是统治去改进它们。由一个政治科学教练去训练人，以

便改进现有政体，这项任务并不比从头建立一个新政体更轻松，
46 正如（亚里士多德接着说）复习不比从头学习更轻松一样（1289a3—5）。第四至六卷将要从事的改进政治的实践任务，相当于第三卷所暗示的理论评价，即自然是否允许人们用王权进行统治。现在必须表明，人类“整个种族”有能力实行王权政体（1288a16，35）。在这项评估或任务之中，按人的本来面目去改进人，是与发现人能够做到什么一起进行的。亚里士多德没有宣称，当下具有可行性的便是最好的：这是一般政治派别所犯的错误。不过他似乎也在避免哲学家的错误，即蔑视具有可行性的事物，因为这种错误不是发生在公民和科学之中，就是导致他们不负责任。可见，他既没有混淆可行的和最好的，又把它们一起放在可行的领域里加以研究（1288b22—40），较之于哲学家的错误，他对党派的错误做了更公开的纠正。

亚里士多德在第四卷对实际政体的讨论，以对三种成分的分析作为结束，这三种成分在所有政体中都能看到，也是严肃的立法者必须予以考察的。亚里士多德指出，对这三种成分既要一起加以考虑，又要分开考虑。他的三种成分，即慎思的机构（deliberative body）、行政长官（magistracies）和司法部门（judiciary），类似于现代的立法、执行和司法这三个分支，所以他的分析被合理地视为权力分立学说历史上的早期阐述，即使不是开创性的。[1]然而，其中有两个特点，肯定会让我们感到诧异。他所讨论的行政长官是复数，没有提到现代执行权理论所肯定的统一于一人的必要性，也没有提到历史上发展成为现代执行官的君主政体。为了体谅亚里士多德对君主政体的忽略，可以这样设想：他的想像力受到没有君主的希腊城邦国家的限制。然而，他在第三卷确实讨论过一种特别恶劣的王权，他也十分熟悉蛮族的君主政体，经常在别处谈到它们。

我们也需要解释一下他的古怪的分析程式。它专注于组合三种成分的方式，尤其是它们来自于选择还是抽签，以及它们所遵循的形式和模式的顺序。其实，亚里士多德在他的理论热情的驱使下，偏离了他的评价实际政体的任务，转而不仅讨论最佳政体，而且讨论所有可能的政体。无论如何，通过抽签组成统治机构的极端民主程序，看来是太引人瞩目了，甚至就希腊或雅典 47
的经验而言也是如此。亚里士多德更加感兴趣的是各个部分的形式等级，而不是它们的实际权力，他把对行政长官权力的讨论延迟到第六卷，其原因是我们必须寻求理解的。出现在第四卷的那些行政长官，仅仅是相当于我们的执行官，但并不等同于他，因为没有说他们拥有执行法律的权力或责任，尽管那个慎思的团体似乎主要负责立法。

可以认为，这些特点是从第四卷对人类身体的关注中产生的，前面把政治科学家比作体操教练时，对此已经做了预示。该卷的中间部分是对专制政体的简短讨论，亚里士多德在这里提到了专制政体的三种形式，他认为第三种形式的专制尤其严重，与第三卷谈到的统治一切的王权政体“截然对立”。说截然对立，是因为这第三种形式向我们展示出对王权政体的抵制（其实是对它的任何迹象的抵制）。亚里士多德说，任何自由人皆不会容忍君主政体为了自己的利益而不是被统治者的利益，在不承担责任的情况下，去统治同等的人或更优秀的人（1295a18—22）。这两个标准——不负责任的统治和不管被统治者利益的统治——未必是一回事。只要我们想想下等人而不是相同的人或更杰出的人，就可以看到它们的区别。为了下等人而对他们进行不负责任的统治，意味着什么呢？未明言的回答是，对于自由人来说，这也是一种专制统治，因为他们不会容忍不负责任的统治，无论它多么有益。[2] 自由人将坚持认为，他们的统治者既要为了被统治者的利益而统治，也要负责地进行统治，当这两个标准产生分歧时，自由人将要求负责任的统治，即使这有悖于他们的利益。

我们从执行权的产生以及寡头政体和民主政体之间的争论中看到的那种人类的自卫性抵抗精神，必然把自身理解为自由，把它的对立面理解为专制政体。所以，它承认专制政体能够符合人们的利益。专制政体也可以成为统治一切的王权政体的对应物，两者的区别是，这个君王不同于专制者，他愿意接受臣民的自由。但是，假如自由人把为了他们的利益的王权政体作为专制政体加以拒斥，他还能这样做吗？拒绝一个整体中更优秀的人为了整体自身的利益进行统治，是一种不考虑利益而实行自治的要求，从而也是一种统治包括整体中更优秀者在内的别人的要求。因为在意志能力上，整体中更优秀者是整体中平等
48 的人，并且任何自治的要求都不可能拒绝扩展到跟自己一样的另一些人。自由人按自己的意志加以拒绝的要求，等同于专制者按自己的意志进行统治的要求。因此，所有的政体，当它们考虑意志而不尊重利益时，都有专制的成分——现实的政体正是如此，当它们试图尊重自由时，它们肯定有这种成分。

因此，(如亚里士多德不无原因地评论过的)政体中都有“一定程度”的专制[3]，可归因于统治人们时需要协调他们的意愿[4]，以及他们对协调的反抗性抵制、他们反抗的天性，说到底，可归因于自然*本身的反抗。自然比最顽固的人还要顽固。就像单纯的反抗一样，人类摆脱自然的欲望，导致了向他们所反

---

* 这句话以及下文中出现的“天性”和“自然”是同一个词“nature”。作者经常借助这种一词多义来阐述自己的观点，另两个典型的例子是“archē”(原则/官职)和“executive”(执行/处决)。——译注

抗的非人类的自然专制的回归，这种关系让我们想到民主和专制政体政治中的王权（1292a18）。只有人类的卓越品质能把人类的自由从任意性（willfulness）——它给自由屈从于低劣天性披上了一层伪装——中拯救出来，但是这种卓越品质似乎尤其专制（1295a19）。卓越品质在任性的人看来就像是任意性，因为他们把自己的行为原则归于自然的统治。他们从专制的表象奔向专制的本质。第四卷简短讨论过的专制政体，让人想起第三卷的斯巴达国王[5]，即掌握生杀大权的首领，他作为我们已经谈到过的抵抗因素，能够存在于所有政体之中（1286a4）。正是这种"王权"的力量，使这里所说的与第三种专制政体相对应的统治一切的王权受到质疑。假如像我们设想的那样，统治一切的王权必须自愿接纳天性[自然]，那就只能承认，接纳身体的天性，是接纳抵制并拒绝接纳的因素。

混合政体

亚里士多德对这个难题的解决办法是混合政体，这是第六卷的主题。混合政体是由民主政体和寡头政体合成的，或是由自然的必然性和人类的选择构成的（1291a7—10，24—28），或如我们就要看到的那样，是由抽签和选择组成的。因为民主抽签的原则代表着无目的的自然所给定的东西，而不是强加的东西。抽签带给我们的东西，似乎并不尊重我们所要选择的东西；所以，选择对抽签的反抗，是从人类抵抗的前沿阵地观察事物的自然观。利用混合政体的概念，亚里士多德教导那些无教养的抵 49
抗者说，有些事情处在我们的选择之外，是非接受不可的，其实接受它们还有一定的好处。[6]他在这里不想直接论证自然给予我们的不仅有运气、命运或（我们还会说）我们的环境；他在这里也没有谈论自然的统治原则或自然的目的。他避开了整体的问题(1296a5—6)。亚里士多德让自己的讨论停留在民主政体和寡头政体的层面,他不想引入王权政体,因为在那些把卓越视为无目的的、随心所欲的自然所分配的不公正运气的人看来,王权政体,甚至或尤其是最好的王权政体,跟专制政体是一样的。[7]

民主政体和寡头政体的混合,以及抽签和选择的混合,是表现在一种可见的秩序上——一种身体的秩序,或城邦的各个部分、政府的各个"机构"或"机关"的秩序——而不是表现在只能从思想中领悟到的不可见的整体上。这种可见的秩序,以其形式揭示混合体的特征——两者各占多少——使民主派和寡头派能够进行观察和评价,什么属于他们,什么必须让给对方(1294b13—18;35—37)。他们由此得到理性的暗示,为何混合政体是有益的,他们产生了一种优雅的冲动,要走向理性为他们指明的方向。

亚里士多德用秩序的形式来说明它的可认知性。当他在第四卷接近开头的地方(1290b25)把城邦的各部分比作动物身体的各部分时,他暗示着自然的形式也指明了它的可认知性,人类建立和混合各种形式的意图,是有自然的可认知性作为基础的。既然形式是理性之可见的外在表现,那么我们看到混合的形式在第四卷结尾处对政体三种成分的讨论中达到高峰,也就不必感到吃惊了。因为政体的三种成分也是灵魂的三种功能:慎思、统治[8]和判断。亚里士多德的论证从城邦和动物之间的类比——这意味着许多独特的城邦有着不可混合的政体(你绝不会在牛脸上看到狐狸的笑容)——转移到第四卷结尾处对可以相互转换的成分的说明,其中一些成分混合在一起,创造出神奇的政体。

我们被身体形成的秩序引向灵魂,这是一种不仅属于哲学家的认知，因为只有通过灵魂，我们才能理解政治中的变革如何可能。人们肯定具有某种因素，使他们能够改变自己的生活方式，克服主宰着另一些动物的命运的运气。正如亚里士多德所 50
说，身体的形式意味着理性灵魂的存在，然而这样揭示出来的灵魂却是灵魂的身体成分。正是柏拉图称为"thumos"(精神)的成分(有别于嗜好或性欲)，承担着勇敢捍卫人类身体的任务，而不是致力于自我以外的东西。然而正如我们在讨论专制政体时所看到的，人类的抵抗能够表现得十分顽强，以至于仅仅为了维护人的任意性而损害他的自身利益。不过，也正是他的任意性，生动地反映着他不受自我利益约束的自由。甚至在最不理性的表现中，人类也展示出合理性和政治变革所需要的执著的能力。亚里士多德的说明似乎意味着，变革的基础恰恰可以从人类的冥顽不灵中发现。

我们再一次看到，亚里士多德错过了一个阐明执行权的机会。他没有扩大政体中的专制者的成分，以便建立一笔可以随意使用的基金用来控制任性的人们。亚里士多德也没有编织法制的伪装，让执行官披上它，以无辜的姿态把自然的任意命令传达给愚蠢的人。他坚持自己在第三卷中的陈述，即专制的伎俩不符合自然，然而他为使这种判断生效所采用的方式，却不是统治一切的王权政体。我们已经知道，政治科学家就像训练人类身体的体操教练；后来，在解释富人和穷人之间的中间阶层时，亚里士多德又谈到一个可信赖的仲裁者，他的最出色的品质是中庸之道(1926a6—7)。我们马上就会看到，这个仲裁者为了完成混合而进行"诡辩"，他不像体操教练那样诚实可信，这大概是因为他不能直言当事人的不适当的欲望(1288b17—19；1297a15，35)。但是，他利用自己的诡辩把民主政体和寡头政体混合在一起，通过有待于从政体等级中发现的意义，尽可能向他所仲裁的派别讲明道理。

政体的成分

现在,我们可以更细致地考察一下第四卷结尾处那段有关政体成分的话了。[9]亚里士多德在讨论这些成分时,使它们相
51 当于全部政体。第一种成分是“关于共同事务的慎思”,既然慎思导致选择,而选择具有择优的性质,所以慎思的成分有着寡头政体的倾向。第三种成分是做出裁决的因素(to dikazon),亚里士多德用这个动词来指民主大会的裁决,它要求在众人面前做出解释,所以它有民主的性质。它也让人想到使人类的选择面对身体的天性的必然性。第二种成分“关系到官职”而不是慎思、裁决或任何其他活动,这里的官职或“统治”(archai)是复数的。我们已经注意到,君主政体不是作为一种成分出现的,而这些“archai”可以用来指亚里士多德在第四卷中作为混合政体提出的“政制”(polity)。寡头政体和民主政体的各项功能,通过官职而得到划分,而不是像第三卷中那样,通过君主这个单一官职而被统一起来。因为在“政制”中,即在名称表示政体类型的特定政体中,人们可以向任何其他政体,尤其是寡头政体或民主政体的方向转化或变革,而不只是向君主政体的方向转化或变革。政制是“poplites”即“重甲步兵”的政体(1297B23—25)。当这个阶层统治时,他们可能建构一种政体,也有可能愿意捍卫任何政体。同样,政制不仅可以理解为一种特定的政体,也可以理解为使所有政体能够实行统治从而能够成为政体的因素。

把两种典型的政体(寡头政体和民主政体)和一般政体(generic regime)(即政制)视为一切政体的成分,便可认识到这三种成分一起构成了所有政体的灵魂。它们普遍或同时存在于

每一种政体之中，也分别存在于每种政体的统治机构以及每种政体的主导倾向之中。每一种政体可以通过分离或重新组合它的成分而加以变革。[10]政体的成分，其实是人类个体灵魂中的理性的和统治的功能，即慎思和判断的功能，它们也是这个灵魂的官职或统治原则，虽然亚里士多德没有指出这一点。因为他现在关心的是保护人类的选择，使其免于通过灵魂而实行的卓越品质的专制。[11]他对每一种政体的统治的说明，提醒我们要像柏拉图在其对话中那样，通过理解通常各不相同的人类的灵魂去理解人类的灵魂。不过，亚里士多德肯定意识到了最卓越的灵魂对人类自由构成的危险。所以他建议，通过一般的灵魂 52
而不是最杰出的灵魂，理解人的灵魂也是可能的，政治变革是可行的，至少在一定程度上如此（正如我们就要看到的那样）。每一种政体都有一定的寡头因素和民主因素，不过还有一种政制的因素，它把寡头政体和民主政体混合在一起，但又与它们保持分离，使变革的潜力保持开放。[12]对所有政体的成分的这种分析，表明每一种政体如何能够通过向“严肃的立法者”揭示对人人有益的事情而生存。[13]

相反，现代图式中的三种成分，即立法、执行和司法，并不描述灵魂的理性功能。它们的核心是有待于制定、实施或裁定的法律，而法律被理解为头脑的产物，是与产生法律所必需的活动分离的。现代图式不关心如何制定法律，就其最不妥协的形式而言，它尤其避免说立法是慎思的：根据托马斯·霍布斯的主权学说，立法可以是慎思的，也可以是一时兴起的决断或屈从于必然性。大概最终有着这样的意蕴：立法活动不必是慎思的，因为它只能对至高无上的必然性做出回应。亚里士多德说，假如政体的成分是高贵的（kalos），则政体也必然是高贵的；他在前面强调过服务于身体需要的城邦的必然成分和涉及灵魂的高贵成分——例如慎思和判断——之间的区别(1291a18—27)。然而现代图式旨在把政府局限于身体的需要或舒适的领域,它不足以维持人类立法活动中选择的高贵性。它放弃了对慎思的坚持,转而鼓励谨慎周全的算计。

慎思的成分

亚里士多德不但坚持慎思,而且把它称为“至高无上”。他的判断在我们听来十分陌生,因为它与现代图式相反;我们相信立法权至高无上,不管它的决定是否经过慎思。为了获得确定性,我们把一个官职或机构而不是一种活动视为至高无上。对我们来说,最好是知道什么人或什么机构至高无上,而不必传达一种不确定的判断:它是否因为出色的慎思而值得成为至高
53 无上。

然而,现代的主权者并不像我们想像的那样确定。在现代执行官的暧昧身份中,在形式的主权者和真实的主权者之间,仍然存在着含糊不清的关系。假如立法权至高无上,执行官在形式上便是它的下属,但是,假如执行需要立法之外的某种行动,执行官就变成了事实上的主权者。无论我们多么小心地限定一个至高无上的官职,我们都无法否认给这个官职不太完美地规定的活动的至高无上性;但是,为了使我们与灵魂保持距离,我们把这种活动称为“行为”(behavior)。这是今天政治科学中的制度主义取向和行为主义取向之间的分歧的根源。追求科学确定性的动机,造成了两种确定性之间的一种典型的不确定性——一方试图具体说明制度,不考虑它在做什么(称为“制度主义政治科学”),另一方试图具体说明行为,不关心它发生在什么地方(称为“行为主义”)。双方的确定性都在徒劳地想要提供

被对方所忽略的东西。

亚里士多德对慎思的讨论,没有徒劳地试图提供科学的精确性。但是它也不依靠被现代政治科学所拒绝的"非现实主义"的假设:我们在行动之前总会进行思考,我们对最重要的决策也思考得最多。当亚里士多德把慎思称为至高无上时,他其实是在思考人类的至高无上性的界限。按他的解释,与现代的科学推理不同,慎思不是根据自身的前提孤独前行,确立自身的至高无上性。在亚里士多德看来,慎思必须应付人类能力以外的事物,并把它们大体上带到人类能力的范围之内。至于什么处于人类能力之外,什么处于人类能力之内,在面对这个困难的、大概也是不确定的问题时,亚里士多德至少回避了现代图式所包含的必然性,即宣称我们是至高无上的,甚至当我们没有对身边的这个大问题进行思考时也是如此。

亚里士多德说过,政体的第一种成分是关于共同事物的慎思。他在这里没有定义慎思,不过他在《伦理学》一书中说,我们不去慎思我们无法影响或获得的事物;我们不去慎思永恒的东西或受必然性、自然或机遇决定的东西。我们甚至不去慎思全部人类事物;例如,斯巴达人不去慎思对于锡西厄人最好的政体。我们不去慎思目的,而是慎思手段,我们慎思找到最佳手 54
段,然后慎思这些手段的手段,直至到达第一因,这就是最终要发现的东西。这个第一因——分析的尽头,发生的根源——就是我们自己,是在我们内部支配着选择的东西(《尼各马可伦理学》,1112a18—1113a14)。因此,慎思首先是为了人们自身的良善,但是亚里士多德强调它的社会性(他谈到了"我们",并且提到和友人一起的慎思以及政治中的慎思),因为一个和别人一起进行推理的人,同他们在一起,能够比独自一人有更大的收获。[14]他的最有价值的工具是与别人共同拥有的,所以,他本人的理性，就其本身而言，可能微不足道或信息不足，但一般而言，它能够与人类理性的能力结为一体。

同时，慎思的对象，因为个人对众人的共同事业的关切——这也是一种合理的关切——而得到扩展。因此，忽略锡西厄人的最佳政体也许是斯巴达人的一个缺陷，他们的政体不允许更不致力于这种看起来无目的的哲学思考。这意味着他们不去慎思对于他们来说最佳的政体。亚里士多德不满于斯巴达寡头政体的自负，他在《政治学》第四卷的这一节，提出了我们进行慎思的、我们能力所及的共同事物之范围的问题。他以不事声张的恰当方式提出了这个问题，因为在斯巴达人对远方蛮族的怪诞行为的蔑视中，毕竟有些可以听取的因素。

据他说，在三类事情上，政体的慎思成分是至高无上的：一是战争与和平、结盟和解除盟约；二是法律；三是死刑、流放、没收和审计。在现代图式中，法律是至高无上的，而亚里士多德认为，法律只是慎思成分的关切对象之一。法律是关切的核心，这从那份似乎混杂的清单的排序中可以看出；[15]然而法律又被慎思的另一些主题所环绕，它们揭示人类立法在开战、选择盟友、阻止不服从和改变过去事物方面的权力界限。在思考外交事务时，人们是在思考另一些人，是从整个自然的角度思考他们，无论人与自然的关系是战争还是和平、盟友还是非盟友。在慎思惩罚时，人们想到的是命运或诸神施加的结果，对于这种结果，一个人除了希望或祈求逃避外，不可能有更多的作为。当亚里
55 士多德说慎思的成分至高无上时，他发现同时也必须承认，人们赖以慎思的人类之善的真诚性是成问题的。他表明，人们正是在这些慎思对象中，做出了这种承认。

在第四卷的前面，亚里士多德把慎思定义为“政治参与的工作”，未做进一步的解释；从这个背景我们可以设想，他的意思

是，在政治中慎思时，人们参与到他们利用他们必须接受的非人类必然性或善而选择的人类之善中。[16]在这里，慎思被出乎预料地称为“判断”(kriseis)，对亚里士多德来说，这是指一种事物与另一种事物的区分，以及在它们之间做出的判断。在希腊语中，“判断”也有区分的含义。[17]看来，参与的工作需要区分，慎思需要判断；为了知道我们可以慎思什么，我们必须摆脱作为慎思之参照点的我们自己的关切。具体而言，人们必须脱离他们喜欢民主政体或寡头政体这种习惯性的偏见，才可以通过参与进行慎思。

亚里士多德说，由全体做出的判断，都是“人民的”(demotic)判断，因为它是人民所企求的。然而，全体的慎思有若干“模式”(tropoi)：全体可以轮流工作而不是同时工作；全体可以为某些目的而集会，把另一些目的留给行政长官处理；全体可以聚在一起思考所有事务，只让行政长官准备议程。这些模式都被称为“民主的”。它们先是被称为“人民的”，即人民所企求的；可是人民必须遵从他们所发现的必然性进行统治，于是“人民的”变成了“民主的”，因为无论在什么地方，甚至在现代民主的最新模式中，也不存在全体实际慎思一切事物这种事情(1298a10，34)。任何地方都不存在完全是“人民的”民主政体。[18]例如，当我们说一种民主政体比另一种民主政体更民主时，言外之意是，每一种政体都包含着所有的政体，每一种政体都是混合政体。

同样，也存在着不同的寡头政体模式，其中最贵族化的政体，也不是完美的贵族政体。如我们所知，所有的人都要进行自卫，坚持监督他们的统治者，无论他多么出众(1295a20)。因此，实际的贵族政体允许全体做出某些决定，把另一些决定保留给某些人。这种政体甚至可以说类似于最新的民主政体，因为它暗示着贵族政体最擅长的事情就是“预先判断”或预先主导人类

的慎思。每一种慎思的秩序或(用我们现代希腊人的话说)“体
56 系”,甚至其中好的,都是一种赌博,因为无法保证把最优秀的人安排在官职上。最新的民主政体尤其如此,煽动家可以是伯里克利,也可以是克里昂,然而贵族政体也是如此,它也适时采用非贵族的、“政治的”抽签制度。[19]

在说明了最佳政体具有民主因素后,亚里士多德打算向民主政体和寡头政体提出建议,告诉它们如何通过混合它们的慎思成分,改进它们的慎思。他公开建议现代民主政体在法院和公民大会中采用寡头政体的做法,以保证人民和显贵一起慎思(1298b21),他又劝说寡头政体允许人民参与慎思——不是像当今政体那样批准政令,而是拒绝政令。亚里士多德给双方提出的建议,将诱导他的读者思考慎思的至高无上性,对我们而言,这个问题与执行权的必然性有关。民主派忘记了,当选择蜕化为随兴所至的命令时,它便失去了自身的尊严。它不再是正确的选择,也不是杰出的人类的选择。对于已经把慎思重新定义为“决策”的现代政治科学,我们也可以为它设置这一前提。人民要想维护选择的特质,一定要与杰出的人或“显赫的人”(gnorimoi)一起慎思,因为选择意味着对人们发现值得选择的事物的差异给予尊重,尤其是财富的差异,但也包括出身和人品的差异(1289b34—1290a5)。如果民主派选择了使显赫之士成为显赫之士的东西,那么他们岂能把显赫之士贬低到平等的地位?在我们今天,庆幸自己成名却又妒忌“名人”,道理何在呢?

对选择的权力同样信心十足的寡头派,应当允许人民拒绝命令,从而使他们自己的权利主张局限于事先的议政(probouloi)或护法(nomophulakes)的职责,它们已经存在于一些政体之中,其实是存在于民主政体之中。当亚里士多德建议授予人民拒绝的权力时,他承认了人类说不的精神;此外,虽然没

有着力强调，他也承认了命令的必要性，尽管慎思至高无上。允许人民拥有拒绝的权力，也就是承认人类拥有顽强反抗慎思选择之尊严地位的权利。不仅如此，这也是承认自然给人类选择施加限制的权力，因为对慎思而言，自然的一道命令，并不比人 57
类的随兴所至更容易理解。人民所拒绝的事情，和哲学家或科学家所说的事情，自然不会允许它们汇合于命令的政治必然性中。亚里士多德不再区分民主政体和寡头政体，意在把多数提议而少数拒绝的做法颠倒过来（1298b35—1299a1）。这种改革听起来很彻底，其实是中庸的。它暗示着所有的实际政体并不受选择的支配，而是由机遇和必然性所左右，因为它们利用民主派去慎思，利用寡头派去拒绝。但是就慎思的至高无上性而言，这一改革建议寡头派，即有选择能力的人类，必须满足于拥有第一发言权。自然和人性，即民主派，拥有否决权。

在现代国家，这种否决权被授予执行官，他以人民的名义行使这种权力。假如执行官也被授予定向的权力，而定向被理解为一种执行的职能，我们即可领悟到慎思的至高无上性了，但要比亚里士多德更温和。[20]我们放弃了拥有第一发言权，总是选择我们认为必然的事情，这样一来，我们几乎用命令的至高无上代替了慎思的至高无上。

官职

亚里士多德说，同这些事情“相关的”，是涉及到官职（archai，1299a3）的“区分”，它是政体的第二个成分或核心成分。他没有确切说明这种区分是什么，不过我们可以设想，它是使官职保持复数形式（offices）的因素，防止它们服从于一个官职，从而使它有可能成为统治一切的君权。在亚里士多德的图式中，政体的这一成分对应于现代的执行权,但是他的官职缺少现代单一执行官所体现的最高领导人的统一性。它们具有复数形式,这是它们的一个鲜明的事实,对亚里士多德和我们来说都是如此。亚里士多德认为,为了维护同官职“相关的”慎思的至高无上性,复数形式是必要的。

在讨论的起点上,亚里士多德提到了一种奇怪的可能性,官职既可以是短暂的,也可以是永恒或长久的。就人类的寿限而
58 言,永恒当然是太长久了。不过,我们可以把它理解为同“archē”的另一层含义有关,即初始原则或主导原则。亚里士多德希望保证——这是《政治学》第四卷的特殊任务——人类的统治是自由的,因此它不仅是在给每个人传达自然的必然性或神的愤怒。人们不是处在自然或神灵的统治之下,他们自己的统治仅仅反映着一种支配他们的更伟大的原则。因此如我们所看到的,无论是寡头政体、民主政体还是君主政体,或任何其他政体,它们本身都不是自然的或神的政体。它们都得到自然的支持,所以我们选择这些政体的自由得以保留。他这里所说的“区分”,是指主导原则这个广义上的“archē”和人类的“archai”之间的区分,他必须保留后者的复数形式,以便保护人类的选择不被“archē”所左右。

相应地,他提出了一个出人意料的问题,哪一类官职应被称为官职,因为政治共同体需要很多首领,他们未必都被当作官员(即统治者)。[21]我们把谁称为统治者,此事关系重大,因为我们的意见反映着我们的自由和自治的能力。亚里士多德说,被当作官职而特别予以讨论的官职,是指定其慎思某些事情、进行裁决和发布命令的官职[22],尤其是最后一种官职,似乎“更有统治的特点”[22]。发布命令更有统治的特点,是因为在官职和首要原则之间缺少一致性,在这里必须使首要原则与人类的统治保

持一定距离。我们再次感到某种发布命令或从事指挥的执行权的可能性。但是,与亚里士多德捍卫身体的自由相一致,他没有提到任何需要执行的法律,他指出,统治者在命令别人时,也是在命令自己(也就是说,他们不是某些事情的执行人,或是他们之外的其他人的执行人)。

所有的官职构成一种选择的制度,从这个意义上说,它们都是寡头制的。亚里士多德指出,有些官职是某些政体所特有的,比如长老(probouloi),它跟属于人民的执政(boulē)相反,是非民主的。然而他说,肯定也有某种官职,要为人民进行更重要的慎思;长老必然是少数,所以是寡头制的。他向民主派指出,作为自由人,他们是全部事物群体中的少数,为了维护他们的人性,他们必须"预先慎思"(predeliberate),或采纳把他们同(不自由的)自然的其余部分区分开的原则。若想让这些原则(archai)生效,必须使它们在政治官职中得到承认,因为正如他说,在人民 59
无所不管的民主政体中,甚至人民执政委员会的权力也会消失(1299b38)。用我们的话说,民主的立法会议除非提供由少数人组成的官职,例如委员会,让人们在这里利用自己的闲暇进行慎思,否则它就不是慎思的。在我们的官职中,我们把我们的人类特性作为前提并使其发挥作用,即使我们的初始意图是民主的并且我们不坚持人类的优越性。[23]

关于任命官职的方式,亚里士多德说,应当尝试"从起点"(ex archēs)——也有"从初始原则"的含义——讨论官职的设立。在第四卷中"加以尝试"(亚里士多德没有说能够做到这一点)的起始原则,是人类选择的原则。人类的选择发现自身面对无可选择的事物,从选择的角度看,它们完全是由机遇或运气提供的。亚里士多德从现实的政治实践出发,教导我们说,选择和运气的划分虽然最初令人印象深刻,"对于我们来说是第一位的”，然而它并不是最终的。因为在实践中，我们不仅仅是通过选择而选择了被统治：我们有时是以不同的方式、通过抽签而选择了被统治。正如已经指出的，任何设立的官职都有着抽签的性质，因为在设立这一官职时，我们不知道谁会担任这个官职。然而，对于担任这个官职的人的性格或天性，即官职的“资格”，我们确实有一些设想。这意味着最初像是机遇的事情，在某种可靠的范围内有着可认知的性质。就像统治一切的君王一样，虽然比他更为谦虚，从我们预计到这种可认知性的角度说，我们是能够进行选择的。假如做出理智的努力，一个官职可以是一个明智的选择，是对无法选择的事情所下的一个不错的赌注。例如，美国的立国之父不能选择总统，但是他们可以期待，由于这个官职的性质，会提出某些性格上的有关要求。[24]因此，亚里士多德可以保留选择和运气之间的区分，同时又提出如何才能在一条原则之下把它们结合在一起。

在接下来对设立官职的讨论中，亚里士多德的论述极为简明扼要。他的论述有着数学的和综合的性质，旨在训练“严肃的立法者”去寻找实际不存在或不普遍的可能性，以及纠正在今天的保守派和自由派中间仍可看到的两种自负态度：假设我们能
60 够选择我们喜欢的任何事情；用机遇提供的东西能够有所作为。亚里士多德提供了三种方式，它们能够使官职成为民主政体的官职（全体进行任命；全体都可以得到任命；抽签方式）或寡头政体的官职（一部分人任命；一部分人被任命；通过选择）。但是在这三种方式的条件下，民主政体和寡头政体已经脱离了可以确定这人或那人是主权者的实际政体，而是存在于一个抽象的政体之中，它仿佛是一个有着完全的选择自由的政治家的舞台。同时，这个抽象的政体，假如它存在的话，显然是一个可以自由地做出民主选择或寡头选择的民主政体。[25]因为寡头政体虽然

需要民主因素，但它具有排他性，因此同民主政体具有寡头政体的潜在可能不同，它不可能具有民主的潜在可能。为使所有的可能性得以展现，必须有“某些人”存在于“全体”中间，而不是某些人对抗“全体”。不应以寡头政体的方式让少数人对抗多数人，而是必须评估人类中的“某些人”的多样性。

因此，假如人类分为一些富人和一些具备优秀品质的人，那么以抽签方式做出的所有任命，都将反映这种分布：这两类人将出现在官职之中。人们从中做出选择的“全体”的天性的等级，支持甚至指导着人类的选择，因为可以预期，某些官职需要某些类型的人。但是，任命者的等级和任命的方式，阻止着自然决定人类的选择。因为，品类不同的“某些人”能够分布或固定在一种政治和社会等级制之中，这种制度极力要限制他们，使他们无法主导政治慎思。也就是说，人类在官职（archai）中的政治等级，阻止着自然的起始原则（archē）被分配给人类的每一个个体，亦即阻止统治。担任官职的人首先是通过确定他们自己的等级，由此把自己视为起始原则，而不是视为自然或神，从而摆脱了来自于上苍的规定性。就自由而言，我们最迫切的需要大概是避免一人统治，如果这个“一人”是通过身体的天性奴役我们的话；这种需要迫使我们对选择和运气进行区分，也迫使我们把它们混合在一起。选择和运气是复数形式的 archai，我们既不能把它们混为一谈，也不能让它们保持分离、界线分明。我们若把它们等同起来，便葬送我们的自由；我们无法混合它们，便危及我们的安全。

亚里士多德更准确地说，差别必须被“联接”（coupled），以便保留两种因素，而不是把它们“混合”，使每个因素失去各自的特质。[26]在官职的“联接”中，必须保证慎思的“加入”。亚里士 61
多德谈到了可以使官职得到任命的“联接”，例如某些人任命某些人，以及全体人任命某些人，如此等等。这种可能性揭示了每一种任命的双重性，因为它们是选择和运气、慎思和既定因素、人类和自然的联接。当人们说明他们的任命时，他们把选择和自然的既定因素联接，由此能够利用自然把“全体”联结到“部分”之中的好处，而不必屈从于自然。

亚里士多德似乎是在劝告我们，如果民主政体和寡头政体都是温和的，那么它们之间的基本分歧就是：一个要求进行统治的集团是轮流执政，还是作为排他性的“部分人”永久任职。对问题的这种表述方式，似乎再次有利于作为一种较温和的选择的民主政体。寡头政体之所以是寡头政体，是因为假如占据官职的“部分人”具有排他性，那么不管全体任命还是抽签任命，就不那么重要了——得势的是同一类人。但是民主政体（给予正确理解的话）是寡头政体和民主政体的联接，总是部分人统治但又实行轮流统治的民主实践便证明了这一点。可是，不管是民主政体还是寡头政体，都没有使对方成为不必要的东西，因为民主政体只能为最值得选择的政体保障轮流统治，却不能保障它的永久统治，这种政体除非承认“运气”，就不可能使自身永世长存。因此，在任命官职时把民主政体和寡头政体联接在一起，指出了贵族政体的优越性；在这里，最值得选择的政体是与确保它得到选择的自然原则（archē）联接在一起的。[27]这种贵族政体是最好的结果，是寡头政体和民主政体、选择和运气的完美联接。但是，它在任何地方都会发生吗？亚里士多德仅仅把它作为一个边界，在它之外只有无官职可以任命的君主政体。因此，这种最好的结果不必是真实的，但它仍然能够指导实际政体的建立。

在论官职这一节的最后，亚里士多德表明，他没有讨论官职的各项权力，他要在第六卷做这件事。他在这里把官职的任命从实际政体中抽离出来，把它们置于一个抽象的政体之中，仿佛

它们是复数，因此综合了各种模式。这个抽象的政体没有配备
需要执行的法律，它想必是人类的一般法律或自然法；所以亚里
士多德不必用约翰·洛克的方式提出一种抽象的或一般性的执
行权。我们可以假设，在亚里士多德看来，单一的自然法将使人
们忽略混合运气和选择的必要性。他们将要么接受神赋予他 62
们、让他们加以执行的自然法，要么把执行权掌握在自己手里。
或者，他们也许能够利用执行权的暧昧性，同时做这两件事？

裁决

政体的“其余的”成分是司法或“dikastikon”（如我们所说，这个词是指民主大会中的裁决）。亚里士多德没有像谈到官职同慎思成分的关系时那样，把它说成“下一个”或与前者“相关”。他说，他要在“相同的假设下”讨论这些模式。这一假设就是，为了实现最佳，他必须研究实存的东西，尤其是要研究（在第六卷）人类的身体以及代表这个身体发言的灵魂中的精神成分。因此，我们没有看到人们据以做出裁决的法律被公布出来，也没有第三卷中的“君王据以按自己的意志统治一切”（1287a10，35）的标准或 archē。因为这种法律似乎鼓励人们支持自己的愤怒的裁决，他们沉溺于普遍的民主歧视和傲慢的、寡头式的专断，将以偏私的方式曲解法律。亚里士多德要改造这种人，所以他必须从他们的裁决中暂时拆除这根支柱，直到他们学会运用它作为中庸精神的指南。如我们所知，这种把裁决与裁决标准暂时分离的做法，对于保护人类在慎思中的创新权利也是必要的；但是，对于使人们能够批判他们以自己为根据所做的事情这一附带目的，它有着更大的必要性。

我们从亚里士多德对法庭的讨论中看到，较之于官职，人们

裁决谁的问题取代了谁去任命的问题。法庭有别于其他官职(或者有别于官职),因为任命者不像受到裁决者那样重要,结果比起点更重要。我们不会感到奇怪,八种形式的法庭中的第一种,是审计或查账的法庭,要求人们做出他们所坚持的更优异的
63 表现。前五种形式构成一组政治法庭,这大概是在建议人们应当要求他们的统治者(或优异者)为政体承担责任,而不是仅仅表达愤怒。虽然政体各异,这些法庭都是在捍卫非党派的政体。亚里士多德在讨论法庭权力时,又能维持自己的分析形式,是因为与其他官职相比,法庭与任何特定政体的相关性较小。乍一看并非泾渭分明的犯罪类型要求建立不同形式的法庭,对一个单一法庭的司法权进行分割,不然的话它就接近于同政体混为一谈。它们分散了裁决,不然的话它可能很容易过分关注政体的安全;它们要求法官注意案件的性质,从而鼓励他们的中庸精神。不存在审理亵渎神明罪的法庭,因为亚里士多德不需要上天对人类泄愤。[28]

除了这五种法庭,还有三种非政治的法庭。对于其中的最后一种,即与政治最不相关的法庭,亚里士多德用来表示裁决的字眼是“krisis”,其意思是区分或分离。做出裁决,要求别人承担责任,一定要有自身之外的标准,并且要超越对一个人的自身生存的威胁。亚里士多德这种学说不同于洛克,后者给予每个人以自然法的天赋执行权,只要他觉得受到威胁而又得不到政府的救济,他就可以行使这种权力。在亚里士多德看来,允许人们这样做,是没有充分估计到一个事实,即“大多数人对自身利益的判断力不佳”(1280a16)。[29]如果人们根据什么事情有益于政体这个标准进行判断,他们便与自身利益拉开了一定的距离,具有更开阔的视野。但是,既然政体无非是指他们自身利益的经营,所以必须要求他们进一步判断什么是任何政体、更不用说

最佳政体的要素。要想根据所有政体共同的必然性做出判断，他们必须具有一种何为政治现象以及它同非政治现象有何关系的观念。例如，在裁决杀人罪时，他们必须具有一种有关人的尊严及其在自然中的位置的观念；在裁决外国人时，他们一定要具备一种什么因素使人们相互成为外国人以及对于一个人来说外国是指什么的观念。

在所有这些论述中，亚里士多德没有明确交代裁决是什么（虽然他在别处谈过）[30]，不过他留下了一些供人私考的线索。裁决似乎是根据某种标准做出的歧视行为，而这一标准，假如它不仅是重复被裁决的事情，假如它允许存在相当的差距，那么它一定是非政治的和非人类的；它必须具有可以理解的性质，而且 64
它这种可理解性不依靠人为的因素。

现在我们可以解释亚里士多德列出的四种法庭形式了（1301a11—15）。人民法庭是站在整个自然的立场上对一切事物进行裁决的法庭；寡头制法庭是从人的立场对一切事物进行裁决的法庭；贵族制和政治的法庭是站在自然的立场上裁决某些事物、站在人的立场上裁决另一些事物的法庭。

在《政治学》第六卷的结尾处，亚里士多德告诉我们混合政体不可避免，他基本上把它理解为选择与运气或慎思与判断的混合体。慎思是与官职相关的人类创造性的社会行为，统治者以这种行为“启动”他们自己所选择的统治，判断则是一种私下的行为，它要求一个人与他所启动的东西相分离，获得一种批判性的距离。他在进行判断时，不是仅仅接受自己的既定因素；他可以拒绝自己的“运气”。但是在拒绝时，他必须依靠并接受某种判断标准；因此，判断是包含着拒绝之可能性的接受，这是一种思维活动，它赋予人类的反抗以表达的权利，但又接受外在于人类的因素，即自然的至高无上性。慎思意味着有一个能够启动人类身体动力的灵魂，而判断意味着有一个能够使人同其身体相分离的灵魂，能够要求他承担责任，使他能够进行自我批判。但是，当亚里士多德告诉我们混合政体不可避免时，他并没有说明它如何能够成为正义的和高贵的。

权力和官职

当我们在第六卷结尾再次看到对官职的讨论，包括亚里士多德对执行的惟一明确的讨论时，我们发现了第四卷所承诺的（1300b8）对“权力”的讨论。这里按照官职的权力把它们分成了两大类，即必不可少的官职和高贵的官职。与我们从第四卷讨论的抽象模式中所能知道的相比，我们从这种区分中能够对高贵的混合政体有更多的了解。看起来，高贵的政体必须保留对必要因素和高贵因素的区分。我们可以推想，它的原因在于，高贵的人使自己有别于卑贱的人，以此来凸现自身的高贵，并且他
65 们对这种独特性的自我意识，是定义高贵性所必需的。高贵性是可见的，因为它必须让那些自视与卑贱相对立的人可以看到，在希腊语中，表示“高贵”的字眼（kalos）一般也有“美”的含义。[31]高贵的政体对（这或许是成问题的）高贵的人的意识做出这种让步，然而它会遇到一个难题，即卑贱的官职也许是必不可少的，因为它们是正义的。正义有时是卑贱的，尤其在执行惩罚的时候。

为了在混合政体中保留必不可少的官职与高贵的官职之间的区分，亚里士多德必须保留选择和运气的区分，并且一定要把这两种区分结合起来。他必须把选择描述为高贵的，而不仅仅是慎思的，使它有别于运气，以便凸现不接受运气的行为的高贵性。于是，向对你有益的事物说不这种粗俗的民主精神，便被转

化为或几乎被转化为对高贵的追求。亚里士多德让自己站在人类的不满(其实是人类的义愤)一边。在第四卷结尾处的抽象政体之后,他在第五卷谈到了政体的运行或革命,对此我们必须做简单的介绍。

政体的运行或革命是有原因的,原因有两类。亚里士多德虽然没有直言,但清楚地标明了它们,它们与正义和高贵之间的差别相对应(1301a25—1301b5,1302a16—1303b17)。第一类是一切革命的惟一原因,即所有现存政体的非正义性(1301a36)。政体不完美性的永远有效的原因是人类的不完美性;假如从足够远的哲学距离去观察这种不完美性,也许可以得出结论说,革命无法纠正人类的不完美性是无关紧要的。亚里士多德指出,品质卓越的人,虽然有着成为革命者的最充分的正当理由,却鲜有倾向于反叛者;而那些出身(genos)优越的人,要求不平等,更加倾向于革命,不管有无正当理由(1301a39—1301b5;1304b5—6)。

第二类原因描述了促使大多数(没有哲学头脑的)人,尤其是高贵的荣誉热爱者从事革命的因素。[32]他们对于非正义现象或自己所看到的景象的愤慨,为重大改进甚至臻于完美提供了可能性,因为对于无法纠正的不完美表示愤怒是没有意义的。这类原因不一而足,因为它是由对于人们十分重要的各种事件引发的(1303b17;另见1301a38;第五卷中有大量引人入胜的事 66
例)。以哲学的眼光看,革命不过是用一种非正义制度代替另一种非正义制度,这种眼光必须同追求高贵和荣誉的政治人的眼光相结合,对后者来说,政体的改变至关重要。具备哲学眼光的亚里士多德能够避免夸大政治人的期待,可是政治眼光却鼓励改革,并使改革者致力于有益的或至少是更具建设性的活动。

第六卷为热爱荣誉的人提供了从事创建的高贵机会。不过他们打算创设的政体是民主和寡头政体，不过如此。民主政体，大概也是热爱荣誉的建设者所选择的最终政体，在这里第一次受到关注并做了更多的讨论。[33]亚里士多德没有提到混合政体，而是说，既然民主以及另一些政体时有发生，所以必须确定对它们各自最适宜和最有益的因素(1316b39)。正如他在第五卷里曾就如何维护每一种政体提供建议(1304b20，1307b27)一样，他在这里也同意，每一种政体都有最适合自身的因素(oikeion)，没有必要为了混合政体而牺牲它们。这种让步来自于第五卷里亚里士多德对革命义愤之正当性的认可，因为政治义愤是有党派性的，而不是中立的或超然的。

但是在第六卷里，使高贵政体得以存在的热爱荣誉的人，作为创建者，却要把有益于每一种政体的因素和适宜的因素结合在一起，尽管对作为党派的他们来说，后者并不适合他们的口味。党派人在承担起创建者的责任时必须不计甘苦，但是他应当更加愿意从事这项事业，因为创建的行动要比党派精神更高尚，而且对高贵的人来说，受苦的味道其实更甘甜。他们面临着建立民主政体这一想像的任务，于是他们谎称，民主政体在他们看来是可以接受的，他们最终能够理解它对于作为反民主派的他们有多大的益处。立法者“最伟大的工作”不但是建立一种政体，而且要使其长存，因为让一种政体存在数日并非难事。[34]既然如此，为使一种政体长久存在，尤其需要找到有利于穷人的资源、职业或活动(1320a33—1320b16；1267a10)。用这种巧妙的方式诱惑高贵的人在他们不屑一顾的卑贱的必要事务中表现自
67 己的高贵性。当终于为他们提供了建立寡头政体的机会时，他们仅仅被告知寡头政体是民主政体的对立面；在筹划战争这种符合身份的任务中，则提醒他们依靠重型步兵或轻型步兵、骑兵或海军的政治后果，这样他们便不会忘记要让战争进程与和平

的事业相吻合。当他们为反思第四卷提到的官职做好了最后的准备时，亚里士多德诉诸他们的荣誉感胜过诉诸他们的获利欲，他向他们推荐高尚而又昂贵的华丽气派。[35]

这些官职被赋予了在第四卷没有提到的权力，这些权力(dunameis)在这里被理解为高贵者的潜能。官职在统治人们时，不是作为来自自然的外在权力或法律，由自然给人类行为的有序性(假如不是完美性)提供保证。人们必须承担官职，以自己有品质的活动使这种潜能变成现实。再说一遍，在他们的自治中，他们不仅是在执行源于他们之外的规则或法律。他们必须以有品质的、高贵的方式，依靠自身采取行动；只有通过他们的高贵品质，他们的自由和他们的统治才能保持和谐。高贵的人将被官职的潜能和现实之间的差异所吸引，它提供了我们所谓的“挑战”。所以，他们不但会被提供美妙的秩序和场景的官职所吸引，没有这种官职，不可能实行高贵的治理；他们甚至会被必要的官职所吸引，没有这种官职，城邦不可能存在。[36]在亚里士多德列出的十七种官职中，有十二种被称为必要的官职，但是其中的前两种官职，即管理城邦的市场以及管理公共和私人财产的官职，除了它的必要性外，还以维持良好的秩序(eukosmia)为目的。它们虽然是必要的官职，也可以因其高贵或美好而吸引那些受到高贵官职吸引的人。然而就执行而言，存在着更严重的困难。

必要官职名单中的第六种官职，“几乎所有官职中最必要、最艰难的官职”，是“根据名单处罚被定罪者和违约者以及看管囚犯”的官职。[37]这里只轻描淡写地谈到了我们作为起点的执行权。这种官职的困难在于它严重玷污人的名声，因此，除非是为了大捞一笔，谁也不愿意接受这种官职，而且接受这种官职的人也不愿意遵照法律采取行动。然而它是必要的官职，因为正 68

义的裁决如果没有“在执行中达到其目的”(lambanein telos),它们便是没有用处的。[38]可以把这当作亚里士多德用来表示“执行”的用语。他认可这种官职,并且说它是必要的[39],然而它是无法美化的,所以他对它轻描淡写。他没有利用这种官职的恶名,把它扩张成令人生畏的现代执行官,使其变得更加强大、更有效率。相反,他建议不要让它成为“同一个官职”,而是成为来自不同法庭的不同官职;对于涉及公示被记录为违约者的官职,应当加以分割;[40]即将离职的官员做出的裁决,应当由新的人去实施,实施者(执行人)应当是定罪者之外的人。亚里士多德说,这是因为对实施者的厌恶越小,这种事就越容易结束。如果定罪者和执行者是相同的人,他的恶名就会翻番,由相同的人来执行所有这些判决,会使他们成为众人之敌。然而,他们不是也会更加令人敬畏吗?

对于亚里士多德所承认的这个有可能成为“同一个官职”的官职,很难忽略它的更为重大的意蕴。假如由一个人担任定罪和执行的“同一个官职”,执行所有的裁决;不是直到被人取代之前做这件事,而是终身担任这一职位,那么他将成为一个神、一个首领之神。担任这种官职、有着人类之必然局限性的任何人,都会成为神的模仿者或执行人,他的统治将成为进行惩罚的神权政体。亚里士多德在第三卷说,对一个品质超群的人实行贝壳流放,就像要求支配宙斯并瓜分其官职一样。[41]在第四卷和第六卷,亚里士多德本人恰恰就是这样做的:他放逐了君王,以便通过瓜分官职去支配宙斯。亚里士多德的瓜分官职是他的“权力分立”。他试图以此唤醒优秀品质,而不是像马基雅维里那样,以此激发畏惧和获益的欲望。但是唤醒优秀品质需要采取两项措施,第一,亚里士多德必须在他的王权观中,为优秀品质提供毫不妥协的论证。然后,他必须阻止他的王权政体以愤怒之神的名义去威胁可敬的人，使潜在的暴君大权在握。只有经过这样的处理之后，优秀品质才不会变成自己最险恶的敌人。

执行官职的困难，不仅在于与它相伴随的恶名，使它对高贵的人或“可敬的人”没有吸引力，而且更在于它对“卑鄙小人”有吸引力。在谈到执行人的一项职责，即看管囚犯时，亚里士多德 69
说，必须把这项工作同处决的工作相分离。他接着又说，尽管可敬的人尤其回避这种工作，让卑鄙小人成为“主权者”却是不安全的，因为他们非但不能看管别人，他们自己都需要有人看管。[42]怎么能够把看守的工作，这种似乎特别能够为声名狼藉的人带来尽职守责美名的工作，委托给卑鄙小人，从而使他们成为“主权者”呢？亚里士多德在谈到“囚犯看守”时，他其实是在说“身体的看守”(1322a2)：难道不能设想，如果维持第四卷到第六卷对人类身体之政治重要性的关切，便能够从监狱看守的官职这个角度理解人类的政府吗？这是一种有关现代执行官的暗示，但也仅仅是一种暗示而已。

亚里士多德反对这样的观点：在看管人时只需要看管他们的身体，从而是把他们作为囚犯来看管，不过(正如我们所知)这种观点是有一定道理的；为了减少来自卑鄙小人——不是人民中间温和的粗俗品质，而是受到错误的高贵品质误导而谋求暴政的人——的危险，他尽量减少这种官职的机会。在这样做时，他在《政治学》的一段论述中提出一种对自然的理解，旨在让人们放心，让他们进行惩罚的愤怒欲望得到缓解。自然被理解为对人类并不友好，它没有为人类的正义提供支持，它迫使人类的统治模仿愤怒的众神，依靠畏惧作为服从的动机，并且纵容对敌人的仇恨。这是马基雅维里的伎俩，但不是亚里士多德的方式。

亚里士多德宣布或发现了一种对自然的理解，它包含在他的王权观之中，它有利于人类的目的和人类的福祉。他的意图是保留行为高贵在实践中的可行性，引导追求高贵行为者的抱负，以免让马基雅维里式的君主成为主宰者。亚里士多德的王权是一切政治的目的所在，因为每一种政体都提出一种主张，它最好地体现在其最优秀的公民身上（如我们所知，甚至民主政体也是因其最讲民主的公民而达到鼎盛的）；同时它又超越一切政治，因为会有许多人不服从一个最优秀者的统治，他们其实有着反对这种统治的正当权利。从某种意义上说，王权超越一切政治，所以它仍然只是理论上最优秀的政体，用于衡量实际的政体。亚里士多德在实践中偏向于混合政体及其无偏私性使之成
70 为可能的法治。不管怎么说，他不会赞成使一人统治成为现实、使法治成为理论空谈的现代执行官。

我们从王权的这种暧昧性中看到，用于定义政治的各种形式为何具有两种相反的功能：它们既揭示政治的目标，又控制着走向这些目标的运动。对亚里士多德来说，前一种功能是第一位的，它是在《政治学》第三卷讨论作为一种形式的政体时提出来的。我们从这里了解到，民主政体的目的在民主的形式中得到了最好的揭示。第二项功能则表现在第四至六卷所讨论的机构或“官职”（我再次强调，它们是复数）的各种形式之中。这些形式的优点在于使既有的政体想到另一些政体和混合政体；它们的作用是阻止莽撞的举动，告诫人们不要头脑简单地献身于政体的主要目的。[43]这个意义上的各种形式被现代宪政体制所采用，而第一种意义上的形式，如我们就要看到的那样，则因为宗教分歧而受到怀疑。因此，我们今天把“宪政体制”主要理解为对政府的制约或限制，而在亚里士多德的理解中，这是最无足轻重的事情。由于这种颠倒，我们对美国宪法的能力是否仍有信心，是令人怀疑的。因为这部宪法的形式表明，自由政府的雄心有多大，那些形式对其抱负的制约就有多大。不过，我们的主

要想法是做一个“现实主义者”,就此而言,我们不得不把政治的形式与它的现实相对照。在现代政治中,这种差别最突出的标志,莫过于执行权这个概念。 71

三
原始形态的执行官

亚里士多德在他的政治科学中是有机会发现并阐述执行权这个概念的;然而他要么无视、要么轻忽它们,从而错过了所有这些机会。在亚里士多德之后和发现执行权之前的数百年里,出现了一些原始的执行官,甚至有人领悟到某种原始的执行权学说。罗马共和国的执政官和独裁者,便是我们在一个共和主义背景下可以称为强大执行官的人。在这一章里,我将讨论波里比乌斯描述过的罗马执政官,以及若干文献中描述的罗马独裁官,看看他们是不是真正的执行官。中世纪的统治者——无论是国王还是皇帝——在某种意义上被视为一种更高的权力即上帝的意志的执行人。然而他是现代执行官吗?为了回答这个问题,我将在第四章说明,亚里士多德的王权如何被托马斯·阿奎那、但丁和帕多瓦的马西利乌斯采纳并应用于中世纪的统治者。在帕多瓦的马西利乌斯的大作《和平的捍卫者》中,我们看到"执行"的观念,其实是这个字眼本身,成了政治科学的主题。

另一些可能的执行官也可以在理论和实践中找到,因为正如我所说,执行权的某些计策,例如马基雅维里主义者的阴谋诡计,从来就是富于创新精神的政治家触手可得的。谁能为富于想像力的思想家的能力划定界限呢?不过,让一部著作中充斥着有关执行权的语焉不详的预见,不会有益于我们的目的,因为我们就会看到,这些实际的执行官并没有被理解为执行官。理论上的执行官露了露面，然后又被撤走了——总之，原始的执行官仅仅是准执行官。如果像霍布斯那样声称，在他本人著书立说之前，亚里士多德支配着大学，那是言过其实了。霍布斯的意 73
思是，亚里士多德支配着政治世界。可是我们发现，亚里士多德的具体表述虽然被放弃（或像马西利乌斯那样，对他做了明确的修正），阻止亚里士多德发现执行权的基本考虑对于古典政治哲学传统中的另一些人却仍然有效，原始的执行官仍然处于严密的限制之下。

就罗马而言，在政体中出现了一种新的区分，在十九世纪之前它一直支配着西方的政治科学和政治意识。民主政体和寡头政体之间的争论已经风光不再，此后发生的著名争论是在共和政体和君主政体之间。希腊人了解野蛮人的君主政体，但是民众的信念把它们视为不适合于全盛时期的希腊人的原始政体。希腊的政治哲学没有如此下贱：色诺芬把居鲁士作为自己的政治家楷模；柏拉图想像出一个哲学王；亚里士多德提出了我们已经研究过的看不见的王权。然而它们只是供人想像和理解的模范，不是行动的目标。

在希腊各城邦，两个相互竞争的党派，两种主导政体，是民主政体和寡头政体（但是正如伯里克利的雅典那样，有可能暂时实行一人统治）。这就是亚里士多德在《政治学》第三卷讨论政体时，能够把民主派和寡头派之间的党争作为他的起点的原因。他把这一争论引向王权，并不是想把王权作为一种可行的政体加以介绍，或是打算为共和政体和君主政体或帝国政体之间的政治争论建立一个新的框架。[1]亚里士多德转向混合政体，它其实是一种混合制的共和国。在罗马，推翻塔尔昆国王同时建立起共和国的事件，并未使政治争论中的党派发生变化。在这一事件之后，共和国变得十分强大，以至于它在数百年后衰亡时，帝国也要以共和国的形式出现，而不是打着自己的旗号。

帝国的观念具有某种天然的号召力，并且一直潜存于古典政治哲学之中。如果有个人确实最优秀，那么除了偏见和习俗之外，什么东西能够阻止他的统治超越已知世界的界限呢？这种可能性在亚里士多德《政治学》的第七卷已经有所预见(1325a34—39)，并且如我们就要看到的，在但丁的《君主政体》
74 中得到了阐发。它是中立的，因为它诉诸人性的普遍性，并要求这种普遍性在最优秀者的统治中得到体现。罗马共和国覆灭后，皇帝和君主掌握了支配权，他们能够着手消除共和国的形式；他们能够谴责共和国的动荡与骚乱和共和国的普遍罪恶。通过对照共和国的罪恶来突出帝国的优点，政治论说便从民主政体和寡头政体之间的优劣之争，变成了共和政体和帝国政体之间的优劣之争。于是，在帝国统治下，罗马共和国在病态的争论中长期虽死犹生，甚至比塔尔昆国王在共和国时期享有的身后名声更长久。然而，没有自然基础的支撑，罗马的政治大概不足以建立一个政治争论的新框架。亚里士多德发现了民主政体和寡头政体反映着有关人和非人的自然的对立要求，人们同样也可以(在亚里士多德的帮助下)发现，共和政体和帝国政体之间的争论，可以说是一种基于自然的论证。帝国的观念诉诸具有普适性的人性，无论人们相互之间有多大距离，而共和的观念表达人们能够共同成就什么事业，共同拥有什么东西。[2]

有人也许认为，这个新的罗马辩论框架有利于执行权的发展。然而，假如确有可能的话，人们可以协调人性中的普遍和共同的因素，一种由共和政体和帝国政体组成的混合政体，也许能够在执行的观念中找到。君主政体很容易发现一人统治的优点，而共和政体要想保留这些优点，必须学会隐藏它们：我们将会看到，惟一必要的事情就是把这两种见解结合起来。然而事实上,执行权的出现既不是来自罗马的政治,更不是来自于希腊的政治哲学。执行权的出现必须依靠发明。

波里比乌斯的罗马共和国中的执政官

研究希腊史的罗马史学家波里比乌斯提供了一种对罗马政体的分析,在这一分析中,执政官似乎有望成为原始的执行官。在回顾罗马人成功征服了“几乎整个世界”(公元前220—前168年)时,波里比乌斯把这一胜利归功于一种政体,它使罗马人能够抵御命运的多变,尤其是能够从在坎尼惨败于汉尼拔的处境 75
中恢复过来(《历史》I.2.7;VI.12)。这种政体的原则,不是我们在亚里士多德那儿看到的各种功能之间的和谐,而是对立因素之间的冲突和畏惧。它通过相互钳制和制衡发挥作用,其方式让我们想到相互对抗的现代分权政体。[3]引人瞩目的惩罚权,由所有三个要素(执政官、元老院和人民)分享。不过,执政官在军事行动中几乎不受约束的权力,使他们享有一种优势地位,有可能成为权力超常的现代执行官。

处于冲突中的政体这种形象,又为所谓政体循环的观点所加强,它的发生是因为难以察觉的退化以及它所唤醒的反抗行为。循环始于发现公正和高贵的人,因此这种观念似乎是人为的,而不是自然的,其手段与一种需要相一致,即为了落实这种观念而对畏惧进行人为的操控。与现实主义的现代分析取得完满的相似性,要依靠制度化的畏惧而不是优秀品质的教化,所以波里比乌斯把自己的工作称为“实用史学”(pragmatic history)。[4]现代作家如马基雅维里和孟德斯鸠为这种相似性提供了见证:马基雅维里在《论李维》一书中,开篇即盗用了波里比乌斯对循环的解释并加以利用;孟德斯鸠也多次提到一个人,把他称为“头脑精明的波里比乌斯”。[5]

可是，一俟我们考察这种表面上的相似性，它却消退了。首先，波里比乌斯把罗马的成功视为一种令人赞叹的奇观；并且他的“实用史学”不仅是功利性的。[6]他似乎承认自己是在把柏拉图和另一些哲学家通俗化[7]，但是不应从现代意义上把他理解为一个通俗作家。对我们来说，波里比乌斯是个十分缜密的思想家，许多现代评论家都低估了他。

波里比乌斯在介绍自己的政体循环观时，指出了他要予以反驳的两种政体观；一种观点是，希腊政治科学中的三种政体（王权政体、贵族政体和民主政体）就是全部政体；另一种观点是，它们永远（他发誓说，“以宙斯的名义”）是最佳政体（VI. 3. 5—7）。第一种错误是由无党无派的、传统主义的哲学家犯下的，他们无聊地断言，在三种好的政体以及与它们相对应的三种坏的政体之间，不存在本质的差别。第二种更为糟糕的错误（正
76 如那句誓言所示）是结党营私者犯下的，（他们依附于自己的政体，不愿意把它们同另一些政体混合在一起。波里比乌斯针对这两种人说，他依靠的是“自然”。自然将证明，结党营私者的选择是有局限性的，所以我们不能按照自己的愿望生活，而是必须接受一种混合政体。论及相反的错误，自然也将证明，人们认为十分重要的政体之间的差别确实存在，并且它不仅是偶然的和人为的。

与亚里士多德不同，波里比乌斯没有以党派之争作为起点，虽然他也面对罗马共和国的平民和元老院之间的严重争执。相反，他以自然、以政体的自然循环作为理论起点，以此说明政府、党派和政治意见是如何发生的。就像西塞罗《论国家》中的西皮奥所说的那样，这种循环是“政治精明的顶峰”。[8]不过，只有一小部分循环能够成为任何政治家经验的一部分，所以像波里比

乌斯(和西塞罗)那样依赖于它,等于把从事探索的哲学家推到一个更加不含糊的教师位置上,这超出了亚里士多德愿意接受的范围。同时,尽管波里比乌斯承认自己依靠柏拉图,但是这种更加不含糊的立场,并不是像柏拉图想像出来的哲学王那样,是用来贬低实际政治的;相反,这种立场是为了协助负责任的政治家,例如他的朋友西皮奥。正如波里比乌斯告诉我们的,他必须正视罗马的成功征服,它似乎可以平息对最佳政体的论证。因此,柏拉图想超越这种论证,亚里士多德想利用它,而波里比乌斯面对罗马令人瞠目结舌的成功,必须复活这种论证。

政体的循环观采取了一种长远眼光——比罗马的存在或它的发展壮大更为长远。它以一种原始的君主政体作为起点,这种政体是在一场自然灾害毁灭了人类文明、弱小部落的幸存者聚集在一个更强大勇敢的人身边之后发生的。这时,有关正义和高贵的观念,因为它们的功效而第一次出现——当父母厌恶不孝子女时,便有了正义的观念;当一个保护处境险恶者的人受到尊敬时,便有了高贵意识。但是,与现代的现实主义者和古代的传统主义者不同,波里比乌斯没有说这些“最初的观念”都是道德观念。这些观念利用了人类独特的理性能力,随着它们的发展,原始的君主政体变成了一种统治自愿的臣民的合理的王权政体。可是后来的君王变成了世袭制,他们不再是因其优秀 77
品质而被选出,于是他们放纵自己,沉溺于穷奢极欲、荒淫无度的生活,不理政事,他们的王权也变成了暴政。但是,大多数高尚的人受不了他们的行为,这些人便用阴谋推翻了暴君,经人民的同意建立起贵族政体。有了这种经验之后,贵族和人民对任何类型的一人统治都感到厌恶,但是把持权力的贵族不想放弃权力:此乃赞成一种政体党派意见之所以发生的原因。事情就这样演进着,贵族政体堕落为寡头政体,民主政体堕落为暴民政体，人民最后堕落为野兽，当他们找到一个“主子或君主”时，又开始新一轮的循环（VI.5—9）。

这种解释有些令人困惑之处，但是从中能够学到什么呢？如我所说，波里比乌斯强调这种循环是一种自然现象。政体难以察觉的退化以及对它的自觉纠正都是自然发生的；因此自然的有序运动既包含人类的弱点，也包含人类的优点。[9]所以，当循环出现在精明的政治家面前时，他们既不会得意，也不会绝望；就像富有远见的利库尔戈斯和没有远见而陷入争斗的罗马人那样，他们将接受一种混合政体。[10]循环也使结党营私者认识到，他们所偏爱的政体有可能退化，事实上肯定会发生退化，存在着另一些政体，它们发生于他们的政体之前，也会出现在他们的政体之后。他们仅仅倾心于一种至高无上的政体，看起来是荒唐的眼光短浅或是一种“非循环的”观点，就像我们今天把褊狭的眼光斥为“非历史的”一样。但是，我们说“非历史的”，是为了缩小选择的范围（历史已经预先做出了选择），而波里比乌斯利用循环观，却是为了扩大党派的视野和党派选择的范围。进一步说，对于那些轻视道德和政治，将其视为等而下之的考虑或无法纠正的事情的人，循环使他们认识到，虽然人类最初赤身裸体、羸弱不堪，他们在自我完善时却有自然相助；如果我们无所用心，退化便是一种自然现象，然而正义和高贵也是有可能得到的。

可是，假如政体的循环是自然现象，那么包含着所有三种好政体的混合政体的根据何在呢？[11]按波里比乌斯的观点，理解了循环的政治家，便因这种理解而摆脱了循环，能够像利库尔戈斯那样建立一种长久存在的混合政体，这又是为什么呢？历史
78 既不能中止，也不能超越，因此只要一提到政治家的“历史背景”，都是在描述他的局限性。但是对波里比乌斯来说，循环显

然是能够停止的，至少能够停止一段时间。这种主张的根据肯定是这样一种观点：自然是一个整体[12]，而不仅仅是一个进行区分的概念。从一种意义上说，自然有别于人类的理性和机遇，因为它的运行遵循着独立的规律。但是从另一种意义上说，自然当然也包含着理性和机遇，因此，使政治家能够运用理性建立有限稳定状态的机遇，就像在没有这位理性政治家的情况下政体的退化一样，也是一种自然现象。[13]

把自然理解为一个整体，便超越了第一种意义的自然过程，这种超越是一种区分，因为它依靠那个整体。把循环理解为一个整体，使政治家利库尔戈斯和解释他的政治哲学家有别于政治党派，后者受命运的摆布，仍然置身于循环之中（VI. 10）。我们大可以怀疑，无法从柏拉图那儿读到循环说的利库尔戈斯，却具备波里比乌斯赋予他的理解力。然后我们看到，波里比乌斯使政治哲学多么密切地贴近了实际政治，他是多么勇敢地纠正了它的自然趋势——他不像亚里士多德那样依靠这种趋势本身的前景，而是提出了一种同它对抗的新思想。

波里比乌斯确实说过，罗马建立混合政体并没有得到一位利库尔戈斯或一位政治哲学家的帮助。但是他提出政体循环说，正是为了解释罗马的政体。因为他说，从起点（archē）上，这种政体的构成和生长便都遵循着自然（VI. 4. 13，9. 12—14）。然而正如我们所知，罗马政体的原则是三个部分的相互畏惧，而不是像利库尔戈斯的斯巴达那样，以预见和理性作为原则。在这种循环中，三种好政体尤其是王权和暴政的区分标志是：以自愿和理性的协约克服了少数和多数的相互畏惧（VI. 4. 2，6. 11—12，8. 1，9. 1）。波里比乌斯断言，罗马人在冲突时“总是做出最佳选择”，从而取得了利库尔戈斯所达到的成就（VI. 10，14）；因此在建立他们的政体时，他们不仅仅是不假思索地做出

反应。然而,他们的政体并不是一个整体;它是三种成分的混合,其中每一种形式都不向其他形式做出任何让步,孤立地看就
79 像是一个整体(VI. 11,12)。换言之,它是一个混合体,因为三部分都声称它属于自己,人们不知道对它还有别的称呼。

支持这三种形式的党派精神也依然如故,因为党派精神并没有通过教育而发生改变。[14]赋予执政官分立的权力的形式(eidos),并没有改变他们的行为。虽然执政官(通常)是元老等级的人物,他们离开元老院成为执政官,执政官任期结束后又回到元老院,但是他们因这种形式(他们的官职)的缘故而独立于元老院。这就是波里比乌斯不同于现代历史学家的原因,他循着我们在亚里士多德那儿看到的有关形式之重要性的论证,而现代有些历史学家却相信执政官的社会出身胜过其官职的形式上的优势。因此波里比乌斯把他们称为一种既有别于贵族政体也不同于民主政体的君主制因素。

罗马政体的三种成分相互争斗,所以它们不可能像亚里士多德的政体或现代立宪政府中的三种功能那样,构成一个整体。它们中的任何一方都不能无拘无束地行动。当一方试图成为主宰时,其他两方便联手反对它。至于这种政体是如何发生的,波里比乌斯没有给予说明。不同的权力似乎是由一个办事公道但头脑糊涂的法官赋予的。[15]西塞罗为这种罗马政体的形成提供了一种解释,对于那些在不同时间争权夺势的人,他赋予他们一种难以置信的预见力——仿佛罗马不是由一个人而是由一系列创建者筹划的。[16]有些学者把一种“考古学”的解释归功于波里比乌斯(这样它便可以成为对西塞罗有用的资源了!),但是,他虽然提供了一种循环论的解释,但他不必为仅仅反映着这种循环的罗马的事件提供一种解释。他确实说过,三种要素在出现外部危险时会共同采取行动;[17]在发生这种情况时,它们不再

相互杯葛,而是竞相表现,看看谁能最好地应付紧急状态(VI.18)。罗马长于对付危难,长于对厄运做出反应,例如在坎尼被汉尼拔打败时的处境。它的整个政体,而不仅仅是其中的执行部门,似乎就是以此为目标的。当我们看到罗马的政体只有在面对外部紧急状态时才成为一个整体,我们便认识到了它在战争和征服中取得成功的原因。在讲述这种成功时,波里比乌斯 80
实际上提供了对政体的“考古学”解释,所以我们不必奇怪,他接着便用不少篇幅描述罗马军队的组织。[18]

对于一个波里比乌斯表明是为了帝国而组织起来的政体,他有何评价?有些人相信,他受到了这种政体的迷惑[19],然而有理由认为恰恰相反,他对它持深入批判的态度。他说,罗马人通过在冲突中“选择最佳方式”,达到了与利库尔戈斯相同的目标,即“我们这个时代最好的政体”(VI. 10. 14,18. 1)。他在这里似乎是把罗马和斯巴达等量齐观,它们在各自的时代都是最佳政体。但是后来他一直避免进行直接比较。[20]尽管他同意,循环论可以证明罗马的盛衰,然而他马上便仅仅预言它的衰落(VI. 9. 12—14),仿佛罗马没有极盛时代。在讨论罗马的政体之前,他对有意的疏忽发出了警告(VI. 11. 8);我们从他的解释中注意到,虽然他在赞扬利库尔戈斯时断定,公民团结一致奋勇抗敌的精神维持着斯巴达的统治,他却不提罗马的私人生活和教育。但是,罗马政体的原则与暴政的原则如出一辙:不是团结一致,而是恐惧。最引人瞩目的是,波里比乌斯没有提到罗马政体承受好运的能力,尽管他强调说,检验一个人或一种政体的办法,就是看其是否既能承受厄运,也能承受好运。罗马是否会像雅典一样,被征战的成功所毁灭,沦为暴民统治呢?

循环论的教诲似乎是:政体的退化来自内部原因,对外冒险并不能延迟这种退化。[21]与马基雅维里不同,波里比乌斯避免在斯巴达苟安于一隅的做法和罗马的帝国主义之间做出明确的判断。然而同他对政体和个人之间的类比相一致，他把这事留给了个人，由他们去选择是否追求罗马政体为之建立的荣耀和权力（VI. 50. 3）。他本人的学生兼朋友西皮奥是他的完人楷模，在思考迦太基的覆灭时，他提到西皮奥对政治中的古典精神的永恒概括："波里比乌斯，这是件好事，但我还是担心，我预见到自己的祖国有朝一日也会面对同样的命运。"（XXXVIII. 21；另参见 XXIX. 21）

事实上，罗马人犯下了波里比乌斯在分析他们的政体时反对的两个错误。就像所有党派一样，他们以为自己的政体——或者说，其实是所有的政体——是不朽的，故而没有必要混合它
81 们。其次，他们不相信好政体有着任何自然的基础，于是他们依靠恐惧、迷信和帝国主义。波里比乌斯的"自然主义"远不是为了揭示罗马的权力，而是为了对它进行客气而又坚定的纠正（波里比乌斯作为一名罗马人的战俘，并没有处在抨击他们的位置上）。他的自然主义不同于现代版本，它劝说人们接受和依赖自然。它没有把自然化约为盲目的必然性或偶然性，也不认为政治是受恐惧或荣耀欲望驱使的人类的弱点。所以波里比乌斯的自然主义没有建议征服自然或战胜机遇。因此，他所说的政体的自然循环，并不是现代政治科学将人置于其中的那种自然状态，通过对恐惧感的理性操纵，可以使人脱离这种状态。这种科学将对政府的权力或功能给予新的定义，它所依据的背景是，波里比乌斯视为罗马政体之特征的恐惧，是人类境况的本质。在波里比乌斯看来，执行权仍然是王权，仍然要负责培养优秀品质，而不仅仅是一种摆脱了自然限制的权力。如果说，他所描述的罗马执政官就是马基雅维里式的君主，他是为这种相似性而叹息的。

罗马的独裁官

早期或古典共和时期的罗马独裁官,在现代理论中享有经久不衰的名声,在实践中也享有独一无二的恶名。我们今天体验过的法西斯主义独裁者和其他独裁,要为这种恶名负责,但是他们对共和主义手段的勇敢探索,却被后来的思想家如卢梭和马克思所采纳。[22]在我们今天放肆的独裁者身上,我们看到了现代执行官登峰造极的表现,这些执行官拒绝宪法的限制,为了自身而行使权力,虽然仍然打着人民或历史动力的旗号。这种独裁者虽然成了后来的执行权历史中的主角,但是在我要讲述的宪政主义执行官的发展史上,他只是一个的配角。

亚历山大·汉弥尔顿在说明美国总统制中“强大执行权”的必要性时,就提到过“独裁官这个可怕的头衔”,以此证明罗马人已经认识到同样的必要性(《联邦党人文集》70)。他的对手反联 82
邦主义者也承认这个例子的有效性,不过他们指出苏拉和恺撒滥用职权,酿成了共和国的覆灭。[23]早期的现代政治科学多么频繁地提到罗马的独裁制度,可以从卡尔·施米特的《论独裁》(*Die Diktatur*)中看到,此书也特别凸现了它的执行特征。不过,施米特把这种对罗马独裁官的兴趣称为一种现代特有的现象,把它同现代国家的形成联系在一起。按施米特的观点,在现代作家中间,这种讨论是提出主权问题的一个手段——它主张共和国也需要一种诉诸“单独一人”以解决纠纷的办法。[24]我们就会看到,最先提出这一主张的,是现代执行官的奠基人马基雅维里。

那么,罗马的独裁官就是真正的现代执行官吗?我不这样认为。罗马独裁官的现代身世,远比它的古代历史更令人兴奋,它更多地掩盖而不是揭示古代作家赋予它的含义。现代人为罗马的独裁官提供正当性,对其加以阐发和解释,而古人却尽量贬低它,对它表示悲哀。[25]处于纷争不止的现代事件之中,如今不易对他们的判断做出评估。现代作家如马基雅维里和让·博丹诱人误读罗马先例,以此隐瞒自己别开生面的程度。这方面的一个出色事例可以从博丹的《国家六论》(*Six Books of the Republic*,1576)中看到。博丹提到独裁官,是为了证明,甚至共和制的罗马也同意主权的必要性和君主政体的优点;然后又通过引用塔西佗来强化这一观点:“塔西佗说,在执行重大事业时,发号施令的权力必须限于单独一人行使。”[26]这种说法粗暴地歪曲了塔西佗,却很符合马基雅维里的观点;[27]借助于这种“塔西佗癖”(Tacitismo)(借塔西佗之口说出马基雅维里的话,是十六世纪的时尚),博丹把马基雅维里对独裁官的兴趣归因于罗马人。

然而,讨论独裁制度的古代作家,确实贬低独裁官的必要性。这方面最清楚的例子,是前面分析过的波里比乌斯《历史》中研究罗马政体的第六卷。波里比乌斯在这一卷对独裁官只字未提,更没有进行讨论,甚至当他含糊其词地谈到政体的三种成分在危急时刻联合起来时,也没有谈到独裁官(VI. 18)。[28]此前,波里比乌斯曾详细谈到法比乌斯·马克西姆斯被提名为独裁
83 官的事情,它发生于罗马的一次灾难性失败、人民和元老院放弃了他们选出的统治者之后(III. 86—87)。可是在这里,他对这种危急之中的权宜之计也没有说什么,而是仅仅把紧急状态下统一行动的可靠性作为这种政体的特征。

这种忽略,大概是波里比乌斯在赞扬罗马政体的同时,对其做出谨小慎微的批评的一种反映。哈利卡纳苏斯的狄奥尼西乌斯是在共和国已经没有留下多少东西可以拯救的时代从事写作

的，对独裁官的说明就要直率得多。狄奥尼西乌斯说，对他的任命是与穷人作对的元老院的欺骗行为，旨在让可以向人民发出诉求的法律形同虚设。因此，独裁官制度不过是换了一个比较好听的名称、自愿同意或经选举产生的暴政，在出现了法律无法提供正义的情况时，例如发生了军事紧急状态，或官员无法维护法律的内乱期间，加以利用（V.70—74）。总之，与波里比乌斯的保证相反，偶尔借助于独裁官，等于承认罗马政体在危难当头之际并不能团结一致。

狄奥尼西乌斯直言不讳说出的真相，又被李维和西塞罗掩盖起来了，这两位罗马人生活的时代使他们有可能或必须对共和国抱有责任感。但是这种隐瞒采取了两种不同的形式。李维同意，求助于独裁官是在“可怕事件的时刻”（in trepidis rebus），无论它是外部的还是内部的，此时政权的状态受到干扰。它超出“常规手段”（consuetis remediis），因为独裁官的创设没有规定要诉诸人民或另一些正常程序。因此无暇深思熟虑。[29]然而李维坚持并且认为罗马人也坚持提名独裁官时程序的合法性。他讲述了罗马人在提名卡米卢斯为独裁官时，极为痛苦地向元老院征求意见。当卡米卢斯由人民而不是执行官和元老院任命为独裁官时，李维认为他并不是真正的独裁官，而是“处于独裁官位置上”的“准独裁官”（pro dictatore）。

西塞罗大胆地试图让独裁官符合法治，尽量给他比附上王权的优点：法治和王权是我们从亚里士多德那儿看到的两种纠正暴政的手段（《政治学》1286a8—10）。西塞罗通过其代言人西皮奥说，独裁官被视为一种“接近于王权”的新权力（《论国家》 84
II.32），而不是一种暴政。就此而言，独裁官制度类似于人们所熟悉的执政官制度。西皮奥向斯多噶派的拉耶利乌斯解释说，在危难之际，人们就会寻求专家的帮助，例如向导和医生。他又说，罗马人民在更严酷的战争中寻求这种帮助，他们像服从君王一样服从于独裁官（I. 40）——这意味着（与狄奥尼西乌斯和李维不同）独裁官制度得到了他们自愿而理性的认可，而不是强加于他们的。

西皮奥在前面还论证说，任何政体要想长久生存，一定要由某种类型的慎思（consilium，I. 26）进行统治。在解释为何在三种单纯的政体中他倾向于王权政体的原因时，他把王权政体比拟为人的头脑，必须由其中最杰出的成分，即慎思的成分，单独进行统治（I. 38）。[30]这个成分使更大的整体达成统一。它不是马基雅维里的那个作为“单独一人”的执行官，他本身就是一个整体。西塞罗维持了这种虚构，因为这至少部分地肯定是一种虚构：独裁官遵照王权政体的原则和专家的范例，继续实行理性的统治，甚至他就是这种统治的化身。确实，他提到了两种专家，仿佛是为了让人怀疑他的主张；因为人们在紧急状态下会感到迷惑，是服从很可能让自己听天由命的向导，还是服从有可能让你保住性命的医生？最具专长的人肯定也是最正确的人吗？（I. 41）可见，从王权角度理解的独裁官，似乎像从法律角度理解的一样难以让人接受；事实上，西塞罗本人在其更加法制主义的对话中，提供了一种有关独裁官一职的合法性的说明，它类似于李维的始终如一的描述（《论法律》III. 3. 9）。

维持独裁官的合法形式，把他提升到王权的位置，是达到缩小其权力范围这同一个目的的两种方式。在古代作家对这个官职的解释中，他们错过了构想——即使事实上已在利用这种执行权时——一种摆脱法律、不受慎思或协商因素约束的强大执行权的机会。

神学政治学中的执行官

随着基督教的出现，我们在亚里士多德的王权政体背景中看到的神学政治学问题也露面了。亚里士多德极力阻止自己对 85
王权的论证被那些可能把它理解为一位人格神的人所利用。他在《政治学》第三卷介绍了一位政治哲学家，此人没有祈灵于众神，便解决了所有问题；在第四卷，他把君主政体分解为混合政体的诸要素；他对诗人和僧侣的虚妄始终保持戒心。但是，对受神庇佑的城邦的极端表现所发出的警告，却故意十分低调，仿佛亚里士多德害怕遭受苏格拉底的命运，他不想惊扰沉睡的狗，只想把问题告诉已被他唤醒的读者。亚里士多德在反教权主义的历史中并不占有突出的地位，大体上，他仅仅让人们从城邦的自足状态中，推导出统治者和公民没有也不必把自己当作众神的执行人。

然而，在《新约》那段最引人瞩目的政治陈述中，圣保罗在谈到统治者时说："因为他是神的用人，是于你有益的。你若作恶，就当惧怕。因为他从不空言。他是神的用人，是申冤的，处罚那作恶的。"[31]这段话的实际政治含义并不明确，尤其是因为《新约》主要是一部非政治的经文，基督教不同于伊斯兰教，它不是通过实际征服的圣战而传播的。

基督教的办法是用教会的工作劝人改宗或扭转信仰，这个教会，尤其在西方，不是世俗权力的工具。一般而言，在西方，在教会同中世纪的帝国或君主政体的论战中，一方可以主张，既然统治者是上帝的臣仆，那么君主也应是教皇（神的头号臣仆）的臣仆；另一方则可以声称，既然统治者是上帝的臣仆，那么君王无疑拥有自己神圣的权利。事实上，最初由教皇和皇帝分享的

"基督的代理人"(vicarius Christi)这个称号,逐渐被教皇所独享。[32]

在此后的漫长岁月里,教皇制度继续提出它在公元五世纪第一次宣布、尤其是杰拉西乌斯一世(492—496)的教义中所主张的僭权要求,即世俗统治者是教皇的执行人。当公元800年教皇给查理曼加冕为"罗马皇帝"时,他实际上是用教皇的教义
86 创设了一种职位,后来它被称为神圣罗马帝国皇帝,至少像是个准执行官,甚至有可能不仅如此。[33]在东方,罗马帝国的皇帝没有受到教皇或任何人的册封,使其成为教会的仆人。东方的皇帝被称为神的代理人,并自封为"寡人"(autocrator)。他充当在他自己与神之间进行沟通的人,让东方的教会对他保持服从,由一个君士坦丁堡的教长担任教会首脑。在君士坦丁大帝的统治下,优西比乌斯制定了一种教义,它利用了代表希腊化地区的诸君主提出的绝对专制的主张,并用基督教的任命去改造他们。既然天国中只有一个神和一部法律,那么人间也同样如此;虽然皇帝本人不是神,就像希腊化地区的君王一样,他却是神的惟一代理人。这一论证在公元六世纪由查士丁尼皇帝加以重申并做了改进,他用编纂罗马法典来反对教皇越权,用今天的史学家所说的"皇权教权一体说"(Caesarpapism)[34],为自己的基督教君权提供正当性。

在西方,神学政治学的境况与此十分不同。在蛮族入侵之后,教皇看到了在打败罗马人的民族的君主中设立一个罗马皇帝的机会。既然西方不存在对罗马帝国享有合法继承权的君士坦丁,教皇们就要册封一个他们自己的皇帝,所以他不可能成为一个"寡人";他将是他们的执行人,依靠由他们认可并解释的上帝的恩宠进行统治。这个建立在神恩上的帝国,将取消以亚里士多德的方式建立在优点和奉献精神上的权利要求,全部政治

将浸润于这个由高高在上的教皇加冕的模范人物的精神之中。这一计划被设想出来并获得了动力,数百年里教皇们一直努力落实这一方案,虽然结果各异,但有着确定不移的意图。[35]他们从未成功地使皇帝真正成为自己的臣仆,然而他们确实为自己赢得了相当大的独立性,以及在他们高兴的时候或地方干预政治纠纷的权力,这种权力虽然从来没有做到不可战胜,却也从未被颠覆。他们按部就班地取得进展,其标志便是那些伟大的教皇为获得新地盘和附带好处所做的努力。一次这样的尝试是公元八世纪君士坦丁的整体“捐赠”,即所谓的君士坦丁礼物,他怀着皈依基督教的狂热,把自己的整个帝国,无论东方还是西方,统统送给了教皇。[36]于是教皇能够按自己的意愿处置帝国,但
这只是暂时的;因为君士坦丁的捐赠虽然是为了行善,是送给圣 87
彼得的继承人的,而教皇的捐赠却是针对个人的,教皇高兴的话,他还可以收回。这种情况体现在教皇设立一个皇帝的加冕仪式之中。假如文件已经形成,也是出于对君士坦丁成为基督徒的意愿以及所有追随他的基督教统治者的慈悲。

那么,神圣罗马帝国皇帝是执行权的一个例子吗?即便是,它也仅仅对理论上的认知更有意义,尽管存在着普遍有利于皇帝高于教皇、地方君主高于皇帝的权力现实。教权说的基础是教皇索西穆斯在公元420年定下的教皇“不可受到审判”的原则。[37]马基雅维里在评论查理曼的加冕仪式时说:“查理曼断定,作为上帝代理人的教皇,不可受到人的审判。”[38]他重复“审判”这个字眼,意在指出人类审判的不可避免性以及人类掩饰其审判的欲望。在这种情况下,由教皇做出的审判,被教皇享有上帝恩宠的主张所掩盖。在基督教的教义中,享有恩宠的主张,优先于任何权利主张。统治者提出享有恩宠的主张,便不为自己的当选和作为统治者的行为承担责任;他既不是因为自己的优

点而成为统治者,也不是因为这些优点而实行良好的统治。他不能以亚里士多德的方式,为自然的赠予和限制承担责任,因为甚至在经过哲学改造的基督教中,恩宠也高于自然,没有人能够滥用恩宠。在教权至上论中,皇帝是教皇的执行人,然而教皇也是执行人,他是基督或上帝的代理人。这就是教皇不能受到审判的原因。但是西方的皇帝能够并且确实以类似于自称上帝代理人的东方皇帝的僭权方式,去回敬教皇。

享有恩宠的主张和权利主张一样,都会引起争议:你是我的执行人!错,你是我的!不存在解决这种争执的办法,大概除非把它理解为权利之争:教皇的权利来自于他的职能,它类似于皇帝因其职能而得到的相应地位。但是,这一争执的性质后来发生了变化,并且正如我们在亚里士多德那儿看到的,从权利角度对这一争议的任何解决办法,都会导致王权或混合政体,而不是
88 导致执行权。执行权是看得见的和果断的执行的权力,它与教皇的"plenitudo potestatis"(全能的权力)相反,后者必然总是比现实更隐晦,从来不会产生由皇帝替教皇执行的明确无误的决定。这种缺少执行人的情况,反映在马基雅维里所领会到的悖论之中:从基督教造成的政治后果看,它既过于软弱,又过于野蛮。它过于软弱,是因为神的命令干扰了政治的必然性("你不可杀人");它过于野蛮,是因为它超出了政治的必然性("你不可再侍奉别的神")。我们将会看到,马基雅维里解决恩宠和权利之争的办法是引入人类之必然性的原则:凡是对于我们必然的事情,既是天意,也是正义的;我的必然性可能与你的必然性相冲突,然而根据必然性原则,我们不应当争论严格必然的事情以外的事情。马基雅维里把必然性引入政治争论,由此消除了责任问题,因为谁也不为能自己所面对的必然性负责。

但是,就算这种必然性无可避免,马基雅维里为解决神的恩

宠和人的权利之争而提出的必然性原则，却不是不可避免的。其实，教皇并不是出于对至高无上的人类必然性的尊重，才要让皇帝成为他的执行人，皇帝也不会以这种论证为自己辩解。神圣罗马帝国的皇帝不是现代执行官，后者的实际行动是要结束一切争执；他是一个神学政治学的执行官，他的享有恩宠的主张从本质上说是有争议的。假如我们把这个皇帝称为执行官，这是因为他是教皇的执行官：或者反过来说更正确？但是，不管现代执行官说些什么，他其实都属于他自己，而不属于别人。

因此，尽管有基督教的非政治性格，由此造成的政治处境的不确定性，以及基督教世界中的教会和国家之争，但一个显而易见的危险是，人们为他们的世俗争执做出一种神学解释，把他们自己的愤怒理解为神的愤怒。争论者非但没有消除冲突，反而加剧了冲突；他们非但没有平息人类愤怒，反而使其变本加厉，这不是由于模仿更狂热的信仰，而仅仅是因为情不自禁地滥用人类呼唤神灵救助的倾向。

因此，不能像亚里士多德忽视城邦的神职人员那样，无视基督教会，也不能像他不屑一顾地利用诗化神学那样，把《圣经》打发掉。对政治科学家来说，新的环境使人不可能采取他掩盖——用斯宾诺莎表达可能是永恒的政治问题时所采用的概念来说——神学政治学问题的策略。政治科学必须正视这个问 89
题，而且要提供一种对人类政治的理解力，由此产生一种安全的选择，它不同于有可能被某些政治人滥用的选择，他们能够利用人类的政治，使其变成报复性地执行神的统治。 90

四
神学政治学的执行官

受上帝统治的人怎么能够统治自己呢？这个神学政治学的问题，是中世纪政治学中事关全局的问题，它使主教们在特定的领域里反对国王，并在教皇与他所期待的执行官即皇帝之间的戏剧性冲突中达到顶峰。因此，我们可以在历史和思想的众多场合评价这个问题。不过我们关心的是对事件的解释，并且指出了在亚里士多德那儿不存在对执行权的解释，所以我选出了三位杰出的亚里士多德主义者——托马斯·阿奎那、但丁·阿利吉耶利和帕多瓦的马西利乌斯，看看他们对亚里士多德的体系有哪些补充和调整，以此来讨论神学政治学的执行官的危险。面对同样危险的马基雅维里对这三人都很了解。但是在他们中间，谁也不会建议他把亚里士多德抛在脑后。与人类的统治是在执行神的意志的观点相反，他们试图恢复和调整亚里士多德的使人承担起自我统治责任的统治观。谁也没有产生马基雅维里那样的想法，即把教皇的执行角色转移给根据人类的必然性进行统治的世俗君主，以此来逃避那种责任。

阿奎那论王权

托马斯·阿奎那是基督教亚里士多德主义的圭臬。他是亚里士多德的最杰出、最全面并且几乎是最早的基督教解释者。

面对政治在基督教教诲中的不确定状态，阿奎那赋予了政治一种它自身的完整性，同时否认它独立于上帝。因此，可以把政治理解为受上帝命令的指引，但不仅是执行这些命令。为了完成这项任务，阿奎那接受了亚里士多德的自然观，它因为十三世纪重新发现了《物理学》而能够加以利用。[1]但是他用这种观念专谈政治，对它重视的程度在亚里士多德本人的思想中是看不到的。 91

对亚里士多德来说，自然为了一个目标而运动；自然中无生命和有生命的东西，都具有达到特定目标的内在动力，它们的形态或结构使它们适合于这个目标。事物的自然[本质]也就是它内在地具备的东西。阿奎那把这种亚里士多德的观点与基督教有关自然是被创造物的教义结合在一起，断定上帝是自然的创造者。因此，所有的自然[本质]和人类的智力本质，除了是被创造的，又被视为内在的，或者说是它们应有的本质；它们虽是被创造的，但这并没有使它们成为神的工具或傀儡，因为上帝把它们作为自然中的自然[本质]创造出来，既是为了上帝自己的目的，也是为了它们自身的目的、自然的目的。阿奎那用我们下面就要谈到的两种不同方式——自然法（尤其在《神学大全》中）和他的《论王权》一书中的自然和谐性（natural sociability）——把这种自然的内在特征应用于政治。

阿奎那在《神学大全》中对自然法的出色讨论，他的一些继承者有大量阐述，但这只是他著作中的514个问题之一。这一讨论发生的背景是对法的一般论述，这种法与恩宠相关，是来自上帝的人类行为的外在原则，它同内在的、固有的或自愿的优秀品质相反。法外在于人类的行为，所以阿奎那对自然法的讨论（Ia IIae 90—108）是与他对正义的品质的讨论（IIa IIae 80）相分离的。[2]这种分离导致了一种法学理论，它使自然法和政治保持一定距离。阿奎那以“自然法”作为起点，指出这种法是为共同利益而做的一种安排，它由“全体”，或它的“某个代理人”，即拥有强制力的“公共人”(public person)加以落实。这个代理人不是执行官，因为后来阿奎那以亚里士多德的方式，在人类法的背景下，把他定义为(Ia IIae 95.4)统治者(gubernans)或政权
92 (regimen)。但是，假如他不是人民的执行官，那么他更不是上帝的执行官。阿奎那的自然法概念的功用似乎恰恰就是为了抵制这种可能性。

自然法是上帝的外在法的一部分，是人类通过其理性能力而分享的一部分。它也不同于《圣经》所揭示的神法，后者是不借助于外力的人类理性所不可企及的。因此，自然法既非简单地独立于上帝之法，也不是它的执行者。就它是一种法而言，它外在于人，就它是自然的而言，它又是内在的或固有的。自然法允许人类享有自由，但又对它有所限制，从而把我们的自由从反叛上帝的力量转化为既遵守他的法，也符合我们的意志。在阿奎那看来，自然法完全不像今天有人可能认为的那样，或在十六和十七世纪法学家精心编纂的法典中那样，是对自由的否定。为了评价部分地内在于人的自然法的意义，人们必须把它与神的恩宠加以比较，后者是纯粹外在的(虽然它的前提是灵魂中要有某种能够领悟它的因素，Ia IIae 110.1)。阿奎那说，虽然恩宠“比自然更灵验，但是对于人来说，自然更根本，因此也更持久”(Ia IIae 94.6)。

自然法也不以任何方式决定人法，使其成为自然法的执行者。自然法仅仅是人类行为最一般的原则。不是自然法决定人法，相反，必须用人法来确定自然法(从具体列明的意义上)。这种确定是通过精明的慎思，而不按照某种技艺的固定规则或方法(Ia IIae 57.4；IIa IIae 47.4，15)。人法做出的决定来自于自

然法，然而它们不是自然法的一部分，也不具备其普遍性的权
威。可以说，各民族的法来自于自然法，就像从原则推导出结论
一样。但是，从自然法推导出民法时“遵循着特定的模式，每个
城邦据此为自身确定什么东西最为适宜”（Ia IIae 95.4）。在解
释人法和神法（神启之法）的关系时，阿奎那没有讨论既然有神
法，为何人法仍然必不可少。相反，他说明了神法为何是必不可
少的（Ia IIae 91.4）。他给出的理由——人类向往永恒幸福的倾
向、人类判断力的不确定性、动机的隐蔽性、惩罚一切错误的不
可能性——概括了人法的必然的不完美性。但是如此一来，它 93
们也使人法摆脱了使其模仿、接近或执行神法的要求。

相应地，阿奎那讨论惩罚和报复的方式，是要阻止在执行上帝的愤怒时滥用惩罚和报复，同时又为人类表达自身的愤怒留出余地。他说，人人都可行赏，但惩罚权只属于法律的仆从（Ia IIae 92.2）。然而，在这种论述中，他并没有引入一个利用这种仆从的惩罚权的广义的执行官。与此相似，在谈到报复问题时，阿奎那同意，它本身不是一种罪恶和有害的行为。相反，报复是自然的，因为消灭有害的人是一种“自然倾向”。他提到圣保罗的警告（《新约·罗马人书》13:4，KJV，见第三章的引文），用来为“神圣秩序”（IIa IIae 108.1）限制下的正当报复进行辩护。可见，人类的报复既没有被否定，也没有被强加于他们。阿奎那的自然观保护人法的执行免于双重危险：受到压制，或被用来服务于外在于人类的利益。

在《论王权》这部题献给塞浦路斯国王的未完成著作中[3]，阿奎那没有谈到自然法，而是依靠人的社会性。但是这种社会性不需要任何其他类型的社会，只需要一个为自身而存在的自由社会，不是为别人而存在的奴隶社会。这一区分使阿奎那赞美罗马共和国的优秀品质，它依靠一种反对君王的共和主义精

神。他也坚持王权和暴政的区分：人们不能简单地满足于《圣经》中把君王比作牧羊人的说法（《论王权》I. 1. 12—13；4. 35；6. 51）。

亚里士多德在《政治学》第三卷阐述了共同福祉的概念，它来自于民主派提出的论证。他发现，这种论证从本质上说是以最优秀者的王权为根据的。然而，阿奎那是处在不同的历史环境中，这时存在着大量的王权政体，基督教徒也不太愿意提出世俗的政治要求。为了改善王权，他直截了当地从人性本身入手，用共同福祉的概念纠正基督教对自由政治的精神漠不关心的态度。他的论证的顶峰是把君王理解为创建者，他通过建立王国为人们提供了一个新的起点。[4]这个创建者算不上一个创造者，他必须接受和利用已经存在于自然中的事物——他必须按
94 自然的原样接受自然，按上帝已经创造的样子接受上帝的创造物（II. 2）。把这个君王视为一个创建者，使我们记住我们对上帝的依赖，但不是像奴隶那样服从他的法。人类是一个“自由人的群体”（I. I. 10），人类的自由有其本性作为保障，也就是说，有其特殊类型的不自由作为保障。

理性从人性中发现并给予支持的一切，是否都与基督教教义的全部要求相一致呢？这是个棘手的问题，它后来成为形而上学和政治学所关注的一个焦点。如何看待人类的不服从呢？它是一种需要像亚里士多德那样加以高贵化的原始的自由意识呢？还是一种需要像《圣经》那样进行压抑的傲慢？阿奎那在这两种做法——它们与马基雅维里为提出自己的执行权观念而设想的政治科学都相去甚远——之间做出了善意的妥协。

但丁的君主政体

在托马斯·阿奎那看来,教会和教皇的权威是不容质疑的。在《论王权》中,他建议君王自愿接受教会和教皇。君王必须接受超自然对于自然的优越,或精神对于世俗的优越,阿奎那宣布,君王必须服从神职人员,尤其是神职首脑教皇(II.3)。这种服从也许能用自然的理由加以证明,它是确保王权和暴政之间的区分所必需的。因此,为了使自己成为君王而不是暴君,君王应当自愿接受教会的权力对其权力的限制,因为教会是永恒的精神力量设在俗世的机构。不过阿奎那在这里说得不是十分清楚,无论如何,这种服从教皇的实践含义尚不明确。[5]

1302 年颁布的教皇《唯至圣诏书》(*Unam Sanctam*),以教皇卜尼法斯八世本人所喜欢的一种明确而极端的方式,使这种含义得到了澄清。我们从中看到了两把剑的教义,它以《路加福音》22:38 为根据,基督在这里对他的门徒说,剑是必要的,但两把剑也就够了。[6]它们被解释成信仰之剑和现世之剑,它们都应处于教会的权力范围之内。现世之剑掌握在君王和军人手 95
里,但是按《诏书》的规定,它们的运用必须"得到神职人员的命令和允许"(ad nutum et patientiam sacerdotis)。从这种广义上说,"现世的权威必须服从信仰的力量"。这种说法,不管它的实践意图如何,至少就它的主张而言,似乎超出了教会为了自卫或本着宽松监督的精神而对世俗事务的偶尔干预,它似乎提出了用一把剑实行神权统治的可能性——在这种情况下,限于处罚和征战的政治权力将成为教会的执行者,将按照一个本身不能挥舞真正的刀剑或"强制力量"(vis coactiva)的精神权威的命令,行使这两种工具性的职能。

针对卜尼法斯八世的这种主张[7]，但丁认为世俗君主和皇帝拥有直接来自上帝而不是来自教会的权威。皇帝的目的是像哲学所教导的那样，保障现世生活的幸福；教会的目的是保障信仰所教导的来世生活的幸福。它们谁都不是对方的下属，也不是在同一个领域中处于平等地位。它们都是在上者，但性质不同。教皇跟人们是为父的关系，皇帝与世人是主子（dominatio）的关系（《论君主政体》III. 11）。[8]我们不妨从但丁的主要政治著作《论君主政体》（ca. 1312）看一下，他如何对待他所想到的一个服从教皇的世俗政府的危险。（在《神曲》的诗篇中也可以看到许多政治言论，不过我无法讨论这两部著作之间的关系这个难题。[9]但丁在《神曲》中抨击了教皇，但几乎没有谈到君主政体，而在《论君主政体》中，他对教皇十分恭敬，把君主政体作为自己的主题。）[10]

在《论君主政体》中，但丁并没有开门见山地主张，皇帝拥有直接来自于上帝而非其他人，即教皇这个上帝的臣仆或代理人的权威。这是他在第三卷中的第三个命题，它出现在他的另一些讨论之后。他先是在第一卷说明了什么是世俗的君主政体，在第二卷讨论了罗马人民对这种君主政体，即神圣罗马帝国的君主政体，是否提出了正确的要求。我们可以猜测，但丁没有直接讨论这个问题的原因是，他并不想让皇帝摆脱教皇的权威，以便他能认可皇帝按自己的愿望执行上帝之法的要求；简言之，但丁没有为了创造一个现代主权者而攻击教皇，而是在第一卷提出了十一条论证，用来证明世俗的君权，“主宰所有人的惟一的
96 最高统治者”，“对于现世的利益来说是不可缺少的”（I. 2）。他没有提到亚里士多德的“pambasileia”[11]，即支配所有人和所有事物的王权政体，而是收集了一些证据，它们形成了一种对亚里士多德的王权政体的解释——一种十分古怪的解释，尽管但丁

没有这样说。因为跟亚里士多德本人不同,他假定亚里士多德的王权是可以实现的,可以让一个君主成为全世界的统治者。托马斯·阿奎那在《论王权》中没有提出这样的设想,他不言而喻地认为,他所说的国王和王国,只是众多国王和王国中的一个。但丁则认为,奥古斯都皇帝是实际统治着全世界的世俗君主(在教皇面前,有些事情是他不必解释的,I. 16)。在但丁本人的时代,弱小不堪、四面楚歌的神圣罗马帝国皇帝,纵然不是他的论证的范例,却是其受益者。

把亚里士多德的超验王权变为实际王权的后果,显然是背离亚里士多德并对他进行曲解。[12]在《政治学》第三卷,亚里士多德是从城邦的形式入手,展开其更为直截了当的政治论证,而但丁则把城邦的目的作为他的惟一论证的起点,仿佛没有必要讨论形式。[13]此外,亚里士多德把王权当作遥不可及的政体,所以在《政治学》第四卷至第六卷有关落实最佳政体的讨论中,他一一谈及不同的政体,尤其是混合政体。然而,但丁认为,自然的创造者上帝在确定人类的目的的同时,也使这个目的能够通过一种政府形式,即可以使人团结在一起的君主政体,而得到实现。亚里士多德坚持政体的多样性,提出即使在最佳政体中好人也不同于严肃公民的观点(《政治学》1276b36—1277a25)。而但丁在引用亚里士多德时宣称,在最佳政体的统治下,他们并无区别(I. 12)。[14]最后,亚里士多德的语气稳重而负责,他的论证从政治言论着手,局限于政治领域。而但丁在更像是物理学或形而上学而不是政治学的证明中,诉诸作为一个整体的自然。虽然他区分出理论科学和实践科学,但他同意实践活动仅仅是理论活动的延伸[15],这大概是为了回敬卜尼法斯的《唯至圣诏书》(I. 3,4)。大体上说,他似乎是个乌托邦主义者;但是考虑到中世纪的背景以及人在自然中的位置和受到神的支配,但丁的

《论君主政体》与康德《论永久和平》一文中那种已获凯旋的人本
97 主义理想,是很容易加以区别的。

但丁没有从政治争论入手,而是把包括人类在内的整个自然界的最终目的的原则(principium)作为起点。并且但丁把这一原则等同于现世的君主政体。但是,就像亚里士多德对"统治一切的王权"的惟一"archē"(原则)的讨论一样,在这种自然的法则或原则与人类的法则或原则之间的等同背后,存在着一种基本的不明确性:是人服务于自然的目的,还是自然服务于人的目的?但丁用阿拉伯哲学家和非基督教的亚里士多德主义者阿威罗伊(1126—1198)的"可能的智慧"(possible intellect)这个概念来表达这种不明确性。既然自然为一切事物规定了目的,不会荒废任何事物,所以人肯定也具有与另一些事物不同的目的:这就是"可能的智慧"。人类特有的任务就是实现这种可能的智慧,但丁把它理解为一项政治任务。

但丁把可能的智慧政治化,他采取的方式虽然不同于阿威罗伊[16]和亚里士多德,但它确实是服务于亚里士多德的对自然目的论提出怀疑的意图。我们在亚里士多德那儿看到的不确定性再次出现:当可能的智慧得到实现时,人们是服务于自然的目的,还是让自然服务于他们的目的?假如人仅仅服务于自然的目的,他们必然是自然的奴隶;假如他们服务于自身的目的,他们便不会对他们的自由施加限制。但丁在《论君主政体》第一卷中的论证,和亚里士多德在《政治学》第三卷中的论证一样,穿梭于不可接受的两个极端之间并把它们编织在一起。[17]但丁在这个世界的善(自然之善)和另一个世界的必然性(人类之善)之间保持平衡。结论是自然允许人类达到完美,并暗示着它的面貌,可是并未给它提供保证——其实,自然把它的实现留给我们去完成。因此,自然既没有逼迫人接受一个使其达到完美的高级法的软弱执行人，也没有要求他利用一个强大执行人这种方式或模式，去追求既不受必然性保护也得不到健康倾向鼓励的自身的善。但丁的政治学处于使现代执行官地位暧昧的两个极端之间的自由地带。不应把但丁的君主视为一个执行官，而应把他当作一个“minister omnium”(I. 12)，即包括人类在内的“万物的臣仆”。他服侍万物时，让人遵守某个完美的标准；他服侍所有的人时，促进他们自治的权利。[18]

在《论君主政体》第二卷，但丁承认自然(或利用自然的上帝)没有为君主的统治提供保证。这种统治必须像罗马人民获 98
得他们的帝国那样去争取。但丁在这里考察的问题是，罗马人民是否以正确或正义(de iure)的方式获得他们的帝国，并由此获得了世俗君主的职位。但是，这个较为狭隘的问题，其实是把第一卷中更广泛的探索，延伸至人类正义的可能性问题。人类的正义是神的命令或自然法的执行者吗？或者，人能够保持对他们十分重要且相关的正义的独特性与自然之间的和谐，而不是简单地服从自然吗？奥古斯丁主张前一种观点，西塞罗主张后一种观点；马基雅维里既拒绝他们两人的观点，也拒绝但丁的观点，提出了第三种回答。

在奥古斯丁看来(《上帝之城》，卷五)，罗马帝国漫长的历史表明，尽管有它那些英雄人物的优秀品质，人类的品质是不充分的，仍需要神对今世来生的赏赐。西塞罗认为(《论国家》，卷二)，罗马共和国的历史表明，在得到相当的修饰之后，一个民族能够以正义的方式获得并行使它的统治权，因此，不必堕落到犯罪，人类正义(或自然正义)也是可以获得的。但丁对这个事的看法，似乎更接近于西塞罗而不是奥古斯丁(虽然他读不到西塞罗的《论国家》，因为那时尚未发现这本著作)。他放弃了他在第一卷(I. 4，14)中所设想的普遍和平的必然性，决心争取正义力量的获胜——然后通过认可战斗成果的正义性，赋予获胜的力量以正义性（II.7—9）。他没有像奥古斯丁那样，让人类的正义服从神圣的天命，而是让神圣的天命得到人类正义的协助——即使正义仅仅意味着在两个君主的争执中，我们人类需要一个获胜者。然而，但丁并没有放弃正义，像马基雅维里那样宣布一种不存在正义的新的品质；在马基雅维里看来，罗马的历史证明了人类的品质的力量，而不是神圣天命的力量，证明了人类正义的软弱无力，而不是它的可获得性。

但丁避免这种马基雅维里式的结论。在《论君主政体》第三卷，他主张皇帝拥有直接来自上帝的权威，不必借助于教皇。他的关键论证（III.8）针对的是《马太福音》的段落（16:19），它授予彼得对“万物”，尤其是——这位教皇的拥护者说——对人类的所有法律和命令加以捆绑和释放（binding and loosing）的权力。但丁断然拒绝这种主张，他解释说，“万物”是分为自然类别
99 的，在看待它们时必须考虑到它们的差异；具体说来，他提醒教皇，人类是一种有意志的动物，他们执著于自身，不思悔改。他们需要一个符合他们的愿望的政府，一个既不蛮横也不奉承的政府。[19]这便是亚里士多德和阿奎那所说的人类的执拗，把这种执拗称为人和自然的分界线，或人和上帝的分界线。

但丁和亚里士多德一样，把皇帝等同于哲学家（III.12，16）。不过但丁没有像人们可能期待的那样，否定教皇的权威。有一段结论性的语言，人们一直以截然相反的方式做出解释：或是为了表达他的不可动摇的基督教信仰，或是一种讥讽式的表面让步。[20]但丁说，恺撒对彼得怀有长子对父亲的敬重（III.15）。假如这是但丁向当时的统治权做出的让步，那么它大概不是表面的让步，而是一种发自肺腑的认识：需要一个传统权威[21]（即父权）使人们始终记住，统治的权威必须来自上面。为

了维护人类的自由，这种权威必须具有两重性，即精神的和世俗的（III. 16）。[22]但是，把它们归为一个体现在一个人身上的现世权威，丝毫也不能保护人类的自由。《论君主政体》第一卷提出的人与自然统一的必要性，可以用有关人对自然的主宰权的强烈主张加以反驳，但是这将取消但丁在第二卷所阐发的正义的可能性，否定他在第三卷作为主题所讨论的权威的意义。从后来由马基雅维里确立的世俗主义重新看但丁，我们便可以看到但丁的反教权主义的局限性，这是由他本人的解释造成的，而不是因为他不太专一地拒绝变成——用马基雅维里的话说——“十足的恶棍”。[23]

马西利乌斯和作为执行人的统治者

帕多瓦的马西利乌斯的巨著《和平的捍卫者》（1324），几乎把我们带到了通向现代执行权学说的十字路口，因为“执行”和“执行人”在这里第一次成为政治科学的主题。马西利乌斯是最伟大的政治科学家之一，我也打算这样来看待他，即把他看作一个政治科学家。人们通常从历史的角度讨论他，这或是因为他
那些令人兴奋的对现代观念的预见，或是因为他对包括后来的 100
新教徒在内的教会改革家的影响。他关于执行的思想，当然也是这些预见之一。但是，只有对它作为政治科学的价值加以考察，才能对它有恰当的评价。如果不加考察，它看起来也许不过是一种运气，一种无意之间撞上的发明，基本上没有什么意义，而且会让我们沾沾自喜地以为，自己的前辈不过是一些稚童。然而，一个像马西利乌斯这样伟大的思想家，当他未能把他的预见贯彻到底而让我们驻足三思时，那种对预见力构成限制的踌躇或拒绝的态度，也给我们留下了深刻的印象。在这种情况下，

我们能够对我们现代观念中一些基本要素，同时也对另一些观念占上风的历史时代，有所了解。用流行的话来说，文本把我们引入语境。那么，马西利乌斯为何只是接近于看到现代执行官呢？

马西利乌斯似乎把统治者或所有的政府理解为拥有主权的人民的执行人；他把执行法律的任务置于成功的统治的核心位置。通过反驳错误学说、提出新的真理为世人提供帮助的哲学家，不仅会维护他们国家的和平，大概还能发现他们作为哲学家所追求的智慧。马西利乌斯使我们脱离了亚里士多德深思熟虑地忽略执行官的做法，但是他对自己审慎并且怀着敬意的背离行为做了很有分寸的限制，又回到了亚里士多德的原则，根据这一原则，执行人必须处于从属的位置。

马西利乌斯似乎打破了我们从基督教亚里士多德主义者那儿看到的模式，即依靠自然去对付神学政治学的执行官的危险。他只有两次谈到自然法，然后把它作为一种准自然法（quasi-natural law）谈论（《和平的捍卫者》I. 3. 4；19. 13；另参见 I. 1. 4）。他只在一个地方提到自然正义，他仅在比喻的意义上（transumptive）宣称它是“自然的”（II. 12. 7）。他所列举的自然正义的例子，仅仅涉及维持社会的最低限度的行为，与我们从阿奎那和但丁的自然正义中看到的最佳社会的人类生活完美性相去甚远。马西利乌斯拒绝这种把自然正义等同于正确理性的更高的视角，因为合乎理性的未必是得到普遍同意的，而得到普遍同意的未必就是合乎理性的（II. 12. 8）。自然正义必须落实于
101 公民的法律，而无论从最低限度还是从完美的角度看，它都由此失去了它的合理性。当个人在法律不存在或不完善的地方打算进行干预时，他服从的是一种得不到理性和法律保障的准自然法。虽然马西利乌斯对生活和美好生活做出了亚里士多德式的

区分，对亚里士多德也多有引用，他却从未提到亚里士多德的人从天性上说是一种政治动物的定义。[24]人在天性上是什么，似乎并没有为我们充分说明人的政治是什么。总之，马西利乌斯——不同于阿奎那和但丁——似乎很少利用人性去指导政治或为其提供基础。

这种差别并不意味着马西利乌斯对教皇的行为或自负表示满意。他是有史以来教皇权力的最坚定的死对头——但丁甚至马基雅维里都不能望其项背。但丁愿意向教皇让步，马基雅维里接受了一个后来成教皇的红衣主教交给他的使命（写作《佛罗伦萨史》）。而马西利乌斯在他的著作中断然声称，那些煽动社会分裂的教皇，就该让他尝尝极刑的滋味（II.28.29）。他们以自己拥有对现世主权者的全权（plenitudo potestatis）这种主张为由，对世俗政治所进行的干预，构成了发动革命的"单一原因"，这是亚里士多德《政治学》第五卷列出的原因中所没有的，因为他对此一无所知。在承认新的环境并对做什么做出判断后，马西利乌斯在人的精明慎思而不是自然法中找到了更多的帮助。他还想促使某些人——皇帝、公民、哲学家甚至神职人员（因为神职人员也是他的读者）——更主动地采取行动，而不是消极地依靠自然去匡扶正义（II.1.2）。他没有用自然法使神法的执行变得温和，而是要通过提升人类法律的地位去完成那项任务。

假如人类的法律不能依靠社会性的自然倾向或政治去激励人们的服从，假如立法者不想为此目的而让人类的法律服从神的法律，那么人类的法律就必须提供它自身的实施能力。马西利乌斯没有求助于哲学家的正义理性或教会的批准，而是转向人民的同意，把它作为"强制性权力"或实施的来源。人民确实不行使这种权力，可是他们通过自己的同意，在政府中设立了这种权力。马西利乌斯把政府称为他们的广义上的"执行者"。

古典时代和中世纪拉丁语中使用的“executio”一词有两层
102 含义,即我们今天所说的“执行”和“惩罚”。托马斯·阿奎那在谈到“executio iustitiae”(执行正义)时,一般是指惩罚的职能。在他看来,正义可以区分出建设性的品质(architectonic virtue)和“virtus executiva et ministrans”(执行人和仆从的品质)。[25]他也用“executivum”来表示亚里士多德对立法技巧和政治技巧的区分,并且解释说,政治意味着在具体事物中执行立法者的普遍理性。[26]他用“执行”指一些工具性和从属性的现象,它们更多地同臣僚而不是君王有关。

布吕安·梯耶内发现了一个马西利乌斯的同代人、教皇至上论者爱尔维乌斯·纳塔利斯,他认为“执行”是世俗政权代表教皇从事的工作——这正是马西利乌斯所担心的那种执行。[27]阿兰·格维尔特在其论马西利乌斯的名著中,从教皇至上论者罗马的吉莱斯、维特博的詹姆斯、奥古斯丁·特莱弗斯和阿尔瓦鲁斯·佩拉格斯那儿也找到了类似的用法,这些人坚持认为,世俗统治者拥有他们为教皇服务的“secundum executionem”(次级执行)权力,但是不拥有他们自己的“secundum auctoritatem”(次级权威)。[28]马西利乌斯本人讨论——并抨击——了这一区分,因为它来自于圣伯纳德对两把剑之说的错误讨论(II. 28. 24)。但是,教皇至上者在讨论世俗统治者的代表教皇的执行权时,他们并没有进一步把它划分为立法权和执行权。但丁反对世俗统治者是教皇执行人的观点,坚持把“legis lator”(立法者)和“legis executor”(法律执行者)的角色一起纳入君主的权力(《论君主政体》I. 13)。马西利乌斯是把统治者完全理解为人民的执行人的第一人。他没有走得像霍布斯那样远,后者认为这个执行人应当成为他们的代表,但是马西利乌斯已经非常接近于这种观点(《和平的捍卫者》I. 15. 4)。

与这种执行观的扩展同时出现的还有另一种创见。马西利乌斯强烈暗示说，既然他的教导肯定同“听从和相信谬误的习惯”直接发生冲突(II. 1. 1)，因此他的教导是全新的。相应地，虽然亚里士多德的政治科学只在惟一的一点上存在缺陷，然而马西利乌斯必须彻底纠正它。也就是说，为了阻止教皇的统治，他必须区分统治行为和立法行为——这是人民的职能——把统治行为定义为执行行为。统治的实际原因，即人民设立统治者的原因，压倒了最终的尤其是形式上的原因。人类首先需要一个政府的原因——惩罚犯罪——压倒了政府的目的，政治科学 103
由此而被限制在广义的身体需要上。作为这些需要的基础或保障者，人类的“执行或能动的权力”(II. 12. 16)把自由的权利作为政府的目的，灵魂的更高要求似乎被弃置于一旁了。

与亚里士多德不同，马西利乌斯既不同意也没有讨论天生奴隶的可能性(II. 12. 13，14. 23；另参见 1. 9. 4，12. 4，II. 26. 13)。既然政府是全体公民的执行人，或是其“更有分量的成分”(这是马西利乌斯的模棱两可的著名用语，I. 12. 3)，所以政府的形式没有表明统治的性质；因为这个更有分量的成分既可以转化为民主政体，也可以转化为寡头政体[29]，人民选举产生的君主政体，可能从本质上更像民治政体而不是君主政体(I. 9. 5)。政府的形式和本质由此分道扬镳，这似乎有利于现代执行官。所有这些都暗示甚至预示着现代政治科学的基本要素，学者们过于热情地把它归功于马西利乌斯，非常不愿意否定他的可信性。[30]

马西利乌斯本可以开启马基雅维里打算创立的“新范式和新秩序”，然而他没有马基雅维里的意图。马西利乌斯以亚里士多德主义者自况。马西利乌斯说，他对亚里士多德的修正，由于存在着亚里士多德不可能知道的“单一原因”而应给予原谅；马西利乌斯没有公开承认的对亚里士多德的许多歪曲和错误解释，可以被看作有着迎合亚里士多德的意图。马西利乌斯的原始的执行官，归根到底仍然是亚里士多德的王权。

由于教皇的行为和自负，马西利乌斯面对着一个亚里士多德不必面对的任务——建立一个教派。马西利乌斯以其特有的勇敢精神指出，哲学家长于制定一种神法，它为人类立法者无法用合法的证明方式加以确定的善恶规定来世的奖惩。由此创立的教派对于公民的幸福是必不可少的。与亚里士多德相反，马西利乌斯说，思考这些善恶的神职人员—诗人—哲学家(马西利乌斯模糊了他们之间的区别，I.5.11)构成城邦的一部分。[31]亚里士多德能够利用或净化由赫西奥德和毕达哥拉斯创立的教派(既然他了解这种教派现象，I.10.3)，而马西利乌斯在自己那个时代，必须阐发一种教会政体的新学说。

我们不是十分清楚，这种新学说仅仅是当时环境下所需要
104 的一种审慎精明的行动，还是像亚里士多德在其独特的环境下能够理所当然地认为的那样，是对任何时代和地方都具有根本性的政治哲学的一部分。[32]马西利乌斯借助于一些阿拉伯哲学家，提出了一种教派学说，它在区分真假教派上几乎完全持中立态度(见I.10.7)。只有一次，即在他第十一次使用这个词时，是从贬义上使用它——用它来指基督教徒。[33]马基雅维里借用了马西利乌斯这种中立的教派学说，它的超然态度实际上是对基督教自称真正信仰这种主张的敌视。在马西利乌斯时代，基督教已经变得声名狼藉，因为神职人员尤其是教皇已经表明，他们是何等不屑于基督教对现世荣华富贵的蔑视。[34]因此，在代表基督教教派解决这个问题时，马西利乌斯站在孤立无援的人类理性或哲学对(基督教)神法或神学的审判席上，成为后者的辩护士。这有可能导致公众对哲学的尊重，代价则是它与神学

的结合和混淆。马西利乌斯追随阿威罗伊为哲学辩护，认为它是政治生活的要素，但是哲学研究必须受到限制，要在政治生活的条件下进行。但丁在《论君主政体》中也持这种观点，但他说得直截了当。他表示，哲学对于表达政治生活之最完满和最高的要求来说是必要的，这可以阻止教皇声称享有最高地位，从而只要他喜欢，他可以为自己一个人要求所有其他地位。不过，但丁的策略没有明白无误地否定教皇的干涉权，它也没有理睬神职人员的统治和统治要求的丑恶表现。

在《和平的捍卫者》一书中，马西利乌斯没有直接提到但丁的名字，他采取了一种迂回策略。他发现，对于政治生活中最低限度的必要事务来说，哲学是不可缺少的。[35]像但丁一样，他没有为哲学要求公共地位；他在《和平的捍卫者》中创立教派的做法，可以比作但丁《神曲》中的诗学。马西利乌斯的政治行动是敦促别人采取行动。虽然哲学对于政治生活是必要的，但它不要求以自己的名义指导政治生活。在这一点上，它是作为“自愿贫困”(voluntary poverty)的榜样而发挥作用，这是根本的、原初的基督教教诲(II. 12—14)，因此也是对目前处于腐败状态的教会的谴责。

如果我们更细致地考察一下马西利乌斯的政治哲学，我们可以看到一种有着双重含义的执行官概念，他既软弱又强大，类似于前面解释过的现代执行官的暧昧地位。阻止马西利乌斯的 105
执行官成为马基雅维里式执行官的因素是，马西利乌斯使他处在法律的约束之下，或——当法律有缺陷而不可能做到这一点时——使他受到优秀品质的制约。他的执行官的暧昧性，不是表现在权力上，而是表现在合法性或人民性上，他仍是一个统治者，而不是一个下属、非法干预者或管理人。但是，必须深入研究一下它同现代执行官的这种相似性，看看究竟有哪些禁忌(如马基雅维里所说)是必须克服的。虽然马基雅维里的作品晚于马西利乌斯两百年,此时现代君主政体已经形成,这两人做出了不同的选择,设计出了不同的安排,但是两人生活于其中的一般政治环境却是相同的。马西利乌斯把这种环境定为“革命的单一原因”,它是由教皇的越权,或更一般地说,是由我们讨论过的宗教或神学政治学纠纷造成的。像马西利乌斯的执行官一样,马基雅维里式的现代执行官的出现,是对宗教纠纷做出的回应。

马西利乌斯有关人民主权的著名论证,提供了一个软弱的执行官,一个执行人民意志的统治者。它的起点是一种有关城邦或政府起源的观点,强调惩罚的必要性。在论述同一个主题时,亚里士多德在《政治学》第一卷谈到了奴隶制和获取、人对自然的依赖以及他为摆脱自然而从事的斗争的困难。但是马西利乌斯回避这些问题[36],而从实施正义的必要性中寻找政治的起源,例如村落的长者利用某种合理的命令或准自然法对家族罪行的干预(I.3.4)。马西利乌斯明确指出,处于不完美的原始状态中的人,是为了自身而要求惩罚的权力;惩罚不是被视为一种从完美状态堕落之后纠正罪恶的手段(I.3.2;6.5—6)。通过集中讨论惩罚问题,他把人的自由视为理所当然[37],没有谈到它同自然和人性的关系。他没有像洛克和霍布斯那样宣称,人最初生活在一种完全自由的自然状态之中。[38]

马西利乌斯又回到了人类自由和自然的问题,但他不打算像我们那样用宣言来解决这个问题。虽然人最初是纯朴的,但是随着各种技艺的发展,他们变得更加精明老练,做出种种越规
106 的事,需要更为复杂的惩罚方式。他们不再单纯,有了知识和欲望——可以被区分为内在欲望,即不会导致行动或影响他人的欲望;和变化无常的欲望,即确实影响他人的欲望。这些越规行为迫使城邦建立统治的成分,此外还有一种军人的成分,它们维

护城邦的自由不受外人压迫，并以“强制性权力”执行城邦的裁决(I.5.7—8)。通过引入军人，马西利乌斯把执行的职能提升到了亚里士多德所认为的低贱的必要性（见《政治学》卷六）之上，使其成为一种荣耀的职能。因为在《圣经》把惩罚解释为执行神的意志这种背景下，仅仅惩罚作为人类必然现象的犯罪，就能够成为对人类自由的捍卫。

然后，虽然仍在讨论惩罚，但赋予了它一种荣耀的含义，马西利乌斯描述了城邦中神职人员的成分，让他们效力于人类自由的事业。他开始讨论哲学家（philosophantes）建立的教派，他显然把他们等同于制造神话的诗人，认为这两种人都是神职人员成分中的导师。他们讲授来世的奖赏，尤其是来世的惩罚，由此影响着公民在现世的幸福，这样便显然把内在的知识和欲望同变化无常的欲望联系起来，并使前者服从于后者。哲学家通过他们有益的教诲，取得了一个从属的位置，成为执行性质的政府的执行人(executives of the executive government)。他们不是创建者的导师，因为在马西利乌斯对城邦起源的解释中，根本没有创建者的一席之地——这再次同亚里士多德相反。[39]

马西利乌斯不谈创立者或创立者—立法者，而是把人民或群体作为决定城邦的政体和政治的人类立法者。亚里士多德认为，政体是政治的基本事实，是人们不可逾越的法律的来源，马西利乌斯却看到了政体的一个深层原因，一个创建统治成分的代理人(I.9)。这个代理人是城邦的实际原因，是使它能够确定最终事业的原因，我们已经知道，这项事业就是（广义的）正义的落实。政体或政府不像亚里士多德所说的那样，它没有自身的实际原因，它不是由神引起的(I.9.2)，而是经过人类的选择或同意而产生的。

马西利乌斯然后根据政体是否经选举产生，区分出适宜的

政体和病态的政体。[40]他专注于经选举产生的君主政体或实行继承制的君主政体,因为他对评价民主政体,更不用说促进民主
107 政体,不太感兴趣,他更加关心的是确保人类的选择。人类的选择,根据不言自明的原则,需要受到保护,使其不受神法的决定和干涉。马西利乌斯马上又插入一段出人意料的有关法律的讨论,以证明人类的选择必须守法。在随后的一章,他以亚里士多德为根据论证说,既然法律必须不偏不党,既然多数人比一个人或少数人更加不偏不党,所以应当由多数人制定法律。事实上,他选择了亚里士多德对一种政体(民主政体)的统治要求的讨论,制定出了先于统治的选择标准或根据。

民主政体的公正性要求仿佛是完全真实的,所以人们可以忽略这种要求的民主来源和性质,即它的公正性。仿佛不必具体说明何种类型的统治,就可以宣布人类的统治要求。马西利乌斯以其惯有的做法,把亚里士多德的辩证的论证——它提出、批判并深化了一种政体的要求——转化为一种试图取代这种要求的明示的论证。它所要表明的要点是,由人类立法者即公正的多数所制定的法律,其背后除了人类的意志之外没有其他力量,它的实施也没有得到上帝或自然的帮助。那么,到哪儿寻找应予落实的人类意志呢?马西利乌斯接着说道,全体公民(universitas civium)将最好地服从每个公民打算施行于自身的法律(I.12.6—8)。这种对法律公正性的要求太过分了!它是由公民的党派性构成的。马西利乌斯没有采取亚里士多德在这个问题上的保留态度,他即使不等同于霍布斯,也预示着霍布斯。

那些公民,或他们中间有分量的成分,拥有对违规者的潜在的强制权力(potencia coactiva),他们又拥有实际的权力(potestas),也就是说,法律的力量变成了物质的力量。[41]最好的法律是得到最好的服从的法律,为了支持这个非亚里士多德的结论,

马西利乌斯引用了我们前面研究过的亚里士多德有关“使法律达到其目的”之必要性的一段话(《政治学》卷六,1322a5)。但是,人类能够保证法律的落实吗?马西利乌斯从亚里士多德那儿援引了一个例子,它对于他错误利用的论证是一种必要的限制。有个叫泰奥庞普的非常精明的君王,他放弃了自己的一部分权力,设立了监督官这个民主的官职。他的妻子说,他留给自己子孙的王国要小于他所得到的王国,他不为此感到羞愧吗?
他答道:“一点也不,因为它更长久。”(I.11.8)在马西利乌斯看 108
来,法律的必要性来自于像泰奥庞普那样否定自己的“大量权力”——即教皇所要求的神权统治的范围——的必要性。[42]这种自我否定是对多数意志的适应;它使多数能够对一个人精明地否定自我的意志给予肯定。这种自我否定也暗指这样一种可能性:一个君主庄重地变成经选举产生的君主。在似乎是否定亚里士多德的论证中,这种君主的精明审慎却使我们想到了亚里士多德的王权。

马西利乌斯非常精明地把意志提升到精明审慎之上,结果是在最高立法者与执行的统治者或政体之间的区分(对亚里士多德的政治科学来说它是陌生的,但洛克的政治科学很了解它)。因此,城邦的形式存在于法律之中,而不是存在政体体制的建立之中。形式的存在不是由城邦体制的类型所决定,形式奇怪地脱离了体制。假如我们把马西利乌斯与我们从亚里士多德那儿看到的观点做一比较,结果便是城邦脱离了它的灵魂——马西利乌斯的目的是阻止灵魂的体制决定官职的体制。

在亚里士多德《政治学》第六卷结尾处的论证中,政体的各个成分(慎思的、统治的和判断的成分)变成了灵魂的各个成分,这样它们便反映着人类反抗自然和服从自然这两种需要,以及把这两种对立的需要结合起来这个进一步的需要。但是马西利乌斯对城邦的官职与肉体或灵魂的习惯做了区分(I.6.9)。譬如他说,作为灵魂的习惯,造船的最终理由是船;但是作为城邦的官职,建造房屋的最终理由不是房屋,而是保护身体。其实,城邦的所有官职,包括神职在内,都是以人类行为和欲望的完美为取向,因此从一般的意义上说是以保护身体为取向。[43]

后来,马西利乌斯担心自己可能陷入自相矛盾,他一方面主张人类立法者是所有官职的原因,同时又同意神职是由基督所设(III.15.1—2)。于是他提醒自己别忘了对城邦的官职和灵魂的习惯所做的区分:基督只在灵魂中任命官职,不在城邦中任命官职。然而,又是谁任命了基督呢?既然他是一个人类的教士(II.15.2),他肯定是由一个认为他的教诲对城邦有利的人类立法者任命的。马西利乌斯试图把灵魂或灵魂中服从的成分,
109 从政治中分离出来,因为他担心不这样会给心怀不满、图谋篡权的神职人员提供把柄。与那些声称人们生而“完全自由”的现代作家不同,他没有试图否认在我们的天性中存在着服从的成分。但是政治面对着对更高成分的需求,并且马西利乌斯也承认甚至主张,神职人员是城邦的必要成分。政治的难题在于利用这些神职人员——或一般人中间的更高的天性,马西利乌斯把它同神职人员相提并论——而不是被他们为了自己的统治所利用。

看来,在实践中,只有通过限制和放弃这些更高的天性,比如君王泰奥庞普的例子所示,才能解决这个难题。他(像马西利乌斯所解释的基督一样)愿意对适应其同胞的自由欲望的必要性表示服从;而他们对承认精明审慎的君主的价值的必要性,也必须表示服从。因此,对马西利乌斯来说,只有基于最初的考虑而不是最后的考虑,才能对灵魂的习惯和城邦的官职加以区分。最初这种区分使他不必为暴君和篡权者辩护,然而最终却使他

不必求助于打败他们所必需的精明审慎。

我们已经看到,马西利乌斯把意志提升到精明审慎之上,从而使统治者成了一个软弱的执行官,现在我们可以看看相反的情况,即他提升精明审慎的地位,从而设立了一个强大的执行官。马西利乌斯谈到过一个"有着精明审慎倾向"的人类等级,这是自然所提供的城邦官职的物质原因(I.7)。[44]他很少思考人类生而自由,也很少认为人类生而平等。但是,和亚里士多德一样的问题是,政体形式会利用这个自然的人类等级,把他们提拔到官职上吗?马西利乌斯提出了群体中的"有分量的成分"这个含糊不清的概念,没有明确说明应当以数量还是质量为主。他对(可以协助立法者的)自然的蔑视态度,是与他不重视政体形式(立法者在这种形式中利用自然)的态度相对应的。可以说,他的结论只是表达了一种温和的愿望(I.14.4):如果更优秀的就是更强大的,更强大的就是更优秀的,那该多好!

在确立了作为立法者的群体的主权地位后,马西利乌斯说,执行行为的精明审慎是必要的(I.14.3)。[45]他的执行官的第一个楷模是"执政官西塞罗",在挫败了喀提林的阴谋后,他未经正当的法律程序,便在狱中处决了阴谋家,因为正确地遵循程序将引发内战。这就是为了维护法律而违反法律的精明审慎。它为 110
西塞罗招来众怒,因为马西利乌斯指出,从此以后监狱便被称为"图利安"了。

与法律全然对立的精明审慎是什么呢?因为在某种局势,即使不是在喀提林造成的局势下,引发内战也许是精明的。正如约翰·吉本斯指出的,正是在需要承担重大责任的环境中,"完美统治者"(I.14 的主题)的品质才得以充分展现。但是马西利乌斯和西塞罗一样,希望维护法律;为此他必须维护法律至高无上的地位,压制精明审慎为致力于最美好的事业而需要运用的狡猾与暴力。[46]马西利乌斯的负责执行的统治者是强大的:他把他比作心脏(I. 15. 5),是动物身上“更高贵更完美的成分”,而不是其他成分的执行者。他接下来用相当长的篇幅(见 I. 16)讲述了选举制的君主政体,而不是代表制的民主政体,采用了十一条与他的人民主权论不一致的非民主的论证。但是与马基雅维里的执行官不同,马西利乌斯的执行官不是通过表现其令人吃惊的不法行为,来展示或获得他的强大力量。马西利乌斯的政策是尊重法律,尊重人类的法律。假如这种政策是来自于马西利乌斯所面对的动荡状态的单一原因的超出法律的考虑,那么他和西塞罗一样,不仅是个遵守法律的保守派,而且这种政策也符合法律的合理要求——亦即,甚至最精明审慎的人也不应拥有全权。麻烦在于,法律的合理要求并不是完全合理的;所以法律需要来自于它自身以外的支持。

为法律提供支持的法律以外的考虑,是自然正义。假如非法的执行是不必要的(在马基雅维里看来它是必要的),那么在政治中法制肯定有优于不讲法制的地方,即它有着来自于自然的帮助。人是被迫孤立无援地设立自己的执行官,这种说法肯定不符合实际。这种说法使我们认为,马西利乌斯在《和平的捍卫者》第一篇脱离了自然,于是他强调完全来自于人类的惩罚和人类的技艺。在第二篇,马西利乌斯探讨了他在前面略而不论的自然正义。他这种讨论,是发生在基于教会权威的真正基础,针对基督教徒尤其是神职人员的论证中。他在第一篇断定,在任何社会里,只有人类立法者(而不是教皇)拥有强制性的统治
111 权。而在第二篇里,他需要证明这种安排也是神法的结论。在前面的论述中(I. 11—13),马西利乌斯已经给自己造成了麻烦,他难以说明自己是在讨论人法还是神法,因为他从一种意义上把法律定义为“教派”(见 II. 8. 5,另参见 I. 10. 3)。在第二篇,

马西利乌斯为基督教教派提出一种新的权威学说，用神法否定了整个教会的等级制，这来自于他主张为教会成立一个普世议会——使他闻名于世的"公会议至上论"(conciliarism)(II. 6，21)。为了证明自己的观点，他用很大篇幅(II. 12—14)讨论了基督及其门徒的"自愿"贫困，并且在这儿提到了自然正义(II. 12.7—8)。

可见，马西利乌斯对自然正义的依赖，是发生在他本人对基督教教派进行改革，以便复活并维护其原始意义的背景之下。建议改革是马西利乌斯的一种干预行为，它所遵循的是他所谓的一种支配着友谊和人类社会的义务的准自然法(I. 19. 13)。这种干预不是一种严格的执行行为，它不同于西塞罗针对喀提林的阴谋所采取的执行[处决]行为，后者是以存在着法律和常设的执行官职为前提的。但是马西利乌斯在提出自己的建议时，引用了西塞罗的一段话，其中说到不对侵害进行反抗就像施加侵害一样不义。

在马西利乌斯看来，西塞罗是在危机中承担责任的哲学家楷模，但是马西利乌斯另有用意。马西利乌斯所说的这个执政官西塞罗有着正常的官职，所以他无法避免不受欢迎的处决所引起的憎恶，无论它多么正义和必要。但是马西利乌斯让享有主权的群体(可以说，是他本人赋予他们主权的)加入其中，他从这个群体本身出发提出他的立法，请求群体同意，请求群体的代表采取行动，这大概是指他的朋友兼庇护人路德维希皇帝(I. 1. 6)。马西利乌斯知道自己会受到憎恨(II. 1. 1)，但是在他看来，对他本人的憎恨不会波及他要促进其权威的自由政府。

马西利乌斯拒绝官员的责任，他像亚里士多德所说的无形的君王那样行动，他没有强制权，仅仅提供建言，不过他的建议的创立教派的性质，使他有着显赫的谋士地位。在《和平的捍卫

者》一书中，他以赞赏的态度引用西塞罗，只有一次除外，他用亚里士多德的权威来反驳西塞罗。西塞罗抨击最伟大的灵魂和最
112 杰出的天才的野心，有可能为一种使这种势力受到制约的等级制君主政体提供辩护，但是亚里士多德也提醒人们说，有胸襟的人想得到伟大的荣誉是有道理的，这表明如果不做出有利于其野心的规定，他便有理由发动叛乱，而选举制的君主政体可以做到这一点。西塞罗理解政治责任，却不理解为了自身利益的先辈（泰奥庞普的例子）和另一些人为了使其实现而沉溺于野心的程度。[47]

作为哲学家的马西利乌斯不会模仿作为执政官的西塞罗。他的任务是揭示动乱的隐蔽原因，揭露其对手的诡辩。这种原因对于政治家来说并非一目了然，马西利乌斯的任务和但丁的任务一样，就是让其大白于天下。政治家看到教会和国家之间的冲突，可是他们没有从基督教教派的性质中看到它的隐蔽原因，不知道如何对付一种声称蔑视现世的宗教的世俗要求。马西利乌斯将告诉他们如何尊重基督教，同时又不对其统治的要求做出让步；这就是他的一切权威来自人类立法者这种学说的效用。运用同样的办法，他也使基督教教派摆脱了其荒谬的矛盾——既看重世俗荣耀，同时又蔑视它。这个教派的统治的僭妄要求是一种“诡辩”，因为它让人想起那些古代的诡辩家，他们相信只用言辞或“智慧”进行统治，不需要掌握强制性权力。马西利乌斯位于世俗统治者的无知和教会的错觉之间，他建议形成一种和谐的关系，使教会和国家——但不是现在的教会等级体制——能够彼此尊重地生活在一起。

马西利乌斯以一种十分古怪的复杂方式，提出了他的自愿贫困和自然正义的学说，任何概括都会使其晦涩难懂。不过，如果专注于执行的问题，我们仍可对他的论点和他的意图做出可

靠的理解。在贫困中传播福音,是基督及其使徒、他最早的弟子的生活方式。然而马西利乌斯为我们提供了一个“自愿贫困”的一般定义,它并非专门针对基督。它是一种自由的生活方式,因为放弃对于贫困生活来说多余的东西是自愿的。但是马西利乌斯认为贫困或许并不是一种软弱的状态。或许,有待放弃的太多东西,仅仅是牺牲不堪重负的财富,所以做一个“穷人”意味着拥有足够的财富(I.12.26—31;13.17)。无论如何,人不可能放弃一切,人不可能放弃自己的意志,放弃构成自由的天生的“执 113
行和行动的力量”(II.12.16;13.9)。马西利乌斯的与生俱来的自由,可以比作马基雅维里的执行官无法摆脱的自然的必然性,也可以比作洛克的执行官所要对付的自然状态中与生俱来的自由。马西利乌斯的与生俱来的自由,更多地使人想到亚里士多德式的豁达品德(moral virtue of liberality),而不是基督教的仁慈,因为它在实践中更多地是为了自己,而不是为了别人(II.13.13,17,21;14.12,16)。[48]

既然自愿的贫困不需要放弃一切,甚至不需要放弃充足的物品,所以这种贫困与可以对人或物行使的所有权或主人的权利,没有不一致的地方。然而,基督教的神法要求神职人员放弃对别人的统治。他们是审判者;但是存在着两种性质不同的审判者:一种是有学识的人,另一种是统治者或法律的执行人(II.2.8;5.2)[49],神职人员仅仅是有学识的人。马西利乌斯引用《新约·罗马人书》中一段至关重要的话:审判者是神的臣仆,是执行其愤怒的复仇者。但是,他虽然同意复仇是必要的,也是《圣经》所允许的,他却否定神职人员是这个意义上的审判者(II.8.6)。作为有学识的人,他们放弃了对别人的统治权:既然统治需要执行的力量,而它只能来自立法者的同意,所以知识并没有使人拥有统治的资格。

但是马西利乌斯不能也没有就此止步。从“dominium”(支配权)的一种含义上说,所有权(或领主权)是属于知道如何利用一件物品或统治别人的人(II.12.13,21),因为除此之外,还能用什么事情为马西利乌斯对统治危机的干预进行辩护呢?他知道需要做些什么以及如何去做;从这种知识中产生了潜在的责任和统治的要求。马西利乌斯很了解亚里士多德的最优秀者的王权,这个人的杰出品质或知识使他统治所有的人(I.9.4)。[50]可以说,这个人放弃了来自暴力或同意的统治权,但没有放弃来自理性或品质的统治权。然而,虽然放弃了传统的支持,他却依靠上帝或自然的支持,或依靠使求知成为可能的事物之可认知性的支持。这个人“极端贫困”,因为他“完美地运用理性”(II.13.27);他对荣耀或政治官职没有欲望。但是,他从传统意义上放弃统治权,意味着他在自然基础上要求统治权。在马西利乌
114 斯看来,作为在城邦中传播教义或创建教派之成分的神职人员、哲学家和诗人,由他们对整体的贡献的性质所定,有理由提出统治整体的要求。在这里,充分存在于亚里士多德的王权中的柏拉图式的推理,也存在于马西利乌斯的观点之中。

在马西利乌斯看来,亚里士多德的王权说的缺点是,教皇可以要求这种权力,而且他也一直在要求这种权力。当然,亚里士多德大体上已经预见到这种缺点(《政治学》1302b15—21),并试图通过其混合政体的研究(《政治学》卷四),把(《政治学》卷三中的)最佳政体引入政治。但是亚里士多德的办法对马西利乌斯来说形同虚设,他必须在现实政治中面对亚里士多德只能想像的“全权”。教皇将宣称“关心普天下的灵魂”,由此使自己成为普天下的君主,使所有人成为他的奴隶(II.23.5—7;26.13,19)。他所谓的基督教放弃世俗统治权是虚假的;这不过是在掩盖自己的暴政计谋,反映着基督教声称放弃的统治欲望

(II.12.32)。

马西利乌斯并非只想着他的故乡意大利面对的这种危险。这种危险在意大利最为明显，但它也蔓延到了每一个国家(I.1.3;II.26.19)。对抗这种危险不能仅仅依靠哲学，或以托马斯·阿奎那的方式赋予哲学智慧以公共地位，因为这种公共地位很容易变成神职人员和教皇的世俗利益。在讨论自愿贫困时，马西利乌斯把这个说法的基督教含义转化为它的哲学含义，使得像他这样的哲学家能够对神职人员行使支配权。但是这种含义的转换仅仅反映着一种可悲的相反可能：把亚里士多德的王权解释成全权。

于是马西利乌斯寻求哲学和人类自由之间的调和；他在自然正义中发现了它。亚里士多德也在寻找，并有同样的发现——但是马西利乌斯的做法有所不同。对他们来说，麻烦在于政治人需要哲学，但是假如他们利用哲学，他们就有屈服于哲学的危险。在基督教教派的统治下，对哲学的需要最为迫切，这里的人们受到一种现象的迷惑和困扰：那些声称不进行统治的人的统治权。但是，当政治人求助于哲学时，他们不是也必须屈从于那些因为自己的知识而要求统治的人吗？哲学怎么能够尊重无知者的统治要求呢？它怎么能够为被马西利乌斯描绘为人类与生俱来的执行权的自我统治的自由进行辩护呢？ 115

对此可以回答说，人们会利用说不的自卫手段，反抗更优秀者不由分说对他们的奴役，这是他们的天性，哲学的任务不仅是迎合这种反抗，而且要认可和赞扬它。这就是自马基雅维里以来现代政治哲学的信条。但是，放弃的决心并没有取得知识与自由之间、必然性领域和选择领域之间的调和。既然无法否认知识与统治的关系——马西利乌斯撤回他赞成民主同意的观点，为此提供了充分的证明——那么现代的决心也不会导致统治和自由之间的和谐。相反，它给人留下的印象甚至它所提供的教训是，政治必然是压迫性的，人们无法从自治中找到自由。

在马西利乌斯看来，自然正义是在哲学家可能获得的知识同政治人在他们内部可以达成的协议之间的一种调和，而不是一种全面的和解。他说，人们同意应当崇拜神明、孝敬父母、养育子女、阻止侵害并从法律上予以禁止，等等(II. 12. 7)。所有这些事情都取决于人类的立法，然而却被比喻学地称为"自然的"，因为它们是任何地方的人都同意的。我们注意到，除第一条外，所有这些都是建立在相互义务的观念上。但是上帝当然没有因为受到人的崇拜而对人承担义务。甚至对于人人同意的事情，也有立法的必要性，这里所代表的人类自由，是存在于因为神不承担义务而留下的空间中。所以，人类的法律不仅仅是神法的执行者。

出于对人类立法之传统性质的尊重，马西利乌斯跟阿奎那和但丁相反，也拒绝把自然正义等同于正确的理性(II. 12. 8)。政治人在反对别人告诉他们何为至善时，他们并不同意哲学家对"理性行动者"(借用我们今天的一个说法)做出的规定。如我们所说，马西利乌斯的例子仅仅是一种最低限度的自然正义。但是这些一致看法是通向正确理性的低级领域(假如不是通向整个高地)的一个途径；它们不仅是与人类的需要和欲望无关的集体非理性。作为达到理性的一个途径，它们使自由变得可以理解：自由人在他们的法律中可以理性地选择什么。既然这些就法律达成的一致是能够预期的，执行它们所需要的暴力的程
116 度也就随之减少。人们是在执行他们自己的法律，这个事实并不意味着它们的实施肯定会为了达到任何任意的目的而受到操纵。要求孝敬父母、养育子女的法律，较之提出相反要求的法律，更易于得到实施——需要付出的精力较少：这是个一目了然

的基本事实。马西利乌斯对自愿贫困的讨论包含着他对自然正义的评论,因为自愿贫困的可能性意味着对自然的依赖。我们能够承担自愿的贫困,因为自然没有把我们遗弃于贫穷之中。但是,我们的自然禀性中的很大一部分是我们的自由,所以自然之善没有让我们在自己的事情上无所作为。因此,马西利乌斯在其著作的结尾处说,他已经告诉统治者及其臣民,他们为了维持自己的和平与自由,必须做些什么。

我们从这些讨论中足以得出结论,马西利乌斯的执行官是经过改头换面的亚里士多德的王权。像亚里士多德的王权一样,这个执行官是一种被分割的王权,但是它更强调人民的同意,这使马西利乌斯先是挑战然后又接受了亚里士多德的政体学说。因为从某种意义上说,王国政体(regnum)遍布于一切温和的政体之中(I.2.2)。马西利乌斯没有像马基雅维里为其君主所做的那样,把执行的力量全部集中到单独一个人身上。马西利乌斯所坚持的统一性(例如保留教会作为国家的一部分)是官职的统一性,不是人格的单一性(I.17.2)。他不愿意专注于人的力量,是源于他对自然的依赖,尽管这只是第一印象。他说,他的权力(potestas)"是上苍赋予我的"(I.19.13),这不是一种传统的表白。他不是上帝或自然的反叛者;他没有像马基雅维里那样抱怨自己命运不济。他不想在现世出人头地,相反,他要为他所赞美的卓越的贫困提供一个至高无上的例子。他既不是国王,也不是君主,而是从王权中分离出来的成分,所以他的政治科学没有提供通则。他是从一个独一无二的原因——教皇的诡辩性的权力要求的危险——起步的,无论他在立法上走得多远,他从未忘记这个独一无二的起点。

因此,昆廷·斯金纳最近把马西利乌斯解释成公民人本主义者,就像把这位哲学家看作帝国宣传家的陈旧观点一样错误,因为这两种观点都没有严肃地把他当作一个政治哲学家看待。[51]
为了严肃地看待他，一定要牢记他的独特性以及他的时代的独
117 特性。不能把这种独特性通则化或普遍化——这是现代政治科
学的本质；而应当以一种保留独特性和普遍性的方式，把它们结
合在一起。这意味着当环境发生变化时，就需要一个新的马西
利乌斯。马西利乌斯没有把他以及他的同类淹没在他所建议的
立法中。虽然他的学说是新颖的，但他并没有提出“新范式和新
秩序”——即我们今天所说的制度或政制——作为对政治问题
118 永久的解决办法。着手做出这种努力的，是自负的马基雅维里。

第二部分
发现执行权

五
马基雅维里和现代执行官

现代执行官，无论是政治的还是工商业的执行官，都朦朦胧胧地感到他们同马基雅维里有一种令人不舒服的亲缘关系，可是他们很少试图通过阅读马基雅维里的著作，明确或摆脱这种感觉。也许，这位执行官把此项任务彻底委托给了称职的学者。然而大多数学者假定，马基雅维里虽以筹划恶行的哲学家著称于世，他却既不是一个深刻的思想家，也不是一个让我们不舒服的导师。事实上，不管是出于自满、高傲还是挑剔，学者们拒绝这项使命，没有揭示马基雅维里同现代执行官之间这种本能的亲缘感情。假如他们这样做了，他们也许会发现一种明确的亲缘关系，使他们不能不猜想，马基雅维里说不定真是现代执行官的始作俑者。因为两者不仅有着共同的态度和某些技巧；而且马基雅维里是第一位经常把现代含义的“执行”作为一个主题加以使用的政治作家。

这种现代含义是什么呢？要回答这个问题，可以从马基雅维里对基督教信仰的抨击和他对自然的新理解谈起。马基雅维里抨击基督教时表现出的勇敢，在他那个时代几乎无人能出其右。那时对宗教的批判被认为是对政权的威胁，故而对批判者来说是凶险之举。但是他的抨击的深度和新依据并非一目了然。因为马基雅维里不是哲学家。他的主要著作（大体上写于1513 年到 1519 年）是《君主论》和《论李维》。前者属于由来已

久的"帝王宝鉴"的文学传统,可以追溯到色诺芬的《居鲁士的教
121 育》,后者似乎也不是一部哲学著作。《论李维》是对这位罗马史
学家的漫谈式的评论,马基雅维里好像是写下了一些互无关联
的讨论罗马和现代政治的文章,他的灵感仿佛是杂乱无章地来
自于李维的文本。

这两本书是马基雅维里的主要著作,因为马基雅维里在两书的前言中说,它们记录下了他所知道的一切。然而,他到底知道多少,直到列奥·施特劳斯的《关于马基雅维里的思考》在1958年出版以前,一般读者并不清楚。在此之前,学者们能够看到,所有的现代哲学家都在研读马基雅维里,可是他们并没有推断马基雅维里属于现代哲学家的阵营,并且实际上是他们的首领。施特劳斯证明了他确实是这样一个人。施特劳斯从马基雅维里作为道德和宗教之敌的名声入手,接下来讨论他教人作恶的原因。施特劳斯的发现是对过去那些轻视马基雅维里的学者的公开羞辱,他很难得到他应当享有的欢迎。但是,最近由波科克和斯金纳提出的观点,即马基雅维里是现代共和主义的来源,却多少要归功于施特劳斯关于马基雅维里是个严肃哲学家的论证。[1]

像亚里士多德、阿奎那、但丁和马西利乌斯(且不提我们没有研究的另一些哲学家)一样,马基雅维里也把"自然"作为一个独立于神启的认知来源。因为人们能够直接接触事物的不同性质,大概还能接触到整个自然,所以对于他们需要知道的一切,他们并不单纯依靠上帝。不过,马基雅维里对自然的理解不同于亚里士多德和亚里士多德主义者。后者假设,自然为人类指明了什么是完美境界。因此在哲学家的自然与基督教的上帝之间达成妥协是可能的。而马基雅维里理解自然的方式,必然使哲学反对基督教的教诲,我将把它同马基雅维里对"执行"的用

法联系在一起，阐述他关于“esecuzioni”（执行）和执行官的观点。122

基督教的软弱和基督教的残酷

尽管已经过去了二百年，发生了种种变化，使历史学家情不自禁地想把现代史的起源定在马基雅维里的时代，但是马基雅维里仍然是从马西利乌斯的起点上路的。他们两人都面对一个神学政治学问题：上帝是否统治人，以及如何统治人。不过马基雅维里没有把自己打扮成一个亚里士多德主义者。他没有把亚里士多德的政治科学作为起点，这与马西利乌斯不同，后者对亚里士多德没有预见到教皇将成为冲突的惟一根源表示谅解。他在《论李维》一开头便提出了“新范式和新秩序”，表现出的求新创业精神堪与新大陆的探索者媲美。这表明他不仅要重新解释或改造传统的亚里士多德式政体。他也不像马西利乌斯那样，满足于颠覆教会的等级制度，把神职人员的权力缩减为新亚里士多德主义秩序中的导师的权力。马基雅维里所要反对的，恰恰就是基督教的教诲，他在写作时表现出的勇气和力量，仍然能够激励一个倦怠的现代读者。

马基雅维里从马西利乌斯（他是从阿拉伯哲学家那儿借来的）那儿借用了一个对宗教保持中立的教派概念，他似乎也分享着马西利乌斯要做一名哲学家的愿望，要去纠正那个被称为基督教的教派的缺陷。[2]但是，他并未试图根据亚里士多德的王权和自然正义去解释基督教福音中的贫困，以此在亚里士多德的政体中为基督教的教诲找到一片安身之地，也就是说，他没有寻求折中，而是盗用了基督教的教诲，以便不但向君主也向人民说明，如何在现世出人头地。马基雅维里没有满足于对“现在的宗教”（《论李维》I，前言）的某些表面后果发发牢骚，因为他在提到基督教时，粗暴无礼地暗示出他对其永恒性和真实性的怀疑。作为一个反基督教的人，他也不满足于和这样一种宗教妥协，它的优点与缺陷并存，一旦被动摇或毁坏，就有可能被另一种有着更严重缺陷的宗教轻易取代。虽然他对古罗马的宗教赞不绝口，他并没有建议或希望恢复它。马基雅维里不像那些害怕使
123 用“无神论者”名称的人经常给他的称呼那样，是一个“异教徒”。他更不打算像新教徒那样，为了基督教的利益而改革基督教。这些可能性都是折中的办法，马基雅维里始终如一地重复他的建议，不要采用折中的办法。

让人有点儿摸不着头脑的是，彻底反对基督教的惟一方式是占有它。马西利乌斯始终强调人的必然性，让自己的眼睛始终盯住完美的生活，把它作为能够使基督教与哲学汇合的基础，而马基雅维里则让基督教反对它自身，使它彻底堕落。马基雅维里揪住基督教信条所产生的双重罪恶——软弱和残酷——不放。基督教思想家并非不知道这两种罪恶。事实上，基督教的软弱就是奥古斯丁的《上帝之城》的主题[3]，而基督教的残酷，如我们所知，是基督教中亚里士多德主义者所关切的对象。但是马基雅维里通过他的分析表明，基督教的软弱和基督教的残酷如何能够变成政治优势，尤其是那些知道如何成为执行官的人的优势。

马基雅维里认为，基督教启示中的核心事件是一次执行[处决]的行为。基督受难一事所歌颂的是人类的苦难，而不是人类的凯旋或荣耀。马基雅维里说，我们的宗教使人不看重“现世的荣耀”，它让人沉思而不是行动，把谦卑可怜和对人间事物的鄙薄，推崇为至高无上的善。人强于忍耐，却不强于反抗。因此，“现在的宗教”使这个世界羸弱不堪，使它落入了那些利用基督教隐忍精神的恶棍之手。同时，那些从事其他有品德的事业的

人，则受到某种现象的限制和压抑，马基雅维里把它称为“放肆的懒散”(《论李维》I. 前言，II. 2)。

从马基雅维里对基督教的著名抨击中，我们可以看到，他本人与其说是看重现世的荣耀，还不如说是看重人类的力量甚至残忍，这是一种与野兽共有的品质，人类在这一点上并没有特别的名声。在把古人与现代人加以比较时，他赞扬古人具有伟大的精神，而不是伟大的灵魂。马基雅维里要去激励他那个时代和未来时代的人，但是他不想让他们服从任何过完美生活的要求。这种要求来自于灵魂，而马基雅维里爱他的故乡胜过爱他的灵魂。在《君主论》和《论李维》中，他没有提到灵魂。与亚里士多德的政治科学不同，他的政治科学是没有灵魂的。它不讲人类的高贵，而是诉诸追求荣耀者在基督教统治下体验到的不
适。马基雅维里赞成复兴“古代的品质”，而不是古代的学问或 124
哲学，因此也不是古代哲学家所理解的品质，他们的品质首先是灵魂的品质(《君主论》15;《论李维》I. 前言，II. 前言;《佛罗伦萨史》V. 1)。他的品质是一种新的残忍的品质——狮子和狐狸的品质(《君主论》18)。

可是，马基雅维里的新品质还是一种人性的品质，它也不同于基督教的品质。因为基督受难的另一种与它的软弱适成对照的品质，是它的残忍。当马基雅维里赞扬尤尼乌斯·布鲁图斯在创建罗马共和国时牺牲自己的儿子时，他强调一个父亲牺牲自己的儿子的残忍性，虽然稍做掩饰地把它比作钉十字架的刑罚(《论李维》III. 1—3)。[4]马基雅维里由此把基督教罗马的核心事件引入古代共和制罗马的政治。通过重新解释古代罗马，他试图以世俗语言把基督教的残忍说成是一种有用的政治诡计。姑不论基督教政治的这种先见之明，现代基督教的悲悯心肠不仅使弱者受恶棍的蹂躏，而且造成一种新的邪恶，马基雅维里把

它称为“虔诚的残酷”(pious cruelty)(《君主论》21)。他以此来形容阿拉贡的斐迪南在1501年至1502年驱逐马拉诺人(被迫改宗的犹太人和穆斯林)的做法。无独有偶,马基雅维里大概也是他那个时代谴责斐迪南这种做法的惟一基督教作家。

从马基雅维里对十字军远征以及摩西因为挡了他的路而杀死“无以计数的人”的描述中(《佛罗伦萨史》I. 17;《论李维》III. 30),也可以看到这种“虔诚的残酷”,虽然他没有使用这个字眼。当然,摩西很难说是一个基督徒,但是,既然他“仅仅是上帝吩咐他做的事情的执行人”(《君主论》6),所以他的行动可以用来表明——这对马基雅维里来说没有多少风险——基督教的慈悲是如何运作的。马基雅维里不太令人信服地说,摩西杀死仅仅出于嫉妒而反对他的无以计数的人是被迫的。[5]但是,作为一个虔诚的人,摩西不得不进行处决[执行],因为不存在有益的或合理的动机去对抗上帝的计划。表示异议,或仅仅挡住去路,根本不是无辜的行为,因为人类的一切动机都受到傲慢态度的玷污,因而也受到对怀着纯洁动机执行上帝计划者的嫉妒的玷污。从对博爱的上帝的信仰中,可以产生出一种圣战的念头甚至教义,它能促进斐迪南这种世俗君主的帝国利益与本能。“Bellum
125 justum est justitiae executio”:正义战争是执行正义。[6]能够提出一个进攻性的正义的概念,据此,一个人的责任,就变成了搜寻并纠正非正义的现象,而不是消极地坐等它的消失;变成了攻击缺少这种热情的人,而不是允许用更多的耐心去思考他们自己的事业。在这种影响之下,有胸襟的、专注于自身品格的亚里士多德式的绅士,被行侠仗义的骑士所取代。《堂吉诃德》中的骑士楷模,如今便有了新的解释,它既讥讽先发制人的正义的必要性,又接受这种必要性。[7]

基督教徒中的进攻性倾向,受到奥古斯丁和阿奎那这类人的反对。在十六世纪,它也同样受到复兴了托马斯主义自然法的多明我会教派和耶稣会教派的反对。一个早期的领袖是弗朗西斯科·德·维多利亚,他大约在 1532 年(马基雅维里的主要著作在其死后出版的那一年)的布道中,谈到了西班牙对印度群岛的入侵引起的正义问题。在《论印度群岛》(*De Indies*)一书中,他否定了如下观点:印第安人不是基督教徒,因此向他们开战是正义的。但是为了支持这一结论,他又同意那些热情的基督教徒的观点,报复和惩罚谬误的侵略战争,根据自然法能够成为正义的战争。[8]自然法是一个标准,它把惩罚的执行权利授予一个因自然倾向而不是无节制的慈悲而形成的共同体或共和国。结论便是消灭那些嫉妒基督教徒的异教因素,以及冒犯内在于圣战教义中的上帝的因素,这种教义可以为基督教徒清除和奴役异教徒提供正义性。既然异教徒根据自然法也拥有各种权利,对他们发动圣战的执行官的虔诚的残酷,可以通过一个自然执行官可能规定的报复尺度而得到缓和。上帝的报复被留给上帝,对上帝的冒犯所应受到的不受限制的惩罚,不可由人来行使。虽然维多利亚批评西班牙人对美洲印第安人犯下的罪行,他远没有提出他们拥有自决权这种现代主张。当西班牙人向印第安人开战时,他们必须是为了印第安人的福祉,而不是为了给自己捞好处。

与马基雅维里不赞成驱逐马拉诺人的立场不同,他对于征服印第安人并没有感到不安,反而好像认可这种事业的精神。当它变成了“虔诚的残酷”时,他没有像极力反对使残忍大大扩展到有益尺度之外的虔诚那样,反对这种残忍。马基雅维里以 126
建议善用残忍、甚至“非人性的残忍”(《君主论》8,17)而恶名昭彰。他像维多利亚一样,明确建议淡化虔诚的残酷对于现世的残忍性,然而他的真正意图所具有的抱负,却包含某种比这伟大得多的内容。如我们所知,他不想净化或改革基督教,也不想与基督教达成妥协,他甚至不想毁灭基督教,因为像基督教这种东西,可以发挥它的长处。马基雅维里的事业(impresa)更加激进:就像基督教本身一样,它打算使人类事务得到永恒的改进。并且,这种改进的实现将通过勇敢地盗用基督教的圣战教义,把它用于获取世俗帝国。基督教不必推翻政府便征服了世界,它所采用的颠覆性手段,将被用来反对基督教。这种高于其他一切手段的手段,便是居于核心位置的基督徒的执行[处决]行为。这个有着既软弱又残忍的暧昧地位的世俗执行官,如今已被世俗化和政治化了,他将成为马基雅维里的新范式和新秩序中的头号人物。他将取代上帝发号施令的位置,执行自然的必然性的命令。

马基雅维里的事业是多么激进,在他对自然的新理解中变得十分明确,它推翻了亚里士多德传统中的自然法和自然正义。若想知道为何需要一种新理解,以及它意味着什么,必须回想一下现代执行权概念所要解决的问题。这个问题是,法律无法达到它试图达到的目的。法律过于普遍,不可能做到合理,所以它需要外来的协助,才能在特定事情上具体规定什么是合理的——这是一种有可能违反法律文字和精神的协助。进一步说,就算法律是合理的,当它面对非要以自己的方式处理事务的人类时,为了证明自身的合理性,它也需要帮助。法律在面对人类的顽固性时,它诉诸普遍性,并且宣布:你们将得到一视同仁的对待。由此,第二个困难又加剧了第一个困难:法律越是不受欢迎,它就越是需要一视同仁。法律留下了一个它自身无法解决的问题。

然而,执行权只是解决的方案之一。政治科学中另一种普遍的解决办法,是亚里士多德的王权。好人的王权或完美的人

的王权高于法律，因为他具有超凡的品质。亚里士多德的王权 127
也许不可能，或是不可行，但它提醒我们，法律固然根本不可能获得优秀品质，它的目的却是激励优秀品质。假如能够证明——亚里士多德怀疑这一点——优秀品质就是人的完美性，而人的完美为作为一个整体的自然作出了必要的贡献，那么好人的王权就是符合自然的。这样人们便可以宣称，脱离法律而转向王权，并不是专制的表现，而是符合自然正义的，上述法律问题可以通过诉诸我们的天性（自然）许诺给我们的优秀品质而得到解决。

在马基雅维里那儿，这种主张不但受到怀疑，而且被否定了。他有许多各种各样的间接论述，但是他的言论中最突出的一点是，他对自然正义或自然法始终保持沉默，他在自己的任何著作中都没有提到它们。这是他同古典传统最明显的不同。无论他那个时代还是他本人所继承的政治科学，都没有为这种忽略提供先例或借口，它不可能是出于疏忽大意。[9]由此，真正的马基雅维里便被从今天经常把他塞进去的“背景”中召唤出来，这个背景使他的思想看起来既有来路，又没有害处。事实上，真正的马基雅维里有一些不同寻常的、令人深感不安的建议。虽然他同意亚里士多德的观点，即仅有法律是不够的，但是他否认能用自然正义为脱离法律的行为正名。他没有表现出丝毫的遮遮掩掩，其实是公然津津乐道地断定，暴政于良好的统治是必要的。既然法律无法证明自身的合理性，因此需要暴力；既然自然不能提供这种暴力或为它正名，人必须找到或创造他们自己的暴力。为了强迫人们服从法律，他们必须超越法律，以不断的、令人难忘的执行［处决］行为——即马基雅维里所说的“esecuzioni”——运用暴力，可以说，这种行为同法律或正义全然无关。在亚里士多德那儿，超越法律的因素高于法律，而在马基雅维里那儿，超越法律的因素低于法律。亚里士多德总是尊重法律，并且要求甚至完美的人的王权也要采用法律。马基雅维里则公开嘲笑法律；他没有否认需要好的法律（参见《君主论》I.33），但是他公然声称，好的军队就足以保障好的法律（《君主论》12）。为此目的不需要好的灵魂；也许它们正是以这种方式而得
128 到的。故也难怪，马基雅维里的没有灵魂的政治科学，也是不讲法律的政治科学。不讲法律的政治科学为了威慑和限制不法之徒，需要好的法律；然而它为了鼓励创业，又怂恿人们蔑视法律。

虽然马基雅维里从未提到自然正义，但他确实提到过“自然”，而且就像人人知道的那样，他频繁地谈到“品质”。[10]但是，他的自然和他的品质，不是亚里士多德的或古典政治科学传统中的自然和品质。在马基雅维里这儿，自然被理解为强迫我们追求食物、安全和荣耀的必然性，或是被这种必然性所取代；[11]品质则变成了预见这一三重必然性的习性、能力或品质。亚里士多德在《政治学》第一卷表明，人可以被视为自然的财产，自然也可以被视为人的财产；人既在自然之中，又独特地处于它之上。但是这两种可能性是相互关联的，因为人只有通过自然的禀赋——这也证明了他是自然的财产——才能够处于自然之上，从而能够获取。然而在马基雅维里看来，对人的这种独特性的任何依靠，都过分限制了人的获取。人在获取行为中，必须自由地模仿野兽，残忍地采取行动。他认为，自然不能成为指导人类行为的标准，因为承认它超出我们的控制，是我们所不能忍受的。诉诸自然的亚里士多德主义哲学家，让我们服从自然的创造者上帝——这意味着他们实际上把我们交给了那些了解上帝的人：神职人员。既然人们无法忍受承认自然超出他们的控制，他们便试图通过宗教支配自然。马基雅维里只想让“宗教”——它把自然解释成人的必然性——能够被从事获取的君主而不是

懒惰的神职人员所利用。为了完成这项改造,他必须剥夺人的独特性,把他们降低到野兽的水平,但是又要教会他们如何主宰自然(他们被贬低到与自然同一水平)。认为人既属于自然又高于自然的亚里士多德的暧昧的目的论,将变为马基雅维里的暧昧的必然性,它既使人产生畏惧,又激发他的荣耀感。

因此,自然,即必然性,先被说成是人的主宰,然后又必须受到人的品质的主宰。品质具备这种新功能所需要的转化——这使它本身不再是目的,也不被用来致力于人类的完美——可以从马基雅维里的翻译者的谨慎中看出,他们把他的“virtù”一词 129
简单地翻译成“virtue”。他们把它称为“精明”(ingenuity)或“勇猛”(valor)或“活力”(vigor),以此显示它意欲表达的某种新因素,但又忽视了一个事实,即马基雅维里仍然用“virtue”这个老字眼来表示它。

在抢在必然性之前采取行动这一点上,马基雅维里的品质具有双重性,这似乎可以解释现代执行人的暧昧地位。他是强大的,但总是宣称代表一种更强大的意志或力量采取行动。品质征服必然性,就此而言,可以把它理解为同自然(不是亚里士多德所说的自然正义)相对立。但是,为了征服必然性,品质又要利用必然性,所以它又被理解为服从自然(它也不是亚里士多德的允许人类进行选择的自然正义)。因此,为了抢先于必然性,你必须先发制人;但当你“确保自己安全”(assicurarsi)时,你只是战胜了别人,并没有战胜使他失败的必然性——他背后的另一种因素。你的品质既强大又软弱:你是强大的,因为你选择了你终究不得不做的事情;你又是软弱的,因为你别无选择。

同样,马基雅维里在谈到“执行人”时也语焉不详。我们看到,他在一个地方(《君主论》6)把摩西称为“仅仅是上帝命令他做的事情的执行人”。但是后来他又赞扬“摩西的品质”(《君主论》26)，因为摩西利用了提供给他的机会；在另一个地方他还说，摩西被迫杀死了出于嫉妒反对“他的计划”的无以计数的人(《论李维》III.30)，言外之意是，它并不是上帝的计划，而是摩西的计划。仿佛是为了平衡他在《君主论》(6)中惟一一次提到的“仅仅是执行人”的说法，他在《论李维》(III.1)再次提到需要一个“果断的执行人”(uno ostinato esecutore)。

这个马基雅维里式的执行人的形式，只有基本而粗糙的描述。他的更为常见的称呼是马基雅维里式的君主，这其实也是马基雅维里本人更常用的称呼。不过我们当会发现，这个君主的手段是现代执行官的基本要素；因此，马基雅维里经常使用“执行”，对于他的主要观点来说，这远不是一种偶然现象。学者们只要研究一下他关于“esecuzione”的言论，就可以学到不少有关马基雅维里的知识。但是就现代执行官而言，他的思想确实是基础性的。

从马基雅维里的言论中，可以找到现代执行官的七个要素：对惩罚的政治利用，这要求一个超常的执行人；战争和外交事务
130 优先于和平和国内事务，这大大增加了紧急权力的机会；当统治被理解为代表统治者之外的人的“执行”时，间接统治的好处；通过发现或培养适用于所有政体的统治技巧，侵蚀作为一个整体的各种政体之间的差异；决断的需要，它来自于统治行为以当机立断为最佳的事实；为了令人吃惊而保守秘密的价值；自己承担荣辱的单一执行人即“独自一人”的必要性。这些因素中的每一个都可以同亚里士多德的政治科学加以对照，以便理解马基雅维里的执行官的革命性，而这一切都鲜明地反映在他对“执行”一词[12]的用法中。

政治惩罚

在马基雅维里的许多令人难忘的论述中，最让人震惊的莫过于他的如下言论（见《论李维》III. 1）：“混合的团体”（mixed bodies），如教派、共和国和王国，需要进行定期的“执行［处决］”——这可以使它们回到自己的起点，从而使它们摆脱腐败。这的确是他关于执行权的最突出的言论；其他言论隐藏在另一些抢眼的陈述的阴影中，没有引起人们的注意或研究。这里的“执行”既是指处死，也是指惩罚违法者。执行是对罪犯的惩罚，然而它之所以得到赞扬，更多地是因为它有“良好效果”，而不是因为它的报复是正确的。

换言之，对马基雅维里来说，正式的法律受到破坏似乎并不重要，维持程序规则更是无足轻重。即使法律没有被违反，腐败的“秩序”仅仅为了自身的进步，或当它们阻止了自身的进步时，也需要对它们进行更新。其实，是人类的野心和傲慢需要受到限制和管束，而不是让实际的违法行为受到惩罚。马基雅维里甚至认为，如果罗马每十年实行一次重要的执行［处决］，“那么她绝对不会腐败也就成为必然的了”（《论李维》III. 1；另参见III. 22）。至于罪犯是否总会按他的时间表出现，他没有谨慎地予以怀疑。重要的是让执行［处决］“不同寻常且引人瞩目”。马 131
基雅维里此后再也没有明确提到法律，而是说，“国家发生变化后，无论是由共和而暴政，还是由暴政而共和，对反对当前状态的敌人进行令人难忘的执行［处决］，都是不可缺少的”（《论李维》III. 3）。执行可以是合法的，也可以是残暴的，但它必须是令人难忘的。它的“良好效果”是“唤起人们的恐怖和畏惧”（《论李维》III. 1），在教派、共和国或王国建立之初，人们了解这种感觉，但它已从记忆中逐渐消退。因此，刑法是为了政治效果而被利用——为何不说滥用呢？这种效果不是可有可无的，好像我们为了法制而放弃它并不会遭受任何重大损失；令人难忘的执行对于拯救政体来说至关重要。

亚里士多德完全不会同意这种观点。在《尼各马可伦理学》中，他对刑法的正义和分配的正义做了区分，只把后者而不是前者同政治和“政治的正义”联系在一起。讨论不多的刑法的正义，同契约的正义一起，被归类为一种交易（《尼各马可伦理学》1131a2），并认为它对于城邦的政治而言是中立的，或者是这种政治的后果。《政治学》一书对惩罚谈得很少，也没有提到惩罚的官职，因为亚里士多德要使政治摆脱对惩罚性的众神的服从。扩大执行权的真正受益人将主要是神职人员；而他要让这些人服从于能够使人类的选择和慎思居于主导地位的政体的官员。[13]他在自己周围看到一些神权城邦（sacral cities），他不鼓励它们那种进行报复和惩罚的欲望。亚里士多德的反教权主义（anticlericalism），必须通过他的微妙而简洁的修辞，以及他本人所反对的无神论哲学家所归纳出的中庸精神，才能搞清楚。假如在马西利乌斯所面对的十分不同的环境下，教皇是社会分裂的“惟一原因”，亚里士多德那种含蓄的厌恶态度就会变得更加鲜明。

马基雅维里在反教权主义上轻而易举地胜过了亚里士多德和马西利乌斯，他肯定想把神职人员置于政治控制之下；[14]但是他也认为必须表明或清理报复精神，然后利用畏惧而不是正义来限制它。[15]回到最初的混乱状态所引起的恐惧，由对上帝的畏惧所取代，马基雅维里认为（《论李维》III. 1），神职人员利用了这种畏惧，而他们本人却没有这种畏惧：“他们无恶不作，因
132 为他们并不害怕他们既看不到也不相信的惩罚。”令人难忘的执

行不仅限制政治活动家的野心和傲慢，而且打消人们对一个出类拔萃的公民的坏性情。马基雅维里所说的维护共和国的自由必不可少的指控权(《论李维》I. 7)，是以“执行[处决]”作为明确的结果，在做这种事时，切不可借助于“私人”或“外国”的势力——尤其是神职人员召之即来的势力。

同样，马基雅维里解释说，佛罗伦萨的人民过于仁慈，允许混乱四处蔓延，那是只需寥寥几次残酷的示范性事件即可平息的；因为混乱伤害全体人民，而“出自于一个君主的执行只会伤害一个具体的个人”(《君主论》17)。马基雅维里在这里的教诲是，过分的爱导致残酷；但是具有节约性的单一执行行为，也不应被误认为是正义。即使发生了惩罚很多人的事情，马基雅维里也没有因此而退缩。他称赞罗马共和国的伟大及其“执行的力量”，其中便有在众人中实行“令人恐怖的”十杀一制度(decimation)(《论李维》III. 49)。当一大批人应当受到惩罚时，如果只选出少数人进行惩罚——由于他们人数太多，无法全部进行惩罚——这会冤枉受罚的人，怂恿未受罚的人下次再犯错误。但是，如果用随机方式在十人中选出一人予以处决，而这是所有人都应得到的，那么受罚的人只能哀叹自己运气不好，未受罚的人下次也不敢为非作歹了。

这里的讨论很容易被解释为(或者，假如有人坚持保护马基雅维里的清白，则是被错误地解释为)对基督教原罪教义的一种政治利用，正如令人难忘的执行[处决]可以被视为对基督教救赎论的政治利用一样。[16]看来，马基雅维里首先不是通过接受一种制度的惩罚观来振兴国家，他谴责这种制度“造成了世界的软弱，使它任由恶棍宰割”(《论李维》II. 2；参见 I. 前言)。换言之，现代执行权学说的源头，存在于马基雅维里为了现世的好处和人类的利益，对一种据说一直被用来执行上帝之意志的权力的盗用中。

在马基雅维里不太为人所知的对话体著作《兵法》中，主要的对话者法伯利齐奥抱怨说，自然不应当赋予他如何复兴和扩张国家的知识，要不然也应当同时赋予他“执行”的禀赋（《兵法》VII，p. 367b）。[17]既然自然赋予人们知识，却没有赋予他们权
133 力，人们只好依靠自己，用（按马基雅维里的著名说法）他们自己的双臂去执行。他们不可以坐等上帝或自然的帮助。但他们确实从自然那儿掌握了有关他们自己的天性的知识，包括由基督教教义所发现或错误提供的某些真理，现在是“根据品质”去解释它们（《论李维》II. 2）。马基雅维里试图让“这个世界”，即人类，再次强大起来，然而他在这样做时，是向它说明如何服从它自己的天性。

在执行人类的法律时，不能依靠上帝或自然的帮助，在这些法律的背后不存在自然法或自然正义，所以必须扩张执行权。执行的行为必须摆脱亚里士多德和马西利乌斯要予以保留的对法律的严格服从。我相信，在马基雅维里的主要著作中，“执行”只有一次是和“法律”一起出现，因此是明确地指法律得到了执行（《佛罗伦萨史》VIII. 3）。在另一些场合，执行的是另一些事情：“权威”（《佛罗伦萨史》I. 16）；“事业”（《佛罗伦萨史》VI. 29，VIII. 4）；“公务”（《佛罗伦萨史》VI. 21）；“设想”（《佛罗伦萨史》VII. 34）；“阴谋”（《佛罗伦萨史》VIII. 4，5；《论李维》III. 6）；“欲望”（《佛罗伦萨史》VIII. 26）；“公众的决定”（《佛罗伦萨史》VIII. 29；《论李维》I. 33）；“重要的事情”（《论李维》I. 49）；“所有的事情”（《论李维》II. 2）；“这些事情”（《兵法》V，p. 331b）；“备战”（《兵法》I，p. 274b）；“政策”（《兵法》VII，p. 362b）；“罪恶”（《君主论》9）；“命令”（《兵法》VI，p. 348a）、“使命”（《佛罗伦萨史》IV. 10；《论李维》III. 6）。只有最后两种情况，可以称为“执

行"的"弱"含义。[18]在许多情况下,没有交待在执行什么——但显然是强有力的执行(尤见《论李维》III.27;《佛罗伦萨史》II.2,25,26,34;III.14,19;VII.6,21,32,34;VIII.36)。此外,我们切不可忘记前面讨论过的引人瞩目的执行,在这里显然不存在法律(《论李维》III.1,3;另见《佛罗伦萨史》II.34;III.19,21;IV.30)。

总之,这些"执行"[19]的含义是指一个超常的执行官,由于其惩罚的职能,必须从政治上理解他,他不限于贯彻法律。执行的行为确实使法律得到服从,所以从一般意义上说,它们也服从法律。但是,执行法律对于政治目标来说是不够的,法律为了确保自身得到落实,一定要接受非法的帮助。这就是马基雅维里为何不打算像我们追随孟德斯鸠所坚信的那样,让司法职能独立。在马基雅维里看来,像我们现代世界这样让法官和政治家保持距离,使两者的精明都受到了禁锢:法官看不到他们的判决 134
发生了什么作用,政治家也无法左右自己的政策,使其顺利产生预定的效果。

战争和外交事务的优先性

一旦执行行为不再明确地服从法律和正义,技巧便成了处置各种紧急事态的一种普遍可用的手段,而不仅是用于实施法律的紧迫时刻。这种紧急状态很容易因国内图谋不轨的野心而发生,也很容易从外交事务的突发性危险中产生,为了应付它们,需要有人代行巨大的权力。亚里士多德的五种类型的王权之一是战争的将领,然而他是一个官员,亚里士多德说,他是根据法律进行统治(《政治学》1285a4,1286a3)。相反,马基雅维里赞扬罗马在紧急状态下,"当弊端在一个国家滋长或不利于国家时”(《论李维》I.33),设立独裁官的做法。这是“把权力交给一个人,他不必征询任何人即可做出决定,不必做出任何请示即可执行他的决定”。[20]马基雅维里否认独裁官的权力有害,或如一般人所说的那样,它是给罗马带来暴政的原因。独裁官不仅在罗马共和国受到外来威胁时非常有益,而且——马基雅维里在这里颠倒了道德基础——在“扩张其帝国”时也十分有益。如我所说,正是马基雅维里,与古代作家对罗马独裁官制度的贬低相反,夸赞这种制度;他最先领悟到了它的现代后裔。[21]

因此,马基雅维里利用惩罚克服了法律的实施难以接受非正义的必要性这一问题,同样,他也利用外交事务,从讨论任何关心自身事务的国家都会出现的紧急状态,转向对有着帝国野心的国家刻意寻找或作为借口制造出来的紧急状态的讨论(参见《论李维》III.16)。柏拉图的《理想国》和亚里士多德的《政治学》对外交事务只有简单扼要的讨论,而马基雅维里的《论李维》却有一半篇幅讨论外交事务,在《君主论》中,这种讨论的篇幅至少也不相上下。波里比乌斯对外交事务着墨甚多,而且他似乎支持有帝国倾向的罗马共和国。不过,波里比乌斯在比较罗马
135 的帝国主义和斯巴达的中庸精神时,持一种开放的态度,他认为推行帝国主义的人是在做出一种选择,而不是对必然性的反应(VI.50.3)。马基雅维里在引用波里比乌斯时,也做了同样的比较(《论李维》I.2,6),他的结论毫不含糊:由必然性所决定,选择是行不通的,只能支持帝国主义。

当畏惧取代正义成为政治的基础时,对获取的限制也随之放松,政治科学由此承担起了这样的任务:向君主解释必须如何获取和维持国家,向共和国说明必须如何克服腐败和进行扩张。一定要让政府明白,要像对待臣服的外国人那样对待自己的人民,所用手段虽然未必恶劣,但它不是信任和正义。[22]能够使国

家长久生存的引人瞩目的处决,同独裁官执行其扩张国家的决定的权力一起,显示着马基雅维里对政治生存能力的一种新的重视。古典政治科学假设所有的政体是在循环运动,而且注定要灭亡,它根据政体的行为表现,而不是其生存的长短来判断它们——这正是波里比乌斯讨论的要点。马基雅维里放弃了这种循环观,采取一种实用主义观点:国家想必会臣服于治理更佳的邻国,而不会在孤独中忍受它们自身的弊病(《论李维》I.2)。他的新的内部政策为对外政策的优先性提供了正当性(或由后者为它提供正当性),而这两者都要依靠一种扩张性执行权的支持。

执行是具有普适性的技巧

定义最佳政体是古典政治科学的主题,然而马基雅维里认为这种政体并不存在。他宣称,根本就不存在构思最佳政体所需要的有关自然正义的知识,甚至在言论中也不存在。因此,政治不能由有关最佳政体的观念来引导。马基雅维里对这种"想像中的共和国和君主国"(《君主论》15)表现出鄙夷不屑的态度,并且他在别处也说,消除人类事务中的任何一种弊端,不可能不带来另一种弊端(《论李维》I.16)。他宣称,他要了解的是实际的政体及其表现,而不是它们在自称最佳政体、自称完美、自称能够促进共同福祉时所使用的言辞。这些说辞为任何政体 136
提供独特的性格;它们一直被古典政治科学所重视,将其当作能够加以提炼而成为判断标准的意见。[23]

很少谈及政体(在《佛罗伦萨史》中有两处,见 II.11,32)的马基雅维里,放弃了古代对六种政体的划分(参见《论李维》I.2),他按照罗马人的传统,采用了共和政体和君主政体的划分

(《君主论》1)。可是,在采用这种划分时,他没有接受共和政体和君主政体之间相互以不屑的态度表达出的对立。对于共和主义对“君主称号”和“国王称号”的典型的憎恨态度,以及君主对民治政府变幻无常的表现的鄙夷,他只是轻描淡写(《论李维》I.58,II.2)。他还用“共和国中的君主”(princes in the republic)和“公民的君主政体”(civil principality)这些说法,使这种区分变得模糊不清,这意味着共和国需要君主,君主政体也可以被视为共和国。共和国和君主国具有趋同性,因为对它们的判断不是根据它们有关品质和正义的相互对立的主张,而是遵循一个惟一的标准:这种主张的“实际的真实性”——它们获取荣耀和维护安全的能力。根据这个标准,各种政体的夸大其辞的声明,被归结为它们产生明显的有益效果的能力,而不是被严肃地当作构成最佳政体的可能要素。共和政体和君主政体所提供的好处,不包括生活在共和国中比生活在君主的统治下更荣耀,反之亦然。简言之,在马基雅维里看来,政府的形式从任何意义上说都不是统治的目的。

因此,马基雅维里虽然谈到共和国中的“优秀品质”和“美德”,他却没有说过“共和主义优秀品质”(republican virtue),按照这种品质,献身于作为一种形式或政体的共和主义,是与共和国的益处有着明确区分的。[24]他确实表现出偏爱共和政体而不是君主政体,然而谨慎地做了限制:共同福祉“假如不是在共和国,是看不到的”(《论李维》II.2)。然而,共和国的共同福祉不会扩及它的邻国,因为被共和国所征服,无异于最严厉的奴役形式,虽然确实不是普遍的形式,因为它是多数对少数的压迫。马基雅维里说,在共和国,一切事情“都是为了它的目的而执行的”,而对于君主最有帮助的事情,经常有害于城邦(《论李维》II.2)。但是,对于这种言论,必须用他的另一种言论加以平衡:

他赞扬“更仁慈的”君主切萨雷·博尔吉亚,因为这个人知道如何 137
把自己的执行[处决]局限于“寥寥无几的事例”,这不同于那些意图良好的共和派的佛罗伦萨人,他们的宽宏大量伤害了皮斯托亚的全体人民(《君主论》17)。比政体更重要的是隐藏在政体背后的君主和人民的两种不同的“性情”或“天性”,在共和国和君主国都能看到它们:君主的支配的欲望,和人民不受支配的欲望(《君主论》献辞,9;《论李维》I.5;《佛罗伦萨史》III.1)。成功的统治需要审慎地对待这两种性情,而无论是采用君主政体还是共和政体的形式,都能做到这一点。

有人也许会说,优势是在共和国一边,因为马基雅维里不是说“共和国比君主国有着更强大的生命力,有着更长久的好运”(《论李维》III.9)吗? 这里也没有提到共和国更讲法纪,当然也没有谈论(与《论李维》II.2 的言论相反)共同福祉。共和国的生命为何更长久呢? 共和国能够受益于多样性的环境,因为它们能够拥有多样化的公民,而不是只有一个君主。但是,假如它们的制度中不包括独裁官的职位或类似的安排,使它们能把执行的责任交给一个具备最符合时机之要求的品质的人,那么由于它们那种人所周知的迟缓的决策(《论李维》I.34),它们的制度(或“秩序”)有可能使它们无法利用这种多样性。独裁官制度既是一种“秩序”,又不是一种“秩序”。马基雅维里先是说,使控告得到执行(这需要一个独裁官或一个类似的人物)是有益的,因为这种执行不必求助于私人或外来势力,即可“正常”发生(《论李维》I.7)。后来他又赞扬罗马共和国建立了独裁官制度,以便在遇到“重大事情”、正常程序将造成拖延(《论李维》I.49)或需要一个人不必征得同意即可做出决定时(《论李维》I.33),能够立刻执行。马基雅维里在这些话中表明,假如不用“反常的范式”对正常的“范式”定期进行更新,共和国的“秩序”就会受到腐化，它的权力就会衰败。反常的范式不会毁灭共和国(《论李维》I.7,34)，恰恰相反，它对于它们是必不可少的(《论李维》I.18, II.16)，这种范式的登峰造极的表现，便是前面提到的“引人瞩目的、极端的”(《论李维》III.1)和“令人难忘的”执行[处决](《论李维》III.3)。这需要掌握“不同寻常的权力”(《论李维》III.1)，它“不必依靠激励你果断执行[处决]的任何法律”(《论
138 李维》III.1)。可见，正常“秩序”的更新，要依靠不时诉诸反常的“范式”，它使共和国长久，其实是为它提供了永世长存的前景(《论李维》III.22)。

由此，守法和不法之间的区分——由于这种区分，共和国能够与君主统治的随意性相比较并感到自豪——便被转化为一种从正常到反常的连续体，它允许或要求共和国为了长存而放弃守法。为此，它们自身必须与君主政体相结合；罗马共和国是“无数最优秀的君主”组成的一个连续体(《论李维》I.22)。在马基雅维里看来，它的长久的生命力归功于罗马人把共和政体与确保迅速执行的君主国结合在一起。然而人们也大可以说，君主政体为了能在必要时迅速更换君主，也可以同共和政体结合在一起。

多亏了执行的必要性，政治的内在机制不是由其外表所决定的。维持公民的忠诚、使其把怨恨指向他们的敌人、使政体相互有别的对立形式，不再构成真正的政治分类。无论马基雅维里对共和政体和君主国的最终评价是什么，他没有挑起共和主义或绝对专制主义的争端。他分析他所发现的政治争论，不认为它们是有关定义最佳政体的主张。甚至在开始分析之前，他就假定政治中的人并不清楚自己在谈论什么。他们公开表达的关切，在他们的言辞中被夸大了，像我们今天的政治科学家经常做的那样，他对这些言辞不屑一顾。亚里士多德的政体，被马基

雅维里的非正规的“新范式和新秩序”所取代。

间接统治

像摩西一样，当一个政府自称仅仅是个执行人时，内部人便自称是在接受外在权威的命令。但是，既然执行需要一个“果断的执行人”(《论李维》III. 1)，内在机制将在没有这种命令的情况下由它本身的首创精神所驱动，当它发现有必要时，它会产生令人难忘和震惊的执行。马基雅维里的执行官的统治，不是平时可以看到的政府，它不像亚里士多德的政体那样，政治形式展 139
示其政治性格，政治表象大体上跟政治实质相一致。

但是，这个执行者并非完全不可见，因为不给人造成印象，进行统治是不可能的，所以它不能总把自己隐藏在另一种权威背后。统治的内在机制必须在不同寻常的时刻现身，此时它是令人难忘的，因为行动是出人预料的——通过震撼人心的执行[处决]，使人们记住他们为何需要政府，假如不服从，他们将得到怎样的统治。只有在这个时刻，政治的实质才与表象相一致。正是在执行的过程中，当原始的畏惧表现为政治的第一驱动力，以及当它走过正常的过程时，政府才表现为人格化的必然性，让人们记住自己的起点。甚至在其最强大、最令人难忘的时刻，政府也是以执行人的角色为人们采取行动。人不像他们在古典政体中被认为的那样，遵照他们所选择和认可的原则进行统治。相反，他们是受着一个君主的统治，他周期性地提醒他们，必然性比原则更强大。因此，良好的效果在政治中比尊重原则更有用。统治的间接性存在于一个事实之中：必须让我们每个人都熟悉这种必然性(见《兵法》VI, p. 348a)，因为我们通常总是抱着应当如何处理事务的自鸣得意的党派成见。政府既不是统治者的选择,也不是强加于被统治者的,而是向每个人揭示——不是从高处——他身上最强大的东西是什么,而不是向他揭示他最好的一面是什么。“良好效果”有着双重含义,它既指造成良好后果的效果,也指这种效果本身。为了产生这些效果,统治必须具有依靠自身采取行动的暧昧性,虽然说到底它的行动是代表人民的。

民众的习性不是统治的欲望,而是不受统治的欲望,但是人民必须受到统治。这个难题决定着一个政治问题:如何统治人民,而又不让他们产生他们受人统治这种难以忍受的感觉?为了做到这一点——马基雅维里不怀疑,对于这件事以及他所揭示的另一些难题,他自有“药方”——他在自己的基本战略中采用了一条人类感情的公理:“人们遭受的伤害和不平,若不是出自别人,而是他本人心甘情愿的选择,则其伤害要轻得多。”(《论
140 李维》I. 34)自虐为何要比受人虐待的伤害更小呢?自愿承担的税赋,要比上面强加的税赋更容易得到心甘情愿的同意。所以,政府应当努力使它的索取,尤其是它的惩罚,看起来是由那些拿钱的人和受惩处的人造成的,是遵照他们的吩咐,或是得到了他们的同意。因此,人们虽然绝对不可能实行自治,不可能没有君主作为他们的“首领”为他们效力,而且严格地说,民主政体是不可能的,但是一切统治,不论是共和制还是君主制的统治,必须向人民发出诉求。这就是罗马的控告权的优点所在,它使人民负起定罪和执行的责任(《论李维》I. 7)。所以马基雅维里不但向共和国,也向君主国建议,要采用一般性的民主政策,要依靠人民而不是依靠少数人(《论李维》I. 49,55,58;《君主论》20)。这显然同亚里士多德的一般而言有着贵族特点的政策和他对最佳人物的王权的诉求相反。

诉求于人民,不是着眼于他们的优秀天性或公正性。倒不

如说,这是让他们参与他们十分无知的必然性的手段。在谈到瑞士的军队时,马基雅维里夸奖它的“通常由另一些士兵”处罚士兵的方式(《兵法》VI,p. 345a),因为假如你不想让人袒护或同情罪犯,那就让他实施惩罚,既然他是惩罚的“执行人”,与惩罚来自于别人相比,他对惩罚就会有不同的看法。军队中的执行的另一个事例清楚地表明,法律和司法跟政治问题无关。迦太基军队中一队叛军的首领,命令杀死来自那支军队的使者和他们抓获的俘虏,这种“处决[执行]”将使他们“残酷而果断地”对付迦太基人(《论李维》III. 32)。可见,共同参与“犯罪”和共同参与惩罚罪犯,有着同样好的效果。两者都是军队加“害”于自身,这种伤害要比君主本人或以他的名义实施的伤害轻得多。如我们所知(见《论李维》III. 49),马基雅维里从惩罚罗马军队时采用的十杀一制度,总结出了惩罚“众人”的正确方式,让那些有罪但未受到惩罚的人看到未来。他们虽然没有受到惩罚,然而正是由于逃脱了惩罚,他们大体上管束住了自己。

马基雅维里说,抱着找一个不偏不倚的法官这种徒劳的愿望,把执行惩罚的权力授予一个外国人,是错误的(《论李维》 141
I. 7;49;《佛罗伦萨史》II. 25)。外国人只会利用这种执行为自己攫取权力。也不应当把它授予少数人,因为“少数历来是少数的侍从”(《论李维》I. 49)。我们还知道,执行应当被用来对付少数人,打掉其嚣张气焰,消除嫉妒心(《论李维》III. 1,30;《佛罗伦萨史》II. 22)。可以震慑少数,让多数铭记不忘。再说一遍,执行绝对不是人民的自发行动,他们更愿意忘记这种必然性;为了采取行动,必须引导人民,或是给他们一个“首领”(《论李维》I. 57)。但是人民喜欢动感情,所以能够用勇敢的行动打动他们(《论李维》I. 53),罪恶滔天的行为也不会打消他们的偏爱(《君主论》8,9)。在任何政体中,他们都是以人民的名义进行间接统治的强大执行官的天然盟友。[25]

当机立断

为了造成强烈的印象，执行必须出人意料。马基雅维里在称赞梅迪齐家族的乔万尼和洛伦佐时，指出他们的执行迅速快捷（presto）（《佛罗伦萨史》VII.6；VIII.36）。我们今天用“果断”和“活力十足”来赞扬执行官的“主动精神”，这些词语是对这种当机立断效果的写照，它以突然中断惯常的（或正常的）过程而令我们难忘。马基雅维里喜欢的一个说法，“一不做二不休”（ad uno tratto），便是对这种情形的描述。只要一不做二不休，强大的执行官就能彻底改变局面，让众人的眼睛转向一个打破局面并重整旗鼓的人。人们认识到不能依靠惯常的东西（这让人想到，罗马人可怕的十杀一“范式”是一种碰运气的措施。《论李维》III.49），所以他们必须寄望于那个君主。

通过令人难忘的突然打击，君主更新了他的权威，也使他本人成为一个新君主，因为得到更新的权威是一个新的君主。他的个人权力没有消失在他的法律和他的常规做法之中，而是再次成为可见的权力。他的行动，假如表现出足够的抱负，能够取得“它本身的伟大”，让批评变得鸦雀无声（《佛罗伦萨史》I.前言）。例如，在对付皮斯托亚的乱党时，软弱的佛罗伦萨人不知
142 如何遵循干脆干掉首领这种第一位的、最安全的方式：“这种执行［处决］既伟大又慷慨。”（《论李维》III.27）它的慷慨之处在于不杀死所有的人（《君主论》16）。

在一段转述李维的话中，马基雅维里认为每个君主和每个共和国都应细细品味。他在这里说，当拿不准别人要做什么时，不易找到借口；但是，一旦拿定主意，做出了必须“执行”什么的

决定,那就不难找到借口了(《论李维》II.15)。一定要使言辞与行动协调一致,而不是让行动和言辞协调一致,为此首先要采取行动,让别人面对新的局面。罗马人在必要时设立独裁官的制度,便折射出这种立刻执行的优点(《论李维》I.49)。但是马基雅维里在这里超越了对必然性做出反应的范围,他实际上建议为别人制造必然性。他在同一个地方(《论李维》II.15)说,迟缓的深思熟虑总是有害的,尤其是搞阴谋的时候,此时的危险要比执行更危险(《论李维》III.6,p.200b)。执行阴谋的危险部分地来自于气馁的人(《佛罗伦萨史》VII.34),然而可以通过加快执行的步伐加以避免,让懦弱的人来不及受到良心的困扰(《佛罗伦萨史》II.32;《论李维》III.6,p.208a)。其实,马基雅维里提供了搞阴谋的两个实例,在阴谋家对阴谋对象下手之前,先要对阴谋同伙搞阴谋。这些阴谋家被告知,他们必须加入反对暴君的阴谋,不然就向暴君揭发他们的叛逆罪!(《论李维》III.6,p.204a)。简言之,执行者要利用"刻不容缓的必然性"(《论李维》III.6,p.206a),也就是说,让人来不及思考或反悔。

马基雅维里的执行官最不同于亚里士多德的政体的地方,莫过于这种当机立断的特点。在亚里士多德看来,政体至高无上的成分是慎思的成分,虽然慎思不等于迟缓,但是迟缓这个意义上的慎思,却是谨慎意义上的慎思的首要因素。因此慎思的成分被选择出来,授权它通过各种可能的形式化规定采取行动,而这些形式化规定的一般目的,至少是要通过施加一定的规矩,延缓鲁莽的人类意志,从而干扰我们的欲望和罪恶。[26]马基雅维里的看法完全相反,他把慎思解释为决断(在他那个时代的用法中,"diliberazione"有着"慎思"和"决定"的双重含义),所以,好的慎思变成了导致决定的慎思,而好的决定是果断的(《论李维》II.15)。"果断"是一种需要根据事实去了解和解释的品质,当 143

机立断虽然不同于审慎,它却是审慎的必要补充,就像促成了服从、使审慎具有实效的意志力的表现一样。马基雅维里的执行官打破了亚里士多德十分看重的形式化规定——它们也是现代宪政体制的形式化规定。他由此使创立共和国成为可能,他就是这样来解释罗马人的作为的,他们没有受到过度谨慎的迟缓行动的侵害。

隐秘性

如今,当美国国会的某个委员会召开“执行会议”时,它是秘密进行的。我们已经谈到过在马基雅维里对罗马独裁官这一职务的讨论中执行和隐秘性之间的关系,他的执行不仅不征求同意,甚至不咨询任何人的意见(《论李维》I.33)。假如执行需要让人吃惊,那么隐秘性对于执行来说显然是不可缺少的。不言而喻,令人吃惊不是令人愉快的启示,而是一种险恶的事情。执行的行为是何等险恶,可以从一个事实中看出,在《论李维》一书中,“执行”一词出现最密集的地方,是篇幅甚长的讨论阴谋的一章,即第三卷第六章(全书出现了六十次,其中有四十次出现在这一章里;如果算上相关的第三卷第一章和第三章,则是四十九次)。马基雅维里在他的主要著作中,只有一次谈到执行法律(《佛罗伦萨史》VII.3),却多次谈到执行阴谋(《论李维》III.6, pp.201b,210a;《佛罗伦萨史》VIII.5;《卡斯特鲁齐奥·卡斯特拉卡尼传》,p.757b);他对阴谋的论述,完全是围绕着执行这个主题展开——在实施之前、实施过程中和实施之后。如我们所知,为阴谋保守秘密的办法,就是加快执行阴谋(《论李维》III.6, pp.204a—b;《佛罗伦萨史》II.32)。由此,这种执行便把执行的两种含义完全结合在一起:“杀死”和“实施”,因为只有杀死阴谋的对象，阴谋才算得到了执行。几乎不必补充说，阴谋的执行是在极端非法的情况下发生的。

马西利乌斯对执行做了宽松的限制，而马基雅维里却使执行摆脱了对法律的服从，把它放在讨论阴谋的主题下，其原因何在呢？与以往对阴谋的看法相比，阴谋本身肯定更加接近政治的本质。当他告诉我们（见《论李维》III.6 第一段），阴谋不仅用来对付君主，也被君主用来对付祖国（patria）时，我们会对此有 144
所领悟。不过，就像他的许多陈述一样，这仅仅是他的理由的导论。在马基雅维里看来，政府不是正义的仆从，而是必然性的代理人，因为我们不能提供正义。然而我们乐于认为我们能够提供正义，我们也要求正义，这尤其是为了我们自身；我们经常看不到对预设我们不能提供正义的行动的需要——预示着必然性的行动。这是不想进行统治（或命令和压迫）而是希望不受统治的民众的性情。不受统治的欲望造成了不愿面对事实、不愿面对必然性。政府承担着一项暧昧的任务，为了人民的生存，要让他们了解必然性；为了让他们保持愉快和天真，又要向他们隐瞒必然性。我们知道，马基雅维里的“药方”是使政府看上去来自于人民，这使他们受到的“伤害”仿佛是自己造成的。为此就需要行骗（《君主论》18；《论李维》II.13，III.2，40）和搞阴谋（《君主论》19；《论李维》III.6），它们不仅是一种只有在最严重的紧急状态下才可以由可靠的人加以运用的不可告人的险恶手段，而且是一种即使不合常规也普遍可用的手段，要毫不迟疑或毫无顾虑地加以运用。

马基雅维里说，搞阴谋的要么是一人，要么是多人（《论李维》III.6，p.201a）。他接下来又说，如果只是一个人，那就算不上阴谋，它不过是一种“杀死君主的坚定意图”。正确地说，阴谋涉及不止一个人，他们共同（coscienza）分享一种秘密或知识。

阴谋家之间的关系绝不是朋友关系，因为人们在判断别人对自己的友爱时，通常会自欺欺人。你切不可相信这种友情，除非你验证过它，而这种验证是最险恶的事情（《论李维》III. 6, p. 203a）。职是之故，至少一般而言，阴谋家之间的关系必然是君主与执行人之间的关系，而不是平等的人之间的关系。执行人或秘书〔别忘了“秘密”（secret）和“秘书”（secretary）之间的关系〕可能比君主更有本领，所以到底是谁在利用谁，并不那么清楚（《君主论》22）。但是，这种关系中的不平等依然如故。

马基雅维里认为阴谋是一切政治的基础，就此而言，我们再次看到了他和亚里士多德的一个根本差别，后者认为友情决定
145 着正义和一切政治（《尼各马可伦理学》1155a23—33）。友情的美好与和谐是政治努力促进但无法达到的目标。亚里士多德说，朋友之间不需要正义，因为他们高于正义。马基雅维里则认为，由于人们相互保密，而且在朋友内部也保密，所以他们甚至连正义也得不到。

单独一人

马基雅维里赞扬罗马的独裁官制度，它授权一个人，让他执行自己做出的决定，以便对“非常事件”迅速做出反应（《论李维》I. 33, 49）。但是，马基雅维里也赞扬（见《论李维》I. 9）由罗慕路斯赋予罗马共和国的最初的制度，因为它是由“单独一人”（uno solo）完成的。无论是最初建立制度还是维持制度所必需的偏离制度——通过一个独裁者及其令人难忘的执行（《论李维》I. 1, 3）——必须由一个人完成。为何一定要这样呢？

马基雅维里提供了一个理由，它后来又变成了两个。他说，“许多人”不适合处理事务，“因为他们不清楚怎样做最好，这是

由他们中间的意见分歧造成的”(《论李维》I. 9)。所以,任何事情都要依靠一个人的“头脑”,这并不是因为他肯定比众人更聪明,而是因为只存在一种意见要优于存在许多种意见。因此,精明的“制度创建者”如罗慕路斯,竭力大权独揽,尽管他要清除一个更聪明的兄弟——因为马基雅维里没有交待罗慕路斯是否比雷慕斯更聪明。最好是只有一种意见、一个权力,因为,把责任集中于一个人,他的野心便可被用于促进共同福祉。如果他获得成功,他便缔造了一个持久的国家,并赢得了荣誉;倘若他失败了,他能够受到谴责和“指控”(《论李维》I. 9),由此消除众人的愤恨;如果他是个举足轻重的人物,这种谴责和指控大概还能发挥一种令人难忘的执行[处决]的作用。马基雅维里有着平民的气质,所以他有时痛骂野心(《论李维》I. 37, II. 前言),但是他的政治学却利用野心,不受他人野心的限制。荣誉就像畏惧一样,迫使人们意识到自己孤立的个体性,但是它也比正义的集体美德更能促使他们立刻坚定地为共同福祉献身:“为自身荣誉而 146
战的人,都是优秀而可靠的士兵。”(《论李维》I. 43;参见III. 30, 35, 40)[27]

但是,就算放松对野心的道德约束,它能完全脱离智慧吗?这并不是说,有野心的君主必须是审慎精明的君主,但是在马基雅维里看来,审慎精明已经不再是一种有别于聪明的道德品质(《君主论》15;另参见亚里士多德《尼各马可伦理学》1144a24)。难道不是肯定存在着某种不同凡响的审慎精明,给马基雅维里为了野心而对它的腐蚀——他本人的“大精明”(grandi prudenze)——提供了辩护吗?(《论李维》II. 26)假如政治登峰造极的表现就是阴谋,而阴谋家又不可能平等,那么在阴谋背后不是必须有一个头脑、一个“罕见的头脑”(《论李维》I. 55)、一个免于“头脑混乱”(《论李维》III. 6, p. 207a)的头脑吗?如我们所知,马基雅维里很清楚这个问题:懂政治的人不能亲自“执行”他的知识(《兵法》VII, p. 367b),他只能在自己的知识上做到“单独一人”。

其实,马基雅维里专心思考的问题,是政治教师和政治家之间的关系。他在《君主论》中说,摩西仅仅是上帝命令他去做的事情的执行人,他在这里所说的上帝,不是一个全能的造物主,而是一个“伟大的导师”(gran precettore)。在《论李维》一书中,他用一章的篇幅讨论了在提出建议时一人跟众人(essere solo)作对的危险(《论李维》III. 35;参见《君主论》6,22);在论阴谋一章的第三十九个事例中,他谈到了柏拉图的两个弟子试图杀死两个暴君的失败(《论李维》III. 6, p. 208a)。在《佛罗伦萨史》中,他讲述了一位诗人在彼特拉克的激励下,试图成为让罗马摆脱教皇这项光荣事业的“执行人”(《佛罗伦萨史》VI. 29)。

在通过改造道德观和政治“给每个人带来共同利益”(《论李维》I. 前言)这项马基雅维里本人的光荣事业中,他不能包办一切。他不能既当导师又当君主。然而,尤其是通过他本人的执行学说,他能够让自己的知识得到执行,由此,遵循他的教诲的君主,就从最深层的意义变成了他的执行官。这种最深层意义的执行,与每个君主想成为“独夫”(uno solo)的需要完全一致,因为马基雅维里给每个君主留出了他为自己赢得荣耀的空间。他们能够成为“果断的”执行人,而不是仅仅成为执行人,他们不必意识到自己是在执行他的知识。其实,他们还是不意识到这一点为好。马基雅维里预见到,他的巨大野心会遮挡我们观察
147 它的视线。[28]正如他在自己的一个实例中所示,即使只有一个人完全清楚阴谋的目标,阴谋也是可以得到执行的(《论李维》III. 6,204a—b)。

可见,马基雅维里的君主不是从古典意义上进行统治。他

们不是着手实施一项政策，然后始终如一地贯彻这项政策，这样他们能够对自己的统治原则承担责任。他的君主所要承担的责任，不是在他们的原则的推动下前进，而是受他们的行动效果的约束。他们所得到的荣辱，是因为他们审时度势的成功或他们的操纵技巧。他们要让言辞服从行动，所以他们并不遵守原则，而是声称以遵循事实作为原则。

马基雅维里和他的执行官都具有某种暧昧性，这是现代执行权观念的基本要素。他们是强大的，因为他使他们摆脱了道德限制，然而他们又是软弱的，因为他们是按照他为他们指定的角色采取行动，在知情人看来，他们只是他的附庸。马基雅维里是强大的，因为他孤身一人策动了整个改革，然而他又是软弱的，因为他要依靠别人或依靠必然性来达到自己的目标。但是，为了成为这样一个人，真正的单独一人——一个凡人中间的神——马基雅维里取消了王权和他的暴政之间的区分。就像亚里士多德的君王一样，马基雅维里的君王是政治哲学家。与亚里士多德的君王不同，由自然的必然性所定，他是一个暴君。

用后来的自由主义宪政史所提供的尺度来看，马基雅维里似乎走得太远了。他的言论听起来符合现实，可是他的结论似乎过于夸张，所以我们往往无法严肃地看待他。我们更乐于相信，可以保留他的见识，但必须放弃他的极端主义；可以把他的“esecuzione”（执行）观吸收到现代自由主义宪政之中，但是不需要一人大权独揽的暴政，它只会让我们感到惊恐，或只是一种奇谈怪论。马基雅维里可能发现了现代执行权学说，但是在他的极端主义中，他却没有提出“权力”或“权力分立”的学说。按霍布斯的理解，权力学说是要授予主权者——无论他有没有优秀品质——他所要求的一切权力，从而使有优秀品质的君主变得没有必要。而权力分立的学说，则是洛克和孟德斯鸠为了用法律和正式制度去约束君主而提出来的。

148 这两种学说虽然接受了马基雅维里的不少道德观，却反对极端的政治结论，因为它把过多的权力交到单独一人手里。不过，对于这两种学说改进了马基雅维里的定理，我们不应过于自信。如果马基雅维里了解了我们的宪政史，他也许不会选择退缩。他也许会指出，我们并没有找到（他所理解的）有优秀品质的君主的替代品，我们的沾沾自喜的民主政体，是由一个“首席执行官”来管理的。他能够宣称，我们把现实和执行权的言论混为一谈了。不过，假如马基雅维里了解我们的极权主义暴政的
149 经验，说不定他也会瑟瑟发抖。

六

霍布斯和权力的政治科学

我们在马基雅维里那儿看到了执行官,但没有看到执行权。为了能把执行权理解为共和主义宪政体制中平等而独立的权力之一,必须先发现权力这个概念。这就是霍布斯的工作。他创造了一种抽象的“权力”,使其成为政治科学的核心,至今依然如此。例如,当我们说获得“权力”时,我们用这个词来指一种从各种具体能力(particular capacities)中抽象出来的能力(capacity),我们假设这种权力具有一般性,所以它是单数形式。当我们说,一般而言这人比那人更有权力,而不仅仅是指他做某件具体事情的能力时,我们的意思是,不同的权力累加为更大的权力:这个一般性概念变得可以测量,并且从原则上说是精确的。在霍布斯之前,权力(power)是一个物理学概念*,而不是一个政治科学概念;与我们的做法不同,它没有被抽象和一般性地使用。

霍布斯的原创性,不仅在于抽象化——我们作为科学时代的居民,对此不难理解;还在于他为政治科学想出了抽象化这个观念。但是,他所抽象的东西是什么呢?对此,我们必须对照马基雅维里的更伟大的原创性,来衡量霍布斯的发明。霍布斯利用他的权力科学,对马基雅维里那些事例的丰富但又令人困惑的细节进行了抽象,但是他所保留的信息,却有着深刻的马基雅

* “power”既表示“权力”,又是物理学中的“力”。——译注

维里特点——获取的必然性。可以说，霍布斯把这种必然性做了普遍化和道德化的处理，使它成为自我保存的权利。不过，这
151 一创见因为新的表述而光彩照人。霍布斯是马基雅维里所说的首领之一，我将根据他的马基雅维里式的灵感，来介绍他对执行权学说的贡献。

马基雅维里不赞成他的执行官进行个人报复，不过他确实也不反对这种做法。既然他同意残酷的行为，那么他本来也应当同意一种延伸出来的形式，即他所反对的虔诚的残酷。但是，从政治中消除虔诚的残酷的最佳手段，是允许人们满足个人报复的需要。当虔诚的报复被挪做世俗的用途时，圣战精神便失去了能量，人类的仇恨变成了人的特权，神的愤怒的人格化报复，变成了个人的报复。

个人报复有两种典型的模式，分别属于两种性情或两种人：君主喜欢战胜对手，人民喜欢看到大人物下场可悲。令人难忘的执行“一举”满足了这两种人。所以马基雅维里认为，执行官存在于执行的行动之中，或者不如说，他就是执行的行动。最先出现的是这种行动，行动是提醒我们记住这个事实所必需的，不然我们就会因为言辞的优先地位而试图生活在软弱和残酷之中。马基雅维里的文风反映着他的立场。他在写作时是利用恶毒行为、亵渎神明的凯旋和讥讽的性情这类事例[1]，而不是具有科学的超然立场的普遍命题。他谈论的是执行，而不是作为一种权力或潜在的、有执行能力但并未实际执行的“执行权”。

在马基雅维里之后，他所宣扬的执行行为被纳入一种执行权。用经院学派的话来说，行动退化为一种潜能(potentiality)。由于这一变化，这种行动在出现时所引起的惊恐感觉便消失了，因为它们现在通常是可以预见的。“esecuzioni”(执行/处决)现在得到公开正名，成了主权的一个特征，在宪政主义思想家看

来，它甚至成了一个独立机构的工作。使这种执行生效所必需的马基雅维里式的精明，变成了一门包含着定义和适用规则的科学。正规的执行由此在现代权力观中得到了定义。其结果是，尽管在这种理解中存在着许多个人之间的分歧，但是马基雅维里允许为个人报复留下出口的观点被动摇了，执行——不管具有何种隐蔽的实质——至少失去了它的马基雅维里式的寡廉鲜耻的外表。

然而，这并不意味着事情又恢复了原状，即回到了亚里士多
德。马基雅维里的执行一旦得到阐述并粉墨登场，它便因其明 152
显的优点而无法放弃了。假如能够尽量减少容忍罪恶的代价，那么把马基雅维里的“良好效果”与后马基雅维里时代的正直结合在一起，似乎是无法抗拒的。但是，为了得出公正的判断，在衡量亚里士多德的使执行权处于服从地位的自然正义时，必须对照霍布斯所说的新的自然权利或自然法，它终于使执行权获得了自身的生命，成为一个独立的机构。因为执行权是通过降低道德标准，即从优秀品质——以及它的种种麻烦——降低到权力（它有着种种便利），才变得符合道德。

博丹和作为主权者的执行人

在霍布斯把包括执行在内的全部政治现象理解为权力之前，存在着使执行行为常规化的两种模式。一是博丹的绝对主义政体（absolutism），它让主权者承担执行的责任；二是它的对立面，即霍布斯时代的某些英国作家所说的宪政体制，分立的执行权在这里首次出现。

让·博丹（1529—1596）是法国的一帮“politiques”（策士）的首领，他们在天主教或新教派别中的对手这样称呼他们，因为他

们从政治必然性的角度看待宗教论战。我们也许会更粗鲁地把他们称为“非意识形态分子”(non-ideological)。这些策士被斥为马基雅维里主义者,但是他们否认这种指控,并用批判马基雅维里加以对抗。博丹在他的一本早期著作中曾称赞马基雅维里复兴了古代的政治科学[2],但是在《共和六书》(*Six Books of the Republic*,1576)——这是他的主要著作,也是一部包含着论证和事实的惊人大纲——前言中,他特别指责了马基雅维里的亵渎神明和不讲正义,将其称为“甜蜜的毒药”。[3]然后,他用虔诚和正义为国家提供支持这种马基雅维里式的论证,把它们从马基雅维里的失误中拯救了出来。为了证明自己的判断,博丹援引了波里比乌斯——“被视为当时最聪明的 politique(策士)”,虽然是个“无神论者”——和柏拉图;他还求助于“伟大的自然神”,这个神是无所不知和完全正义的,但似乎不是全能的。这
153 个神为自己受到的侵害进行报复,通过把统治权交给聪明而有优秀品质的君主,或者说,比所罗门*更优秀的人,即交给最少不义、最有专长的君主,使自己永恒的法则得到执行(请留意自然神的人格属性)。

博丹警告说,君主最好不要像暴君那样行动。他们倘若这样做,他们的臣民就会造反,他们的国家将遭到毁灭。君主必须加以警惕的,是冒犯自己的臣民,而不是冒犯上帝。他们执行上帝的法,不受自称以上帝名义行动的另一些世俗权力(博丹指的是教会)的干涉。因此,博丹把主权者刻画成一个强大的执行人,他的任务不是严格地担任上帝的代理人,而是去做上帝想让他做的事情(《共和六书》I.前言,12—14)。在此,他与马基雅维

* 所罗门(公元前?—前932):古代以色列王,在他的统治下犹太国家达到了鼎盛。——译注

里所说的摩西没有什么两样,虽说他仅仅是上帝的执行人,但是他运用自己的品质采取行动,他实施自己的设想。人类由此而被上帝授予主权,遵循着与君主可以精明地盗用主权的相同条件。

然而,博丹的主权者不是马基雅维里的新君主:他既更加极端,又有所不及。较之马基雅维里尊重政治歧见的态度,博丹更加极端,因为他非要提出那个简单而又普遍的主权问题:"一个国家的绝对而永久的权力"(《共和六书》I.8.179)。谁是主权者的问题,必须摆脱一切政治争论,提升到亚里士多德的政治科学严肃看待的党派主张之上。亚里士多德评估这些主张,马基雅维里也在它们背后看到了君主和人民之间的复杂关系,而博丹只想知道谁位于顶端。他不提君主政体和共和政体,只从主权机构这个意义上,讨论原生性的国家(较之马基雅维里,他也从更加非人格的意义上使用"国家"一词)。亚里士多德用"城邦政制"(polity,指政体)这个原生性概念去改进所有的政体,而博丹则把"国家"一词作为首要的政治标签。他说,没有龙骨这种"形式"的船不是船,所以也不存在没有最高权力的国家(《共和六书》I.2.41;参见 I.前言,9—10)。[4]亚里士多德也许要搞清楚,哪种类型的船或共和国具有这种形式,马基雅维里也许要知道它是谁的形式,可是对博丹来说,主权的形式就是任何人要它具有的任何样子。它的抽象性是它的首要本质。国家必须是"un seul"(一个独一无二的存在)(VI.4.178),然而它不是马基雅维里的"uno solo"(单独一人)、一个真实而自私的人。与后来的霍布斯不同,博丹没有假设主权者可以是一个虚拟的人(artificial person)。然而他确实试图保留人与主权者的主权之间的区 154
分。[5]虽然他坚持国家的抽象的惟一性(oneness),可是在《国家六论》第二卷里,他确实对国家做了分类,不过相对于主权而言,任何类型都是次要的，正如第一卷所解释的那样，主权不属于任何类别。我们今天能够轻易谈论非人格的国家或主权者，它既没有类型，也不属于任何类型，乃是一项激进的创见的成果，这是由博丹肇其端，又由霍布斯完成的。[6]

不像马基雅维里的新君主那样激进的，是博丹的主权者的法制（legality）。[7]正是它的抽象性，允许并要求从马基雅维里对个人武力的依靠，退而依靠法律的普遍权威。但是法律的普遍性不是在任何实际的法律中发现的（虽然博丹在讨论基督教十诫的具体律法时遇到了困难。见 I.8.214，221—22）。只有当主权的主要特征是立法权，即制定法律的权力时，主权才能够成为法律上的主权（I.10.306）。对亚里士多德来说，慎思是主权之所在，而在博丹看来，立法才是主权之所在。博丹不时攻击亚里士多德，所以谁也不会误认为他是亚里士多德主义者；[8]他尤其批评亚里士多德把主权置于慎思这种十分不确定的因素之中（III.2.46；3.73）。如果非要一个慎思的人，那么立法权肯定无所归属。更安全更可靠的做法是找到一个发号施令的人。因此，法律就是命令，命令不仅是法律的必要特征（正如阿奎那所说，法律必须有人颁布），而且是定义它的充足条件，不必考虑被引入立法的慎思或理性的水平。不言而喻，主权者在发布命令时必须拥有武装："主宰军队者即国家的主人"（IV.1.30）。可见，马基雅维里所说的武装相对于法律的优先性，与其说被颠倒了过来，不如说被掩盖了。

我们的现代法治肯定立法权至高无上。为了使法治区别于武力统治，我们不像古典政治科学那样，主张法律是理性的或习惯的，或两者兼而有之。我们放弃了这些特性，是因为它们含糊不清，或是能够造成麻烦。但是为了避免让马基雅维里所建议的暴力和欺诈来统治我们，我们诉诸权力的概念，它或者是主权,或者是一个主权实体内的宪政主义竞争者。博丹尚不能算是一个研究完整意义上的权力的学问家——我们仍有待于从霍布斯那儿理解这种权力——但是他以人类主权的学说为这种理
论家奠定了基础,这种主权是由上帝授予的,或者说,它可能是 155
由上帝授予的,也可能是从上帝那儿拿来的。博丹不像霍布斯那样看重理论,他既不是经院派人士,也不敌视法律人(I. 前言,17—18)。作为一名"策士",他用君主的语言跟他们交谈,他用具体的事例,而不是十全十美的三段论。此外,博丹还在一本过于冗长、忙碌的政治家无暇阅读的著作中,把政治家的推理方式介绍给了学者和法律人士,规劝他们别再用自己的专业活动点燃宗教热情。

假如主权者是一个强大的执行官,他的立法是在执行上帝的法或自然法,那么他的官员就是软弱的执行人,必须服从他的命令。马基雅维里的秩序是由不同寻常的范式赋予活力,这种范式使上帝的律法不能阻碍品质优秀的君主,而博丹则要建立主权者对包括学院(是指教会? III. 7)在内的潜在竞争者的权威。[9]他把所有的官员一概称为"单纯的执行人"(simples exécuteurs),虽然他通过区分能力平庸者和超常者(譬如独裁官),引入了灵活性。博丹尤其不主张用马基雅维里式的以下方式去操纵恐惧:新君主需要利用暴力和恐惧(IV. 1. 27);君主要审慎精明地不亲自处决叛乱者;把赦免作为介于温和与残忍之间的手段(III. 7. 199);运用公众指控权让官员产生畏惧的好处(IV. 4. 114);施予恩惠宜细水长流、伤害则要一举完成的聪明(V. 4. 117)。

但是,不同于马基雅维里的令人难忘的执行[处决](参见III. 5. 143),博丹提供的是主权者的威严,所以他把尊贵身份的作用提升到恐惧之上。因此他能够宣称,长官的惩罚不是因为

自己受到的侵害,而是因为(或者更是因为!)国家受到的侵害所进行的报复(III.5.137)。对马基雅维里来说,主权就是主权所做的事情,君主通过显示君主威严的行动,使自己成为君主(他没有说过“主权者”)。但是在博丹那儿,由这些行动构成的主权退化成了它们的潜能,退化为法权(legal rights)。主权者的威严是采取令人恐惧的行动的法权,所以它们不再那么令人恐惧,因为它们是可以预见的。所以说,博丹的主权者是“in potentia”(潜在的)强大执行官,是在霍布斯的科学中变为权力的因素的法制版。

博丹在《共和六书》第一卷断定,政治的第一要件是一个法律上的主权者(legal sovereign)。但是,这个法律上的主权者是否也是事实上的主权者呢?假如马基雅维里的君主从事实上的君主被抽象化为一个法制中的君主,由此而被法制化,他还能够
156 保住自己吗?对博丹来说这是个难题,而且我们就会看到,在霍布斯那儿,这个难题更为突出。博丹在阐述他的实行法制的主权者时指出,说主权者拥有做恶的权力,这种说法本身就是一种罪恶;主权者在做恶时,这种行为不是一种权力,而是无能、懦弱和愚蠢(I.8.222)。博丹由此否定了暴君享有主权,而且不同于马基雅维里,他坚持王权政体和暴政之间的区分。

但是,假如采取行动意味着采取好的行动,那么它对于博丹做出有关主权者的行为的法律论证来说就有所不足了。博丹为了法律而放弃事实之后,他必须再次回到事实的领域。他必须向主权者说明,为了使他自称不是暴君的声明站得住脚,如何采取好的行动。这就是博丹在其著作的后半部分所做的事情,它始于第四卷。博丹在这里讨论了使主权者掌握权力的“règles politiques”(政治原则)。[10]他虽然以马基雅维里式的细致态度分析了阴谋,并且建议利用马基雅维里式的技巧,但是他更加强

调稳定而不是创造，更加强调生长而不是更新。马基雅维里的必然性是人的品质的促进者；博丹的必然性几乎是人的品质的决定因素。他像孟德斯鸠一样，提供了一种气候学说，用来解释自然如何影响主权者的成功(V.1)。

博丹的著作是法律形式主义和政治智巧(political shrewdness)的奇怪结合，它介于霍布斯和马基雅维里之间。我们可以发现它的不足，因为在我们看来，博丹打算结合在一起的因素仍然存在着冲突。不过，也许是因为我们已经接受了霍布斯，我们才会这样想，他以更科学从而也是更激进的形式，提供了同样的结合。[11]霍布斯提供了一种把主权者的权利与自我保存的权利——即人人都能成为他自己的马基雅维里的权利——结合在一起的论证。

有人引用历史学家查尔斯·麦基尔万的话说，“享有神授权利的主权的最终产物，就是国家的理由”。[12]也许反过来说更有道理：享有神授权利的主权，是国家的理由的产物。博丹没有谈到国家的理由，但是他分享着这个概念的非人格的、经院学派的含糊性。他坚持认为，君主受自然法和神法(或自然神的法)的约束，然而正是由于这些法，君主不受人法的约束。君王的神授权利在十七世纪的波舒哀和菲尔默的学说中达到顶点，但是正如昆廷·斯金纳所说，它们的基础是由博丹的主权学说奠定的。[13] 157

这种主权与博丹之后不久人们便开始谈论的国家的理由，在效用上没有多少差别。博丹的主权者是一个立法者，他享有不对以往的立法负责的权利：他是被纳入法制的马基雅维里的新君主。当把国家的理由运用于一个非人格的国家时，它是对马基雅维里的劝言或训诫的辩护。在马基雅维里的著作中，“stato”一词总是指某个人的国家——一个君主、寡头集团或人民的国家。在马基雅维里之后,在博丹那儿,"国家"开始用来表示一个非人格的实体,它不属于任何人,就如同我们今天的用法一样。为了国家而做践踏道德的事情,获得了道德的赦免,因为这种行动不再是自私的。当然,它们是被普遍化了的自私,因为国家其实是属于某些人的。

乔万尼·波特罗是第一个也是最主要的一个从道德上赦免国家的理论家。在《论国家的理由》(*Of the Reason of State*, 1589)一书中,他既同"丧尽天良的"马基雅维里保持距离,同时又为自己的读者提供了马基雅维里主义,即在具体事务中以讲规则的形式发挥作用的马基雅维里式的精明。[14]例如,波特罗说,在执行事业时,行动迅捷要比武力重要得多;故在征求意见时要找审慎的人,在执行时则要找充满热情的人。[15]波特罗说,既然国家的理由关系到超出普通志向和想像的事,所以不能把它简化为"寻常的和一般的理由"。[16]后来霍布斯所做的正是这一简化工作,他表明,基于对自然状态的思考,寻常的理由将认可一个非人格的国家的最高权力,由此而同有别于寻常理由的国家的理由取得了一致。霍布斯使我们能够把国家的理由打发掉。或者,现代的执行权学说是在忐忑不安地同它亲近?

霍布斯和宪政主义者

现在我们已经知道,执行权的发明不是一下子完成的,而是分阶段完成的。在它的发展接近于完成,当这种新的学说创建了一种新制度即美国的总统制时,汉密尔顿在《联邦党人文集》中给自己确定的任务是,反驳"一个强有力的执行官与真正共和
158 制政府的精神不相容"的观点(《联邦党人文集》70)。在我们今天,自由政府是共和制政府,或像英国那样,是披着很容易戳穿

的君主制外衣的共和制政府。在汉密尔顿的时代,这种一致性尚不是事实,它仅限于一种主张。共和政体仍然需要证明,在自由这件事上它的主张优于君主制的对立主张。做一个共和派,不是一种抽象的或没有争议的偏好,而是意味着成为反对君主政体的共和派的一员。

那么,怎样才能说服一个优秀的共和派,在与其党派精神保持一致的情况下,不但接受君主政体的一个方面,而且接受君主政体本身呢?对于这项理论的和论辩的任务,古典共和主义(大体上可以把它定义为前美国的共和主义)是无能为力的。古典共和主义是党派的共和主义,而党派性是个问题,不是一个解决方案。古典共和主义必须不仅从可疑的共和主义者汉密尔顿,而且从他之前的自由主义哲学家那儿,学习非党派的新共和主义,后者使“中庸的”英国君主政体成为他们的自由政府的楷模。[17]在这些人中间首推洛克和孟德斯鸠,而在他们两个人中间,洛克是现代执行权的创始人。

不过,洛克在他的创新中得到了两个政治哲学家的帮助,他们多少算是自由主义者,虽不是十足的自由主义者——马基雅维里和霍布斯。因此,现代共和政体既然接受洛克的发明,也就承认了非自由主义和非共和主义的综合影响。现代共和政体不是把君主政体当作敌人进行攻击,而是吸收它,把它变成自身的制度。在这样做时,它们必须向那些不是党派共和主义者的思想家学习,以便缓和它们对君主政体的敌意。但是近年来,有些学者打算证明共和主义对现代政府的影响,于是置共和主义的一种转变于不顾,这一转变集中体现于共和主义者对执行权的认可——最初疑虑重重、不久就成了自愿甚至热情的认可。这一转变的出现是与共和精神的思想与感情对立的,并且不是由共和主义者发起的。

假如不这样理解，那么在执行权学说的发展中把霍布斯置于如此显赫的位置，可能就是错误的。因为与博丹相比，霍布斯甚至更坚定地断言和论证，共和政体的最高权力必须是不可划分、不能分割的，对于这一点，哪怕最有良心的读者也不可能怀
159 疑，最糊涂的读者也不会视而不见。因此，按霍布斯的观点，分立的执行权根本不可能存在或不应当存在。当他说主权不可分割时，他不仅反对我们今天的宪政主义观念和实践，而且反对当时的宪政主义观念和实践。

可是，这种绝对主权的极端学说包含着一个悖论，对无论当时还是现在阅读霍布斯著作的任何人来说，它都是显而易见的。霍布斯的人为的主权（artificial sovereignty）的绝对性，是从自然状态下每个人的绝对的自然主权（natural sovereignty）中推导出来的，在这种状态下，每个人对一切东西享有权利，并且从这个意义上说是自由的。按霍布斯的观点，政府的最极端的主权来自于个人的最极端的自由。个人的自由必须为政府的主权让路，后者是由个人自由的同意赋予的，因此在自然个人身上具有同一性的主权和自由，在霍布斯的国家中便表现出关联性（和对立性）。在霍布斯看来，权力和自由不是对头，而是相互依存的同伴；权力从起源上说依靠自由，而自由为了避免悲惨的处境，也要依靠权力。这种有着悖论性质的结合，给试图加强共和主义自由的共和派带来了希望。霍布斯尽管拒绝支持执行权分立的观点，却为这种制度铺平了道路。为了理解他是如何做的，我们必须看看他与他的前辈对执行的思考有何不同。

对马基雅维里来说，针对罪犯执行法律的行动，变成了一件政治工具。按他的看法，“esecuione”（执行/处决）是一种令人难忘的惩罚，必须用它使每个国家一次次得到更新。如果这种行动令人吃惊，而不是法律程序的正常结果，那么它所引起的有益

的恐惧和诧异也会得到加强。马基雅维里没有自称发明了这种摆脱法律的政治执行观，然而他大概是为这种观点背书的第一位政治科学家。霍布斯没有这样做，尽管他坚信绝对主权。他超越博丹，阐述了一种自然法的一般学说，使一切执行的行为都是在执行一种法律，即自然法，而不是一种令人难忘的、非法的、可疑的司法行为。同时，他比博丹走得更远，阐述了一种有关权力的一般学说，使权力的运用成为有规则的，并且是人人可见的，而不是一直藏而不露，直到它令人吃惊地现身。 160

但是，霍布斯同意马基雅维里的观点，执行不是个从属性的问题。在这一点上，他不同于他那个时代，即 1640 年代和 1650 年代的一批可以称为"宪政主义者"的作家：约翰·弥尔顿、约翰·萨德勒、菲利普·亨顿、马夏蒙·尼达姆、约翰·利尔本、伊赛克·佩宁顿、亨利·凡纳爵士、乔治·劳森和查尔斯·达礼逊。[18]这些作家看法各异，在英国内战期间，从议会派和保皇派双方都可以找到他们。但他们在分离执行权和立法权的必要性上看法一致。就像法国的"策士"一样，由于看到当时的宗教政治充满幻想，他们竭力想让人类的统治与完全受神权左右的状态保持距离。所以他们主张立法权（即人类立法权）拥有主权或准主权，它享有不受神法左右的一定自由，这样在实践中统治权将掌握在政治家而不是神学家手中。

但是，一旦这些作家以不同的方式确立了立法权至上的地位，或立法权在不精确、无法更正的神法之下进行统治的机会，他们便拒绝了博丹的绝对主义政体。他们发现，为了明确立法者为法治服务，杜绝野心家的暴政，必须区分执行和立法。不进行这种区分，主权和暴政之间的区别也将不复存在——立法权和执行权掌握在同一个人手里就是暴政，因为法律将屈从于立法者的私人目的。分权的目的，是通过否定执行人有制定法律的权利，通过阻止立法者过多地插手具体事务，使法治得到维护。然而它的作用是让执行者服从立法者。有时这种结论体现在共和政体的方案中，有时是从“混合君主制”中寻找解决方案。

执行权和立法权的分离，很容易被用来制服或约束国王。约翰·弥尔顿在他的小册子《偶像破坏者》(*Eikonoklastes*, 1649)中说，“在所有明智的民族中，立法权和司法部门对该权力的执行，一般都作了划分，由不同的人掌管；不过，前者是上级，后者服从。”[19]弥尔顿假定国王执行法律，所以他不应对制定法律享有否决权。约翰·萨德勒在《王国的权利》(*Rights of Kingdom*, 1649)一书中，发现王国中存在着三个等级——原始的权力、司
161 法权力和执行的权力[20]——它们分别代表平民、贵族和国王；在这里，国王也被贬低为“纯粹的”执行人。在《论君主制》(*A Treatise of Monarchie*, 1643)一书中，菲利普·亨顿讨论了两种权力：建构的(architectonic)或立法的(nomothetical)权力，和长官的(gubernative)或执行的权力，前者是至高无上的。在他看来，既然英格兰是“混合君主制”，所以它的最高权力也必须是混合制的，国王除了执行权以外，必须拥有一定的立法权。亨顿提到了“执行的速度和隐秘性”，以及“尽快办理极为困难而重大的事务的权力”，以此证实了他对执行人之扩张性的赞赏。然而，他无法为此想出正当依据，依然被立法权至上和君主制的实践能力之间无法解决的矛盾所困扰。[21]

马夏蒙·尼达姆在《自由国家的优越性》(*Excellencie of a Free State*, 1656)一书中断定，政治的首恶之一，就是允许立法权和执行权保留在“同一些人手里”。他说，执行权来自立法权，通过后者的授权，可以把它交给一人或多人，以便管理政府。因此，除了国家危在旦夕的非常时刻，国王仅仅是执行人。[22]虽然尼达姆多次提到马基雅维里，但是他没有做出马基雅维里那样

的让步。一本匿名小册子《共和国的真相》(*A True State of the Case of the Commonwealth*, 1654),很可能也是出自尼达姆之手,为奥利弗·克伦威尔的《政府指南》(*Instrument of Covernment*, 1653)做了解释和辩护。其中说道,立法权和执行权的分离是自由和良好政府的奥秘所在。必须使这些权力保持分离,使它们出自不同的渠道,除非是在"暂时的非常时刻"。[23]

分立的执行人,也可以作为制约克伦威尔和议会双方暴政倾向的手段加以提倡。因此,平均派,即《人民的同意》(*Agreement of People*, 1648)的作者们,对议会的囚禁令表示不满,抨击它混淆了执行权和立法权。曾经受到囚禁的约翰·利尔本在1649年说,"[下]议院……根本没有被授予执行法律的权力,它只被授予了制定法律的权力。"[24]伊赛克·佩宁顿认为,执行是 162
法律的生命。然而使执行最为确当的,是为执行者规定的"正确规则或方式"。执行者显然是服从者,但是更高的立法权不应插手其间。所以,亨利·凡纳爵士在1656年抗议克伦威尔统治不当:执行权应当有别于立法权,但它也是服从的权力。[25]

按格温的观点,权力分立是十七世纪共和派的一项发明。[26]但是这些共和派没有解决一个问题:如何既让权力分立,又让其中之一,即立法权,明确处于——按共和派的观点——上级的位置。正如汉密尔顿所说,这个问题的解决,被留给了1787年的美国共和主义者。

立法权与执行权的分立,在保皇派一方也有反映。罗伯特·菲尔默是君权神授的支持者,曾受到洛克的全面抨击。他在反驳赞成混合君主制的论点时也做了同样的区分。他说,混合君主制把国王贬低为纯粹的执行人,但是他有着掌握立法权的绝对权利。[27]乔治·劳森的《评霍布斯先生〈利维坦〉中的政治言论》(*An Examination of the Political Part of Mr. Hobbs His*

Leviathan, 1657)一书认为，公共权力具有三重性或三个层次：立法权、司法权和执行权。在这三种权力中，立法权最高，其次是依法裁决的权力，最后才是遵照裁决"挥动刀剑"的执行权。司法权与执行权的分离，导致了执行权从第二位降至第三位的结果。因此，劳森为三种权力所采用的名称，使他的图式看起来像是预见到了我们的模式，其实两者没有多少相似之处。他否认混合君主制的可能性，像亨顿一样坚持认为，一个最高意志，在一种判断力的指引下，并由刀剑的武力所加强，必须命令、裁决和执行。劳森把三种权力都交给国王，区分它们似乎只是为了提升国王的最高权力的合法性。国王的裁决权，使彼此不同的立法权和执行权有可能被统一到一个人手里。[28]

查尔斯·达礼逊在《保皇派的辩护书》(*The Royalist's Defense*, 1648)一书中，把君权神授说置于一旁，宣称国王是最高立法者和惟一的执行人。国王在两院的同意下立法，两院扮演从属的角色。这个立法者至高无上，然而他的权力并非无限，因为王国的法官决定哪些法令具有约束力；但执行行为仍然是从属
163 的。达礼逊说："拥有最高统治权力的人掌握着刀剑权力。"也就是说，国王拥有执行权，是因为他拥有立法权；国王不是从属的，但是执行的职能是从属的。

所有的宪政主义作家，不管支持还是反对国王，都认为，为了使执行权处于从属地位，需要分离立法权和执行权。除非执行人虽然在理论上同立法权分离，但也分享立法权，不然就不存在强大的执行人。对于分享立法权的程度，共和派和保皇派存在分歧，但是在软弱的执行人这一点上，他们的认识并无分歧。[29]

执行权在霍布斯的思想中则大为不同：

倘若一个人不能执行自己的命令，或只是运用别人的权力执行自己的命令，没有人说他本人握有刀剑权力，它属于另一个人，而他只是这人的官吏，那么他做出裁决也是徒劳的。因此，一个城市中的一切裁决权，统统属于握有刀剑的人，也就是说，统统属于拥有最高权力的人。[30]

这是对达礼逊的裁决权的颠倒：掌握刀剑权力（执行权）的人拥有主权。霍布斯明确区分出两种刀剑——司法之剑和战争之剑，而不是世俗的权力之剑和信仰的权力之剑。对霍布斯来说，信仰没有刀剑。

霍布斯和专业人士

为何应当把最高权力和执行权放在一起呢？为何应当用主权得到行使的明确事实来决定它的位置呢？既然霍布斯不喜欢形形色色的宪政主义者，那么主权为何应当是不可分割的呢？因为霍布斯相信，英格兰一直因为私人裁决权（private judgment）干涉主权而受苦，并且所有的国家都为此而受苦，并将继续受苦。虽然我们每个人都拥有私人裁决权，但是有些人却是以此为业，于是形成了这种裁决权的一个绝不会失效的不竭来源。这就是专业人士——法律人、神职人员和学者，他们要求用自己的裁决权帮助主权者。

主权者确实需要能力高强的谋士吗？大概需要。但是霍布斯把这种由职业性的私人来源所提供的帮助，视为隐蔽的统治要求，它将导致主权的分裂。这些人无疑热中于提供帮助，然而他们远不是不计私利的谋士。因此，任何分离执行权和立法权 164
的做法，都是这些专业人士求之不得的事情，因为这使他们既能谋取功名，又能掩盖自己的野心。如果他们在立法机构拥有制度化的或符合宪政的地位，他们就能够要求聆询权，从而能够阻止或妨碍权力的执行。就算这些专业人士胆小怕事，不想给自己找麻烦，他们至少能教唆胆子更大的人。因此，立法权和执行的分离导致低能的执行。

对于这个制度化的私人裁决权问题，霍布斯的一般解决方案是，把立法权，或用洛克以敌视态度提出的一种说法[31]——“绝对的和任意的立法权”，完全交到主权者手里。立法权和执行权（包括我们现在所说的司法权）被放在一起，它们的统治权利被取消，交给了主权者。由于主权与执行权同在，所以主权者必须自行裁决，不允许任何权力妨碍他。因此他必须以绝对的、任意的权力制定法律。

但是，对主权者的协助也被取消了吗？霍布斯在排除希望提供帮助的人的潜在统治要求的同时，是否也排除了对主权者的任何形式的帮助？例如，对于他本人的帮助，这位哲学家本人所提供的私人判断，又当如何看待？霍布斯本人对主权者的谏言，以及被主权者归因于霍布斯的那些结果，也许会让人怀疑，霍布斯的主权者是否能够真正拥有绝对权力。假如霍布斯的主权者接受作为其上级的霍布斯的帮助，那么他为何不应当接受另一些人的帮助，接受来自于不同机构的、很可能是他的下级的帮助呢？霍布斯以现实主义的观察作为起点，即主权者就是握有刀剑的人，最终却得出了形式主义的结论：主权必须是绝对的，尽管它实际上显然分散在主权者的助手们手里。霍布斯否定那些声称拥有智慧的专业人士的统治要求，更愿意让执行者掌握强大的力量。然而，他不是必须同意并且以自己的作为表明，智慧也有自身的力量吗？那么，主权岂能仅仅或完全属于执行的权力呢？

为了回答这个问题，我们可以从霍布斯后来的著作《哲学家和英格兰普通法学者的对话》入手，它很可能写于1675年。[32] 较之霍布斯对自己政治哲学的系统阐述，他在此书中对这个问 165
题做了更清晰的表达。我们看到一个(霍布斯式的)哲学家和一个捍卫普通法的法律人之间的对话。哲学家很快便听到他说，他所捍卫的法律不是僵死的文字，而是“有生命、有武装的”法律，即能够被执行的法律，无论是谁写下或设计了它们(《对话》，p.[10])。所以，除了主权者之外，可能还存在着一个法律的作者或设计者。可是，主权者为了执行法律，需要有钱养活军队，为此不可以使他依附于议会。不过，国王虽然拥有筹措军费的权利，但他不应鲁莽行事，他应当征询军人甚至议会的意见。霍布斯的这位哲学家宣布，“上帝为人民创造了国王，而不是为国王创造了人民”[33]，让这些法律能够被人民所接受，并耐心地维护，使他们勇敢地保卫国王和祖国，对抗强邻，这符合国王的利益。两位对话者都同意，未经议会同意，甚至连“赦免法案”或大赦也不应当实施(《对话》，p.44，187—190)。一方面，这位哲学家认为，“如果一个人不拥有使主权得以执行的军权，那么把主权交给他也没有用处”(《对话》，p.[158])。但是另一方面，恰恰是这种“军权”，诱使主权者为了给军权筹款并使臣民保持满意，去寻求臣民的同意或善意。

霍布斯的《对话》包含着他的哲学家反对法律人干涉主权者权力的论证。法律人用大法官爱德华·柯克爵士的信条来证明他们的私人裁决对公众有益；柯克主张法律人的人为理性(artificial reason)高于每个人的自然理性(natural reason)。霍布斯的哲学家捍卫自然理性。在他看来，自然理性教导我们，首先要接受绝对主权原则，其次，要有节制地运用主权，同时要征询意见和寻求同意。自然理性不仅证明了绝对主权的正当，它也能够

使自身被绝对主权所利用。因为哲学家的自然理性不同于法律人的人为理性,它坚持理性不应干涉主权。所以哲学家也不同
166 于法律人,不会用他的私人裁决权去判断主权者,而是让主权者根据他自己的利益和自己的习惯,用他的政治裁决权自由地做出决定。在走向绝对主权极端的旅途上,自然理性发现了它自身的限制原则,从而成为政治理性的沉默的伙伴。霍布斯不同于博丹,他认为政治哲学家应当保持沉默,而不是提供政治建言,因为哲学家的政治建言只会鼓励包括法律人在内的另一些专业人士的政治建言。霍布斯与博丹不同,他不想教导法律人如何提供建言,而是要让他们从画面中消失。

但是,主权者仍然需要哲学家的进言,尤其是哲学家对得到法律人支持的衡平法院的批驳。国王的政治裁决必须压倒法律人的人为理性。[34]此外,主权者需要哲学家对惩罚异端的法律发出的警告。最后,也是最重要的,主权者在对抗法律人时要依靠哲学家,因为这些人的头脑中不仅有柯克之流,而且还有他背后的亚里士多德为他们提供的对正义的定义(《对话》,p.[9])。此时的霍布斯看上去像个政治哲学家,他坚信政治哲学能够改进政治和法律,同时却不为哲学家要求政治角色,也没有为政治哲学要求法律地位。哲学家在做出判断时不是法官,也没有授权另一些人成为法官。同我们今天那些自封的“职业哲学家”相反,他的哲学教导他,哲学不可以变成一门职业。假如不是在私下里,至少在政治中,专业人士的言论所产生的作用,要大于他们的学问所产生的作用:它们鼓励这样一种政体,在那儿“最无知、最放肆的善谈者总能飞黄腾达”。[35]为了强调这一点,也为了解释政治哲学的极端羞怯,霍布斯才不太情愿地允许自己说出一些大胆的言论。[36]我们知道,亚里士多德也让哲学家保持私人身份。但是他把自己的哲学家塑造成职业政治家——也就

是说，我们这些俗人——谨慎的、非官方的裁决者。霍布斯的政治哲学是激情洋溢的非裁判官（non-judgmental）。

法律的主权和实际的主权

霍布斯在他的三部政治哲学著作中，都是以自己的名义说话，很少让自己隐姓埋名，但是把主权和执行权结合在一起的困 167
难，是来自于他的体系的暧昧性，而不是存在于他对自己的职业敌人的直接抨击中。在《法学要义》（*Elements of Law*，完成于1640年）一书中，霍布斯以特别强调的语气断定，主权是不可分割的。在得出这一结论时，他描述了三种权力，与我们今天所知道的权力相似——立法权、司法权、行政权或执行权（"屠刀"），有人认为它们构成了一种混合政体。[37]然而他说，这些成分不是主权的三种类型，主权不是它们的混合体，虽然我们可以从主权的行政活动中看到它们服从于主权者。

主权来自于统一体（union），霍布斯把它定义为意志而不是理性的统一体（《法学要义》I.12.8，19.6）。然而，理性原则，或自然法，与众多意志在统一体中表达的意愿是一致的（I.5.5，12，14.14）。因此，构成这三种权力的意志和理性的功能，没有表现出分歧或相互冲突。诸种权力是包含着意志和理性的诸种功能，然而它们本质上没有冲突，所以它们不是三种权力（I.1.7—8，6.9，8.4，12.7—8）。既然理性不审判意志，所以司法也没有裁决立法的依据。理性与意志一致，而理性从其起点上就必然是始终如一的、内恰的和合乎逻辑的；理性不是存在于自然中的更高标准或根据的适用（I.14.13—15.1，17.11—12，18.1）。在人的自然[天性]或灵魂中，不存在能使众多意志在主权中取得统一成为不可能或给它造成困难的因素；理性要求和平

(I.18.1,II.8.13)。

但是,按霍布斯在《法学要义》中的看法,在理性原则或自然法则同统治技艺之间,仍然存在着冲突(I.9.1)。主权者的责任是统治人民为其造福,他为此既需要理性原则,也需要统治技艺。聪明或精明审慎的主权者要懂得统治技艺,所以变得聪明或精明审慎就成了主权者的责任。然而,不言而喻的是,不聪明或不精明审慎的国王,并非就是一个不够格的主权者(less sovereign)。霍布斯在《法学要义》中的问题是,主权的不可分割性,仅仅是由意志决定的,然而也需要理性,不仅需要理性原则,还需要统治的技艺。[38]从法律和形式上把主权定义为意志的统一体是不够的。然而,不威胁到实际的主权统一体,却无法纠正这个问题。

在1642年出版的《论公民》(*De Cive*)一书中,霍布斯没有
168 保留对理性原则和统治技艺的颠覆性区分。我们没有再听到这种技艺——它意味着在机遇纷呈的世界里,需要马基雅维里式的精明审慎。在这本书里,人类的技艺似乎是在正确理性(right reason)的原则或指导下工作,而后者就是自然法则。[39]但是,出现了一种在智慧和正确理性之间的类似区分,它呈现出同样的困难。智慧被定义为"对任何事物的真理的完美知识"。[40]在霍布斯看来,正确的理性不是一种永不出错的能力,而是一种特殊而真实的推理行为:说它特殊,因为它是每个人自己的行为法则,也是别人在进行同他相关的推理时的标准;说它真实,因为它来自于正确建立的真实性原则(《论国民》II.1,p.123)。实际上,"特殊"意味着"普遍",因为它发生在每一个人身上。所以,正确理性的原则是人人都能理解并为自己的行为建立的、也能期待于别人的真实性原则:这与智慧相去甚远。

正确理性的原则不包括"单独的行为的正义性",后者是由

不同于自然法的公民法(civil laws)决定的(前言,p.104)。公民法是规则和标准,但并不直接就是正确理性或自然法的规则和标准;它们具体写明或确立了自然法中的通则(generalities),它们有可能各不相同,甚至可能相互冲突。例如,“在一个城市是婚姻关系,在另一个城市会被定为奸淫”(VI.16,p.186)。然而公民法也具有普适性,因为法律是一种通则。它们以“大多数人的福祉”为目的,根据霍布斯对“幸福状态”的定义,它是指“所有的国民都不受苦,除非受苦是由一个人自己的过错或不可抗拒的事件造成的”(XIII.3,p.259)。公民法是主权者对善恶的认识或判断的产物,私人在加入国家后都服从这个主权者。这种法,即主权者的话,是相对于正确理性而言的“城邦的理性”(XIV.17,p.283;XV.17,p.304)。显然,公民法可以优于或次于自然法:假如“单独的行为的正义性”是由主权者的智慧决定的,它就优于自然法;假如这种决定是错误的,它就次于自然法。

为了帮助主权者,霍布斯写下了《论国民》第十三章“论统治者的责任”,说明他们应当如何对待自己的臣民。他没有提到履
行君王责任的技艺,更没有提供这种技艺,似乎认为它们包含在 169
正确理性而不是智慧之中。正确理性之外的一切,都“留给每个国家的政治实践”去完成(XIII.1—2,p.258)。但是,这种实践当然可能符合或不符合履行主权者的责任,在说明这些责任时,霍布斯尽管没有提供履行它们的技艺,但他提供了一组标准,用来判断公民法和主权者的实践的效用。[41]不消说,公民法的效用不能决定它们的正义性;但是对于一种以主权和执行权的统一作为起点的论证来说,这未免是个奇怪的结论。

总之,在《法学要义》和《论国民》中,霍布斯把一切权力纳入主权,给予主权者制定法律的最高权力。但是当他把同时包含着执行权和司法权的立法权授予主权者时,做得并不是十分成

功。并非所有能够得到执行的法律都能在裁决中过关,也不是所有能在裁决中过关的法律都能得到执行。

主权者的权力

在《利维坦》(1651)一书中,我们看到有关这个问题的一种新观点和新的解决办法,它对于现代执行权、现代宪政体制以及现代人对政治的理解至关重要。在这本书里,我们没有看到《法学要义》对科学或哲学与技艺的区分。霍布斯在导言中说,技艺,即他的技艺,是模仿自然,自然是上帝的技艺,也是科学研究的对象。国家,或有技艺的人(articular man),是由技艺或(也可以说)科学造就的,后者是研究自然人的同一门科学的一个分支。[42]我们在这里也没有看到《论国民》对正确理性和科学或智慧的区分:霍布斯在《利维坦》中说,理性就是正确的理性,理性向完美境界的发展就是科学。[43]

然而,就像《法学要义》和《论国民》一样,我们在《利维坦》中确实发现了对科学和精明审慎的区分。科学是人类所特有的,是有条件的,是推理的知识。精明审慎是动物也具备的,它同事实有关。虽然霍布斯没有以康德式的严格态度运用这种区分,精明审慎是以经验为基础,处理的是或然性,而科学通过认识新的可能性扩大我们的经验。[44]那么,作为科学家的霍布斯,要给精明审慎的主权者传授什么呢?他的科学是通过对权力的讨论
170 传授精明审慎。在《法学要义》和《论国民》中,不存在对权力的专题讨论,但是作为现代政治学论说的《利维坦》,由于包含着对现代政体中"诸种权力"的描述,所以是从霍布斯的意义上使用"权力"这个概念的。

霍布斯在《利维坦》第十章对权力作了定义:"一个人的权

力，（一般来说）是他获得某种未来的明确价值（Good）的当前手段。”（《利维坦》X，p. 66）这是个中立的定义：手段、某种明确的价值。霍布斯为何不具体说明哪一种价值，以及它确实是一种价值？也许只有某些好处，并且只有当它们确实是价值时，才给人带来权力。人们将把这些价值作为目的，而不仅仅作为达到未予明确的目标的手段，加以追求。然而，霍布斯是从“一般的”角度理解权力（power），而不是以亚里士多德的方式，思考使不同的事物产生不同价值的特定的力（powers）。[45]

在亚里士多德看来，力或潜能（dunamis）总是与实效（entelexeia 和 energeia）联系在一起，虽然它总是有别于实效。力是每一种事物实现自身的力；每一种力都有自身的实际表现。所以对亚里士多德来说，不存在抽象的权力，也不存在“对权力的爱”，这是我们如今在霍布斯的影响下对政治家的形容。亚里士多德不是在《政治学》，而是在他的《物理学》和《形而上学》中讨论力，这一点颇能说明问题。在后一本书里，他区分出运用理性（meta logou）的力和没有这种运用（alogon）的力——例如药力和热力之间的区别。热总是在起作用，并没有人类的思想介入这种物质，而运用了理性的药物，却偶尔也能招致疾病而不是健康。受人类支配的力可能失效；它们是不确定的。当它们成功时，我们便说它们有好的效果；我们不说热力运行得好或不好。在拉丁语中，这种差别有时反映在一种语言习惯之中：用“potentia”来指不会失效的力（例如神的力），用“potestas”来指通过人的意图发挥作用的从而是不完美的力。[46]因此，“potestas”可以用来指道德或法律的力，不过这种习惯用法并非始终如一。

霍布斯的意图是建立一种政治科学，它不相信或不容忍不确定的力，它要把非人类的力的可靠性赋予人类的力——把“potentia”的正确性注入“potestas”之中。我们把霍布斯的意图

同马基雅维里的意图——他要减少人类对命运的依赖——加以
171 比较,他的意图即可更为清晰。两人都想通过消除偶然性介入潜力与实际之间的机会,实现人类的力。马基雅维里的办法是把潜力推向实际;霍布斯的办法是从实际回到潜力。马基雅维里的办法导致了执行的行动,霍布斯的办法导致了执行的力[权力]。在马基雅维里看来,各种政府形式按其设计的方式采取行动的潜力是不可靠的;对于所有这些形式,都要通过给君主带来荣耀、使人民产生畏惧的执行的行动,将其归结为"实效"。他拒绝无论成功与否维持政体的荣誉或尊严的做法,从更为根本的动机角度赞成实效。

可见,对马基雅维里来说,执行的行动不再反映意欲达到的目标;它们不再只是"贯彻"某种命令或法律。现在,它们就是结果和给统治注入活力的实效——作为原因发挥作用的实效——这个意义上的目的,无论统治打算采取什么形式。不错,精明审慎的执行人藏在这些实效的背后,为了令人吃惊而对它们进行筹划,从这个角度说,它们是服从人的意图。然而,至关重要的是形式的创设,是成为一个新君主的行动——而不是已被创设的形式。政治权力不是政治行动的原因,而是行动创造权力。

霍布斯则反其道而行之,他追随博丹并把他的工作推向极端。他使执行人成了一个常规性的正式官职,它被授予充分的权力,这种权力属于那个官职而不是那个人。他和马基雅维里有着减少政治中的偶然性的相同意图,但是他把注意力从权力的运用转向权力本身,不再考虑它做些什么。由此出现了主权、合法性和权威的问题,它们构成了霍布斯的全部讨论以及受他影响的所有政治学的特点。只有把这些问题从具体的政府形式及其预定目标中抽象出来,它们才能得到正确的解决。具体的形式必须服从主权的形式,服从主权本身。霍布斯的主权者进行统治，是通过主权者的畏惧感，通过得到接纳的愿望，而不是通过具体的政府为达到其目的而依靠或向往的品质。甚至执行中的品质——马基雅维里的获取荣耀的品质，正如列奥·施特劳斯所说，也被缩减为畏惧的动机。[47]马基雅维里担心执行人在采取行动时失去勇气，霍布斯则担心他们走得太远，建议他们通 172
过避免虚荣的事业来保护自己的权力。

霍布斯从普遍性的角度看待权力，仍然是因为不同事物所特有的力，无法向人们保证产生它们不同的效果。财富、荣誉和主子地位都是靠不住的，所以它们都不是可靠的价值；于是人们只好不停地追求各种价值，永远达不到一个能够让人在可靠的幸福中安心休息的境界。不存在最高价值，也不存在终极目标，不存在最后的目的（《利维坦》XI，p. 75）。既然不存在最高价值，所以也不存在价值的等级标准。既然不存在最高价值，也就不存价值的自然等级，从而也不存在产生价值的权力的等级。霍布斯采取了一种显然是人类中心论的观点，甚至是平民的观点："人类欲望的目标"，他说，是使他所追求的价值获得保障（XI，p. 75）。他没有责备这种欲望的虚妄，而是接受了它，并且说，价值仅仅是"对我们人类有益的价值"。但是，既然任何有价值的事物都没有能力为我们保证其为价值，我们便获得了追求权力的权利，不去考虑特定的权力的价值或目的。由此，自然中不可靠的价值，便被转化为让人更加踏实的、我们每个人所看到的好处。既然我们的满足得不到来自自然或上帝的保证，所以我们必须否认我们从自身以外的任何权力得到帮助，而是努力保障我们自己的权力。这就是"从普遍性的角度"理解的简单而纯粹的权力。

作为人的权力欲的补充，他们有着天生的科学嗜好，他们要运用科学去寻找原因。他们要为他们希望得到保障的价值寻找原因。所以霍布斯认为,很难把这种科学的嗜好与自我保存分离开。但是在寻找原因时,他们却止步于他们所认为的第一因或最高价值——这是一种为一切有价值的事物负责的看不见的力量(power)。存在着各种理由使人错误地相信这种看不见的力量,既然如此,假如它存在的话,那么它肯定是令人畏惧的。这种畏惧是信仰的自然根源(XI, p. 81)——也是叛乱的根源,因为这种看不见的力量允许私人对它做出解释,也因为私人的判断与主权者的判断有分歧。对“summum bonum”(至善)的自然幻觉,以及把它人格化为上帝,便是人类社会中内战这种“summum malum”(至恶)的原因。人们只因疏于寻找原因、满足于寻找保障便受到责备,然而他们是被专业人士引入谬误的,
173 这些人体现着一种贵族式的博学者的虚妄,并且鼓励这种虚妄,他们其实是利用自然之善为自己的特权正名。为了对付这些人,霍布斯采取并主张一种民主的虚妄态度,除了人类的权力以外,它怀疑所有的价值。

“所以,”霍布斯说,“我把整个人类的一种普遍倾向放在第一位,即永恒不息、不知餍足、至死方休的权力欲”(《利维坦》XI, p. 75)。霍布斯把这种倾向置于第一位。需要一种最高价值之外的可靠的权力来管束它,这种管束的手段不是一种最高权力,而是一种可见的公共权力(common power)。为了确定一种办法,霍布斯的科学必须找出一个使不知餍足的权力欲平息下来或至少让它改变方向的事实,使人们用支配自然的权力(这符合民主的虚妄)取代相互支配的权力。科学必须找出某种东西,用来取代所谓的最高价值使其成为可能的有着自然等级的价值。这个替代品便是一个终极的事实:自然状态,即《利维坦》中人人平等、事实上男女平等的“纯粹的自然状态”,因为平等意味着杀人能力的平等,而狡诈便构成了力量。霍布斯难以证明

人人平等,所以他最后放弃了这种尝试,只说必须承认人人平等,因为每个人都认为他们是平等的(这是一种更民主的虚妄,XIII,p.95)。

就像今天许多人可能说的那样,"自然"似乎不过是另一种看不见的权力,是霍布斯主观地把它封为第一因的。但是在霍布斯看来,自然是可见的,因为自然是现世的。霍布斯认为,把自然状态与伊甸园混为一谈是不可能的,后者纵然不是来世本身,也是指来世的存在。自然中可见的东西,是一个人的自我和自保(导言,p.10),对于其安全受到的威胁也可以进行合理的想像。这样理解的自然便是理性。研究状态而非事实的科学,揭示了这种纯粹的自然状态或对它做了规定。这种状态很易于辨认,因此必须视为一个事实:作为方法论推理的起点的一个事实。所以第十七章告诉我们,人们在国家中表示服从的终极原因,就是"他们预见到这样可以自保,以及由此得到的更令人满意的生活"(XVII,p.128)。这种预见是针对可见的事物,它是 174
可以合理想像的。所谓可见的事物,便是假设性的平等和由此推导出的自然法。它们导致了主权的建构:或许,它们只是在一种比"可见性"更含糊的意义上,由我们的民主的虚妄态度所普遍感觉到的东西?这种肯定可见更不用说可感知的权力,便是主权者的刀剑或执行权。

权力是目的,但它不是一种我们因为缺少来自自然或上帝的目的而加以追求的目的。由于我们对自然状态的经验或想像,权力从目的变成了手段,即达到和平的手段。和平,即任何目的的必要条件,在霍布斯看来成了终极目的。因此,霍布斯在《法学要义》中有所借鉴的马基雅维里的以获取为目的的"统治术",在《利维坦》中便被以和平为目的的正义或自然法的科学所吞噬了。主权者通过维护和扩大自己的权力,不把它浪费于满足虚荣的征服活动，获得了和平。私人的安逸这个意义上的和平，在很大程度上是主权者统治下的臣民的目的，却未必是他的目的，然而安全这个意义上的和平，却是他和他的臣民的共同目的。

权力除了具有中立的目的之外，就它的构成成分即意志和理性而言，它也是中立的。霍布斯的普遍化的权力，不是做某种特定事情的权力，所以它不是为人造福的权力，从而也不意味着理性对意志的支配。这种中立性，表明了根据意志要由理性裁决的需要而划分机构的可取性——例如，一个表达意志的立法机构，或一个进行裁判的司法机构。它也反对权力分立，即通过建立相互制衡的机构，避免意志对理性的危险主宰。权力分立的第一个理由对于裁决权的不偏不党有过多的期待，第二个理由则对所有机构中的党派性有过多的认可。霍布斯没有像洛克那样，把所有的权力集中于主权者，仅仅是为了把它们划分为可见的和制度化的，分别代表意志、裁判和自由裁量的三个“机构”。在霍布斯看来，权力必须在形式上是中立的，这样它才能在目的上也是中立的，或者说，才能为和平这个中立的目的提供有效的保障。对执行权的任何明显的对抗或阻碍都是不可容忍的。英格兰宪政中的各个部分虽然应当保留，就像《对话》清楚
175 地表明的那样，但是必须把它们理解为主权者的臣僚或官员。

霍布斯的形式主义

我们一直可以看到的存在于正义和主权者的智慧之间的困难，在《利维坦》中继续存在。霍布斯在第二十章描述主权者的正确行动时说：“创建和维持国家的技巧，就像算术和几何学一样，是由某些法则组成的，而不是像打网球那样只靠实践。”

(XX,p.160)在这里,霍布斯的正义体系中确定的某些法则,似乎被等同于主权者的技巧。然而霍布斯在第十九章也谈到了“对真正的政治法则一无所知的统治者缺少技巧”(XIX,pp.151—152;另见XXV,p.200),从这里所给出的例子看,真正的政治法则似乎没有被包括在某些正义法则之中。在第二十四章,霍布斯讨论了主权在“培育和创建国家”中的作用。这种讨论是不是自然法的一部分,因此需要主权者成为至高无上的呢?或者,它是智慧的一部分,是主权者可以明智地予以采纳的意见,但是对于他的主权来说却是多余的?

在第二十五章,霍布斯对命令和进谏做了区分,他让主权者随意处置谏言。“一个人办理自己的事情,如果得到许多精明审慎的顾问的协助,并就每个人的专长一一征询意见,乃是最好的办法,正像打网球时利用能干的副手,并把他放在适当位置上一样。”(XXV,p.202)可见,他毕竟没有否定打网球!霍布斯说,有分歧的谏言干扰执行。就算必须接受谏言,主权者也要以恰当的方式接受它;恰当的方式来自网球,而不是来自自然法。在第二十六章,霍布斯对于就正确和谬论做出的裁决和对什么于国家有利做出的裁决,做了明确的区分(XXVI,p.216)。在第三十章,则是对好法律或必要的法律同正义的法律之间的著名区分(XXX,p.268)。

总之,霍布斯认为,要把法定的权力和实际权力一起交给执行人,但是法定的权力不等于实际权力。法定的主权者可能缺乏技能,忘了做必要的事情,他虽然服从自然法的某些原则,仍可能糟蹋自己的职权。自然法指出了正确的方向,但是遵循它的指引并不能保证成功,人们可以设想,当一个人要对付另一个受到霍布斯教诲的主权者时,尤其如此。法定的权力不能保证 176
实际权力:毕竟这种权力不能同实际权力放在一起。在法定的主权者和实际主权者之间、在权力的形式和现实之间，仍然存在着某种差异，这就是霍布斯的现实主义中的形式主义因素。

在权力的形式和现实之间的某种差异，对于现代执行权学说似乎是不可缺少的，只要看看斯宾诺莎即可证明这一点。霍布斯承认，斯宾诺莎比他更大胆，仿佛斯宾诺莎的恶劣表现可以为他本人举止像个顽童的习惯提供借口。可是，在执行的问题上，斯宾诺莎太天真了。霍布斯认为斯宾诺莎更大胆，是因为后者的权力科学的参照对象，是权力的马基雅维里式的实际运用，而不是潜在的权能或合法的主权。因此斯宾诺莎提出了权势(might)就是权利(right)的著名等式。但是，它的政治结论不是一人或少数人以欺诈手段进行的统治，而是民主和对公众的开放性，因为斯宾诺莎认为，大多数人会坚持对政府作为的聆询权和知情权。既然权力就是事实上的权力，政府的形式和本质之间没有区别；既然不存在法条主义或形式主义，也就不可能有秘密或欺骗——因此也没有执行官。简言之，不存在把执行人隐藏起来的面具。因此，斯宾诺莎的勇敢的政治科学没有给阴谋诡计留有余地。[48]马基雅维里的现实主义是勇敢的，但仍然是狡诈的，霍布斯的现实主义也是勇敢的，但它仍然是讲法制的。

在霍布斯的学说中，法定主权和实际主权之间存在着差异，所以不好说霍布斯的执行官是强大还是软弱。看起来，霍布斯确实赞成强大的执行人，他的有关把主权与执行权放在一起的论证，是想说明自由政府能够是且必须是强大的。但是霍布斯又赋予他的主权者“绝对而任意的立法权”。这种立法权制定高于霍布斯的执行权的法律，使执行权具有合法性，也使它处于从属地位。这样看来，霍布斯的执行官似乎又是软弱的：他不能超越法律，这不仅是出于主权者的行动根据定义是合法行动这种形式的原因，还因为就主权者作为主权者而言，并没有超越正义法则之外的权力，他可以为了这些法则而运用“统治的技艺”，或“政治家的真正原则”，或政治家的自由裁量权。[49]在霍布斯的学说中，不存在洛克所说的那种特权性权力（preogative power）。立法权和执行权的统一削弱了执行权，因为它给人的印象是，政府批准的法律要服从正义法则。霍布斯对权力的简化——这是 177
现代政治学的一个基本措施——把权力推向前台，然而同时也使它的面目变得模糊不清。虽然他热中于强大的执行权，但他并没有因为把执行权与立法权统一起来而摆脱共和主义的麻烦，即把执行与立法分离而削弱执行权。

为了揭示霍布斯极力隐瞒的区分，可以说，他让主权者利用他的科学，却不让他们利用他的智慧。霍布斯说，主权者及其臣民需要“一个非常能干的建筑师的帮助”（XXX，p. 247）——他谦虚地说，这不是指他本人——去定义权力、把它集中到主权者手中以及驳斥分割权力的谬论。但是，假如需要这种帮助的话，霍布斯不是已经把主权和执行权结合在一起了吗？正是这位能干的建筑师，不是拥有一种非正式的权力吗？

霍布斯在《利维坦》第十章说，“学问是一种微不足道的权力，因为它并不显赫。……因为学问由其本质所定，除了造诣很高的人掌握它以外，没有人能够理解它。”（X，p. 67）他似乎极力否认存在着任何看不见的权力，这包括（甚至尤其是指）他本人的权力。他用他的简单化的自然状态、自然权利和主权学说，把他的学问或智慧公布于众。如果说现代主权者是霍布斯主义者，那么他们是否就是他的执行官，所以比他们看上去更软弱呢？霍布斯在他的简单化的自然权利学说中假设人人平等，他们认可一个代表他们的主权者。他以此来反对智者的自然正义的古典传统，因为这样理解的自然正义，是藏在博学之士的假设后面的权力。同时，在一个十分能干的建筑师的帮助下，他又采

纳了智者的自然正义，由此为他所反对的原则做了辩护。自由政府从中可以得到提醒，它既需要刀剑的力量，也需要智慧的
178 力量。

第三部分
宪政体制中的执行权

七
执行权的宪政化

由于洛克,我们看到了我们自以为了解的宪政体制中的执行官。我们自以为了解它,是因为我们很熟悉它,然而正是这种熟悉限制着我们的知识,因为它妨碍了我们的想像力。其实,在宪政体制中的执行官之外,我们一无所知——除了他的另一个自我,亦即非宪政体制中的执行人。

可是,宪政体制中的执行官究竟是指什么呢?人们时常认为,他是服从宪法的执行人。然而,是否也可以把这种看法视为一种暧昧而又顺从的承认,即需要一个强大执行官呢?那么,宪政和这种执行权到底是一种什么关系呢?洛克的政治科学表明,现代宪政和现代执行官既相互依存,又相互对抗。双方既相互需要,又相互对立。

现代宪政

我们已经知道,在马基雅维里发明了"esecuzioni"(执行/处决)之后,现代执行官是以两种模式发展的。对马基雅维里来说,执行官要依靠引起恐惧的执行[处决]行为。他过于相信让人恐惧的必要性,所以他丝毫也不在乎在亚里士多德传统中至关重要的暴君与实行正义统治的君王之间的区分。他把自然本身理解为必然性,这种区分的基础也就随之消失。好君主和坏

君主一样，都需要残酷无情，只有精明审慎的残酷使他不必过于
181 残酷，也就是说，必然性要求不必过于残酷。在马基雅维里之后，执行官像暴君那样采取行动的必然性，被博丹和霍布斯重新理解为主权者的需要；或是像支持法治的宪政主义者所描述的那样，在一种分立和服从的执行权形式中，被实际取消或受到了抑制。

在前一种模式中，主权者的几乎任何行动都被视为合法；暴政的必然性也由此得到接受，成了名正言顺的事情。意欲达到的结果——这在霍布斯那儿尤其明显——是让所有的人都意识到必然性，从而打消他们对于同必然性对立的任何正义观的热切向往。一旦认识到绝对主权的必然性，人们便不会再有马基雅维里式的惊异。通过一种与必然性相结合的新的正义观，政治和道德言归于好。欺诈无处不在的局面将会消失，因为主权者不再做出行善的承诺。此外，建议实行残酷和暴虐的执行行为的马基雅维里式的结论，能够根据马基雅维里式的抢在必然性之前的承诺而被否认。不存在将会玷污利维坦名声的不科学的过度作恶。

第二种模式否定暴政的必然性。相反，它设计出一种宪政，或建立了一种没有明言的宪政形式，它主张不借助于暴政实行符合正义的统治。在1640年代对执行权和立法权加以区分的英国作家那里，我们看到了这种思想。值得注意的是，最初的分权是一分为二，而不是一分为三，这样做有两个目的：把执行权（它通常也包括司法权）同立法权分离，把执行置于从属的地位。从这两个方面来说，目的都是维护法治。这种分权是为了防止立法者为了迎合自身而适用法律，执行人的从属地位是为了阻止法律的执行人按自己的利益改变法律。既然英国的执行官是国王，于是他被降至从属的地位。如果他保留任何一部分立法

权,使自己没有处在从属的地位上,他便践踏了分权原则。因此,当温和的保皇派如达礼逊和劳森为了维护国王而实行分权时,为了使国王的地位高于单纯的执行官,这种分权必须同某种混合政体结合在一起。可见,分权观虽然看上去是不偏不倚地 182
致力于法治,从根源上说它却是来自一种共和主义的偏见。

共和主义者反对暴政之必然性的另一个事例,可以从詹姆斯·哈灵顿的著作中看到。他的宪政主义反对强大的执行权,然而并没有采取把它从立法权中分离出来的立场。哈灵顿在其乌托邦著作《大洋国》(*The Commonwealth of Oceana*,1656)一书中,自称是霍布斯的死敌和马基雅维里的朋友。[1]他的著作对后者赞不绝口,但是作为一个向导,他却热情有余而本事不足,因为马基雅维里本人不会接受这些轻率的恭维。在哈灵顿看来,马基雅维里是用"古代的精明"捍卫法治的人,而霍布斯是以"现代的精明"促进私人利益统治的人。马基雅维里坚持要求有一批能够维护法律的武装公民,以此来捍卫法治(《大洋国》,p.162)。哈灵顿自以为是地认为,利用一部通过调整财产使公民更加平等的土地法,就能使这些公民受到制衡(《大洋国》,pp.162,180)。通过治理良好的人民,政府的"上层结构"也能受到制衡,因为它来自于通过一种复杂的投票方式轮换所有官员的人民。这种人民和政府中的制衡机制,不必求助于马基雅维里式的执行,就能缔造一个不朽的国家,它不会发生波里比乌斯式的衰败(《大洋国》,p.321)。

然而,在做出这种承诺时,哈灵顿却参照了马基雅维里;事实上,他把一个独裁者塞进了"大洋国"的官员队伍,并且提到以秘密的、突如其来的方式先发制人的"必然性"(《大洋国》,p.254)。[2]他也谈到一个人在改造国家时,单独一人作为立法者采取行动的必要,虽然没有坚持这人是个执行者;他的执行官是复数(《大洋国》,pp. 207,281,286)。

这些言论,似乎承认了执行官的暴政的必然性。其实不然。哈灵顿的马基雅维里,其实是个善良的民粹主义者,他让人想起最近学术界的理解;恐惧、欺诈和令人震惊的打击不复存在;由于哈灵顿所发明的人民和财产中的平衡机制,它们变得没有必要。哈灵顿承认,如果马基雅维里所言正确,即贵族和人民之间的敌意无法消除,那么他的国家也难以存在(《大洋国》,p. 272)。在这个基本问题上,他不同于他所说的这位“现代世界的伟大艺
183 术家……政治家之王”(《大洋国》,p. 274)。[3]不明智地冒险表达自己的异议,使他从政治必然性中排除了欺诈,假定人民的利益不仅在一国之内,而且在全人类中间,都能取得和谐。他把自己对正义的论证,建立在“两个蠢姑娘”也不难分享一块蛋糕的事例上(《大洋国》,p. 172)。[4]他的执行官“是对人民负责的,他的执行要遵守法律;利维坦可以从中看到,执行法律的人或刀剑遵守着法律,而不是处在它之上”(《大洋国》,p. 174)。

哈灵顿的这个可见的、工具性的执行官,与霍布斯的观点没有多少相似之处,与马基雅维里的描述更是相去甚远。[5]哈灵顿需要霍布斯的确定性,但是不需要他的君权至上论(monarchism)。他一向被称为古典共和主义者,其实他那种取得平衡的国家的傲慢宪政体制,距亚里士多德和马基雅维里几乎同样遥远。他既未考虑马基雅维里说过的贵族和人民有着不可调和的性情,也没有考虑到亚里士多德所说的相互对立的正义主张。事实上,哈灵顿的取得平衡的人民,是霍布斯作为承认主权者的根据而提出的自然状态的一个可怜的替代品:哈灵顿无法说明如何把自然状态与宪政体制的政府结合在一起。

洛克终于向我们展示了这一重要的结合。我们就要看到,被人视为天真汉的洛克,较之被人视为马基雅维里主义者的哈

灵顿,能够更好地领会执行人暴政之必然性这条马基雅维里的原理。我们不能仅靠清点提到马基雅维里名字的次数,来辨别马基雅维里主义者,虽然这种做法有一定的用处。更好的检验办法是看看谁不动声色地攀上了顶峰。一个十分令人信服的事实是,哈灵顿从未发挥洛克那样的影响力。

否认暴政之必然性的英国宪政主义者不是亚里士多德主义者,但是与博丹和霍布斯不同,他们并没有摆脱亚里士多德。现在,对亚里士多德主义者和现代宪政主义做一比较是有益的,我们可以由此来评价洛克带来的变化。亚里士多德认为,宪政或政体的形式是其可见的秩序,它表明了谁在进行统治。亚里士多德的政治科学家要求,"让我成为你们的领袖"。因此,政体的目的与它的形式是一致的,或几乎是一致的,因为一个社会的目的不过就是按它的秩序所规定的那样生存。不言而喻,每个政 184
体都声称,它所建立的秩序是为了最好的人生。亚里士多德接受任何这样的主张,用它们所包含的标准即自然的标准去评价它们。采用这种标准,亚里士多德(尽管他有实践精神)更看重内在的最有价值的因素,而不是困境中的必然因素。如果政体不能按其本来面目生存,或是不能得到改进,那么仅仅生存是不够的。他也没有像我们当代的政治科学那样只拿稳定说事,却不考虑保持稳定的因素。

亚里士多德的政治科学家用自然标准去评价每一种政体的主张或原则,发现它是有党派性或有偏见的,大体上不是倾向于民主政体,就是倾向于寡头政体。因此,理解一种政体,也就是看看它有何偏向,从而知道如何纠正它。通过理解有党派性的政体,政治科学家把它纠正为混合政体。如果他反思自己的所作所为,像我们看到的那样,他也会把它们纠正为君主政体。所有的政体都是一种混合政体和君主政体;如果它发生偏斜,那么它既不是混合政体也不是君主政体。但是在任何情况下，每一种政体都能从必然性中获得机遇；它要面对自身毁灭的可能性，归根到底是毁灭的不可避免性。健全的政体愿意在自卫时冒险，但它不知道如何为了生存而像马基雅维里所说的那样“无恶不作”（《论李维》I.27）。亚里士多德认为，有些愚蠢的行为，甚至连暴君也不会为了生存而去做的。

洛克所确立的现代宪政体制，对于阻止我们去做我们喜欢或觉得正确的事情的必然性，采取不那么挑衅的态度。现代宪政主义是以亚里士多德或任何哲学家的观察作为起点，即政体自称正义的声明是有党派性的。但是，现代宪政主义不会为了改进它们而批驳它们，它通过使其直面必然性，迫使它们放弃党派立场。从自然状态中揭示出的必然性，将迫使党派人思考什么是根本利益所在，即他们的自保，从而放弃他们关于完美生活或虔诚生活的意见。

因此，洛克采纳并改进了霍布斯的自然状态，以便政治能够以前政治的必然性作为起点。跟霍布斯一样，他对现有团体提出的、可以为混合政体辩护的一切统治要求，一概不予理睬。哈
185 灵顿也表明了他与现代政治科学有着基本的亲缘关系，宣称他的技能在于“把政治的上层结构建立在已知的自然基础上”（《大洋国》，p.202）。但是哈灵顿的基础是没有确定性的，因为它们不是处在让人别无选择的自然之必然性的状态之中。它们依靠某些状态下的带有任意性的平衡，而这种状态是人们只能向往的。相反，洛克利用了霍布斯为全体现代人发现并确立的“已知的基础”。

不过与霍布斯不同，洛克认为，能够用“颁布的法律”成功地对人进行统治。必然性没有逼迫他们同意无论合法与否的统治。宪政主义者所向往但无法提供的法治，是能够建立起来并

加以维持的。洛克认为,他能够有把握地把立法权规定为最高权力,而不必像霍布斯那样,坚持认为主权者的一切行动都应被当作法律。按洛克的理解,法治变成了立法权的统治,是立法权赋予了统治以确定性,因为人们通过观察这种权力,便知道颁布了什么法律。反过来说同样正确:立法机构的统治变成了法治;所以只有稳定的法律,而不是主权者的命令,才具有法律地位。洛克的法治保护每一个人;它满足了每个人知道什么东西属于自己并使其得到保障的合理愿望。同样重要的是,洛克的法治包含着一条原则,它反映着我们同时享有自由和安全的内在愿望。人们不能选择停留在自然状态中,但是人们能够发明脱离这种状态的手段。因为洛克的法治是立法权的统治,这种权力是每个人在摆脱自然状态时予以制度化的。当立法机构制定法律时,它的活动来自于这种制度并对其加以扩展,而这种制度的建立最初(大体上)是每个人的自由行动。与霍布斯不同,洛克不认为人在脱离自然状态时把他们的自由让渡给了政府。不错,人不再为自己制定法律,然而法律是由他们建立的一种立法权制定的。因此,立法权肯定也具有代表性;根据它的制度,并且因为它是由这种制度形成的,所以它必须通过选举产生。

可见,现代宪政的产生,是因为洛克把霍布斯的政治科学同宪政主义者支持法治的意见结合在了一起。它的特殊性格反映着它的诞生方式,因为由它结合在一起的两种因素,仍然界线分明,甚至相互冲突。在建立起立法权之后,它既代表着它的创建
者的行动,也代表着创建它所要达到的目的。这两件事只是部 186
分地相同。在亚里士多德的政体中,形式就是目的,因为形式(例如民主政体)反映着某种对目的(成为民主政体)的选择。但是,在洛克式的现代宪政体制中,形式不是被选择的对象,而是选择的行动,或自由建立制度的行动。因此,人民用一种政体代

替另一种政体是完全正当的，或从某种意义上说，是“合宪的”。如果人民断定另一种政体更好地服务于他们的目的，他们就会这样做。因此，形式和目的只是部分地一致，从立法权继承着建立这种权力时的集体的自治行动这个角度看，它们是一致的，然而它们又是有差别的，因为这种形式在实践中可能不服务于建立它时要它服务的目的。

这个目的是什么呢？在洛克看来，它是同保护个人财产结合在一起的自我保存。这就是人们在自然状态中、在他们拥有“公认的法官”或政府之前，所追求的目的，它是前政治的，同任何政府形式无关；在政府形成之后，它仍保留着这种性质。在现代宪政体制中，部分地根据一种内在的政治目的，部分地根据一种外在的非政治的目的，对政府做出评判。我们要知道一个政府是不是自由的，也要知道它是否保护我们。

如果我们回到马基雅维里提出的暴政的必然性这个问题，我们当会记得，霍布斯接受了这种必然性，从而否定了法治；而宪政主义者拒绝它正是为了维持法治。洛克接受了这种必然性，然而他把它改造成了宪政：他把暴政的必然性宪政化了。

这种必然性存在于宪政体制的何处呢？从根本上说，它存在于自我保存的目的之中。自我保存其实是暴君的扩张的目的，但是它被置于自然状态之中而得到了转化。在这里，它被授予所有的人，从而成了一个普遍的、平等的和温和的目的——然后发现它还是合乎道德的。当人民思考他们所建立的政府是否服务于他们的目的时，他们采用的是他们必须用于所有政府的检验标准，即自然之必然性的标准，这是无论具有何种党派色彩的政府都必须面对的必然性。就此而言，自由政府并不能因为它的自由，或它来自于自由建立的行动，而声称它在效果或合法性上占有优势；就此而言，现代宪政体制是马基雅维里式的政

体。但是,在建立政体的行动中,以及通过自由政府的活动,现 187
代宪政又部分地是亚里士多德式的政体。因为自由以及得到同意的政府本身就被认为是好的,不必考虑它在任何政府必须接受的目标上是否取得了成功。亚里士多德本人也许要搞清楚自由被用于什么目的,但是,洛克把行使自由(它同权力的运用是分不开的)本身就当作一件好事,也就是说,他在这个方面脱离了亚里士多德,但是他在自己的宪政主义中设法保留了亚里士多德的一部分宪政主义,即宪政既是目的本身,又是达到某种目的的手段这种观点。

因此,在宪政主义政治学中,如何达到目的固然重要,是否达到了目的同样重要。因此——譬如说——正确地犯罪和定罪同样重要。相反,在马基雅维里看来,违反正常程序和清除找麻烦的对手同样重要:只有目的是至高无上的,猛烈的打击就是目的。而对于洛克的宪政体制的评判,则不能仅仅根据它的成功。其实可以说,抵制暴政、改革或清除失败的政体,就像建立一个政府并使其运作一样,也是一种立宪行为。[6]

洛克没有对他本人的宪政提供这种分析。一方面,他不想声称同霍布斯有亲密关系,更不想说同马基雅维里有这种关系。[7]另一方面,他又十分谨慎,不想吹嘘自己在政治科学中有新发明,从而暴露自己同他们的关系。当他确实提出一种创见,即一种人人执行的法律时,他立刻表示,对于读者"它看起来十分陌生"(《政府论》II.9,13)。他在《政府论》中对"constitution"(宪政/宪法/政制)这个词的用法,让人觉得是一位作家恰好遇上了一个他喜欢的概念。他最先使用"constitution"时,并不涉及建立政制的行动(act of constituting)(I.15,168;II.76)。然后,在论"国家的形式"一章中,他在使用"联合"(uniting)、"安排"(placing)、"树立"(erecting)和"建立"(establishing)这些词的同时,也使用了“constitute”这个动词(II.132)。再后来,在论述“原始的政制”(original constitution)(II.153)之前,他讨论了“建立政制的国家”(Constituted Commonwealth)(II.153);他重复了这个概念若干次,最后,在他的实验似乎取得成功时,虽然仍有些漫不经心,他终于把“constitution”定义为建立政制的行动(II.157)。洛克是个很风趣的作家,人们再次认识正在受他的逗引。

建立政制的行动,既包含着自由政府的原则,也包含着判断
188 它是否成功的标准,即自我保存这一必要目的。但是这两个总是有着潜在不和谐的因素,也存在于现代宪政体制的内部。执行官从这里进入了洛克的政治科学,甚至在不是讨论执行权的著作中,它也具有重要性。[8]洛克说,当人民建立一个政府时,他们把立法权交给某些人。立法权扩展了首先反映在建立政制的行动中的自由政府原则。洛克经常坚持说,赋予立法权至高无上的地位,能够使法治得到保障,阻止专横地行使权力。然而自由裁量权也是需要的,因为法律并不总能达到预定目的。这个目的就是被理解为保护生命、自由和财产的公共利益:立法权是为这同一个目的而建立的。因此,这种权力代表着自由政府的原则,但是执行官把这一原则应用于社会的各种目的,由此落实必然性的纪律。在洛克的宪政体制中,正是借助于执行权,必然性被纳入了宪政体制。在这种宪政体制内部,立法机构代表原则或形式,它与执行官维护的目的或必然性相对。

这种宪政体制通过分权机制而具有自我批判的能力,这不同于亚里士多德的政体,它的批判是来自外部(可以说是针对每一种政体自称最佳的主张)。洛克的宪政体制承认失败的可能性,因此它把一种执行权纳入自身,以便提醒可能过于自信的立法机构,不要忘了所有那些妨碍人类意图的不可捉摸的必然性。

执行官拥有特权，洛克把它定义为在规则之外为公共利益服务的权力——由人民交给执行官的权力（II. 163,166）。然后他走得更远，在一段插入语中不无理由地说，它是一种任意的权力（II. 210），而这正是他的宪政体制建立起来所要阻止的东西。当然，这种特权不是不向人民负责这个意义上的专断权力，但它是不可预测的。此外，洛克把最初建立政制的行动，解释为在自然状态下执行自然法的行动。当每个人同意建立政府时，他是在执行要求他进行自我保护和保护其他人的自然法。因此在洛克的思想中，法治来自于执行的行动，也能在执行的行动中结
束。执行权的必然性似乎压倒了法治，从而集中反映着现代宪 189
政主义的问题。宪政体制是遵照亚里士多德及其传统，困住这种粗野的必然性呢，还是不情愿地遵循马基雅维里的见解对它表示欢迎？

模范宪政

现代宪政体制是一种模范宪政。它是为了适用于超越其竞争对手的环境而被设计出来的。它在一个地方的适用性得到证明，可以使另一些人知道他们也能享受它的好处，不必担心是在尝试不可能之事。现代宪政体制不是最佳环境中的最佳政体这种古典意义上的（甚至比最佳环境要求更高，所以根本不可能是这种意义上的）乌托邦。它是要成为具有可行性的最佳政体。然而这些描述并不意味着现代宪政体制致力于它能够做到的最佳境界，因为这种企图需要政治科学家或政治家的精明审慎，他们能够探明任何条件下都具有可行性的最佳境界。就这种水平的精明审慎而言，我们即或不需要一个柏拉图或马基雅维里，也需要一个柏拉图的哲学王的代理人，或是一个执行马基雅维里

使命的首领。洛克的宪政体制具有更大的确定性：如我们所知，它是制度化的。但是为了做到这一点，它需要原则，因为制度不能靠惯性生存。洛克的宪政体制宣扬一种自然法学说，它从法律角度把这种政体与古典时代的乌托邦做了严格区分，也从道德方面把它同马基雅维里的君主推动的共和国做了严格区分。这种有教义的宪政体制既坚持一种法律的定义，又激励道德感情，能够成为实际行动的楷模。它既不是渴望的对象，也不是暴政的教训。

但是，与我们在霍布斯及其同时代的宪政主义者的学说中看到的情况不同，洛克的宪政体制（以及在这方面追随他的我们现代的宪政体制）不是一种抽象学说。当洛克把必然性纳入宪政体制时，他不仅是以霍布斯的科学方式对它进行一般性的理论阐述，他的宪政主义学说包含着英国的宪政实践，尤其是执行官的实践（但不限于此）。在洛克的《政府论》下篇，"执行权"是对一种真实的政体即英国的立宪君主政体的稍加伪饰的描述。
190 洛克从未说过他的执行官就是英国国王，然而他清楚地表明，英国的君主政体不仅是一个"新范例"，而且是惟一的范例和典范。在"所有温和的君主政体和优秀的政府中"（II. 159），执行官就应当是这个样子。英国的宪政体制作为一个典范，为另一些人提供了保证，洛克的学说是可行的和合理的。采用洛克的理性化版本，另一些人可以模仿它，而不会感到嫉妒或挫伤他们的自尊心。洛克的说明避免吹嘘，他对自己国家的谴责和赞扬一样多；他的学说不会激起爱国主义或地方主义。

洛克也避免霍布斯的困境，尤其是否定一切实际的主权者的要求从而把主权提升到前所未有的理论高度这个核心困境。洛克把英国的宪法性法律的传统吸收进他的政治哲学，这使他可以借助他之前的作家的权威。洛克的理论能够利用政治家尤其是法律人的知识，他们反过来又能成为他的学说的传播者和捍卫者。其实，通过把政治哲学与宪政学说结合在一起，洛克能够在英国的宪政体制中做到一种进一步的结合，这种体制与和谐状态相去甚远，才使英国陷入了内战。洛克在他的分权学说中接受了现实中的君主政体及其特权，同时也接受了立法权至上的国家学说。在这一点上，洛克的政治科学是极难以把握的，因为他似乎采取了一种权宜之计，有时迁就理性，有时迁就习俗，有时又同时迁就两者。他看上去像是专注于英国的事务，其实他有着更多的理论思考。他的政治科学不能当作对当时论战的评论来阅读，就像一些历史学家和历史主义者所做的那样。甚至当他做这种评论时，人们也会错误地低估他的理论高度。例如，从《排除法案》(Exclusion Bill)的政策中是找不到洛克的立场的。从我刚刚指出的他所做的概括中，人们可以推测，他要保留一种君主政体，它既会吸引威廉国王这类人，也会吸引托利党人；简言之，洛克更接近于“修剪者”哈利法克斯，而不是“排除 191
派”的辉格党人沙夫茨伯里。[9]但是，就算洛克注重理论，他也没有达到无视英国政治的地步；也许应当说，为他利用英国政治找出一种理论解释是必要的。今天的大多数政治科学教授更加偏爱自相矛盾的霍布斯，而不是审慎明断的洛克，因为与后者不同，在他们的理论中没有审慎明断的位置。

马基雅维里构想出了现代执行官，洛克则赋予这执行官“现代执行权”的形式。我们知道，洛克的贡献是给马基雅维里的执行官带来了两种变化，使他变得更可接受、更有人情味。一方面，他为他提供了分权学说中的一条原则，在这种学说中执行官成了一种权力。在洛克看来，权力是由公民社会中的诸多权力(powers)组成的；因此政治权力及其诸多权力能力取决于自然状态和政治社会的区分。在洛克的思想中，这种区分赋予了政治社会中的立法权和执行权以正当权利或合法性。洛克由此把马基雅维里的令人惊恐的犯罪学转变为一种权利学说，把霍布斯的绝对主权划分为有着各自正当权利的不同权力。另一方面，洛克在他的思考中不断提到英国。对他来说，“执行权”指的就是英国国王或是以他为基础，正像今天它是指美国总统一样。今天对“执行官”的讨论，实际上是集中于一个官职；它总是不像它表面上看起来那么理论，不像它表明或承认的那样正规。

马基雅维里的执行观中以补充的方式发生的两种颠倒，产生了洛克的模范宪政。请记住，亚里士多德的王权观是根据实际政体不那么醒目的趋势加以论证的，但是在最佳政体中找到了统一的原因。马基雅维里的政治科学部分地存在于当时具有警示作用的“新事例”之中，然而它的楷模是罗马共和国，这是个实际的政体，却不是一个仍然存活着的政体。哈灵顿把英格兰作为一个略加伪装的“大洋国”来思考。但是洛克为现代政治科学提供了一个实际的、活生生的、不加伪装的政体基础。他选择英格兰的做法，得到了孟德斯鸠和十八世纪的一些宪政主义作家的追随。《联邦党人文集》和托克维尔试图把政体的选择从英国转向美国，并且取得了部分的成功。无论这个楷模是英国或
192 美国，我们看到，现代政治科学的现实的制度基础，它的“有效的现实”，而不是它的主张或说辞，是有限君主政体，不管它是世袭制还是选举制的。选择的无论是旧式君主还是新君主，或是看到新君主胜出，都不会让马基雅维里感到吃惊。

执行自然法

在洛克的思想中，执行的基础存在于正义和实践两个方面。为了理解何以如此，我们必须思考一个令人困惑的问题，即洛克

所说的"自然法"是什么意思，因为当执行权最初出现在洛克的思想中时，它是同这种自然法联系在一起的。今天，由于康德（他对自由领域和自然领域做了严格区分）的影响，或是由于自由的存在是因为我们需要自由这种偷懒的假设，我们要么拒绝、要么忽略了作为自由政府之可能基础的自然法。我们知道，洛克是一位基于同意的统治的伟大提倡者，然而我们并没有真正理解，他把这种同意称为对自然法的执行。

洛克假设，人在自然状态中既自由又平等（II.4），他把这种自然状态定义为不存在公共权力的、遵循理性的集体生活（II.19）。"遵循理性"就是服从自然法，它规定人有义务尽力保护其他人（II.6）。使这种自然法生效的，不是人有社会性这种天然倾向，而是每个人在自然状态中落实自然法的"执行权"。这种权力既赋予他自卫的权利，也使他承担起惩罚违反自然法行为的义务。由于缺少服从自然法的天然倾向，必须逼他服从。所以要点在于惩罚。洛克承认或宣布，他提出了一种"十分陌生的学说"——由每个人执行的一种法，于是每个人成了审理自身案件的法官（II.9，13；参见 I.80，II.180）。[10]

自然的执行权包括司法权或是由这种权力所构成。每个人天然地是他自己的法官和执行官，因为在自然状态下人人平等，谁也不拥有对别人的政治权力，政治权力是一种公共权力，只能因同意而产生。然而，执行权产生政治权力。人所拥有的保护他人的自然权力，产生了一种能为这种保护提供保障的政治权 193
力，因为每个人是自己的案件的执行官这种情况造成了极大的弊端（II.13）。在自然法的引导或教诲下，人们同意了导致政治社会之创建的政治权力。政治权力不是自然的，而是从人对自然法的执行中产生的。

由此看来，政治本质上是不自由的，因为它不是来自人类的选择，而是来自一种对并非由我们制定的法的执行。然而洛克确实谈到人在自然状态中、生活在受自然法约束下的“完全自由”(II.4)。或许，洛克的自由可以在每个人为了自己而执行自然法的学说中找到；他虽然执行自然法，却因为必须亲自这样做而是自由的。简言之，洛克的自由观也许暗示着我们所说的执行官的暧昧地位。认识到人要服从自然法，所以人是软弱的；执行要求意志与果断，所以他是强大的。从这种暧昧性中，我们再次看到建立政制的行动的两个要素——由自然法所规定的自我保存的目的，和我们在执行它时所采取的同意的形式。

洛克在他的自然法理论中为何发现了执行官的暧昧性呢？其原因必须再次从他要面对宗教纠纷中找到。我们已经看到，在马基雅维里和霍布斯那儿，同样的暧昧性也与同样的纠纷有关。但是，宗教纠纷对于现代政治的重要性，再怎么说也不算夸张。洛克的解决方案形成了我们对基于同意的政府的理解。当洛克说人类注定要执行自然法时，一种可能的理由是，自然法是上帝的法，而人类是上帝的财产。洛克在其有关臣民的最卓越的论述(II.6)中说，人类是一个人的手艺产品，他们是这人的财产，是一个至高无上的主人的奴仆，所以有责任保存自己和他人。难以理解，这种思路怎么会使他们享有完全自由(II.4)，或有着足够的自由，使他们能够建立政治权力——洛克刚刚把它同主人对奴仆的权力做了明确区分。也很难理解，人是上帝的财产这种说法，怎么能与洛克的如下断言相一致：“每个人都拥
194 有他自己的财产”，这是他为私有财产辩护的前提(II.27)。[11]

显然，洛克不希望每个人属于他自己这一前提独自成立，无须依靠人人属于上帝这种神学观念的支持。只要有可能，洛克便同时采用这两个前提，但是同样明显的是，后一个前提不像前一个前提那样有分量。如果人是上帝手艺的作品，那么他有责

任保护作为创造者的财产的自我，并且同样有责任保护也是上帝财产的另一些人：但是，他怎么还可以像自我保存的权利所要求的那样，把自己放在第一位呢？正是在洛克说人是上帝的财产时，他用一个重要的规定限制了他们对他人的义务：“当他本人的生存不是在竞争中产生时。”(II.6)在《圣经》中，甚至在被洛克理性化了的基督教中，从哪儿能够为这个含义丰富的说法找到权威依据呢？在洛克对自然法的一段更长的讨论中，这个首当其冲的问题也可以变成结论。

假如洛克的论证得不到神的某种批准，他便不想自行其事，那么他也希望限制它的政治后果。如果把人视为上帝的财产，他们就可以受到任何令人信服地自称为上帝代理人者的统治。很容易为父亲提出这种权利主张，无论从精神还是肉体上看都是如此。因此，洛克写下《政府论》上篇，是为了明确父权和政治权力的区别，这也是他在《政府论》下篇始终坚持的区别。洛克希望反驳和阻止任何利用父权提出的对政治权力享有神授权利的要求。[12]所以，洛克抑制通过世代或等级制而生效的权力，构想出了我们通过执行自然法建立政府这种陌生的学说。假如政府仅仅是由未经授意的同意而建立的，不存在一种有待执行的法，那么多数人的虔诚的意见，显然足以给一个享有神授权利的政府提供正当性——事实上，这是霍布斯和洛克建立自己的学说之前，盛行于所有地方的政府的基础。洛克的自然法给人类的同意提供了一种他们为避免奴役和冲突所需要的教诲。

按洛克的观点，自然的教诲是以某种必然性的形式传授的：人是有寿限的，是一种有限的存在，他必然关心自己的生存；由于缺少动物的本能，他便用自己的理性来保护自己。就像霍布斯的观点一样，自然法在同人类的必然性发生关系时被等同于理性，虽然当它同人类的价值发生关系时不是这样。在考虑到 195

宗教纠纷时,这样理解的自然法的好处是显而易见的。因为适用于人的必然性,也以同样的效力适用于作为人类创造者的上帝。假如上帝要创造人,他必须赋予他们一种自我保存的强烈欲望(I.86,88,II.56)。因此,上帝作为一个类似于手艺人的创造者,服从着人在执行自然法时所服从的同样的必然性。这样一来,作为创造者的上帝,能够被用来限制《圣经》中的上帝——他是用奇迹进行创造,不考虑人的必然性——使其更接近于人。在执行自然法时,人们仅仅遵从自身的必然性,而不是遵从《圣经》。

洛克对自然法和神启或"上帝的私法"(II.52)做了区分,不过他没有指出两者的不同之处,只有细心的读者才能看到它们。[13]因此,洛克更愿意谈论理性和神启的吻合。然而这并没有改变一个事实,即当理性呼唤神启来协助人类的必然性时,神启便会出现。在反抗神的命令的奴役、反抗解释这种命令的统治者和神职人员的奴役的战斗中,服从自然之必然性的洛克的软弱执行官,变成了一件解放人类的武器。

不过,洛克的特点是不过分依赖于这件武器。马基雅维里和霍布斯一直把强大的执行官等同于君主和主权者;君主的人民和主权者的臣民必须向他们的必然性的代表屈服。他们惧怕君主的执行[处决]和主权者的利剑,他们的勇于"说不"的抵抗便被畏惧所消解。在洛克看来,这种依靠可见的畏惧的做法,是对神授权利的鼓吹者所利用的不可见的权力的惧怕的重重一击。因此他维护并鼓励人民的勇敢精神。不但君主和主权者,而且人民,都变成了强大的执行官。在洛克描述的自然状态中,人人都根据自己的判断,在必要时执行自然法。可见,这种自然法恰恰反映着它的内容似乎予以否定的自由。

切不可忘记,洛克的自然状态是从霍布斯那儿拿来的。洛克和霍布斯一样，允许每个人享有自然权利，可以用任何手段保护自己的生命，并且他是这种必要手段的惟一判断者。正是霍布斯，最先把马基雅维里的君主平等化和普遍化了。假如实行暴政的机会扩展到每一个人，暴政就变成了一种自然权利。马 196
基雅维里通过观察政治的现实环境，认识到机会只为幸运的少数人而存在，他由此断定，对这些少数人不能合理地加以谴责。霍布斯的政治科学把马基雅维里的见解变得更可信赖、更符合道德了。洛克的论证基本上依靠了霍布斯的努力。

然而，洛克的自然状态在两个相互对立的方面，不同于霍布斯的自然状态。一方面，它更符合道德，因为每个人的执行是对违反自然法的行为的惩罚，它们不仅是对无信任可言的状态中可能的违法行为的预防——在这种状态下，就像霍布斯所认为的，任何人都不能受到谴责（II. 7—10，28；参见 16—17；另参见《利维坦》XIII，p. 95）。但是，洛克也允许在这种惩罚中发泄马基雅维里式的恶意。在霍布斯看来，自然法不是自然状态中的一种适当的法，因为它是得不到执行的（《论公民》VI. 8；《利维坦》XVII，p. 128），而洛克却让每个人去执行它，仿佛他在这样做时是在杀死一头狮子、老虎、豺狼或一只北美鸡貂（II. 10，11，16，18，93；参见 II. 181）。[14]

洛克允许每个人拥有强大执行官的自由。这种自由不是康德所说的那种没有来由的结果，但它也不是霍布斯的与必然性相一致的自由。洛克的自由是由理性所认识到的必然性推动的，但它没有被简化为单纯的默认。这种有条件的自由——小于选择，大于服从——出现在洛克对财产的著名讨论中，他在这里认为，财产能够在人们仍处于自然状态时变成私有财产权：财产使他们在建立公民社会时拥有身体之外的一些需要保护的东西，所以他们在一种更勇敢而不是畏惧的自我保存行动中，同意受到统治，虽然畏惧并非不存在。但是，前政治的私有财产使人们产生了一种兴趣，它鼓励诚实的辛勤劳作，而不是战战兢兢的恐惧。因此，虽然他们是被“迅速驱赶到社会之中”(II. 127)，并且实际上不能自由收回他们的同意，却不能把这视为屈服。他们在这里保持着自己的尊严。只考虑人的利益是不够的，因为这也可以通过他的屈从、不必经他同意而加以满足。[15]但是，当同意是由人通过劳动获得财产的利益推动时，它所产生的同意的动机，便既不会太下贱、太奴气，也不会太高远、太强烈。其
197 实，既然神的天命不足恃，洛克便打算用私有财产来供养和丰富人类；但是，如果神的命令骄横暴虐，它也为服从精神提供了可靠的支持。在洛克对私有财产权的论证中，既不难看到资产阶级的利益，也很容易抹煞资产阶级的优点。

这种自然法的执行暴露出涉及理性和同意的另一种暧昧性。就自然法与理性相一致而言，它允许人们去做他们“认为适当的”的事情(II. 106)。洛克说，人们在自然状态下拥有的自由是“其他一切的基础”(II. 17)，但是他又说，“人的……自由以及他按自己的意志行动的自由，是以他具有理性为基础的”(II. 63)。作为基础的自由，创立了得到同意的政府，作为基础的理性，否定没有得到同意的政府的正当性。当洛克说“人们的同意”“运用着他们的理性”(I. 6)时，他以一种典型的方式把它们结合在了一起(表面看有头脑混乱之嫌，其实是机敏的)。利用这种能力，未必是对它的正确运用。[16]人民必须被假定是一个“由理性动物组成的社会”(II. 163)。但是这个前提意味着他们跟他们的统治者是平等的，而不是他们服从着比他们更理性的统治者。

假如洛克坚持正确使用理性，那么他只能像亚里士多德最后做的那样，把政府交给最杰出的理性人。或者，假如这种人难

以辨别，那就遵照霍布斯的做法，只能把政府交给一个理性人。他的默示同意（tacit consent）这个概念（II.50，74，119，122，131，164）——它经常受到一些不理解洛克的问题的人的批评——是介于理性和同意之间；它是人们能够理性推导出的同意。当行使同意的权利不可能或不合理时，推导出的同意为人类同意的权利赢回了面子；不推论出同意，则会因为过分的同意或不充分的同意而使理性和同意分离。“我们是生而自由的，就像我们是生而理性的一样”，他说（II.61）；也就是说，我们在这两个方面绝对不是生而完美的，但是当把它们结合在一起，让人们相互支配和约束时，我们便获得了我们所能达到的最大安全。 198

执行权和立法权

洛克认为，当处在自然状态下或强或弱地执行自然法时，他们建立了政治权力。现在让我们来看一下，这种典型的暧昧状态，如何以现代执行官的形式重新出现在公民社会之中。

政治权力一旦存在，它便被分为立法权和执行权，以便在立法中制定公之于众的、固定不变的法律，用共同体的武力惩罚国内犯罪、抵御外来的侵害或进行报复（II.88）。既然是立法权来制定固定不变的法则，所以洛克断定，绝对君权或绝对君主都不是正确的统治形式（II.90）。也就是说，在公民社会里，没有哪一个人能够像每个人在自然状态下那样，同时掌握立法权和执行权。谁也不能同时掌握自然权力和政治权力。

因此，在自然状态下属于每个人的自然的执行权，在公民社会中不可能存在于单独一个人身上。去掉了立法权的自然的执行权，变成了公共执行权（civic executive）。洛克说，为了在公民社会实行执行权和立法权的分离，从而使人人服从法律，一定要把立法权置于人类的集体部门(collective bodies)(II.94)。他在这里没有具体说明公共执行官的人数,但是他明确拒绝了马基雅维里的君主和霍布斯的主权者。马基雅维里没有对自然状态和公民社会进行区分;霍布斯做出了这种区分,但是区分得不正确。霍布斯认为,每个人的自然权力仍然掌握在公民社会的主权者手中,他可以是一个人。洛克则认为,自然权力变成政治权力后,它就被分割了,所以它也不复存在了。对于洛克,这并不意味着政治权力不再像霍布斯认为的那样完整(参见 II.87)。也不意味着在建立公民社会之后,自然的执行权就消失了。相反,在政治权力失效时它依然存在。例如,你拥有反抗一个威胁你生命的强盗的权利(II.19)。

接下来,在《政府论》下篇的第八和第九章,洛克提出了一种有关政治权力可以怎样产生的解释——与社会契约论乍一看可能暗示的情况相比,这是一种非常现实主义的描述。按洛克的解释,政治权力的起点是父亲及其家庭中跟他一起生活或服从
199 其执行权的其他成员。他成了实际的立法者,后来他有可能成为一个扩大了的家族中经选举产生的首领,从而成为一个首要职能是指挥军队的君主。早期的君主制是培育“联合”权力(“federative”power)(在对外事务中决定战争与和平的权力)的温床,立法权则是文明的基础。似乎存在着一种从每个人在自然状态下的执行权,向原始社会中的君主—将领的联合权力,再向更文明的现代立法机构的历史进步,洛克的宪政体制中的三种权力,似乎处在这一发展的第三个阶段。

在第十章,洛克第一次说,立法权是最高权力,接下来他很快又谈到“所有国家的根本性的实在法,是立法权的建立”(II.134)。在洛克看来,法治明确地意味着立法权的统治,而不是某些法律的支配地位或不可侵犯性;法治是制定法律的人的

统治。主权的捍卫者博丹和霍布斯也认为立法权至上；但是同他们的观点相反，它不是霸道的，因为它服从于由固定的法规所确立的公共利益。

执行权是自然的权力，在公民社会中后者被至高无上的立法权所取代。洛克宣布，继自然状态中的至高无上的执行权之后，是立法权的至高无上，从而建立了一个软弱的、理论上的执行官，这与当时反君主制的气氛相符，并且也是我们今天的宪政形式主义的特点。在立法权至上的公民社会，执行官是负有责任的下属。他执行的不是自然法，而是立法权制定的法律。但是在《政府论》下篇后面的内容中，这个软弱的理论上的执行官，偶尔也被塑造成一个我们今天了解的强有力的或非正式的执行官。不过，偶尔为之的洛克，也是乔装打扮的洛克；当他揭示执行官权力的范围时，引起的是马基雅维里式的震惊。

立法权至高无上，但是它仅仅存在于集体机构之中。在“治理良好的国家”，这种权力将被交给“形形色色的人”，他们时聚时散，所以他们像私人一样也服从法律（II. 143）。正像洛克在前面所说的那样，不能简单地让人民把立法权交给“他们认为适当的人”（II. 136）。但是“不断的执行”对于法律是必要的，由于 200
执行官总是在位，而立法者则否，所以“立法权和执行权经常是分离的”（II. 144）。因此，洛克不是基于他所主张的原则，而是基于他在第三次提到时才予以肯定的实践经验（II. 153，159），提出了权力分立的主张。[17]然后他对“联合的权力”做了定义，它不能由固定不变的法律去掌管。他说（II. 148，另参见 II. 108），虽然执行的权力和联合的权力是不同的权力，然而很难把它们交给不同的人。它们的行使都需要社会的力量，而这种力量不能服从不同的命令。因此可以看到，联合的权力和执行的权力在实践中结合在一起，推翻了它们在理论上的区分。

洛克在提到联合的权力的同时，立刻谈到了对法律之外的审慎精明的需要。他先是在表面上坚持说，执行官能够受到法律的支配（II. 147；参见 II. 158），但是随着论证的展开，在外交事务上对审慎精明的需要，被引入国内事务，从而使执行权得到进一步扩张。

接下来，洛克虽然继续谈论立法权至上，坚持执行官“只有法律的意志和权力，没有自己的意志和权力”（II. 151），但是他采用了“法律的至高无上的执行者”这个说法。这个执行官很快又与“至高无上的执行者”相呼应，将明确地服从于立法机构并对它负责，但是也要授予它一部分立法权。这一部分权力就是否决权（II. 152）。引入这种观点，仿佛是对英国现实中的君主政体做出的让步，洛克没有把执行官不应是明确的下属说成一项原则。执行的权力可以是从属的，但执行的人未必如此。

那么，这个执行者是一人还是多人？说它是一人，将为马基雅维里式的活力提供舞台；说它是多人，则有助于共和主义者所主张的服从。在讨论联合的权力时，洛克提到了“掌握这种权力的人”，仿佛他想到的是一组官员（II. 147）；然后他又宣布，执行的权力和联合的权力很难交到“不同的人的手里”（II. 148），这一宣告似乎有着单一执行官的取向，但是它把我们的注意力从
201 人数转移到了手的数量上。接着他又告诉我们，只有“被授予插手于立法的一个人的至高无上的执行权”，才不必服从，这仿佛是提到了英国国王的一个偶然特征（II. 152）。洛克马上谈到了“他的精明审慎”，即执行官的精明审慎（II. 154），并且解释了“政府的创始人”为何把召集立法机构的权力委托给“一个人的审慎精明”（II. 156）。洛克不是立刻又谈到“某些人的精明审慎”吗？不错，然而这种权力被交到了“他的手里”（II. 156）。在读到论特权一章时，我们被告知，社会的利益要求“一些事情应

交给那个掌握执行权的人进行自由裁量”(II. 159)。我们看到,执行官的“精明审慎”变成了“自由裁量”。在下面一节(II. 160),这种审慎精明是“有选择地做许多事情的……范围”,这是一种洛克为之辩护的权力,而不是仅仅把它作为一种培养出来的有益的习惯。后来,它又改为统治者们本人的自由选择(II. 164)。我们今天理所当然地认为,执行官必须是单独一人,君主制是一种恶劣的政体。洛克的杂乱无章的论证(在其他任何问题上,它都不缺少精细)中这一不起眼的事例表明,他是在暗示我们这种意见的合理性,尽管它看上去自相矛盾。

这个执行官获得了立法上的否决权后,我们又被告知,时聚时散的立法机构是代议制的。洛克没有像霍布斯那样,为代议制提供适当的辩护,但是他给予执行官召集议会的权力,以及在它顽固不化或腐败时纠正其代表性的权力。在讨论召集权时,他谈到了执行人的精明审慎,由此把它从对外事务带入内部事务(II. 154)。对过时的代议制的修正,使他有机会评估不断变动中的“世俗事务”(II. 157),这让我们想起了马基雅维里的观点:“人间的一切事务都处在运动之中。”(《论李维》I. 6)因此,执行权从事务的本质中获得了一种地位:我们通过立法,按我们喜欢的样子去控制事物;但是当它们脱离我们的控制时,我们需要一个强大的执行官。

洛克对执行权的重新阐述,在“论特权”(“Of Prerogative”)的第十四章中完成。他把这种权力定义为在规则之外为公众造福,不仅是在各种法律之间,而且在必要时违反法律。就像开始讨论时所说的那样,执行官不受法律支配(II. 147)。这种后来被说成“任意”(II. 210)的权力(能力),据说“总是在我们最聪明最杰出的君主们”(II. 165)或“神明般的君主们”(II. 166)身上“才是最强大的”;洛克公然诉诸托利党人的感情,允许人民把它 202

交给执行官。[18]然而，诉诸托利党的感情，并不需要利用托利党的论证。洛克从实践角度反对立法权至上，是基于事物的可变性——这是马基雅维里的观点；而不是基于法律的普适性无法做到最佳——这是亚里士多德的观点。洛克没有从神明般君主的主张中为绝对君主政体寻找证据，而是简单地把它解释成默示同意的一个事例。当人民看到执行者的特权行为做得不错时，他们将默认这种行为。假如它做得不好，他们将限制这种特权，或是运用他们的反抗权。洛克让这个执行官能够利用以往君主的权力，它既包含着成功的机会，也有失败的警告（II. 165）。洛克让执行官自己做出推断，他别无选择，只能冒险。

执行权运用这种特权，落实“自然和政府的根本大法，也就是说，尽可能使社会的全体成员受到保护”（II. 159）。洛克特别指出，如果没有对无辜者造成伤害，甚至犯罪也是可以宽恕的。因此他缩减了赦免权，这个也可以追溯到马基雅维里的现代执行官的重要特征，政治权力旨在“保护全体”（II. 171），也就是说，保护整个社会。自然权力有着更广泛的目的，即保护全人类，然而它是没有实效的。政治权力把自身局限于保护一个社会，一个“政治机体”（Body Politick），它部分地存在于为该社会制定法律的行动中（II. 3，14，89）。但是它的目的是保护人，而不是保护法律。所以，执行官必须十分强大，即使需要超越法律或立法机构。

洛克宣称立法权至上，但也肯定了至上的执行官：理论上的主权者和实践中的主权者。必须总是存在着一个主权者，但是用马基雅维里的划分，他既可以是一个正常的主权者（ordinary sovereign）——立法机关；也可以是一个超常的主权者（extraordinary sovereign）——执行官，他随时准备超越规则，对人间事物的变化做出反应。洛克的商业化和技术化的社会，使人类的能力得以大幅提高，这是一种受到同人民的创设和反抗的权利结合在一起的分权理论约束的能力。洛克不能舍弃这种理论，因为它也为立法权至上，即法律的正常主权提供支持。然而这 203
种理论绝不是完备的，因为没有自然的执行权，社会什么也做不成，这种自然的执行权，正是现代非正式的或实践中的执行官的源头。

洛克的理论涵盖了不受理论左右的现象，它预见到了无法预见的变化；它把超宪政的因素纳入宪政之中。我说过，现代宪政体制的基本特点是，它把理性和抵制理性的必然性结合在了一起。洛克对他的三种权力的描述是不系统的，这也许会让人对它们所构成的宪政体制产生怀疑。这种理性的宪政是其他民族的楷模呢，还是仅仅得到英国人民同意的一种新与旧的混合物、一种理论和习俗之间偶然折中的产物？

洛克表明，他的宪政体制是“理性动物的社会”的楷模，而不仅是英国人的楷模（II. 163）。但是，正是这些理性的动物，应当享有同意的权利。正是洛克的描述，反映着在政治中获得同意的困难，这种困难不像在亚里士多德理论中那样，在于如何获得人民的同意，而是像在马基雅维里学说中那样，在于对必然性的默认。可以向他们表明，他们在为自己保留他们已经行使过的反抗权利的同时，也已经同意这些权力是必要的，由此而获得他们的同意。这种对待人民的方式，跟洛克对待其读者的方式是一样的，即把实际的事件理性化，对它进行提炼。他引导自己的读者逐渐走入执行权的领域，用理性来帮助他们了解人性中不服从理性的因素。人民所运用的理性，要比洛克那些可能包含着少数自然法学者的读者所运用的少得多（II. 12，124）。[19] 人民将默认必然性，而不是去探索它。洛克以这两种方式教导我们如何“讲究实际”，也就是说，如何尊重必然性。他的理性的宪政体制包含着非理性的因素，但是作为一种理解形式，它也包含着信任这种打了折扣的理性的需要。

现代宪政体制的自我批判

具有强大人格的最高执行权对抗具有形式主权的最高立法
204 权，便在政体中形成一种自我批判的结构。通过这些权力的划分和制衡，洛克确立了两种宪政观：一是立法机构的形式主义观点，认为建立宪政体制是为了制定人民通过他们的代表视为正义的法律；二是执行官的现实主义观点——马基雅维里式的“只看目的”（《君主论》18）的观点，认为宪政体制必须保障人民的安全。我们知道，立法的观点通过推动它的立法过程维护人民的自由，并且全面维持着宪政体制，以此作为它自身的目的；执行官则专注于安全，用效用标准去衡量法律程序和形式程序，为了公共利益而不得不做时，他会毫不迟疑地违反程序。

目前在哲学主流中占上风的自由主义，分别把这两种观点称为道义论的（权利优先的）和功利主义的（目的优先的）。在康德的影响下，各种各样的哲学家都认为它们不可调和。但是洛克的自由主义认为，在一种宪政体制中，这两种观点都是必要的，并且是相互协调的，恰恰是因为它们各自为政相互冲突，它们才一起存在于这种体制中。没有安全的权利，是没有价值的权利；没有权利的安全，则是奴隶的安全。哲学不能为权利和安全找到平等的位置，就等于是对自由主义的解构，甚至是对自由主义的毁灭。

这并不是说，由于洛克对这个问题比我们有更好的理解，我们就应当满足于洛克的方案。洛克对同自由联系在一起的权力和同必然性联系在一起的权力，以及宪政的形式和宪政的目的，做了明确区分。但是,既然自由是同自我保存一样重要的目的,所以作为一个整体的目的是不明确的。到底是你的保存,还是你的自由意见?这两者洛克都要,但是为了做到这一点,他却面对一些道德和政治难题,对此我要做一简短的讨论。

洛克大大扩展了执行权,这使他的自然法学说所引起的麻烦成了一个焦点问题。[20]每个人作为自然状态中软弱的执行官,都服从自身的必然性。在洛克的《人类理解力研究》一书中,对这种服从有更全面的讨论。此书和《政府论》(1690)同时出版,但洛克承认自己的作者身份。[21]在《论人类理解力研究》中,洛克不时以自己的名义指出,可证明的道德科学是可能的,它能 205
够像数学那样无可辩驳,比牛顿的自然哲学更科学(IV.3.18,12.10)。但是,他实际上并没有证明过这种科学。他对此稍做讨论后便停了下来。如果为了完成这种证明而转向《政府论》,人们不会得到满足,而是会看到一团乱麻,甚至是对这种证明之可能性的抵制。因为,假如《政府论》的原则不是得到同意的统治的话,那么它就什么也不是。然而同意意味着选择的可能性,而科学的证明是否认这种可能性的。

洛克在《人类理解力研究》中认为,"道德上的善恶,……不过是指我们的自愿行为符合或违反法律,而善恶是由立法者的意志和权力为我们规定的"(II.28.5)。使善恶产生实效的,是立法者的奖励和惩罚,洛克把它们归结为快乐与痛苦。他采用这种享乐主义前提,所以他的道德观,与基督教和"古代异教徒哲学家"的前提不同,将获得一种基于实效的批准。古人提倡品德不需要批准,为它本身而进行实践即可;另一方面,基督教的道德观依靠不可见的批准,例如良知和来世的奖惩,它是没有实效的(I.3.5—8)。而以在现世获得快乐和避免痛苦为目的的品德,则是有实效的。

洛克的享乐主义既支持他的道德观，反过来也得到了他的经验主义的支持。洛克认为，单纯的快乐与痛苦（以及另一些感官体验）这种“简单观念”是真实而充分的，把简单观念集合在一起的“复合观念”则是令人生疑的综合。其原因在于，简单的观念是真实的，但是其中任何一个都不可能比另一个更真实，所以没有哪一个是根本的。我们看不见作为整体的事物；我们在建构复合观念时，没有任何来自于感官或自然的有关何为根本的指引。例如，“人”这个概念是一个复合观念，所以必须不借助于任何有关何为人的本质或特征的观念来加以领会，因为我们所知道的仅仅是我们观察到的简单性质，而且它们是平等的。道德观的目的是幸福，洛克把它理解为快乐，或至少是不舒服感的消除（II. 21. 42—44）。由于最高的快乐是最复杂和令人生疑的，所以不是它们，而是寻常的快乐，为我们提供着我们所能达到的终级享受。

206 因此，道德观是可以证明的，因为它有着痛苦和快乐的现实基础。每个人的幸福都是他自己所独有的；不可能给出共同的或具体的人类定义。由于幸福只出现在片刻之间，所以每个人的幸福是短暂的，他作为一个跨越时间的个体的真实性或确定性是成问题的。“自我”——对它的维护在洛克的政治哲学中处于关键位置——因他的道德哲学而消散于真实但短暂的感觉印象之中。马基雅维里的“单独一人”的原则被推向极端，个人在这里变得与他自身分离，几乎消失在非人格的事件之中，这些事件转瞬即逝，以至于不可能属于他。这些幸福的片刻是真实的，恰恰是因为我们没有选择它们。我们遵循着三种法——神法、公民法和名誉法（law of reputation）——得到它们。洛克没有说明其中哪一个或它们的哪一种组合构成了他的可证明道德观。它们都不是自然法，没有一个因为它本身或因为它是理性的而得到服从。名誉法是古代哲学家的品德，它被洛克现代化了，并且赋予它附加的诱惑力和批准证书。在《人类理解力研究》一书中，道德观看来就是追求幸福，或在快乐和避免痛苦中追求一个人的自然而必然的利益。

但是当我们走出《人类理解力研究》的领域[22]，进入洛克匿名发表的《政府论》时，我们看到了不同的景观，它以自然法、权利和同意的学说为特点。它们似乎提供了一种道德观，它不是由必然性强加的，而是以它本身作为目的而被选择的。自然法似乎是可以违反的，因此它只是人的向导，而不是强加于他们的。从这个角度看，权利是人所特有的，它需要人的一种固定不变的本质；同意即使不反映对人类理性的无条件的骄傲感，也反映着人的理性成分的满足，是对人运用理性之自由的肯定。我们应当注意到出现在《政府论》中的强大的执行官的道德含义。这里所描述的道德观，不可能仅仅是法制精神或服从法律，因为它来自于在必要时违反法律的宽泛的自由裁量权。社会是一个需要当作机体加以维护的"政治机体"（《政府论》II. 93，131），它所包含的个人，需要用热情的捍卫而不是冷静的算计加以保护。因此，《政府论》中的道德似乎不是可以证明的，它根本不是个人的，也不是必然的。执行权通过提醒我们有可能忘记的必然性， 207
对同意进行了限制；同时，它又通过执行权的自由裁量，提醒我们不要忘了同意。

为了让道德观生效，洛克降低了它对我们的要求，允许我们的快乐和痛苦决定我们的义务。但是，他似乎认识到我们从自由中得到的骄傲感的价值，所以又赋予了我们必须行使的权利、我们必须保护的自我。奇怪的是，在《政府论》中使自我消散于片刻的幸福之后，他在《人类理解力研究》中好像又采用了自我的骄傲的视角，它非常类似于我们在霍布斯那儿看到的民主的虚妄。但是,洛克不但允许这种虚妄表现在建立政府的行为上,而且允许它表现在使政府对人民的意见负责的实际体制中。这种见识也是为了使道德观生效。

可以把自我保存理解为追求幸福的手段,因为要想得到幸福,你一定得活着才成。但是,为了保存自我,必须愿意用幸福去冒险:在实践中,必须把自我保存以及有助于保护我们生命的自由,视为目的本身。换言之,生命与自由必须成为目的。当洛克把我们置于原始的自然状态时,他用必然性向我们高贵的道德和宗教观大泼冷水。他向我们表明,我们不像我们乐于认为的那样高贵。但是,当他建议我们建立公民社会时,他请我们对必然性做出回击,为此他必须保留我们有良好的自我看法的热情。他让我们正视我们在自然状态下可能的作为,以此打压我们的自负,然后,为了使我们摆脱这种状态,他又必须重新吹捧这种自负。

洛克的道德观——如今也是我们的——包含着对立的和补充的因素。为了打消狂热的宗教抱负,用对私利的合理计算取而代之,洛克描述了一种可以证明的道德观,根据这种道德观,我们完全致力于顺应我们的必然性。采取这种观点,我们将会发现,在生活中尊重必然性,做我们必须做的事情,别去从事冒险事业,符合我们的利益。这种优秀品质观,与不接受人类必然性至上地位的古典时代和基督教的观点,当然是截然相反的,然而它也不同于马基雅维里式的品质。马基雅维里式的品质热中于按必然性抢先行动,但是它也为机遇的必然性或命运留出空间。马基雅维里让这扇门开着,使他的君主能够自由地从事冒
208 险事业,并由此得到荣誉和耻辱;不管他能否提供可证明的道德观,事实上他没有提供。因此,同推出一种科学的、普适性的、确定的从而也是(尽管有些奇怪)更人道的方案的洛克相比,对他

来说优秀品质有着更具连贯性的活力。洛克没有让人民任凭君主摆布。但是,为了摆脱同君主的荣耀相伴随的残酷,他危险地面对一种有弊端的可能性,即人们感觉不到挑战,有可能陷入消极和依附,心甘情愿地接受一种制度(政治的或道德的)的奴役,假如不是一个君主的奴役的话。

洛克似乎意识到了这种危险,我们可以称之为科学的无风险性的危险。所以他采取了相反的措施,让他们鼓起自己的勇气,运用他们对自由的爱,奖励他们的勤劳。然而他无法摆脱一种道德困境,它导致了在消极追求自己的利益和积极捍卫自己的自由之间的冲突。我们今天听到的功利主义的自由主义和义务论的自由主义之间的辩论,便反映着这两种因素的恶化而不是合作。义务论的自由主义者要求,任何人都能反对多数甚至公共利益,行使他的个人权利。功利主义者要满足利益,而不考虑他们要满足其利益的另一些人的意见,从而把自由公民变成了消极的受益人。这两种倾向通常都没有走向极端,而是经常看到它们不和谐地相处,甚至在深思熟虑的哲学教授那儿也是如此。一种理论的愚蠢,通常受着另一种理论的愚蠢的制衡。

为了给自己的道德观留出空间,把从政治生活中排除神启作为理性的主要任务,洛克让精明审慎发挥作用(《人类理解力研究》IV. 17. 1—5, 19. 14)。在亚里士多德看来,所谓精明审慎,就是以整体的眼光评价具体事务的理性。洛克却把精明审慎一分为二,一方面是追求个人利益,另一方面是主张自己的权利——它们既是一体的,又是分立的。行使起来有可能毁灭社会的任何权利,洛克都没有认可,他把王牌交给了执行权,允许它在保护整个社会(实即多数)时采取违反个人权利和现行法律的措施。他也把王牌交给多数,使他们在他的宪政失败时,享有 209
反抗暴政的权利——虽然他没有授予单纯的个人以表达权。另一方面，他对自由之运用与勤奋品质的强调，为利益观补充上了信仰的因素。

但是，当今天听到那些可视为洛克式道德主义者的人辩论时，人们有可能得出结论说，他把精明审慎分成权利和必然性的做法，使他让它们相互承认的权宜之计失效了。我们现在受到的教导是，主张我们的权利，不考虑利益，或追求我们的利益，不考虑权利；我们的意见受到鼓励，于是变得冥顽不灵；我们的自我保存意识得到允许，于是变得不讲原则。在洛克看来，权利和必然性被财产权的约定结合在一起，按这种约定，劳动的需要因勤奋的品质而得到满足；按这种约定，每个人的权利取决于所有其他人的权利。[23]可是我们的经验表明，洛克的约定是无法遵守的。尽管洛克呼吁保护作为一个整体的财产权，然而你的财产不会像我的财产一样服务于我的利益，更能说明问题的是，与捍卫财产相比，侵犯财产可能更容易激发我的勇气。所以，洛克的安排既经不住康德的分析，也容易受到马克思的攻击。

洛克的宪政体制致力于保护财产，它是指包括生命和自由在内的广义的财产。虽然它要求为自由的实践、在必要时为捍卫个人的生命注入政治热情，但是它还致力于维护它自身之外的另一些东西，因为它是代表制的。它既要促进自身的目的，又代表着社会成员和他们的目的。相应地，它总受到用心不专一的困扰。这种宪政体制不是部分赋予整体以形式这种亚里士多德意义上的"统治"，而是被分成了两种权力(既然第三种权力，即联合的权力，已被合并到执行权之中)，它们都不对整体负责。[24]立法机构能够精于思考法律，却不能采取行动；执行官能够采取行动，却不能改变既定的、始终有效的法律。在实践中，行动的权力也许能够吸收立法机构的深思熟虑的能力，尤其是在执行官拥有立法否决权的情况下。执行官将由此获得一种能

力和惯例，着手于“宏大而艰难的事业”。不过这是汉密尔顿的用语（《联邦党人文集》72），不是洛克的用语。 210

洛克强调执行权的多功能性和应付紧急状态的性质，把规定意图的任务留给了至高无上的立法机构。所以他为立宪制政府设计了一个分裂的大脑。它的分立的权力尚不是相当独立的“机体”，能够拥有独立的意志；这是我们从孟德斯鸠那儿才能看到的东西。但在洛克这里，宪政体制或政体已经不再像柏拉图或亚里士多德那样，被比作个人的灵魂。不错，洛克宣布立法“是赋予国家以形式、生命和统一性的灵魂”（《政府论》II. 212；另见 239），但是执行官拥有额外的特权（countervailling prerogative），这两种权力被交到了不同的人手里。洛克所说的“灵魂”，是指提供活力的原则，而不是提供指导的原则。人不能仅从他们的天性中获取自身的养料，而是必须在欲望和必然性之间分配他们的注意力。拒绝亚里士多德的“统治一切的王权”的代价，便是对整体的责任感的丧失。 211

八
执行权的中庸化

随着霍布斯尤其是洛克的影响日渐扩大,“执行权”在十八世纪成了一个常用的概念。甚至像乔纳森·斯威夫特这样的作家,虽然他的政治学与他们几乎毫无瓜葛,也醒目地使用这个概念。在《论雅典和罗马的贵族与平民之间的纷争与不和》(*A Discourse of the Contests and Dissensions between the Nobles and Commons in Athens and Rome*,1701)一书中,斯威夫特开篇即做出这样的断言:

> 众所周知,一切统治中皆存在着一种绝对不受限制的权力,它天然地和原发性地处于整体之中,无论其执行部门位于何处。

但是,他马上又描述了一种亚里士多德式或波里比乌斯式的混合国家,一个人、少数人和多数人的自然而合理的要求,在这个国家里取得和谐——这非常不同于洛克的执行官,他是由每个人在自然状态中的执行权推导出来的。

同时,大卫·休谟的托利主义(Toryism)——不同于斯威夫特的托利主义,它完全没有凭借古人——为更具有洛克特点的执行官留出了位置。他在评论英国政府时说,“每一个政府中的执行权完全服从于立法权”[1],并且得出了洛克式的结论,执行官需要通过所谓的王位的影响力,或通过向议员赏赐官职和薪俸的做法——国王利用这些手段能够根据自己的偏好参与立法——获得非正式的力量。[2]

另一个托利党人博林布鲁克,是所谓乡村党的首领,他或是拒绝这种诱惑,或是没有提供它。博林布鲁克抨击这种做法是腐败行为。在与他的对手、宫廷派的辉格党人的论战中,他提出 213
了划分我们今天所熟知的三种权力,即立法权、执行权和司法权的学说。他认为,立法权要在英国宪政体制的所有三个分支中进行分配,而执行权要留给国王,司法权要留给贵族。博林布鲁克想利用这种相当简单的设计,阻止王位的影响力破坏议会,因此他强调三种权力在做出各自的决定时彼此的独立性,同时也论证了它们在维持相互控制中的相互依赖。执行官的暧昧地位由此而被否定;博林布鲁克断言,就宪政体制的正确运行而言,任何秘密的、非正式的或准宪政的权力(subconstitutional power),都是不必要的。

博林布鲁克在后来的一本著作中,塑造了一个理想的爱国者君王(Patriot King),他将主持一种受到公众监督的宪政,为了使其正常运行,不必进行任何利益的操纵。[3]博林布鲁克为他本人的党派提出的权力分立方案,历来被引述为孟德斯鸠的深刻分析的一个来源,因为他使用了同样的术语,三个部门的独立性(tripartite independence)的概念也是两人所共有的。孟德斯鸠在1729年,即他发表《论法的精神》差不多二十年以前,曾经造访英国,当时他们两人确曾过见过面。[4]不过,把博林布鲁克视为孟德斯鸠的一个来源,也只能从回溯的角度来讲,鉴于后者的成就,这就像地理学家可以把浩荡的密西西比河追溯至一条涓涓细流一样。孟德斯鸠的丰功伟绩的真正来源是他本人,以及另一些比博林布鲁克更伟大的人。

但是，孟德斯鸠的伟大功绩并非一目了然，他在今天的名声，主要是建立在他同权力分立原则的关系上，他声称自己发现而不是发明了这种学说。他也因一种古朴的——或者不如说，一种独具一格的——高雅风格而闻名。他是一个比休谟深刻得多的哲学家，可是他在现代哲学史上并未占有同等的地位。不过原因倒是挺简单，他的哲学十分低调。他没有宣告旨在成为道德和政治的独立基础的重大“哲学”原理，例如笛卡尔的“我思”（cogito）、霍布斯的自然状态、洛克和休谟的经验主义。孟德
214 斯鸠的哲学是政治哲学，因为他允许它展现于不同民族的政治、道德和风俗之中，在他的著作中，这些民族是作为相同的角色而出场的。他的哲学是政治哲学，但既不是探究最佳政体这种古典意义上的政治哲学，也不是霍布斯和洛克的现代意义上的政治哲学，后者是要建立一种有着明确正当性的政府。事实上，《论法的精神》是一部最全面的现代政治学著作，在涉及的范围和复杂性上，除了亚里士多德的《政治学》以外，超过了古往今来的所有著作。[5]它的事例的范围涵盖整个世界直到作者的时代为止的全部历史，它的辉煌的表述，展示出一种深邃的洞察力和同情的眼光，以及一种知道如何赏析另一些民族而又不陷入相对主义的世界主义，一种绝没有陷入犬儒主义的世俗道德观。

孟德斯鸠在《论法的精神》一开始便指出，哲学家的角色是借助于道德法则“告诫”人们不要忘记自己，立法者则是利用政治的和民事的法律，使人们回到他们的义务上去（I. 1；参见洛克，《人类理解研究》II. 28. 7—11）。这一审慎的宣示，对哲学家和立法者做了区分，同时又把他们联系在一起。按孟德斯鸠的观点，哲学家不是通过把他们的法律原则放入自然法，为立法者立法，而是通过把法律的每一部类作为整体来思考，以此把他们的法的“精神”呈现出来。他把法理解为制定并得到执行的

法，这让我们想到马基雅维里的“verita effettuale”（实效），即效果或结果显而易见的事实。马基雅维里的哲学也没有受到赞赏，因为它没有被阐述为哲学，而是包含在对存在于实际政体而非哲学乌托邦中的制度和法律的解释之中。但是，马基雅维里有着明确的政治原则，即用“一个人自己的双臂”在现世获取荣耀。这一原则使他能够或不得不去提倡一种有关优秀品质的新观念，它有时很暧昧，有时咄咄逼人、不讲道德。孟德斯鸠没有这样的原则；相反，他有一种非原则（non-principle）——一种温和中庸的精神，它提醒人们防范简单化原则招致的极端主义（V.14，VIII.8，XI.4，XXIX.1）。

哲学家孟德斯鸠所发出的“告诫”，是要让世人记住自己的习俗中的道德观，以免他们忘记自己，把他们的自由拱手交给那些根据某项原则改造这种道德观的立法者。孟德斯鸠虽然允许
甚至鼓励谨慎的怀古情绪，然而他站在现代政治家一边，他们不 215
承认品德的力量，只谈论“制造业、商业、财政、财富甚至奢侈”（III.3）。但是他并没有响应马基雅维里对“新范式和新秩序”的呼唤，相反，他尽量减少现代性这场大戏中的冲突。孟德斯鸠不想在公开的辩论中击败古人，而是证明他们已经不战自败，因为他们的品德观中的矛盾已经暴露于历史事实之中。他由此表明，现代性不是作为一项英雄主义计划而开场的，而是由于一系列未经筹划、未经立法的原因，在不知不觉中确立了自身。

孟德斯鸠通过描述这样一个温和中庸的起点的画面，力求使我们相信，现代性的本质就是这种温和中庸。在他的努力中，这个问题的任何一个方面，都不如他驯化现代执行官的方式更令人印象深刻：

> 我们已经开始从我们身上清除马基雅维里主义，并将

> 继续清除下去。劝说告诫必须更加中庸温和。我们过去称为“coups d’état”（政变）的事情，在今天除了令人恐怖以外，只不过是轻举妄动的行为而已（XXI. 20）。

这些政变，孟德斯鸠也称为“grands coups d’autorité”（权力的重击），是指马基雅维里推荐的那种令人难忘的执行[处决]。[6]他的意思是不是说，马基雅维里本人的通过权力重击改变世界的计划，是不必要的呢？

孟德斯鸠不打算从政治生活中消除恐惧，然而他否认应当把恐惧“算作”一种使统治行之有效的“感情”。相应地，使孟德斯鸠名扬天下的权力分立原则，在创设我们今天所知道的三种权力时，在世界上第一次确立了司法独立。与洛克不同，也与过去得到公认的习惯相反，孟德斯鸠把惩罚的权力从执行官的紧急处置权和外交决策权中剥离出来。这样一来，他便使惩罚与政治相分离，由此阻止或限制了对惩罚权的政治利用，而这正是马基雅维里所筹划的事情，并被霍布斯和洛克（以更讲法制的方式）加以扩大。孟德斯鸠设立了一个不必令人恐怖的强大的执行官，他证明了自由的政府不必恐吓自己的人民也能管理自身
216 的事务。这个自由的政府，用我们的标准来衡量，不是一个软弱的政府，然而它同洛克的政府相比却是温和的，孟德斯鸠的执行官既不是伪装的主权者，也不是行动中的主权者。孟德斯鸠没有从中直接推导出执行官本质的主权原则，所以他必须采用间接的方式，使他的观点以表面上有悖于他的意图的方式逐渐浮现出来。他没有创设一个温和的执行官，而是去驯化他发现已经进入画面的狂野的执行官。他在这样做时，不是通过他本人的任何措施，而是通过允许这个野兽做出最恶劣的表现，使得作为观众的我们能够亲自从中引伸出道德教训。

淘汰共和国的优秀品质

为了驯化马基雅维里式的执行官，孟德斯鸠必须消除他先是激起继而加以操纵的恐惧；换言之，他必须反对和消除马基雅维里的“virtù”（优秀品质）。他是否必须回到马基雅维里所反对和取消的古典时代的优秀品质呢？完全不必。虽然孟德斯鸠不时赞赏古典时代的优秀品质，认为它能提升人的灵魂，然而他的赞赏却是出于古物鉴赏家对旧时一件独特物品、一件漂亮文物的态度。他的战略是在不加反对、事实上是令人信服地赞美古典时代的优秀品质的同时，让它物归原主。

马基雅维里也赞扬“antica virtù”（古代的优秀品质），但是他谴责古代哲学家用来展示乃至赞美这种优秀品质的那些想像中的共和国或王国。按照马基雅维里对获取行为的观点，古代的优秀品质有着另一副面貌：它的政策已从正义和中庸转化为勇气和精明，它的模式不是被理解为信任或感恩，而是畏惧。马基雅维里相信，只有经过这种转化，古典时代的优秀品质才能得到复兴。在完成这一转变后，古代的优秀品质才变为马基雅维里的优秀品质。他的继承者霍布斯和洛克也不再谈论古典优秀品质的复兴，而是宣布了一种有关权利、利益和制度的现代政治学。他们给自己提出的首要问题是主权或合法性，他们指出，这种新政治的基础是畏惧——因为只有在畏惧的状态下，人们才会忘记美好的价值，在一个主权者的统治下求得安全。

孟德斯鸠在《论法的精神》的前言中指出，在启蒙时代，人们
大行善事，仍惶怵不安，而在蒙昧时代，人们犯下弥天大罪，也无 217
动于衷。人们仍然惶怵不安，是因为他们虽然看到蒙昧时代的弊端，也知道如何纠正它们，然而他们也看到纠正旧的弊端时犯

下的劣行。既不拒绝启蒙,又要理解启蒙的弊端,是孟德斯鸠的基本任务。启蒙的弊端,来自于现代哲学家决心反对古典时代的优秀品质。也许他们不得不如此,因为他们没有他们自己的革命性极端主义好反抗,所以不能承担孟德斯鸠所推荐的中庸温和的角色。不过,无论他们有什么借口,孟德斯鸠没有追随他们。与霍布斯和洛克不同,他不反对古典时代的优秀品质;与马基雅维里不同,他也不想用狡诈的新解释去复兴这种优秀品质。他确实对古典时代的优秀品质重新做了解释,但只是为了表明它已经过时。

在《论法的精神》第一卷“论一般的法”中,孟德斯鸠纠正了对古人做过纠正的早期现代人。所以我们从中可以看到孟德斯鸠对这两种人的态度。他的起点十分抽象,没有具体事例,这不同于充满了各种事例的以后各章。第一章做出某种承诺,它可以提出有关自然和政府的主导原则,其实它却揭示了并不存在这种原则。按孟德斯鸠的观点,它仅仅是一种证明了抽象观念的无用的抽象观念。

讨论“最广义的”法的第一章,似乎有着亚里士多德或经院学派的特点,它断定“原始的理性”存在于一切事物之中,它否定了没有提到名字的现代哲学家——或许是指斯宾诺莎之类的人——所说的“盲目的命运”。[7]但是,人对于这种原始理性的认知是受到限制的;与物质客体不同,有理智的生物的行动,并不遵守恒常不变的法,他容易犯错误。按理性的原则进行判断,人像是低等动物,他脆弱、健忘、昏聩。孟德斯鸠没有像亚里士多德那样,提到人们借以形成有关整体的意见、使他们与主导原则相一致的人类的语言功能。人们看起来仅仅“有可能”拥有一种认识正确关系的潜能——当他们得到好处时便有感激之情,受到伤害时便有报复心,如此等等。

被视为一种对伤害做出的反应而不是一种服从自然法的行为的报复，是孟德斯鸠以含蓄的措辞对人类自由的惟一暗示。218 现代哲学家主张，人最初是完全自由的，与此形成鲜明对照，孟德斯鸠没有提到自由，而是认为最初的人也服从法。他的意思是，现代哲学家所说的自由，是受着等同于命运的必然性左右的，他们在试图使人类摆脱对神的奴隶般的感恩时，必须使其服从这种命运。但是，孟德斯鸠虽然提到了感恩，却没有过分渲染有弱点的人应当感恩。例如，他没有说人分享着神的理性。[8] 从他说过的话来看，人们好像本质上是理性或理智的，而不是自由的——这使他同亚里士多德和经院派站在了一起；但是人们并不是十分有理性，这又使他同霍布斯和洛克站在了一起。由此看来，自由不是政治生活的基础，人类的理性则是一个不稳固的基础。

接下来，孟德斯鸠讨论了从我们生存的宪政中推导出来的“自然法”。这是现实中的法，它有别于正义之可能的关系以及他所提到的道德哲学的法(I.1)。孟德斯鸠同意现代哲学家的看法，人起初丝毫也不关心哲学沉思，他们只关心他们的自我保存：欲望和恐惧比理性和感恩更具有根本性。但是他明确反对霍布斯，否认恐惧必然导致人们去支配别人。相反，它使人们充满胆怯(也就是说，不是他所提到的感恩或报复)。霍布斯犯下了一个卢梭也曾指出的错误，把支配的社会欲望归因于自然状态。然而，假如人们最初是胆怯的，那么他们组成社会便是出于胆怯，而不是出于自由的精神。孟德斯鸠既没有在法的“广义”——在这种情况下，一定要搞清楚法是来自于神，还是来自于盲目的命运——中发现自由，也没有在以人类的欲望(它不需要反思的知识)为基础的自然法中发现自由。那么，在“实在法”(positive laws)，即他探寻初始原则的第三部分也是最后一部分

(I.3)中,他会发现自由吗?

孟德斯鸠说,人在社会中失去了软弱无力的感觉,战争状态也由此开始。因此,战争来自于安全,而不是安全来自于战争;可见,支配的欲望虽然从一开始就存在于人们中间,但是它并没有被唤醒。在这种情况下,组成社会不是一种自由的行动——
219 不是确定一个主权者或建立一种政体。霍布斯和洛克的核心问题,即获得同意的正当权利,被孟德斯鸠一言不发地绕开了。他没有像亚里士多德那样,从人的理性本质推导出政治,也没有像霍布斯和洛克那样,从人的对抗天性中推导出政治。事实上,孟德斯鸠没有从任何前政治的因素推导政治。他否认"单独一人"的统治最符合自然,因为父权(paternal power)不足以统治,必须依靠"若干人"的权力的协助。对父权制的彻底否认——这是洛克为了反驳菲尔默而十分严肃地讨论过的一个话题——没有为亚里士多德的符合自然的理性的君主政体留出空间(参见V.10)。"倒不如说"——孟德斯鸠不是十分肯定——最符合自然的政府是这样的政府:它的特殊气质(particular disposition)同它为其建立的人民有着最好的关系。

孟德斯鸠接下来清理了他对古人和现代人提供的相互对立的极端事例的探索,以便让他本人的中庸温和的立场得以露面。他说,一个民族的气质就是它的合理性。但是,这种合理性并不像亚里士多德所认为的那样,是与自然理性相一致;也不像霍布斯和洛克所认为的那样,是同自然法相一致。孟德斯鸠对政治权利(political right)和公民权利(civil right)的区分,意味着他拒绝这两者中的法条主义(legalism)。他说,政治权利把一个社会特有的诸多势力统一在一起,公民权利则把它特有的诸多意志统一在一起。对霍布斯和洛克来说,合法的主权者通过代表一个社会的意志,把它的诸势力统一在一起。但是孟德斯鸠不相信法律本身能够利用以自然法为基础的普遍理性完成这种统一(参见 X.3)。他承认具体的诸多势力的统一需要具体的诸多意志的统一,同时他也发现,这种统一是通过意志所形成的法律与自然法则("广义"的法)之间的一组复杂的关系而得以实现的,他把这种关系称为"法的精神"。

霍布斯和洛克首先设定了自然状态中的一种与生俱来的自由,然后立刻又取消了它,要求人们遵照自然法服从一个主权者。孟德斯鸠没有从自然中找到人的自由:他们不是服从于盲目的命运,就是服从于神。他认为,鼓励自由与生俱来这种幻觉是没有意义的。他在第一卷提到"自由"只有一次,他谈到了"一种政体所能承受的自由的程度"。他不期待自由能够建立一个 220
得到洛克认可、美国人不久以后付诸实践的政府。他谈到了最适应自然的政府,而不是最符合自然的政府(这意味着自然能够成为政治行动的向导)。人的自由或意志,以及它的对立因素,都是自然的,但是只有前者服从理性。因此,具有"原始理性"的广义的法(它超出人类的法),可以同"一般而言属于人类理性"的实在法区分开(I.3;另参见 XXVI.1)。后者处理人类的法(它代表人类的意志)同非法律现象(不受人类立法调整的事物)之间的关系。由于孟德斯鸠对非法律现象的关切,他也许不得不承受一种侮辱,被我们今人授予社会学家的美名。但是,就像我们将要看到的那样,他肯定反对早期自由主义者的形式主义和法条主义。他没有肯定自由,无论是自然状态下人的与生俱来的自由,还是一个民族使自己摆脱这种状态的自由行动。相反,他揭示了自由如何在一个整体中发生,这个整体把法律与我们所说的一系列"关系"(rapports)中的制约因素统合到一起。

在思考这些关系时,孟德斯鸠与早期自由主义者的一种夸张的主张分道扬镳,即自由的政府能够通过同意而发生并得到维持。同意中混杂着我们希望得到或向往的事物和我们必须接受的事物,我们是否愿意或向往与后者无关。它十分强大,不是霍布斯和洛克为把我们必须承受的东西转化为自发的创造行为而采用的代议制和默示同意这类形式主义说辞所能掩盖的。孟德鸠斯没有谈到那种言过其实的同意,而是把意见——有关政府的真实而寻常的意见——推向前台,它与重大的、授予正当性的同意行动相反,后者是很不常见的,例如构建政府的行为,或是不太经常重复的,例如选举。霍布斯和洛克试图从政治中消除意见,因为他们认为它要对党争尤其是宗教中的派系争斗负责。我们从亚里士多德那儿看到,他对能够从党派意见中引伸出来的因素有着严肃的关切,他们没有这种关切。他们绕开意见,直接诉诸人性,诉诸那种使人们同他们为自己的行为辩护的夸张言论相对立的欲望。

霍布斯和洛克以这种方式承认了我们必须接受的事情。但是,在承认了需要恐惧之后,他们又用模棱两可的“同意”这个概念来掩饰它。他们由此肯定了他们因为依赖必然性而被掩盖的
221 对自由的要求。孟德斯鸠回到亚里士多德对意见的关切,但他采取的路径不同。他没有评估党派意见的真实性,也不想为它关于共同利益或整体的偏见正名。他把古人和现代人的观点结合起来,考察我们有关我们的恐惧感的意见——考察我们的安全感。意见反映着信心;恐惧表明缺少信心。我们有关我们的安全的意见,其实是许多个人有关其自身安全的意见,反映着他对自身价值的信心,以及对它得不到自己的同胞或自然的保护的恐惧。这种信心和恐惧共同揭示着孟德斯鸠鼓励我们的自负(民主的虚妄)时采取的方式;我们以这种民主的虚妄态度向自己假定,我们每个人都十分重要。这在今天仍然是十分常见的方式,例如人寿保险的模式:负责任的人必须假定,自己是不可

缺少的！

假如不必肯定自由，那么自由的政府也不必建立在恐惧上，执行官也不必进行恐吓。政府在民事方面（即公民之间的关系）需要威慑罪犯，但是在政治上，它不再需要为了得到尊重而恐吓它的公民。

孟德斯鸠接下来讨论了古典时代的优秀品质的根据和现代人对它的“纠正”。不过，倒不如说它们没有根据更正确：古典时代的优秀品质无法从理性中找到根据，而现代自由无法从自然中找到根据。现代人用一种根据代替另一种根据是错误的：为了自由而放弃优秀品质，他们把它建立在恐惧感上；但是恐惧产生胆怯，其结果是服从于必然性。它非但对自由无益，反而是专制政体的原则（III.9）。[9]但是，在指出这个要点之后，孟德斯鸠表明，古典时代的优秀品质即或不能建立在自然上，也能建立在政治上：

> 生活在平民政治中的希腊政治家承认，支持他们的惟一的力量，就是优秀品质的力量。而今天的人只给我们谈论工艺、贸易、财政、财富，甚至谈论奢侈。（III.3；另参见VII.1）

这段话乍看上去像是对现代政治家十分鄙视，把我们引向孟德斯鸠关于古典时代的优秀品质的典型论点。[10]这种优秀品质是古希腊人的，因此它虽然值得赞赏，却是“独一无二的”（IV.6,7；XIX.16），大体说来，它是民主的而非贵族的；它是政 222
治的而非哲学的；它是维持国家的手段，而不是国家为之服务的目的。孟德斯鸠从每一个方面既赞赏它，又贬低它，把它的政治描述为它的哲学意图或抱负的真实效果。按这种理解，古典时代的优秀品质变成了平民政府的惟一的“执行”力量。孟德斯鸠说，在君主政体中，执行法律的人自认为高于法律，所以君主政体比平民政府较少需要优秀品质；在平民政府中，执行法律的人知道他本人也必须服从法律（III.3）。利用这种对比——对两者都不恭维，因为这意味着优秀品质不是自愿的——孟德斯鸠把古典时代的优秀品质，而不是任何现代制度，描述为政府的执行权。假如这种执行权能够运行，那么它很可能是一个驯服的、顺从的执行官，然而它能运行吗？

孟德斯鸠一开始就对政府的性质和原则做出一种不为亚里士多德所知的区分。[11]它的性质是对它做出限定的特殊结构；它的原则是推动它运行的人类欲望。对亚里士多德而言，政府受到其形式的限定，走向那种形式就是它的目的；例如，民主政体为了成为民主政体，必须以民主的方式运行。但是在孟德斯鸠看来，显而易见的是，政府的形式没有足够的力量推动民主政体中的公民以民主的方式行动。按孟德斯鸠的观点，把性质或结构与动力原则结合在一起的亚里士多德意义上的“统治”，是不可能的。因此他同洛克的看法一样，政府的目的不因其形式不同而变化；安全是政府不变的目的（I.3，III.6）。

孟德斯鸠和洛克都承认，形式和目的之间存在着根本性的冲突，它是现代宪政体制的典型特点，这与亚里士多德的政体观相反。但是，当孟德斯鸠发现了他为其限定了结构的每个政府所特有的动力原则时，他便与洛克分道扬镳了。虽然目的不变，但达到这一目的的动力却不是单一的。恐惧这个假设性的普遍动机，即霍布斯所谓“得到关切的欲望”，正如我们所说，在孟德斯鸠看来，仅仅是专制政体的原则；对自由的爱，是那些除了自由政府的收益以外还要过自由生活的公民的动力，然而这种爱
223 并不存在，也不符合孟德斯鸠对任何纯粹的形式因素的不信任。

他也许会把英国的宪政称为自由宪政,但是他所说的这种“美妙的制度”,是在日耳曼森林中建立起来的,它本身不是自由地建立起来的(IX.6)。

在共和国里,人民——全体人(民主政体)或部分人(贵族政体)——握有至高无上的权力。但是,这种至高无上的权力不是为了它的至高无上的形式或结构而维持自身,所以它非要依靠优秀品质的执行能力不可:只有具备优秀品质的民主政体才能维持自身。民主政体的“根本大法”,同专制政体相反,不是自身执行的(II.2,4,5)。执行的优秀品质被称为一种“欲望”;它不是亚里士多德所描述的那种符合理性的习惯。像所有这类统治原则一样,它是一种“活力”(ressort),也就是说,它是对事物的反应,而不是自动驶向某个选定的目的。甚至精明的专制者对野心家的担心也是一种反应。他不敢游手好闲,把自己的事情交给一个可能对他搞阴谋的大臣(II.5;III.9)。民主共和国由其性质所定,以人民的意志作为它的主权者。它的动力原则是对这种意志做出反应的优秀品质,是具有公共精神的自我否定的优秀品质。

共和国的优秀品质是严厉的,甚至是禁欲主义的;孟德斯鸠把它比作僧侣对自己的秩序的爱(IV.6,V.2,XIV.7)。僧侣被剥夺了日常物品,对于约束他们的原则有着忘我的热情;同样,共和国的人民也在普遍情感中得到满足,否定特殊情感。然而我们知道,孟德斯鸠还认为,共和国的优秀品质是古代哲学家的古典优秀品质;柏拉图的法律仅仅是对斯巴达的法律的“修正”,或退而言之,是它的“完善”(IV.6,VII.16)。孟德斯鸠本可以更正确地把它们称为对那些法律的“反驳”,但是他所关心的是柏拉图的效用,而不是他的意图。他只关心在古典优秀品质和基督教品质中看到的压制,并不在意使低级欲望受到压制或调整的更高目标——对知识的爱和对神的爱。

古代哲学家和基督教所说的高尚与低俗，在孟德斯鸠那儿以一般和特殊的面貌重新出现。把更高的目标降低为普遍欲
224 望，使他能够忽略哲学家和僧侣之间的根本差异，只讲他们的自我否定，在我们看来这好像是他们的共同特点。这种故意的庸俗化仅仅对哲学家和僧侣的自负而言有失公平，但是对于这种自负态度的政治效果就不能这样说了。具体而言，哲学家可以宣称，他们建议压制我们的卑鄙欲望，是为了我们更高的天性，所以他们的优秀品质是"符合自然"的。而在基督教的"修正"中，古典时代的优秀品质被大众化和简单化了。按这种观点，我们更高的天性被理解为纯粹的和思辨的，因而是脱离了肉体的，是只以来世作为家园的(I.2,IV.8,XIV.7)。可见，"符合自然"的优秀品质的有实效的真理，是"同天性相反的"优秀品质。

孟德斯鸠在卷首的"作者告白"中表明，当他说到优秀品质时，他仅指政治的优秀品质，而不是道德的或基督教的优秀品质，这给他对古典优秀品质和基督教优秀品质的政治化罩上一层烟幕。可是，他实际上并没有始终如一地遵守他所宣布的这种区分。在讨论共和国的教育时，他说，"一切具体的优秀品质"不过反映着公共利益高于个人利益的连续性偏好(告白，III.5注释，II.6及注释，IV.5，V.2,4)；然而这是政治化了的简单的道德品质，而不是(孟德斯鸠坚持认为)没有被创立一个同它无关的政治的行为所触及的道德品质(moral virtue)。

古典时代的优秀品质一旦被政治化，即可把它归于古典时代的城邦(polis)，孟德斯鸠仅仅通过深入思考古代城邦的麻烦和历史命运，而不必亲自批判它们，即可揭示它们的缺陷。我对孟德斯鸠的复杂描述的概括，不足以正确呈现他的消除幻想的

雄心大志。一开始,他让这种幻觉灿烂夺目。孟德斯鸠指出,当古代人民的优秀品质发挥作用时,他们所做的事情“令我们渺小的灵魂感到震撼”(IV.4)。在现代腐化的状态下,我们今天所看到的共和主义优秀品质,例如在威廉·潘恩(他是宾夕法尼亚的利库尔戈斯)和耶稣会会员(IV.6)中间看到的优秀品质,皆不是那么令人感动。优秀品质,即民主政府的原则,较之于恐惧和荣誉,即专制政体和贵族政体的原则,要求更多的教育。因此,古代共和国尽量让人变得坚忍严酷,教育他们鄙视奴仆的职业,譬如农业和商业,让他们从事把希腊塑造成一个“运动员和战士的社会”的体操锻炼。但是,又有必要用音乐去缓和他们的 225
坚忍严酷,使他们“残忍”的性情变得温柔可人:这是古代教育的“困境”(IV.8)。

人们从这种困境背后看到了一种矛盾:优秀品质把人们塑造得具有自爱的价值,却仅仅是通过教育他们进行自我否定。那么,优秀品质的目的是什么呢?是张扬自我,还是窒息自我?孟德斯鸠抹煞自我中的低级和高级因素的差别,从而把优秀品质的地位从目的变为手段——从共和国应当维护的目的,变成了维护共和国的手段。亚里士多德说,优秀品质既是目的又是手段,当他在《政治学》中的论证转向最佳政体的实现时,教育在优秀品质中的地位也从手段上升为目的(1310a12—14;1337a22—26)。但是,孟德斯鸠把优秀品质重新定义为欲望,把它政治化了,这使共和国的教育前后不一。为何先要使人坚忍严酷,又要让他温柔呢?但是,共和主义的残忍似乎没有被成功地驯化。甚至当希腊的各个共和国没有腐败时,它们也依靠对波斯人的恐惧来维持自身的法律(VIII.5),罗马人则利用誓言,依靠信仰上的恐惧(VIII.13)。可见,在实践中,共和主义的优秀品质其实更多地是建立在恐惧而不是爱上,即建立在专制政体的原则上。

孟德斯鸠在谈到共和主义优秀品质中的爱的因素时，首先把它视为对法律和祖国的爱（IV. 5），其次是导致良好风俗（moeurs）的对祖国的爱。他在这里指的是用普遍情感压倒特殊情感的僧侣式的偏好（V. 2）。在民主政体中，基本动力是对平等的爱，它被理解为与野心对立（V. 3；参见 III. 3）。这是孟德斯鸠著作中第一次出现平等。霍布斯和洛克所认为的人类在自然状态下的基本处境（参见 VIII. 3），在孟德斯鸠看来是一种政体的结果。按他的说法，对平等的爱是与对俭朴的爱联系在一起的。每个人维护对方也就维护了自身，因为财富总会助长不平等（V. 4—6）。但是，维持这些优秀品质所必需的要素必然导致的结果是：就算民主政体没有因为丧失这些优秀品质而腐化，也会因实施它们所必需的极端主义而腐化（VIII. 2，8）。在后一种情况下，人民希望亲自做每一件事，缺少对长官和元老院的尊重。不服从将波及妇女、儿童和奴隶——孟德斯鸠提醒我们古
226 代共和国的奴隶制（VI. 17，VIII. 2），优秀品质将由此而丧失。当存在优秀品质时，罗马人的优秀品质是不行使权力的优秀品质，孟德斯鸠说，这是他们的胸怀宽广的明证（VIII. 12）。但是，作为共和主义者的人民敌视野心，所以他们所服从的贵族受着限制，把自己的财富只用于支持“令人称羡的制度”，例如公共节庆，以此表明他们的责任和穷人是平等的（VII. 3）。不过，如何把这种制度同贵族用来腐化人民或人民用来腐化自身的阿谀奉承行为区分开呢？（VIII. 2）

当人民具备优秀品质时，很少需要惩罚（VI. 11，15）。然而在实践中，对公共利益的热情，导致了被洛克描述为自然状态的人人都是执行官的情形，虽然在这种情况下他们都是为了公共利益，而不是为了自我保存（VI. 8）。古代共和国没有区分法官

和公诉人,因为它们不区分政治权利和民事权利。公民能够相互指控;有优秀品质的人对公共利益的热情受到鼓励,追随者因之蜂起。孟德斯鸠以赞叹的语气说,这是我们现代人所不具备的(VI.8)。因此,被设想为执行共和国法律的共和国的优秀品质,它本身也需要一种把它导向极端平等精神的法律来维持,而后者又会把它导向葬送个人安全的无政府状态和专制政体。

共和国的麻烦至此仍未完结。维护平等所必需的俭朴风尚,迫使共和国颁布反对奢侈的法律。这种法律是难以实行的,它的效果——与它的意图相反——是促使人们一心追求荣誉,因为另一些形式的过度行为受到禁止(VII.1—3,VIII.4,11)。在古代共和国,妇女从法律上说是自由的,只受风俗的约束;既然俭朴原则没有被明文载入法典,对违反它们的行为的惩罚必然带有随意性(VII.8—13)。于是我们再一次看到,与孟德斯鸠的担保相反,共和国的优秀品质不仅是政治上的优秀品质,也是政治化了的道德品质。

共和国最大的麻烦存在于外交事务。从本质上说,共和国领土狭小,财富无多,公民认为,离开了祖国,他们便无幸福、伟大和荣誉可言(VIII.16)。但是,除了能够缔造帝国的出乎意料的重大胜利——如雅典人在萨拉米斯海峡的大捷(VIII.4)——
以外,小共和国也常常变得自大。他们的品质是好战的品质,所 227
以他们易于变得傲慢,进而变成追求荣誉的欲望(VIII.16)。在共和国尚未腐败时,这种野心得到了把民事混同于军事这种做法的助长,使军队也受到共和国傲慢态度的浸染。当共和国陷入腐化或衰败时,外国人的野心可以治愈国内的分裂(IV.8)。在论“防御力量”的第九章,孟德斯鸠向我们保证说,“共和国的精神是和平与中庸”(IX.2),可是在随后讨论“进攻力量”的一章,他又向我们讲述了古代具有侵略性的共和国(尤其是罗马),

并说自卫的权利其实可以用于侵略(X.2,3,6,7;另参见XI.5)。不错,孟德斯鸠没有像马基雅维里或霍布斯那样,承认一种先发制人的普遍权利。为了否认这种权利,他对防御和进攻做了区分。但是,这种区分,以及它所暗示的国际法概念,只是他的“忠实于我们现时代”的需要(X.3)。最后,既然未腐化的共和国领土狭小,它们更有可能为了自卫而需要进攻(X.2)。

我对孟德斯鸠那些散见于各处的有关优秀品质的言论做了摘录,并把它们联系在一起。他本人没有留下结论性的论述,虽然他最著名的概述是赞赏性的。当他宣布罗马人的惩罚是温和的,这符合共和国的天性时,他说,“有罗马人站在我这一边,我更加坚信自己的定理了”(VI.15)。但是,这同他前面的说法是有矛盾的,罗马的共和精神促成了一种受到柏拉图鼓励的热情的控罪行为,但它在今天已经不合时宜(VI.8)。“罗马是一艘在风暴中靠两只大锚碇泊的大船:一只是信仰,另一只是风俗。”(VIII.13)——他在这里没有提到优秀品质。

按我对孟德斯鸠的言论的解释,共和国的优秀品质把共和国带向着崇高深邃的境界,也使它做出过火的事情,它的根本麻烦在于它的本质和它的原则之间的冲突。它的本质是它的使人民的意志至高无上的形式或结构,它的原则是执行这种意志所需要的优秀品质。然而这种优秀品质却变成了对那种意志的限制,如果没有更高一级的裁定,它无助于人民的意志不说,看起来还会跟它作对。最初,人们可以遵守法律,听从长官,但是恰恰是长官的平民性,会逐渐让人民觉得长官是人民的工具,优秀
228 品质才是人民的执行官。于是人民放弃了对优秀品质的限制,把统治权掌握在自己手中,或是把它授予一个专制者。优秀品质的政治化也是优秀品质的民主化。被孟德斯鸠称为贵族政体原则的温和中庸的精神难以持久。要么是贵族为了维护自己的

权力而必须严厉——从而变得不再温和中庸，要么他们必须支持人民，奉承和腐化他们，最终诱使他们推翻贵族（VIII.2，5）。对孟德斯鸠来说，温和中庸是政治的近似目标；只有在温和中庸的国家，才能看到政治自由这个最高目标（XI.4）。在论政府的性质和原则的第二章至第八章，他的论题是共和制政府与独夫统治之间的差别，但是另一种区分也被逐渐带入视野——对温和中庸的国家和专制国家的区分，前者的原则是安全，后者的原则是恐惧。既然君主政体可以是温和中庸的，共和国也可以是专制的，这一新的区分便动摇了前一种区分，使人对共和主义的优秀品质产生了怀疑（III.10；V.14，16，19；VI.1，2，9，12，16，19；VII.17）。[12]

专制政体的恐惧原则本身就是腐化的（VIII.10），而君主政体的荣誉原则可以因为恶劣的政策而腐化（VIII.6—9）。孟德斯鸠没有说（但是他使我们思考）共和国的腐败是——或者不如说，曾经是——不可避免的。他不喜欢极端民主政体，然而他没有指责人民或贵族要对导致这种政体产生的腐败负责。他对共和国的腐败的讨论，就像马基雅维里的讨论一样，并不赞成共和主义党徒或古典政治哲学家的道德非难。按亚里士多德的观点，当一种政体不再像它因自身的统治形式——用孟德斯鸠的话说，这既是它的“本质”，也是它的“原则”——所宣称要做的那样，以共同利益为目的时，它便腐败了。克服腐败的办法是混合政体，它不仅限制党派的极端行为，而且以一种符合党派抱负的方式改进城邦。假如民主政体是全体的统治，那么为何不给富人提供一个特殊位置，使作为富人的他们成为“全体”的一部分呢？（《政治学》，1318a19—b6 ）。

如我所说，孟德斯鸠几乎看不到党派依附于一种政府形式本身的现象；所以他没有提议按照让政体实至名归的愿望去改革或克服腐败。他把安全的欲望作为自己的原则，这是温和中庸的国家所共有的欲望：这种欲望，既不像在亚里士多德的分类和孟德斯鸠本人的临时性分类（见 II.1）中那样，是某种政体所
229 特有的，也不像霍布斯和洛克所说的那样，是前政治的。孟德斯鸠把英国作为自己的范例——他告诉我们，这个民族"是一个伪装成君主政体的共和国"（V.19）。这里的执行官不是优秀品质，而是从君主制中衍生出来的"权力"。在分析英国的自由宪政之前，孟德斯鸠谈到了"君主政体中敏捷的执行"，并且指出它相对于共和制政府的巨大优势，因为它的事务是由"un seul"（单独一人）处理的（V.10）。[13]对于这种马基雅维里式的优势，必须在不依靠专制政体的优点，不周期性地求助于专制权力的重击的情况下，使其安全地为共和制政府所利用。专制权力被转移了，但没有丧失权威，所以专制者的每个官吏本身也是专制者。这使我们想到洛克所说的自然法的执行权，它把实际主权授予每个人暂时的意志。然而孟德斯鸠说，君主的权力是这样分配的，与他交出的权力相比，他保留着更大一部分权力（V.16）。君主制的分配原则也可以适用于共和国的权力，使它变得既安全又有效，同时仍然保留人民的意志至高无上的地位。这种共和国将把自由作为它的直接目标（XI.5），而不是把优秀品质作为它的原则。

理性的宪政

政治思想史上对宪政主义最著名的讨论，是孟德斯鸠《论法的精神》中讨论"英国政体"的一章（XI.6）。孟德斯鸠追随洛克，把英国当作他的宪政主义自由的范例，这个范例是一个真实的政体，是别人也可以达到的。亦同洛克一样，他让自己的范例

同历史事实保持一定距离。虽然他在这一章的标题中提到了英国,他在描述英国的各项制度或做出不会引起误会的暗示时,并没有提到它们的名称,他的论证一再使用一种有条件的语气。那么,在何种意义上,作者所指称的这个英国是别国的范例呢?

在孟德斯鸠的描述中,英国的"极端的政治自由",可能让那些只享有中等自由的人"感到羞愧"(XI.6)。孟德斯鸠否认他有鄙薄其他政府的任何意图。他没有声称,他要对他考察其宪 230
政的英国是否实际享有这种自由做出判断;他打算讨论三种权力不是建立在这种模式上的"我们所熟悉的君主国"(XI.7)。这种政治自由所固有的困难是,人们认为它意味着他们可以为所欲为,而实际上这种自由必须受到限制(XI.2,3)。但是,如何能够限制一种"极端的"政治自由呢?孟德斯鸠反对崇尚优秀品质的共和国,理由是它们走极端,不恪守中庸之道:"甚至优秀品质也需要受到限制"(XI.4)。因此,政治自由只能存在于中庸的统治之下。他然后提出了一种他本人称为"极端"的自由宪政体制。

在十分简短的一节(XI.3)中,孟德斯鸠提出了"什么是自由"的问题,并且,在否认自由就是想做什么就做什么之后,他表达了两种截然不同的观点。[14]他说,自由只能是"能够做应该做的事,不被迫去做不应做的事"。在一句话之后,他又说,"自由就是做一切法律允许做的事情的权利"。但是,不被迫做恶,并不等于得到允许做任何合法的事。这是两种法律之间的不同,一种是使道德观成为可能但不越俎代庖的法律;另一种是不关心道德观的法律。前者是自由的道德观,使我们想到康德对父权制的厌恶;后者似乎是取自霍布斯。孟德斯鸠看来不想对这两种观点加以定夺;他要给优秀品质留下出路,但不去落实它——这是他跟康德和霍布斯的共同目标。不过孟德斯鸠没有像霍布斯那样，沿着自己的思路推导出绝对主权，也没有像康德那样，推导出适合理性动物的惟一的宪政。孟德斯鸠含糊其辞。

在孟德斯鸠看来，人既不是单纯的权力追求者，也不是先验的道德人（moralizers），但是，当他们拥有权力时，他们便滥用权力，无论他们是否有良好的意图。[15]不可能在霍布斯或康德的假设之上建立理性的宪政，因为无论是让意志还是优秀品质不受阻碍地左右一切，都是危险的。因此，孟德斯鸠没有强调它们之间的差别，而是仅仅去观察人们可能拥有的权力，并试图做出一种“配置”——一种既不是来自意志也不是来自优秀品质的秩序——以便做到“用权力制衡权力”（XI.5）。这种配置产生了一种消极定义的宪政，其中“没有人被迫去做法律没有强迫他做的事情，被迫不去做法律允许他做的事情”（XI.5）。

这就是理性的宪政，理性不从意志那儿寻找权力的来源，也
231 不从优秀品质中探究权力的目的，而是满足于考察它的表现，不考虑它的起源或目的。受到这种限制的理性，不但仍然与人类的自由相一致，而且达到了合理性的极限。任何试图为我们的行为做出具体指导的有关我们的行为原则的陈述，都是理性的专断，因为它不容忍我们的自由。然而理性的宪政既不是专断的，也不是不宽容的。它是极端的，因为它把自由推向极致；它又是温和中庸的，因为它是受到限制的宪政。它不是最佳政体，因为崇尚优秀品质的政体在实践中证明具有武断的性质，具有专制政体的因素。所以说，理性要求人们“发现”而不是“探求”这种政体。孟德斯鸠以此进入他的著名的一章，在结束时则对哈灵顿提出了批评。他说，当哈灵顿在自己鼻子底下就能发现自由的极端时，他却去探求它（XI.5，6）。[16]英国的宪政确有“原则”，但孟德斯鸠不是从自然或人性中去寻找它们，而是在“这个世界的一个民族”中发现它们。假如这个未提到名称的民族的

宪政经过评价以后,发现是好的宪政,那么自由就会像出现在镜子里一样,出现在它中间。

孟德斯鸠似乎是在说,只有当你从政治中看到自由的景象,而不是像古代和早期的现代政治哲学那样从自然中探索它的基础时,你才能够理解自由。这种景象有着与知识相反的意见的身份,但是正如威廉·克里斯托尔所言,它使自由看起来是真实的。[17]其实,这种宪政的基本原则是每个人对于自身安全的意见。这种意见是不能以自然为基础的,因为自然并不在乎人类的自由。自然充其量对自由部分地持友好态度,因为它没有我们必须让自己的意志服从的任何统治原则;同时部分地对它持不友好的态度,因为人类的意志——一种与生俱来的禀赋——经常变得如同暴君一般。孟德斯鸠认为,理性的任务是根据在不同的民族实际制定的法律中看到的事情分析自身,评估自身的有效的真实性。英国确实拥有理性的宪政,但它既不比另一些不那么理性的宪政更符合自然,也不比它们更有原创性。"这个美妙的制度是在森林中建立的"(XI.6),也就是说,它不是在古代哲学,而是在野蛮的日耳曼人的实践中,在一个类似于自然状态的社会里建立起来的(I.2;XIV.3;XVIII.23;XXX.19)。
所以,孟德斯鸠说,告诉我们实情的,不是某个哲学家,而是塔西佗——这匹在马基雅维里看来趾高气扬的大马。因此,理性在探求自由的基础时,要到日耳曼人的土地上去,他们取代了古人,成为现代自由的前辈。 232

不错,孟德斯鸠恰巧遇上了英国。古代共和国的范本斯巴达拥有利库尔戈斯,而英国没有开创者。孟德斯鸠也想把英国"完美化",就像柏拉图把斯巴达完美化一样,然而他没有提出一种主观的创立意图(参见XII.19,XXI.7)。他没有提到洛克,更没有提到博林布鲁克,他也没有像埃德蒙·柏克可能做的那样,颂扬伟大的辉格党领主。[18]他所提到的惟一的设计来源是悉德尼和哈灵顿,两个并没有参与英国宪政建设的共和派。他因悉德尼对代议制的观察而赞扬他,因哈灵顿的“探索”而不是“发现”而责骂他(参见 XXIX. 19)。但是,“发现”英国并不意味着向它的创建讨教。倒不如说,这意味着倾听英国的法律和制度通过其实践向我们讲述了什么,不受它们的创设者的声明的歪曲性干扰。因此,不像我们从洛克看到的情形,我们看不到英国宪政的形成。

作为一个整体,英国的宪政体制,即理性的宪政,取消了执行法律的政体的原则。具体而言,它取消了作为共和国执行原则的优秀品质。但是这种宪政体制对权力进行了分配,执行权也是其中之一。从一种意义上说,整个宪政体制执行人民的意志;从另一种意义上说,只有一种权力在这样做。结果,与马基雅维里、霍布斯和洛克相反,在孟德斯鸠看来,无论在法律中还是行动上,没有任何权力至高无上。他没有回到亚里士多德的顺从的执行人,但是也不像他的现代先驱,他没有把执行权集中在一个人手里,却扩展了执行行为。

在论英国宪政体制的一节,孟德斯鸠首先谈到了对政府权力的两种不同解释,然后用不小的篇幅讨论了第三种解释。他首先说,每个国家都有三种权力(pouvoirs):立法权(puissance),取决于各民族权利的对事物的执行权[19],和取决于民事权利的对事物的执行权。这是一种形式的定义,对每个国家都有效,而不仅仅对自由国家有效;也没有提到主权或法律,或权力的等
233 级。它列举了每个国家都需要的东西——权利的优先性,尤其是存在于各民族之中、使每个国家能够确定自身的民事权利的权利的优先性。但是孟德斯鸠立刻重新表述了实践中的权力:第一,君主或长官制定临时的或永久性的法律,修订或废除已制

定的法律;第二,他讲和或开战,派出或召回使节,确保安全,防止入侵;第三,他惩罚罪犯,或对特定的人们的纠纷进行裁决。第一种权力是对主权的肯定,但这种主权既无名称,也没有涉及权利;第二种权力表示对民族权利的从容沉着的执行;第三种权力提出了是在执行法律还是民事权利的问题。按孟德斯鸠的论述,第二种权力变成了"执行"权,第三种权力变成了"裁决权"。在非正式的重申中,有一个作为统一体的"君主",但是"权利"消失不见了;依然不存在功能的等级,对功能既没有定义也没有描述,也没有提到自由国家。每个国家的自然政体的两个方面肯定适用于自由国家:三种权力和一个"君主或长官",一个没有专制主义的统一体。

孟德斯鸠接下来告诉我们什么是政治自由。他说,对于一个公民来说,政治自由是心灵的安详,它来自于有关人人享有安全的意见。政府一定要做到使每个公民都不惧怕别人。自由的政府看重公民关于自身安全的当前意见,而不像霍布斯或洛克那样重视原始的许诺或契约。我们将会看到,只有从无关紧要的角度说,自由政府才是自治的政府。因此,使国家成为一个自由国家的,是权力的分立,而不是经过授权的权力。孟德斯鸠以强烈而绝对的语气断定,如果把立法权和执行权同时交给一个人或一个团体,便不可能有自由;因为人们会担心君主或元老院可能制定专制的法律,并以专制的方式执行它们。这是原始的、共和主义意义上的分权。但是,他接下来宣布,如果裁决权不与前两种权力分离,也不会有自由。如果它同立法权结合在一起,法官将成为立法者;如果同执行权结合在一起,它将拥有压迫者的强力。

孟德斯鸠的分权方案是新颖的,虽然更多地表现在理论而非事实上,因为他承认,在欧洲的大多数王国,君主掌握前两种

234 权力，把第三种权力留给他的臣民（XI. 6，11）。在他的理性的宪政中，孟德斯鸠也把裁决权交给人民，由来自人民团体的人行使，他们组成一个临时性的法庭，其存续时间的长短视需要而定。因此，令人畏惧的审判权变得“无影无踪”。人们不是总会看到法官；他们将畏惧长官的职权而不是长官（因此也不是另一些公民）。

孟德斯鸠好像想到了英国的陪审团，尽管他没有提到它们；他好像把英国的法官给忘了。他预见到甚至启发了托克维尔把美国的陪审团当作一种自治制度的讨论。不过托克维尔认为，陪审团的作用是教育民主制度中的人民接受正义与责任，他们扩大了解释正义和责任的律师和法官的影响力，他们使“法制精神”渗透到社会的最底层。[20]托克维尔在民主的条件下重提亚里士多德的审判独立的观点，根据这种观点，它是对人类统治的制衡，或是要求在评定责任时根据外在的标准，无论它是法律的还是自然的标准。相应地，按托克维尔的观点，审判权要有超然与批评的独立地位。

但是在孟德斯鸠那儿，审判权独立于政府的其他权力，但不是独立于整个政府；他使它具有独立性，使人民对受到审判没有恐惧感。那个体现着法律与正义的超然的法官，必须被解释成仿佛是看不见的和缺位的，因为他要加以落实的标准太高（古人的优秀品质）或太低（现代人的命运），在这种两种情况下，它都让人有些担心。在理性的宪政体制中，必须保护每个人对自身安全的意见，不使其受到法官的理性的左右，他可能对我们提出太多的要求，或者，他可能让我们意识到自己的人微言轻。因此，我们可以得出结论说，把审判权置于人民中间，恰恰是为了切断它同哲学的联系。[21]有关安全的普遍意见肯定部分地是一种错觉，但是孟德斯鸠通过不让公民遭遇法官，或至少尽量减少这种遭遇,来保护这种错觉。

孟德斯鸠反对惩罚性正义被政治所利用,而这是马基雅维里的执行观一个主要特点。不过他同意后者的一个核心观点,即让统治变成间接统治,从而使它成为看不见的和不那么可憎的统治。自由的人民的立法者,他的“chef-d'oeuvre”(主要任务)是知道如何妥当地安排审判权(XI. 11)。妥当地安排审判权, 235
就是把它置于它不会引起憎恶的地方,确切地说,就是放在人民中间,不然的话,它在他们眼里就会变得可憎。孟德斯鸠回到了亚里士多德的关切,即不因惩罚的必要性而使统治变得令人憎恶,这与马基雅维里的观点相反,他认为刺激感官的惩罚才会让人刻骨铭心。孟德斯鸠也没有接受洛克的意见,即人民必须把他们的自然权利让渡给执行官,当这个执行官失职时再把它收回。但是,孟德斯鸠确实与马基雅维里和洛克一样关切个人的安全,并且从这个角度定义政治自由。这大大不同于亚里士多德的论证:自然允许人类过一种自由的、自我满足的、具有优秀品质的生活。因此,亚里士多德把审判权引向人们据以做出裁决的一个理性标准,而孟德斯鸠却把它理解为建立在每个人对自身安全的私人意见上。两人的分歧在于,亚里士多德追求中庸,是因为自然为它提供支持,而孟德斯鸠追求中庸,是因为自然不给它提供支持。

随着司法权从视线中消失,另外两种可见的权力便是国家的普遍意志和对这种意志的执行,它们都不是针对个人行使的。孟德斯鸠尊重个人,把他作为政府的目的,然而并不是把他作为政府的创始人。他说:

> 在自由的国家里,每个人都被认为有着自由的灵魂,它应当由他本人来支配,既然如此,组成团体的人民也必然拥

有立法权。(XI.6)

被自由国家认为有着自由灵魂的个人,与洛克所描述的自然状态下的完全自由的人,是有一定距离的。孟德斯鸠直率地否认人民掌握立法权是可能的或适当的。他们没有讨论事务的能力,应当由代表为他们做他们自己无法做的事情;他们所能做到的,不过是选择代表而已。孟德斯鸠小心地保护人民的自尊不受审判权的侵扰,然而他也坦言他们政治上的无能,所以他不打算像霍布斯和洛克那样辩护说,实行代议制得到了人民同意的授权。孟德斯鸠甚至没有保留人民主权的表象;被认为有着
236 自由灵魂的人,必须服从理性。

他强调说,古代共和国的一个严重缺陷是,人民做出行动的决定,这种决定需要"执行",而他们完全没有这种能力。我们还记得,共和国的执行"原则"是在人民中间流行的优秀品质,而现在这种流行的优秀品质被一笔勾销了。甚至代表机构也不应当做出行动的决定,因为这是执行的功能,不是立法的功能。孟德斯鸠进而又针对人民主权论,主张切不可把那些因出身、财富或名望而地位显赫的人混同于人民,应当用一个等级制团体维护他们的特权,在自由国家它总会受到威胁。对贵族做出的这种让步,使他区分出两种立法职能:颁行法令(statuer)的职能和阻止(empêcher)的职能。颁布意味着下令采取某项措施,或纠正别人的命令;阻止则是指阻碍别人的决定。否决权被称为批准权,它是来自于阻止权,因为它意味着不行使阻止的权力。

虽然英国上议院的阻止的职能维护着贵族团体,但是孟德斯鸠也提到罗马护民官的阻止权,从而使它成了民主团体的实践中的普遍因素。他后来又说,对执行的否决权,也是立法权中的阻止功能。亚里士多德的至高无上的慎思,以及洛克的最高

立法权，被孟德斯鸠区分为颁行和阻止。实际上，这种区分意味着宪政体制允许甚至鼓励它的各个机构只阻止而不颁行。独立的阻止职能以一种单纯的消极形式，保留了人类说不的权利；它“阻止”任何亚里士多德式的要求：否决的人应承担起肯定或选择某种积极行为的责任。

被授予颁行职能的立法机构，是代表人民的机构。我们注意到，立法“权力”几乎在不知不觉中变成了一个“机构”或“各机构”(bodies)。今天，我们在谈论政府的“各机构”时，把它当作理所当然的事情。然而霍布斯和洛克却强调，政治权力是统一于惟一的“一个政治机构”，洛克虽然坚持权力分立，他并没有把它们称为分立的“机构”。亚里士多德的三种功能(慎思、官职和审判)既不是一个机构的不同权力，也不是分立的机构，而是理性精神的不同功能。孟德斯鸠说权力的“各机构”，是为了给予它 237
们分立的意志。他指出，“一个机构除了在集会时，不能认为它有任何意志”——这是反对社会契约论中那个虚构的意志的另一种论证。孟德斯鸠利用作为动物肉体(bodies)之特点的自卫欲望，为这些召集开会的(然而仍然是虚构的)“机构”(bodies)创造意志。亚里士多德把政治制度称为“形式”，这个概念赋予它们特点，但没有赋予它们自卫的能力。他在讨论三种职能时，把它们描述成分立的，但并不相互冲突。然而，从孟德斯鸠把各种权力称为“各机构”的那一刻起，他便表明它们是有冲突的，它们需要在相互对抗中自卫，它们会“滥用”它们的权力。透过这个问题，我们看到了布莱克斯通和美国的立国之父所表达的关切，即一种权力对另一种权力的“侵犯”。[22]

必须把执行权交给一个君主——单独一人[23]，因为它的运用需要果断的行动。执行权只受自身性质的限制，试图用人类的发明来限制它是徒劳的。在罗马，护民官不光能够阻止立法，还能阻止执行的行动，孟德斯鸠谴责这种权力是“邪恶的”。阻止的职能属于立法权而不是执行权，虽然它被授予了执行官；因为，不能把法律的执行理解为阻止法律使其无法得到贯彻。但是，执行官事实上接受了一部分立法权，他能够根据需要，为了贵族政体或民主政体的利益而加以运用。

制定（或颁行）法律的权力被授予人民的代表，但它能够受到履行阻止职能的立法机构的另一部分人的制约。对执行权却不能进行制约。孟德斯鸠说，法律既是明察秋毫的，又是盲目的，我们可以设想，它是明察秋毫的，因为它声称能预见一切；它又是盲目的，因为它只讲一般原则，不管具体的事情。所以，立法权受到法律性质的限制，从不受阻碍的法律执行中，以及从立法权的阻止职能中，都可以认识这种限制。那么，在立法和执行之间有着怎样的关系呢？孟德斯鸠在著名的一段话中说——它之所以著名，既因为它隐晦难解，也因为它十分重要——“在我
238 们谈到的政府的基本构成中”，立法机构是由两部分组成的，它们通过相互阻止的职能而相互限制。两者都受到执行权的约束或牵制（liées），而后者本身也受到立法权的约束或牵制。可以预期，这三种权力会因相互限制而停顿或无所作为，但是事物的必然运动迫使它们运行，所以它们只好一起运行。

对于这段话，该如何理解？这个执行官似乎是个阻止而不能被阻止的人。当他阻止时，他是在立法权中行动，这再次表明，执行官在实践中比在理论上有更大的权力。执行权是一种处理偶发事件的主动的权力。既然我们被告知事物必然运动，所以执行权是一种自然的权力，因为它是与人类事务的自然运动联系在一起的。孟德斯鸠接下来谈到了开战与讲和中的执行权，作为军队的总司令，它同征税的立法权——据说这是最重要的权力——相对。外来威胁使政府保持警惕与活力，并且孟德

斯鸠坚信，军队直接依赖于执行权，因为它的性质决定了它比慎思更有活力。孟德斯鸠跟洛克一样认为，战争与和平的问题要由执行官决定；亚里士多德把它们交给至高无上的慎思成分，恰恰是因为“行动”受“慎思”的支配。但是孟德斯鸠接着说，让军队依靠立法机构是危险的，因为军队不会尊重后者的谨慎。进一步说，在这种情况下，人民很可能站在军队一边。“他们要做到更勇敢，而不是更胆怯，才符合人们的思维习惯”——一个极有利于执行官的马基雅维里式的概括。[24]孟德斯鸠的例子似乎意味着一种典型的不作为事例，或立法者和执行者之间的一种典型的僵局，并且表明，它可以因“事物必然的运动”而得到解决。

在第十一章，孟德斯鸠说明了如何使执行权服务于自由，而不是像在罗马那样，服务于军事上的荣耀。在另一个地方，他又表示商业能够服务于同样的目的。假如执行权是一种活跃的权力，那么立法权从本质上说就是一种阻止的权力。我们注意到，在讨论“基本政体”的一段话里，孟德斯鸠没有提到立法机构的颁行的职能。原因可能是，颁行有着阻止的性质。[25]据他说，颁 239
行的职能是建立或纠正一种秩序，可是由于事物的必然运动，一种秩序也试图使事物停止运动、建立稳定，就像洛克的“恒常规则”所做的那样。稳定是自由所必不可少的，也就是说，是个人的安全必不可少的。但它不仅是通过稳定而取得的，孟德斯鸠使用的两个动词“颁行”(enacting)和“阻止”(preventing)的活跃性，似乎表明了这一点。

立法活动追求稳定：它是用来对抗事物之必然运动的“普遍意志”，或换言之，是对抗自然的“普遍意志”。但是必须采取积极的行动才能有效地对抗自然。可见，“颁行”和“阻止”是指制定法律的权力，而不是指一种传统中固定不变的法律。孟德斯鸠和洛克一样，认为法律的统治意味着活跃的立法行为的统治；但是跟洛克不同，孟德斯鸠不把立法活动视为一种断定的行为，而是视为一种调整的行为。立法活动不断更新和修正自身，用执行官的权能来建立稳定，假如稳定是可能的话。

自我执行的政体

“这种美妙的制度”(XI.6)是如此相关，当它的各部分运行时，它们便一起运行；由于“事物的必然运动”，这个制度也必须运动。它不需要孟德斯鸠前面说过的那种作为民主政体之特征、被定义为献身共同福祉的优秀品质。他没有说这种宪政体制中的公民具有优秀品质，也没有说他们献身于这个只有对看到整体的人才“美好”的制度。这种制度为了执行他们的意志，并不需要他们的优秀品质；它是自我执行的(self-executing)。这种执行既不需要巨大的努力，也不需要人类意志的规定。以严酷的必然性面貌出现的、呼唤着马基雅维里式勇敢执行人——他创造自己的必然性，让另一些人服从——的自然，已经被“自然而然发生的事情”，即轻易地自动发生的事情所取代。孟德斯鸠的制度是一种机制。

然而，如此一来，这种制度要对自由政体的形式和目的之间的分化负责。洛克建构了一种自我批判的宪政，它既有自由的形式，又有它用来批判这种形式的目的。一方面是反映在立法意志至高无上之中的政体的运行，另一方面是受到最高执行官
240 的自由裁量权保护的自我保存的目的。洛克没有试图克服这种不一致，相反，为了保留这种不一致，他把它纳入了自己的政体。在他看来，政体是一个存在着紧张的体系，所以也是一个当它归于失败、需要进行更替时，必须由人民从整体上做出裁决的体

系。不存在用来取代这种裁决的机制,故而无法保证它会自动走向它的正确目标。人民必须在立法者和执行者之间扮演仲裁人的角色,因为这两个因素并非注定和谐地运动。

政体的形式和目的之间的分裂所造成的这种紧张,反映着洛克的自然观,它比孟德斯鸠的观点更加严酷,有着更多的马基雅维里色彩。在洛克看来,自然是人类的敌人,洛克发现了处于"自然状态"中的人,他所面对的严重的弊端,只能通过意志的宣示加以克服。[26]由此产生的立法的至高无上性,必须受到执行官的至高无上的自由裁量权的制衡。而在孟德斯鸠看来,自然对人的需要无动于衷,无需用肯定权利或主权去克服它,所以也不会产生立法权和执行权对至高无上地位的争夺。故他不但未把这种争夺纳入政体,反而把它视为一个需要解决的问题。洛克其实不期待政体的形式达到它的目的。他打算让它在一定程度上始终仅仅作为形式而存在,以便使自由在社会中的实际表现不受自由政体本身的左右。[27]因为,假如一个自由社会的目的或内容,已经由其形式预先做出具体规定,这个政体便不可能在其运行过程中自由地规定目的。从这一方面看,孟德斯鸠的政体肯定不是形式主义的。所以他的政治科学,如我们所知,也不是形式主义的,而是"社会学的"。他的政体的目的是安全或保障自由,这同洛克如出一辙。然而与洛克不同的是,他认为这一目的本质上是中庸温和的,它不为立法权至高无上或不受限制的执行权的要求提供辩护。

"当刑法是从罪行的特定性质中得出刑罚时,便是自由的凯旋"(XII.4;另参见 XIX.14)。这不是对意志或自由的肯定,不是对权利或主权的主张,而是一种冷静的宣告:当自由政体的行动遵循自然或最好是遵循事物不同的性质、达到一个满意的目的时,自由即可获胜。在孟德斯鸠看来,自由政体的形式自动

241 地，或在他的政治科学的谦虚协助下，朝着它的目的前进。这不意味着形式与目的一致；假如它是这样，它便不能走向一致了。但是，孟德斯鸠把今天人们经常听到的一种谴责，作为一个问题提了出来：政体可能是自由的，而这种政体下的公民不是自由的，因此，一种政体可能在道义上是自由的，但事实上不是自由的（XII. 1；参见 XI. 18）。[28]孟德斯鸠无法容忍这种分裂，更不把它作为一项优点；他说，这要求他不仅要考虑政体的权力分配，也要考虑实际的风俗习惯、公认的典范和某些法律，以便说明后者如何有利于政治自由。

孟德斯鸠的政治科学类似于亚里士多德的政治科学，他也试图让政府的形式达到其目的，但是两者之间的差别更有意义。在亚里士多德看来，一种政体的形式构成了公民统治者（citizen-rulers）的一种统治主张，它与他们对政府目的（具有党派性）的理解相一致；因此这种政体具有达到自身目的的某种意向、某种自身的驱动力。在孟德斯鸠看来，政府的目的不是优秀品质或幸福，而是安全，公民不信奉任何取得安全的特定方式，所以也不信奉任何特定的政体。公民不是统治者，他们不像一个整体达到它的目的那样，对达到一种政体承担着责任。相反，他们作为公民仍与政体有别，他们的自由不是由它的自由来保障。但是，政体的自由是依靠它自身，或由于事物走向其自由的必然运动而发生的，孟德斯鸠不是把它定义为安全，而是定义为有关安全的一般意见（XI. 6；XII. 1，2）。如果必须为自由政体提供动力，那么这种意见便是它的“原则”——按照孟德斯鸠对（执行）原则和一种政体的性质所做的区分。

然而事实上，这种意见与其说是政体的结果，不如说是它的运行原理。一个公民对自身安全的意见，部分地说是意志——民主的意志（II. 2），它现在已被驯化，并被剥夺了它的统治他人的欲望;部分地说是优秀品质,它现在被理解为宽容。为了形成这种意见,政府必须避免马基雅维里、霍布斯和洛克所建议的刑罚。孟德斯鸠的必然性,不是洛克把惩罚人类比作消灭野兽时所说的那种野蛮的严酷。必须尊重我们普遍持有的关于必然性 242
的意见,所以也要尊重我们的惊愕感(XII.4)和我们摆脱恐惧的愿望。我们对于自身安全的意见,政府必须以温和的态度(douceur)给予尊重,以免安全中包含着对保护我们的权力的惧怕。温和的态度就是中庸温和的面孔,它避免提出有关优秀品质或主权的顽固主张。

因此,孟德斯鸠从这些主张转向实际提供安全的法律,他总是记着安全是一种意见,而未必是一种有可能战胜意见的客观条件。"公民之自由,端赖刑法之出色"(XII.2)。孟德斯鸠把犯罪类型分为破坏信仰、风俗、宁静和安全,接着从第四种罪行的角度看待前三项罪行。[29]我们不必奇怪,他对"lèse-majesté"(犯上)这种因主权要求——人类的或神明的——而发生的犯罪,有大量讨论(XII.7—18)。这是冒犯更高权力的罪行,尤其是用一个人的言论。孟德斯鸠反对使人变成暴君的更高的权力,然而他自己也需要一种更高的权力,其实他需要优秀品质之外的某种原则,作为衡量刑法的准绳。这个原则就是安全,即以意见的形式表现出来的自我保存的愿望。言论或思想不会"冒犯"安全,然而必须把危害安全的犯罪理解为"lèse-majesté"(危害君权罪),这恰恰是因为孟德斯鸠无法证明任何原则高于人类的法律。只有那些反对人类利益的因素,或我们为这种利益做出的安排中自相矛盾的因素,才能侵害或侵犯安全。[30]孟德斯鸠没有把社会契约称为安全的来源和保障,因为正如我们在霍布斯和洛克那儿看到的,社会契约始于人民的可怕的执行行为,并且是以这种行为而终结的。

《论法的精神》中论述公民的政治自由的第十二章，讨论了理性政体中的意志问题：他特别问道，关于权利(droit)的理性结论，如何在事实上(fait)与公民取得一致？孟德斯鸠必须用他本人对意志的阐述，去取代古代优秀品质在严厉的惩罚——对它的陈述见第六章——中表现出的自我否定性的限制。人类的意志不能像古代的优秀品质那样，简单地否定自身，也不能被现代哲学的“盲目命运”从外部简单地否定(I. 1)。孟德斯鸠必须证明，这种理性政体的机制如何对待人类的意志，后者抵制被贬低为机械反应。他的回答是，它是在不知不觉中，逐渐与之取得一
243 致的。既然政体不是由哪个创始人建立的，所以它也不需要由一人加以改革；它是通过自我纠正或腐化而发生改变的(XI. 13)。但是，为了不使“腐败”成为一种过于严厉的判断，或暗示一种马基雅维里式的更新，孟德斯鸠从非道德的角度，把它定义为动力原则的丧失。所以，温和中庸既是政治的手段，也是政治的目的，旨在协调理性和意志的关系。

在论公民意志的第十二章之后，孟德斯鸠用若干章，即第十三章到十八章，讨论了自由与奴役或人类意志同它受到的种种约束之间的关系。从第十九章开始，他准备讨论塑造一个民族的精神和风俗习惯的法律和原则。风俗习惯有别于法律，风俗是指作为人而不是公民的人的内在因素，习惯是指他的外在行为。改进风俗习惯的自然方式不是利用暴力，而是通过法律，但是要温和，要借助于风俗习惯本身(XIX. 14,16,21)。因为必须尊重一个民族的普遍精神——不是人类的意志，而是它在特定民族中的集体表现，这些民族都各自拥有独特的普遍精神。

孟德斯鸠的政治科学在这里，在这位哲学家—立法者揭示自由政体的机制如何机械地然而又是自由地自动运转起来时，达到了顶峰。不过我们仅仅是处在第一卷结束的地方；第二卷

开始了对商业的思考，孟德斯鸠把它视为自由与中庸温和背后的动力，接下来是对进步机制的历史解释。在第二十章，他用自己向缪斯女神发出的祈祷，一首他本人的诗，向读者表达了祝愿。自我执行的政体需要它的作者弹指一挥，才能运转起来。

在第十九章第二十七节，孟德斯鸠又回到英国的政体，把它作为法律如何塑造风俗习惯和民族性格的范例。这个例子生动反映着运行中的理性政体，它与第十一章第六节中的静态观点形成了对比。我们被告知，为使政体运行，个人理性的优劣无关紧要，只要他们进行推理就够了。他们变成党派，“使他们的独立性发挥作用”。这就是在前面同政治自由做了区分、作为“哲学中的自由”(XII.2)而被置于一旁的意志的独立性(XI.3)。[31]看起来，理性的政体必须满足于它的作为党派人的公民的推理，
在这种情况下“人人把自己[视为]君主”。这样的公民，不像他 244
们在运用自己的理性同意一个主权者(霍布斯)或建立一种立法权力(洛克)时那样，他们既不恐惧也不冷静。他们不效忠于作为一个整体的政体，他们充满了党派的仇恨、恐惧和欲望，他们的理性只是这些感情的仆人。对于自由国家中的党派的性质，孟德斯鸠显然持有一种马基雅维里式的赞赏态度。[32]

然而，较之马基雅维里的描述，孟德斯鸠对政党的描述更为我们所熟悉，因为孟德斯鸠把它们纳入了宪政体制。孟德斯鸠不提马基雅维里用古典语言描述的贵族与平民的对立，而是讨论聚集在两种可见的权力——立法权和执行权——周围的党派。和马基雅维里一样，他赞扬党派的热情和活力，没有这种激情的国家就像受疾病困扰的人，他没有激情，是因为他没有力气。但是与马基雅维里不同，孟德斯鸠不想用不时发生的、令人难忘的执行[处决]引起的恐惧，去平息党派仇恨。他说，党派之间的仇恨将继续存在，因为它总是力有不逮：假如一个党派得

势，它很快也会因为公民把另一个党派推上去而失势。按他的推理，仇恨的力量有限，因为公民挫败或“阻止”一个党派，要比推行或“实施”自己的观点更为可靠。每一个感到自己独立的个人，会经常改换门庭，放弃旧友，跟自己的敌人结成新欢。他不会认可或支持一个主权者，反而能够期待他抛弃任何一个可能获得至上权力的党派。

孟德斯鸠保留了人类在自由政体中说不的消极性；他没有试图改造它，使它为积极的事业承担起责任。按自己的意志生活，不在于把它强加于别人，而在于否定别人意志的强加。自由存在于权力不及之中，而不是存在于权力之中。能说“你不能随意摆布我”，这比实际上随意摆布别人更令人满意。这种个人在结成一个自由社会时，把自己视为君主和“结盟者”，而不是“同胞—公民”。所以说，自由政体所确立的安全意见，反而使人民处在持续的不安定之中。当他们其实最安全的时候，他们却觉得自己处在危险之中，因为只有在这时他们才能自由地想像虚
245 假的恐怖。然而，虚假的恐怖有助于避免真实的危险。因此人民通过夸大他们的恐惧去预防真实的危险。换言之，他们通过自由表达一种有关恐惧的错误意见而获得了安全。

力量有限的仇恨，虚假的恐惧：孟德斯鸠采纳了马基雅维里所说的人民的性情，以此去驯化马基雅维里的君主。执行官变成了一个人民的党派代表——他不再像洛克所说的那样，是一个不偏不党、制约立法意志的专横人物。在孟德斯鸠的学说中，没有任何超宪政的东西(或全部都是)，执行官便失去了它在自然状态下与执行权的联系。有党派身份的、作为代表的执行官，同洛克的执行官拥有的自然特权相比，更不用说与马基雅维里的君主相
246 比，有着更完美的宪政品格，也有着更可靠的自我执行的能力。

九
执行权的共和化

从马基雅维里的君主这一角度看，现代执行官一直有着共和主义或民粹主义的意蕴：马基雅维里的君主实行争取人民的政策；霍布斯的主权者得到了全体人民的授权；洛克的执行权来自于每个人与生俱来的执行权，在公民社会中按每个成员的利益对立法权进行纠正；孟德斯鸠的执行官满足人民的安全愿望以及他们的党派偏好。但是，美国总统是明确无误的、公开的共和主义者，这与仅仅在政策上表现为民粹主义或反贵族的情况相反。他是由人民选出来的，所以他是共和主义的总统；他是未经立法机构选举产生的、拥有大量权力的惟一执行官，所以他是强大的。美国总统能够处理紧急状态，但不像罗马的独裁官或佛罗伦萨的 balia（执法官）那样，是一个为紧急状态而设立的官员；[1]他能提供活力与团结，但他不像罗马的执政官、威尼斯的总督或克伦威尔式保民官，是一个相异的君主制要素。

总之，美国宪法建立了第一个共和国，它拥有一位与共和政体相符的强大执行官。在这里，执行官学说是从现有的或过去的实践所投下的阴影中诞生的。美国总统既不是罗马的独裁官的复活，也不是温和中庸的英国君主；他是一项新的自治试验中的主角，这项试验是要建立第一个成功的共和国。这个可以追溯到马基雅维里的“新范式和新秩序”的执行官的新颖之处，如今在一个新共和国的新官职中变得一目了然。当然，这种理论

247 从一开始就打算运用于实践，让它产生一种有望从新式的间接统治中产生的好处。但是，现在这种理论在一个官职中有了正式的体现，假如不是化身的话。执行权不再仅仅是一种为实践而提出的理论，它变成了一种付诸实践的理论——担任总统的人自觉地理解并做出不同解释的一个官职。由于此种发展，理论家设立这一官职的责任很快便顺利地由实践者接了过去。在这一转变之后，人们很可能忘记它的来源。

总统这个新官职是在1787年的制宪会议中拟定的；随后的《联邦党人文集》又对它做了解释和辩护，我将依靠此书来证明它的新颖之处。我们知道宪法起草人做了些什么，也知道《联邦党人文集》说了些什么。但是在行动和言辞之间存在着怎样的关系？我在研究执行权理论时，无法承担起历史学家的任务，找出哪些因素影响着起草人；我只打算说明，他们能够利用哪一些现有的学说，我还要说明，他们提出了什么新理论。我相信，直到今天，历史学家在履行自己的职责时，并没有完全搞清楚执行权的性质或它的学说的历史。首先，执行权在马基雅维里那儿的源头不为人知，所以人们没有认识到一项任务的必要性：从人们以为受马基雅维里影响最少的宪政主义作家那儿，找出这种影响。

只有对有关执行权的思想传统有更好的了解，才能更清楚地知道它是否出现在制宪会议中。充分的理解几乎不可能做到。共同思考一件实践上的大事，即使是一部宪法这种无所不包的大事，并不是一种理论探索。讨论最多的问题（例如大州和小州之间的“伟大妥协”），往往不是最重要的问题，因为它们只关系到保证宪法获得同意，而不是它如何运行的问题，在讨论中提出的各种理由，也常常是为了说服别人，却不是发言者本人所信服的。例如，人们怀疑麦迪逊在会议开始时对强大执行官的表面上的迟疑态度，是在迎合埃德蒙·兰道尔夫。[2]人们也可以被自己当时并不十分理解的理由所说服。后来基于相关原则所做的解释，可能只是为他自称知道自己正在干什么这种大话寻
找理由而已——通常是历史学家的假设；或者，它确实可以提供 248
一种行动的意义，因为时间已经揭示了这一行动的含义。[3]

我相信，《联邦党人文集》便有着后面这种性质。它也许是一部党派文献，然而这是一个支持宪政的党派，而不仅是一个针对当时某个问题的党派。党派有着高低两层含义——负责任的党派和追求自身优势的党派。《联邦党人文集》固然没有记录下起草人对执行官的迟疑态度和达成一致的漫长过程，但它确实记录下了主要的困难。这就是“一个强有力的执行官与真正的共和制政府的精神不相容”（《联邦党人文集》70）。对此了然于心，我们便可以明白麦迪逊写给杰斐逊的信中那句未予充分解释的话了：对起草人来说，执行官是个“特别棘手”的问题。[4]

我们也不必奇怪，会议开始时提交讨论的两份主要的宪法草案，即“弗吉尼亚方案”和“新泽西方案”，提供了一个软弱的执行官，这好像是共和制政府的本质所要求的。弗吉尼亚方案建议立法机构选出执行官，不过他没有资格连选连任，他拥有执行法律的权力（还有另一些权力），但是没有明确执行官是一人还是多人。新泽西方案提出了一个复数的执行官，由国会选举，也能被国会罢免；也没有资格连选连任。直到会议快要结束时，才决定设立一个独立于立法机构的强大执行官，虽然大多数起草人始终以各种方式所追求的就是要完成这项任务。[5]《联邦党人文集》并没有提供全体一致的错觉，以此歪曲制宪会议的工作，它使我们能够理解，起草人为何发现一个强大的、共和主义的执行官是一件“特别棘手”的事情。

在为《联邦党人文集》所写的论执行官的十一篇文章中，亚

历山大·汉密尔顿(作为帕布利乌斯)强调说,“执行不善的政府,无论从理论上怎么说,在实践上肯定是个坏政府”(《联邦党人文集》70)。[6]这似乎是说,执行官是一个不受理论左右的实践领域的主权者——在这里,就算强大不总是好事,软弱无力也是坏
249 事。我们可以回想一下,有关执行官的最杰出的现代评论家理查德·纽斯塔特,也把它置于远离宪法“字面理论”的领域。然而恰恰是在执行官这个问题上,宪政体制最需要政治科学的理论解释,也最受惠于这种理论解释。

帕布利乌斯的意思是,从理论上说,政府可以有一个软弱的执行官。他所想到的理论是共和主义理论,对一切散发着君主制味道的东西的敌视,没有哪个民族比刚刚为了从一个国王那儿赢得独立而战的美国人更强烈。正如历史学家所说,美国人在革命战争的过程中逐渐认识到,他们1776年在各州设立的执行官太软弱了。[7]战争过后,《邦联条款》(Articles of Confederation)下的全国政府也表现得太软弱,不但在“谢斯起义”(Shays' Rebellion)这类国内危机中如此,在面对外国列强的敌对行动时也是如此,例如阿尔及利亚总督接管人质的事件。正如约翰·杰伊对托马斯·杰斐逊所说,这种软弱表明缺乏一个能够确保安全和迅速反应的执行官。[8]但是,美国的共和主义似乎没有提供解决之道,这使美国人对于同他们的正当权力观相反的事实要求感到困惑。《联邦党人文集》中的政治科学的任务,就是证明能够把一个强大的执行官纳入共和政体。我们今天把这一任务的完成视为理所当然,这表明它完成得不错,而不是说它可有可无。

帕布利乌斯和共和主义传统

在《联邦党人文集》前面的几篇(第6,9,10,14篇),帕布利乌斯痛斥过去的所有共和国,包括古代世界的杰出共和国,因为它们导致了循环不已的无政府状态和民众多数派的暴政。在《联邦党人文集》第10篇,他把这种可悲的经验说成一个多数人派别的问题,建议共和国“扩大范围”,以此作为解决这个问题的基础。然而,扩大范围需要一个强大的中央政府,以便“维护这样一个大帝国的统一”(《联邦党人文集》23);因此必须放弃共和主义对强大政府的偏见,以及有关多样化和疆域大小的偏见。那么,没有一个强大执行官的强大政府,是个什么样子呢? 250

帕布利乌斯起初没有表明,美国人民必须放弃他们本能的敌视,这种敌视不仅针对常常与君主制并存的帝国规模,而且针对一个现实的人,针对一人统治的观点。他说,《邦联条款》的“严重弊端”,就是为各州的集体能力而不是给它们的个人授予合法性的原则(《联邦党人文集》15)。他耐心地解释说,没有得到批准的法律不是法律,并且断定,我们可以在长官(“法院和司法官员”)的强制和军事强制之间做出选择——从而表达公民的批准,但是没有提作为“军事执行”之替代物的“执行权”。他似乎很乐于告诉共和派说,既然强制是必要的,那还是公民的强制好一些。“联邦的措施没有得到执行”,所以新宪法需要做这件事。

帕布利乌斯讨论了良好的行政对于使人民信服政府而不仅是服从政府所发挥的作用。执行部门的行政是“社会的伟大粘合剂”(《联邦党人文集》17)。现在州政府在这方面具有优势,但是全国政府通过更出色的政绩,迟早也能赢得公民的心。帕布利乌斯展示出现代理论家对有效的执行官的关切，但是他有自己的方式。与马基雅维里的说法相反，能给人民留下深刻印象的是稳定的行政，而不是令人惊恐的事例；与霍布斯、洛克和共和主义者的看法相反，人民同意服从是不够的。为了使政府有效力，他们一定要爱戴自己的政府，而不仅是服从它。他们将因为政府的良好行政而更加喜欢它，而不是因为它来自他们的同意。帕布利乌斯把现代人对结果的要求，提升到对良好政绩的要求。因此，用来评价政府的马基雅维里式的“有实效的事实”，不一定要求或宽恕罪行。舞台是为执行官的新责任——宪政主义的和共和主义的责任——搭建的。

在说明了联邦的必要性之后，帕布利乌斯又在《联邦党人文集》第 23—26 篇讨论了联邦需要多少权力，以及应当依靠什么人来行使这种权力。但是，他把有关这种权力应当由谁行使的讨论留给了后来的文章，那已快到结尾部分了。在这前面的部分，他诉诸必然性，诉诸《邦联条款》下的联邦最近的历史——必然性的经验——去反对“任何时候都用单纯的法律力量进行统
251 治的观点”（《联邦党人文集》28）。这种被帕布利乌斯视为共和主义的观点，“不见于任何地方，只存在于那些自作聪明、不屑于汲取经验教训的政治书生的幻想之中”。帕布利乌斯仍然没有得出应当设立一个强大执行官的明确结论，他只是通过提醒自己的读者记住必然性的力量，为此铺平了道路。用宪法中“必要而恰当的”条款的语言说，甚至法律也是执行立法权的手段（《联邦党人文集》33）。[9]

共和主义智慧的一个特征似乎是，它对必然性的教诲无动于衷。[10]共和国的漫长、痛苦而又可怕的经验，好像没有让共和主义理论家明白任何事情。这是因为，他们虽然大谈斯巴达、罗马和威尼斯，他们却只从细节中寻找药方，没有从必然性中汲取

任何一般性的教训。他们的影响很容易证实共和主义者的党派偏见,这些人敌视君主政体,除了近代以来造成这种敌视的原因外,依然对所有的经验视若无睹。有时,在联邦党人看来,共和主义理论除了给共和国带来麻烦以外一事无成,而且它比其他任何事情惹来的麻烦都多。至少必须搞清楚,对它这种冥顽不化的自作聪明,不能单靠经验进行驳斥,必须在同它一样的理论层面上对付它,美国宪法中的执行权,虽然主要是针对必然性的要求,却不纯粹是对实践中的必然性做出的反应。[11]一般人,尤其是那些受过共和主义书生教诲的人,不会像已经有了事后聪明的后人那样,对看来是必然的事自动做出反应。然而,承认必然性的力量——这对共和主义来说是件新鲜事,并且同过去的共和主义理论相反——使执行权的创设成为可能,其实它也正是因为这种承认而创设的。正如我们在哈灵顿那儿所看到的,共和主义的理论家可以在不接受马基雅维里的主要观点的同时信奉马基雅维里。[12]他们不明白马基雅维里的共和主义既不是党派之见,也不反对君主政体,仅仅是为了获取的目的而利用君主。帕布利乌斯承认必然性,但是没有得出马基雅维里式的结论。我们就会看到,这种承认没有变成做恶的借口,而是激励人们比仅仅服从必然性做得更出色。

当帕布利乌斯触及到必然的权力由谁来行使这个大问题时,他承认自己必须正视“人民对君主政体的厌恶”(《联邦党人 252
文集》67)。他说,宪法(“这个体系”)中的几乎任何一部分内容,都不像执行官那样难以确定,它所受到的批评也最缺少判断力。然后他抨击了这些批评家的错误解释,并揭露其中一个极端明显而又十分典型的例子。[13]《联邦党人文集》中不管是讨论立法机构的部分,还是讨论司法部门的部分,都没有一开始就对反联邦党人对宪法的批评发动如此猛烈的攻击,并且我们很容易猜想，安排执行官的困难，从原则上说与对其结果的批判有着相同的来源："共和主义的一条审慎的原则就是，把权力交给多人比交给一人更安全"（《联邦党人文集》70）。帕布利乌斯能够求助于为他的正确原则和公正观点喝彩的政客和政治家，他们已经"宣布赞成单一执行官和人数众多的立法机构"（《联邦党人文集》70），而且他也确实这样做了。但是，既不能把这这些人视为共和主义者，也不能把他们视为理论家，尽管他们有可能跟洛克、休谟和孟德斯鸠的看法一致。

稍稍浏览一下反联邦党人对这个新执行官的批评，即可揭示帕布利乌斯必须面对的障碍。埃德蒙·兰道尔夫在制宪会议上宣布，单一的执行官会变成"君主制的胎儿"[14]，另一个未在宪法上签名的起草人路德·马丁也宣布，假如总统乐意的话，他能变成名义上和实际的国王。[15]在批准宪法的辩论中，把美国总统比作英国国王，成了反联邦党人的主要论点。曾在《联邦党人文集》第67篇中受到帕布利乌斯抨击的卡托问道，这个拥有各种权力和特权的总统，与大不列颠国王有何本质的不同？作为《联邦党人文集》第69篇脚注的靶子的塔莫尼宣称，总统"将拥有的权力，比大不列颠允许她的世袭君主拥有的权力还多"。[16]对于这种权力需要一个执行官，南卡罗来纳州不太知名的卡托在一定程度上给予承认，但是他要求较短的任期，并且不能连选连任。[17]"联邦派的农场主"（the Federal Farmer），《联邦党人文集》夸奖他是宪法反对者中最合理的人，同意"在任何一大群人中间必须有个看得见的地方，作为政府的共同中心履行职责，使人民关注和爱戴它"。但是——或者不如说，所以——他也坚持总统没有连选连任的资格。[18]可见，反联邦党人虽然
253 没有谴责君主制，他们却不愿向这种政体屈服。[19]他们一点儿也不想把它辩称为共和政体。[20]

然而，尽管有这些喧闹的担忧（和默默的让步），执拗的（或困惑的）共和主义却不完全是起草和批准宪法的障碍。它为新政府提供了动力，并决定着它的一般性质。毕竟，因为《联邦党人文集》选择了共和主义，所以它才特别关切共和主义的弊端。[21]帕布利乌斯在《联邦党人文集》的第一页便采纳了一种经常听到的意见，他说，美国人将用自己的行为和实例去决定人类能否通过反思和选择建立一个良好的政府，或是只能听凭各种偶然的事件和暴力的摆布。通过反思和选择产生的良好政府，只能是共和制政府，因为，倘若人民不是主权者，那么良好的政府只能依靠有个好的君主或贵族阶层使人民得到良好统治——很可能是违反他们的意志用暴力进行统治——这种偶然性。但是，这里的人民主权不应当从人民直接进行统治这个传统的意义上去理解。宪法与传统的共和政体的不同之处在于，它完全是代议制的，或完全是选举制的。这意味着虽然政府的所有部门都是来自于人民，然而它们也脱离了人民。政府的任何部门，就像人民的一次集会一样，都不是人民（《联邦党人文集》63）。人民选择了代议制政府，也就是选择了限制自身；他们没有选择直接实行自治，而是选择了设立一个政府，它的运作机制既是由它对人民的依赖也是由它的内在结构所决定的——所以他们的选择是拥有一个宪政体制。没有宪法的代议制政府，不过是直接民主政体的一个笨拙的代理，一遇到麻烦，就会暴露出直接民主政体的弊端。

但是，这种宪政体制仍然有着鲜明的共和主义特点，因为它“完全是人民的”（《联邦党人文集》14，39）。它的所有分支都来自于人民，而不是来自立法机构的“下”院。所有分支都通过选举反映着人民的选择。除了他们以外，没有规定还要一个有着更大荣誉感或更优秀思维能力的特权阶层，授权他们去制约人

254 民的选择。美国的宪政体制不是混合政体,给予不同的阶级以分立的权力,也没有(像洛克和孟德斯鸠那样)接受那些没有建立在同意上的传统制度,从而对这种观念做出任何让步。美国的宪政体制也不像霍布斯的理论那样,是通过一次性的同意建立的政府;在这种理论中,人民的"选择"是一次性做出的,不存在改变或改进的可能。这种一次性的同意与其说是选择,不如说是屈从。美国宪法是共和制的宪法,因为它依靠一般性的人类能力,而不是任何特定的阶级或种族。

但是,如果人民的选择没有带来麻烦,他们是不会在宪政中选择限制自身的。对选择进行限制的选择,意味着在通常进行选择的事情中有潜在的麻烦。传统的或原始的共和政体,依赖于狭小的疆域、同质性的人民和优秀品质,夸大了人类选择的可能范围。"反思"的任务(用帕布利乌斯的话说,"反思与选择"),就是评估自然界和偶然领域中无法进行选择的事情,用能够选择的事情去应付它们。一个共和国可以选择在一个同质性多数统治下孤立地生活,培养使它保持中庸温和的优秀品质。但是,看看国际关系和普遍人性中的必然性就能证明,这些好事经常超出选择的范围。以政治科学的形式所做的反思,将教育共和国不去选择那些抽象地看最值得选择的事情,而是要满足于(其实是最好地利用)广袤的疆域、多样化的人民以及实现利益和抱负的精神。

与共和主义传统相反,美国宪法的特点是以洛克的方式把必然性纳入宪政体制。限制着我们的选择、我们希望摆脱的必然性将被纳入宪政体制,如此一来,当人民预见到必须采取行动时,便能够通过他们的政府去选择如何应付必然性。这就是反思能使选择同"偶然事件和暴力"——它们其实是不可能从人类事务中消除的——进行抗争的原因。传统的共和主义也许会同意这一点，但仍然选择了保持其共和主义信念的纯洁性，即使这种信念经常受挫，还是要利用各种事件把握机遇。这种选择可以用来解释，尽管共和政体经历过种种灾难，共和主义信念依然十分强大。但是，美国宪法把共和主义经验中的必然性——最明显的一个方面就是执行因素——纳入了宪政。执行官利用它
的“权能”或行动迅捷，比其他分支更好地应付那些可能干扰共 255
和主义选择的偶然事件和暴力。执行官通过应付这些必然事件，实际上把它们纳入了宪政体制。强大执行官的条款反映着人民在批准宪法和选举总统时的一种现实主义认识，即有可能出现一些使他们的选择受挫的紧急事件。

因此，《联邦党人文集》中的根本区分，即《联邦党人文集》第9，10，14篇中加以阐述的区分，是民主政体和共和政体之间的区分。如果民主政体是疆域狭小的、同质性的和讲究优秀品质的，它就是纯粹的民主政体（也可以是混合制的共和政体）。共和政体是疆域广大、人口多样和有抱负的；共和政体把疆域广大、多样性和抱负的必然性纳入它的宪法；一言以蔽之，它把必然性宪政化了。《联邦党人文集》从共和主义传统中盗用了“共和国”的名称，然后又把它重新命名为不那么可接受的“民主政体”——它易于受到“煽动家”的支配——帕布利乌斯同意孟德斯鸠对古代共和国的批评，然而他把它们称为“民主政体”，从而挽救了共和国的名声，把这个好听的名字留给了美国宪法建立的政府。假如《联邦党人文集》表明，通过把共和政体的选择受到的限制纳入宪政体制，从而改进了共和政体的选择，使它惟一有资格占用这个名称，那么这一处心积虑的盗窃行为，大概是有道理的。[22]所以它论证说，传统共和主义所信任的具备优秀品质的多数，经常在行动上是结党营私的，而且潜在地说总是如此。因此，这种共和国中的人民的选择，不过是人民的意志或统

治欲。美国宪法的目的就是改造人民的意志，为它规定一种确定的意向（“一种冷静而审慎的意识”，《联邦党人文集》63），把它从随兴所致提升为审慎的选择。这就是理性的任务，“只有公众的理性应该控制和管理政府。欲望则应受到政府的控制和调节”（《联邦党人文集》49）。麦迪逊特别指出，应当让公众的理性而不是哲学王的理性占上风，所以他仍然是共和主义者，然而是一个比原始的共和主义者或民主派更优秀、更老练的共和主义者；后面这些人依靠人民的意志，结果招致无政府状态和暴政，
256 或者他们对优秀品质的信任太软弱无力，不足以约束民众的欲望。

美国宪法中这种反映必然性或使其宪政化的形式，使共和主义的选择得到了改进。通过选举代表，立法机构不但与人民一时的倾向保持距离，而且向人民的优秀品质（它确实存在）提出要求并使其发挥作用（《联邦党人文集》55，57）。同样，参议院既是对政府的“有益的约束”，也是可靠的优秀品质的来源，例如坚定、智慧、稳定、责任以及对民族特性的认知（《联邦党人文集》62—63）。同时，司法部门利用自身的独立性，不但从刑事审判中消除了党派选择，而且通过司法审查，确保立法机构——和人民本身——服从他们所选择的根本大法（《联邦党人文集》78）。

但是，共和主义的选择尤其从执行官那儿获得了一种能力。因为执行官不但在紧急时刻作为“权能”的一种成分做出决定，而且作为另一种成分，为行政提供了使“宏大而艰巨的事业”（《联邦党人文集》72）成为可能的连贯性。这些事业是我们今天所熟知的，例如立法和行政部门的长远规划——新政和里根革命等等，它们总是源于执行部门。大多数人正是从这个分支中，认识到来自紧急状态对人类选择构成的限制，而且在为现在和未来的政策制定方向的能力方面，最大限度地扩展了人类的选

择。[24]有能力的执行官会改善他的决策机会。他将做出符合他的总体方案的迅速反应，所以他的行动迅捷不仅反映他的意志，而且符合他的长远打算。

如此一来，《联邦党人文集》把共和主义传统也宪政化了。美国宪法在政府构架内为统治的各种必然性留出一块地盘，从而纠正了共和主义者愚蠢的乐观精神：他们认为，从本质上说人们能够依靠他所选择的法律生存，根本不必屈从于他们没有选择的必然因素，或是从他们经历过的这些必然因素中学习。但是，在教育共和主义者服从必然性时，《联邦党人文集》也向他们表明如何做出更好的选择，因为它是更持久的选择，同时又不必背离一切政府应当来自于人民这条共和主义原则。所以说，它是教导共和主义者成为更优秀的共和主义者。 257

帕布利乌斯和分权

宪法起草人为了让共和主义者了解执行权，必须借助于洛克和孟德斯鸠的宪政主义传统。然而，这种传统中的执行权并不具有"严格的共和主义"性质，而是仍然掌握在世袭君主的手里，虽然如英国的情况所示，他也得到从下院选出的大臣的辅佐。假如美国宪法想借助于宪政主义传统所理解的英国君主政体，那么它不仅必须限制君主政体，而且要把它改造成共和政体。我们在《联邦党人文集》中看到了宪政化的共和主义传统和共和化的宪政主义传统。比较一下洛克这位现代执行权的创始人（因为他最早想出了这个概念），可以使这一点变得更加清楚。《联邦党人文集》通过把共和主义宪政化，培养出更优秀的共和主义者，同样，它也通过把宪政体制共和化，改进了宪政体制。

我们在洛克的宪政体制中看到两个最高权力，一个表现为法律，一个表现为超出法律的自由裁量权。洛克使这两种权力处于公开的、无法解决的冲突之中，既然立法权诉诸辉格党的共和主义情感，而执行权诉诸托利党对特权的重视，所以可以断定，洛克是把一种有关英国内战的温和但依然鲜活的观点纳入了他的宪政体制。其实，作为自由裁量权的一方，执行官并不是完全处在宪政体制之内。因为按洛克的认识，宪政体制只是随着法律的扩展而扩展。在一般法律之上，不存在根本大法或宪法法律；所以执行官的权力运用会对抗宪政体制，就像它必然违反法律一样。洛克的宪政体制试图容纳一种人们公认它不能容纳的权力。这个执行官只受到人民授权他要达到的目的，即他们所理解的公共利益的限制。

可以从《联邦党人文集》的立场上对这种安排进行批判。允许这样定义的特权存在，等于把公共利益确立为一个与宪政体制相对立的标准；这是让宪政体制能够进行“自我批判”。洛克由此暗示，宪政体制仅仅是公共利益的工具，而不是公共利益的一部分。因此，他是在公众中间鼓励一种对宪政体制的工具主
258 义态度，这与共和主义宪政体制的运行所不可缺少的“崇敬”是不相符的(《联邦党人文集》49)。[25]此外，他没有在宪政体制中为执行官的长远规划，即法律和自由裁量权的结合留出一席之地，使立法选择受到长远的政策选择的引导。正如孟德斯鸠所预见的那样，无疑会存在党派，他们在冲突中聚集在执行权和立法权周围。然而，允许他们中间的一方，即特权的一方，继续作为超宪政体制的因素存在，而让另一方，即共和主义者一方，把宪政体制当作自己的私产，似乎是不明智的。

在《联邦党人文集》看来，政治环境已经有所不同，因为美国不存在捍卫特权的托利党。然而正如我们所知，必须正视这种支持特权(在洛克的理论中，这是指对不受法律约束的自由裁量

权的需要，它有别于神授权利）的论证中包含的真理。让法律和特权相互对抗，在《联邦党人文集》看来，将造成进一步的弊端：没有克服共和主义者对执行权的不信任，反而实际上加重了这种不信任。这将证实他们的信念——滑稽的是，这是他们与托利党对手分享的信念，即活力与共和制政府的精神相悖。[26]

《联邦党人文集》所采取的通过选举把执行官纳入共和政体的战略，把法律和特权之间的冲突纳入了宪政体制之中：它并没有结束这一争执，但是它把争执的双方都变成了共和主义者。结果是改进了洛克的宪政体制中的宪政主义。没有否认对某种特权的需要，但是不可以在宪法之外满足这种需要。[27]这不意味着美国宪法在两种权力冲突时不会成为一个争执的对象，但是它确保双方能够用自己的方式援引宪法。《联邦党人文集》保留了孟德斯鸠对洛克的宪政体制的改进，使执行与立法双方都处在宪政体制之内。但是与孟德斯鸠相反，《联邦党人文集》把宪政体制中的执行官同人民主权原则结合在一起。由此，这个新型的宪政体制中的执行官，变成了一个公开的共和主义者，而孟德斯鸠的英国，一个乔装打扮的共和国，作为美国人的自由政府的范例，作为一种可靠的共和主义经验，便被取消了。

可见，帕布利乌斯不仅担心权力的滥用，无论是政府还是人民对权力的滥用。这种有关人类自治能力的试验，需要对运用 259 权力的能力中的优秀品质持一种肯定态度。其实，它暗示着权力的滥用是一种软弱无能的标志，不亚于它是暴政中的残酷技巧的标志。美国人近来在《邦联条款》下的经验，并没有产生拿破仑，但是一些才华出众、品质优异的好人，却遭受了挫折和嫌恶。必须阻止暴政，但不能用窒息优秀品质来做到这一点。孟德斯鸠说过，甚至优秀品质也有其局限，他所阐述的宪政体制旨在阻止权力的滥用，这是个顺应事物本性的政体：简言之，一种自动机制。布莱克斯通遵循孟德斯鸠的教诲，对这一点有明确的表述："就像机器中三种不同的力量一样，[这些权力分支]共同驱动政府这架机器朝着一个方向运行，而如果只靠自己，它就会走到另一个方向上去。但是，它同时又是由每个人分享、由全体人形成的方向，是一个通向共同体的自由和幸福的正确道路的方向。"[28]

但是，按《联邦党人文集》的观点，美国宪法不是这样一架机器。认为它就是这种机器的人，是用《联邦党人文集》第 10 篇和第 51 篇代替了全书，而且误解了这些文章中的机械论表述。姑不论第 10 篇，我（在威廉·克里斯托尔的引导下）将对《联邦党人文集》的第 47 至 51 篇稍做评论，帕布利乌斯在研究每一种特殊权力之前，在这里对权力分立做了一般性的讨论。[29]

帕布利乌斯在这里捍卫美国宪法，批驳了反联邦党人的批评，他们认为它违反了三种权力应当分立和有所区别这条自由政府的公理。看起来，"分立"和"区别"是这个问题中的两个不同因素。使权力保持分立，要以首先对它们进行有区分的配置为前提。但是帕布利乌斯在《联邦党人文集》第 47—51 篇中并没有解释这种事先的配置，也没有为其提供辩护。在后来讨论具体权力的文章中，他也没有直接谈到立法、执行和司法是什么，虽然在《联邦党人文集》第 78 篇有一段有价值的评论。他在《联邦党人文集》第 37 篇说，"在政治学中，还没有什么技巧能充分肯定地划分和界定其三大领域——立法、行政和司法。"但是在《联邦党人文集》第 48 篇，他却谈到"从理论上划分……权力的若干类别"，仿佛这是能够做到的事情。他说，最困难的任务
260 是在实践中为三种权力提供安全，不让它们相互侵害，由此保障它们的分立。但是，正如克里斯托尔遵照《联邦党人文集》第 37 篇所做的提示，真正的陷阱，大概就是从理论上去划分三种

权力。[30]

回顾一下我们的理论家即可理解,在亚里士多德之后,他们都没有成功地对三种权力的功能给出明白无误的定义。在亚里士多德那儿,我们确实看到了对慎思和裁决以及处在两者之间的"官职"的明确区分。慎思是政治中的选择,从而也是对政治的参与,它要对一个人的行为负责。相反,裁决意味着从政治中抽身而出,以便对这些选择进行评估。裁决的前提是某种标准——法律,或终极而言,自然。但是对现代理论家来说,裁决的标准变成了决定着选择的必然性。自然没有赋予我们对自己做得如何进行判断的能力,然而她的必然性的一面却剥夺了我们的选择,逼迫我们果断地行动。既然我们没有选择,所以没有人能够对事件做出裁决。当亚里士多德的慎思变成了马基雅维里的决断(diliberazione)时,行动要抢先于必然性,并且笼罩着事后的裁决;人们学会了"只看目的",只以成败论英雄。法律服从于制定法律的意志,这种意志要具有果决性,虽然它也总是服从着必然性。这个暧昧的执行官既是有意志的,又是服从的,他从慎思的立法者那儿获取,又让稳重的裁决者与他同行。由此,三种权力汇聚成了执行的权力,或者说,执行的行动。

为了反对这种马基雅维里式的权力汇聚,霍布斯、洛克和孟德斯鸠试图恢复法律或立法者至高无上的地位。然而在实践中,主权者却变成了拥有执行权的人。当洛克和孟德斯鸠试图把执行与立法分开、阻止立法机构的暴政时,他们陷入了困境。洛克在代表人类意志的立法权和代表必然性的执行权之间安排了一场争取至上地位的竞赛。但是,既然法律的目的是预见必然性,执行官采取行动是要提醒人民不要忘了必然性,那么也就很难设想,立法和执行怎么可以成为泾渭分明的职能。如果宪政体制失败,人民将成为裁决者,他们可以行使自己的权利,改变或消灭政体，再建立一个新的政体。

但是，这种人民裁决的根据何在呢？仅仅是一种有关政治必然性的意见，它在性质上与立法权和执行权的意见并无不同。与洛克筹划的对至上地位的检验相反，孟德斯鸠安排了一场这
261 些权力之间的防卫性竞争，以阻止它们相互侵害，就像《联邦党人文集》的做法一样。孟德斯鸠然后把司法权从执行权中分离出来，可是他并没有把法律提升为评判执行权的准绳；他的裁决就像实际发生的那样，是由陪审团做出的——把细节拼凑成宪政体制的洛克的超宪政体制的人民。评判这三种权力的标准是相同的，即公开表达的有关安全的主观意见。那么，怎么能对它们做出明确的划分呢？

帕布利乌斯分享着这种现代人的怀疑，即是否能为亚里士多德对慎思和裁决的区分找到任何坚实的基础。裁决不过是另一种选择而已，因为人们没有能力对他们的自身利益和必然性采取一种必要的超然态度，或他们这种行为是不可靠的。裁决权是哲学的政治替代者，因为哲学或“政治科学的技巧”在自然中找不到没有染上人类偏见，从而可以裁决这种偏见的标准。为反对最高法院的司法审查，帕布利乌斯在《联邦党人文集》第78篇对裁决和意志的功能做了区分；然而这种区分显然不能从科学上得到确立。[31]也许，亚里士多德在其王权学说中揭示的优秀品质的君主制含义，在向共和主义者提供的论证中，是不能被分开宣讲的。

因此，在《联邦党人文集》中，只能在没有事先证明三种权力的区别的情况下，也就是说，在不存在为这种区别提供依据的具备优秀品质的亚里士多德式王权的情况下，提出权力分立。帕布利乌斯简单地假设几种权力是有区别的，然后便解释如何维持它们的分立，这需要让它们具备各自的意志，然后是防止政府

的其他分支侵犯的自卫权。这些附加的权力——按《联邦党人文集》第 51 篇的说法，是精明审慎的发明，而不是政治科学的发明——必然同这些分支结合在一起。因此正如孟德斯鸠预见的那样，分权强迫混合。既然立法分支在共和国里通常处于主导地位，所以只能用否决权这类非执行的权力去“加强”执行权。洛克也加强他的执行官，但更多地是为了审慎精明的自由裁量权，而不是让他和立法机构平起平坐。我们将会看到，《联邦党人文集》没有公开要求执行官的自由裁量权，就直接把它拿了过来。 262

分权原则由一段著名的公式做了宣示，它似乎描述了一种机制：“野心必须用野心来对抗。人的利益必然同当地的宪法权利相联系。”（《联邦党人文集》51）请注意，在这里是把利益和野心相提并论，虽然用野心冒险未必符合一个人的利益。还要注意，宪法规定的官职同人的利益有关，但不是由这种利益决定的。必须调和这种野心，同时又必须借助于这一野心。野心对这种诉求不会自动做出回应，而是由对立的野心唤起。野心更像一个回应挑战的骑士，而不是一个追求利润的商人。[32]

“当地的宪法权利”使一个有野心者的利益获得了具体的形态，他希望成为一个杰出的参议员、国会议员或总统，而不仅仅是获取更多的钱财或一般好处。但是，这种官职仅仅为他出人头地的愿望提供了一种形式并且借助于这种愿望；它并不以经济激励的方式保证他有良好的表现。帕布利乌斯把这种办法描述为“用相反和对立的利益来弥补较好动机的缺陷”。相反和对立的利益不是私人的经济利益，虽然它们也不是更好的动机。为了理解这段话，必须不但根据利益来看待官职，还要根据官职来看待利益。帕布利乌斯没有诉诸优秀品质，因为他对共和政体和贵族政体中的优秀品质保持着警惕。然而他也避免依靠贪婪和虚荣这类卑鄙的动机以及公共利益。

在布莱克斯通看来，分权是一种机制，它为政府提供了一个不是任何权力所设想的方向；对孟德斯鸠来说，它是一种没有方向的机制，随着自然的运动而运动，而在《联邦党人文集》看来，它是一种结构，其首要作用是对依靠人民控制政府这种做法的一种“辅助性的防范”。对于控制政府这个目的来说，它具有机制的一面，虽然其效用不具有机械式的确定性。但是分权还有一个目的——诉诸优秀品质。所以，正如我们所看到的，为使其相互制衡而分立的权力，被从人民那儿拿走了：为了利用野心，必须让它发挥作用，因此必须放松共和政体对它的限制。[33]当
263 帕布利乌斯开始描述具体的权力尤其是执行权时，我们将会看到，这种分权机制既给了优秀品质以机会，也为优秀品质提供了支持。

总统官职

帕布利乌斯在讨论宪法中的执行权时[34]，首先讨论了它的选举方式，这也是它的共和主义特征之所在（《联邦党人文集》68）。帕布利乌斯以一种美妙的区分方式，把这种选举的办法描述为“即使算不上完美，至少也很出色”。他指出，它从未受到过批评。然而我们不得不承认，它并没有存在多久，很快就由《第十二修正案》做了修订，因为政党已经掌握了总统候选人的提名权，并发动了选举他们的“选战”。不过还是值得思考一下，对这种选举方式可以期待什么。

帕布利乌斯避免提到任何可能的必然因素，只谈选择总统这种做法中的“可取”因素。“让人民的感觉在这种选择中发挥作用是可取的。”仅仅是人民的感觉（这是个含糊不清的说法：是

指他们的良知，还是指他们的一般感觉？）而已，仅仅是起作用而已。人民主权的作用不过如此；这是一个不同于以往所有共和国的共和制政府——一个人民选择了不当主权者的政府。但是，1787 年为取代选举团而提出的现实主义方案，并不是直选总统，莫里斯在制宪会议上提过后一种方案，但因为应者寥寥而被否定了。[35]这个现实主义的替代方案——由国会选举总统——旨在让执行官服从立法机构。古典共和主义理论所要求的这种依服地位，是制宪会议上的弗吉尼亚方案和新泽西方案的共同特点。从帕布利乌斯对新宪法的选举方式的满意态度看，已经没有迹象表明制宪会议中有漫长而艰难的辩论，以便让代表们理解设立这样一位总统的必要性：他通过把自身与人民直接联系在一起，从而独立于国会。[36]在 1787 年（就像今天一样），要害不在于间接选举总统，而在于选举是由总统选举团而不是国会进行的。宪法确实规定，（由各州选出的）议会将从未 264
能在选举团中获得多数的候选人中选出总统，在 1787 年，反对设立一个强大而独立的执行官的人也许以为，这一条款会经常发挥效用。[37]然而，倘若是这样的话，他们将会陷入困惑，这种选举过程在任何情况下都会阻止国会左右总统。

帕布利乌斯接着说，在有利于慎思的环境中，由有才干的人直接选举总统，是同样可取的做法；不应当由散居于各地或集会的人民进行选举。这种选举方式是一个两阶段的“过程”，先由人民选出选举人，他们为此目的只聚会一次。这种程序有一个消极的优点，它能阻止或对抗骚乱和腐败，过去的共和国在终于被迫承认它们需要一人统治时，骚乱与腐败是它们的典型现象。美国宪法因此未雨绸缪，提供了一种正规的程序，它还具有提供一种更好选择的积极的优点。它提供了一种“道德上的确定性”[38]，使总统不仅要有处理琐事的“能耐”和哗众取宠的雕虫小技。这种雕虫小技可以使他在一个小共和国里赢得选举，却不可能在整个联邦取胜。今天我们仍然说，候选人要有“总统风度”，或适合于这个官职的胸襟，它与蝇营狗苟、气量狭小的作风相反。

接下来，帕布利乌斯做出了一个有关“持久存在的可能性”的预见，即这一官职将由“德才兼优的人物”来担任。这种人物的重要作用，不仅在于他们在危难时刻的出色表现，还在于他们使行政管理有了优劣之分。“检验一个政府的真正标准，就是看它提供良好的行政管理的禀赋和趋势。”帕布利乌斯在这里承认，执行官在行政管理中发挥着未做具体限定的作用；后来他又宣称，行政管理，就其最寻常最确切的含义而言，是执行官的专职（《联邦党人文集》72，76）。因此，共和制政府的精神存在于立法机构，而检验共和制形式是否提供了良好统治的任务，却被交给了执行官，由他来履行。共和制政府需要杰出人物，而且正如我们将要看到的，要赋予他们足够的权力，使其不但能够经得住低水平的检验，也能做到出类拔萃。美国人民在决定用自己的
265 宪法去检验人类的自治能力时所选择的或高傲地决定的（《联邦党人文集》39）必然性，十分不同于紧急状态下生存的必然性，虽然可以把它理解为对执行权的更为直接的辩护。为了在良好施政上做到出类拔萃，美国的共和政体必须依然是一个受到限制的立宪政府，但是这不意味着统治最少就是最好这个意义上的消极的或最小的政府。相反，它是一个利用总统的优秀品质和能力的政府。与共和主义对这种人物的敌视相反，共和政体不仅为了生存而需要他们，还要依靠他们做到出类拔萃。但是，为了同共和主义理论保持一致，宪法没有直接规定这些人是某一类需要或应当得到政治承认的人，而是把寻找他们的任务交给了人民。通过“选举程序”，人民辨别他们所要选择的人，他不但

是杰出人士，不只是他们的上司，而且是能够为公共利益做出不可缺少的贡献的杰出人士。

汉密尔顿在讨论选举时没有提到投票权。显然，他把这视为得到各州保障的一种理所当然的权利，虽然他不认为它也包括最后选择候选人的投票权，即我们今天所承认的投票选总统的权利。最初设想的选举团所产生的总统，个人投票者无法认为是他本人的总统，因为他没有把票直接投给那个人。投票者和总统之间的这一段距离，是为了阻止偶像和魅力领袖当道而采取的一项共和主义措施，是我们如今不打算再用的一项措施。我们抱怨对选民的操纵，可是我们忘记了，我们所坚持的权利——让选民做出最后的选择——使操纵变得更容易。这种选举程序，以及帕布利乌斯对它的描述，旨在把注意力从作为个人意见表达（即有“发言权”）的投票权，转向让这种权利达到它的目的。无论如何，选举总统的投票权的前提是应当有一个朝气蓬勃的执行官。然而帕布利乌斯不能以今天已经被完全接受的事实为前提，他必须确证这种观点。

在《联邦党人文集》第70篇，帕布利乌斯开始讨论共和主义对执行权的厌恶这个根本性的问题。他宣称，“执行官的权能是
定义良好政府的一个主要特征”，并且以嘲讽的语气说，对共和 266
制政府“怀有良好愿望的开明人士”，巴不得一个强大的执行官与共和主义精神相符，因为不相符的话，他们的原则也就岌岌可危了。[39]帕布利乌斯将告诉他们如何拯救自己的原则，不过为了做到这一点，他必须重新解释这些原则以及他们所厌恶的对象。

执行官的权能是什么呢？权能并非本质上就是好的；它不是优秀品质。在《联邦党人文集》第37篇的专题讨论中，权能和稳定似乎是定义良好政府的政治权力的两种模式，但是稳定处

于优先位置，因为对权能的需要似乎是为了稳定，而不是相反；还因为人民更看重稳定。[40]“权能”* 和“稳定”都是物理学概念，仅仅是因为《联邦党人文集》才进入了政治科学和政治话语。就像霍布斯采用“权力”（power）的概念一样，他们是用它来表示政府中相对于政体而言具有中立性的某些素质。对于帕布利乌斯的论证来说，能够用一个摆脱了君主制来源的概念去描述执行权，显然是有益的。[41]“权能”也脱离了为君主的统治要求提供依据的优秀品质，它仅仅是一种既可造福也可作恶的权力模式，它也是一种从属的模式，而不是一项统治原则。

但是，虽然权能不是优秀品质，美国宪法中的权能却导致优秀品质。帕布利乌斯的论证，从权能的中立性——它所要应付的是任何政府必须面对的必然性——提升到权能为共和制政府做出的不可缺少的贡献。他在《联邦党人文集》第 70 篇讨论了统一，即权能的第一要素，因为它确保“在最关键的紧急状态”下做出“最必要的”决定（无论是什么决定）时的全体一致。在这种形势下，意见分歧可能是致命的。立法机构中的异议把每一种意见公布于众，所以经常可以促进深思熟虑的选择，这种异议对于执行官来说却是不堪忍受的。因此，设立数名执行官，根本就是一个位置不当的立法机构。

帕布利乌斯希望加以避免的有关君主政体和共和政体的党派之争，被转化成了共和国内执行权和立法权的职能划分。对于执行权的最微妙的一个方面，即同君主政体最为相似的统一性，是从最低层面从而也是最具普遍性的层面得到正名的，这就是必然性层面，即在没有时间选择时必须做的事情。帕布利乌斯接着说，数名执行官不但无法采取行动，而且执行官们还会相

---

* 这里的“权能”原文是“energy”，在物理学中指“能量”。——译注

互指责，从而掩盖过错，毁掉负责精神。单一的执行官既能保守秘密，又能保持向公众负责的精神，因为在一个人必须承担耻辱时，谁给他出主意并不重要，也不必为了发现罪犯而探寻“交易的秘密来源”。一个可以问责的人，较之一个由不承担个人责任的成员组成的多人团体，能够受到更严格的监管。[42]帕布利乌斯由此直截了当地否定了“共和主义的戒备公理，即把权力交给数人，比交给一人更安全”（《联邦党人文集》70）——也就是说，它不适用于紧急状态下的执行权。权能的中立性以其最紧迫的形式，迫使共和主义的戒备原则做出改变，但这是一种有益于共和国利益的改变，它教给共和主义者如何让戒备手段更有效。 267

甚至在必然性不可抗拒的紧急状态中，也可以存在着在迅速思考中快速做出选择的时刻，例如执行官抓住机会——“人类事务”“潮起潮落”的瞬间（《联邦党人文集》64）——签订一项条约或行使自己的特赦权。[43]为了在这种时机迅速采取行动，仅仅做出决定是不够的；执行官还要做出出色的决定，他必须具备必要的优秀品质。但是，当帕布利乌斯谈到权能的第二个要素，即任期长短时，优秀品质又露面了。任期长短当然关系到统一性，因为这是为了单一执行官、他本人的坚定性（这是《联邦党人文集》第 71 篇的主题）和他的行政体系（《联邦党人文集》72）的连贯性。帕布利乌斯本来可以首先论证任期的统一性，而不是分别提供有利于统一的证据。这也许能让今天的政治科学家高兴，他们把执行权视为理所当然，希望看到比帕布利乌斯提供的更多的有关总统制的讨论。然而，这样做不会让帕布利乌斯时代的共和主义者高兴，因为在他们看来这种创新散发着君主制的味道。因此，帕布利乌斯首先证明统一性对于紧急状态下快速反应的必要性，然后再说明任期长短对于我们基于相反的理由——它行动迅捷——而接受的统一性的好处。

“个人的坚定性”来自于延长官职任期，因为“人性的一般原理是，人对其拥有的东西的关心，同他拥有它的稳定性或不稳定
268 性成正比”（《联邦党人文集》71）。因此，较之因为共和主义的戒备心而任期甚短的执行官，任期长的执行官在行为上会更加坚定。任期长的执行官不会受到诱惑，对一时占上风的流行意见“唯唯诺诺”，无论这意见来自立法机构还是人民。帕布利乌斯同意共和主义原则，政府应当受“社会审慎感”的主导，但是与共和主义的戒备原则相反，这条共和主义原则需要一个坚忍不拔的执行官，由他来照看人民的审慎感觉，不受他们“一时的错觉”的侵害。帕布利乌斯说，这是他的职责。

在面对立法机构时也需要个人的坚定，因为这个机构最有可能反映人民的错觉，在共和制政府中倾向于干扰执行和司法部门。权力分立要求权力的独立性，在实践中尤其要求执行官的坚定品质，因为共和国通常的危险，就是立法部门的专权，以及执行和司法权的篡权。帕布利乌斯让执行官既担当共和原则的捍卫者，又担当权力分立的担保人。正如我们在《联邦党人文集》第 51 篇看到的，假如执行官在性格上具有在公共事务中冒险的意志和热情，那么这些事情都符合他的“利益”。假如他不是这样的人，他的利益可能就是“唯唯诺诺”，这可以使他十分轻松地当官，无论任期是长是短。帕布利乌斯把优秀品质称为利益，从而淡化了要求于执行官的优秀品质。假如一个人的利益是获得人民感激的“长远功名”——这是为那些“有足够的勇气和气魄，为人民的利益服务而不惜引起人民不快”的人保留的——那就不妨像帕布利乌斯那样，把利益称为“职责”。[44]

在《联邦党人文集》第 72 篇，主题从总统的四年任期转向他不受限制连选连任的资格，论证也由此展开。他举出那些认为自己的利益就在于冒险犯难的人；他们被称为“最高贵的精神”，

他们的统治欲就是对名望的热爱。[45]帕布利乌斯没有讨论把他们纳入宪政体制的好处，而是谈到排挤他们的坏处（仿佛一届任期的总统制无异于流放）。在这样做时，他总结了把执行权纳入宪政体制的好处。像共和主义者那样，尽量维持一个软弱无力的执行官，或像洛克那样，允许一个强大的执行官摆脱宪政体制，都是排除最高贵的精神。因为从他们的角度看——帕布利 269
乌斯现在采用了这一视角——不让连选连任，将消灭“良好行为”的诱因，他在这里不是指正确的举止，而是指筹划和兴办“有利于公共利益的宏大而艰难的事业”。从消极的方面说，这会诱导冒险家产生“卑鄙的观点，滥用权力，在某种情况下甚至篡权”。社会将被剥夺经验，而这是统治者最为可取的品质。这种排斥的做法，将把当时绝对需要的人从官职中清除出去；它将确立一条否定行政稳定性的宪法性禁令。这段令人印象深刻的话，不仅是在教导共和国利用野心，实际上也是在警告它们阻挠这种野心的危险。重视最高贵的精神，似乎是为了让我们理解只有他们能够对付的必然性。对普通公民的优秀品质虽然有适当的尊重，其实只有这些出类拔萃的人能够缔造或破坏共和国。“缔造或破坏”不单纯是针对生存或稳定而言，而是与丰功伟业有关。承认共和国在危难时刻只有靠这些人的帮助才能生存，这一点被纳入宪政体制，变成了另一种承认：共和国为了取得丰功伟业，确实要利用他们杰出的品质和能力。在这里，把必然性纳入宪政体制的做法，上升到了对丰功伟业的赞赏。

然而，共和国不会因此而成为最高贵的精神的工具和他们惟命是从的模仿者。帕布利乌斯在结束他对执行官的权能的考察（《联邦党人文集》77）时说，他已经说明了这一官职如何把权能与共和国的安全结合在一起。权能包括共和国的安全，因为，尽管帕布利乌斯在前面说过“执行的权能是定义良好政府的一个主要特征”,但是他要为共和制政府中的权能提供有利的证据。他没有表示,共和制政府就是好政府,然而他提醒我们,好政府必须采取某种形式。所以权能必须是适合于特定政体的某种类型的权能。他说,“共和国的安全”——它稍次于“共和制政府的精神实质”——包含着两个因素:适当依靠人民,对他们的适当责任(《联邦党人文集》70)。可是随着论证的展开,适当的依靠被提升为适当的责任。

“责任”显然是麦迪逊发明的一个概念(参见他讨论参议院
270 时对这个概念的用法(《联邦党人文集》63),不仅是指对人民“负责”,而且指代表他们负责:在这个意义上,负责任的政治家是为人民去做那些他们不能为自己做但能够形成一种判断的事情。[46]对共和主义者来说,负责的政府总是意味着许多公民的短期统治,因为这种政府形式更接近人民。但是,在考虑到政府必须做些什么,尤其是从执行中获得权能时,一个长期任职的人似乎能够更加合理地承担起责任,既能迅速做出反应,又能有条不紊地从事行政管理。他能够以更大的能力履行职责;也能够更加容易地看到他是否这样做了。如果是许多人短期统治,“适当依靠”人民便是一种幻觉,因为责任无法确定;政府中的任何人总能给自己找到借口,因为他的任期太短,或是他的同僚人数太多。

只要看看政府的目的,甚至看看共和制政府的目的,对共和政体进行某种调整,对共和精神给予一定程度上的抵制,就成为必然的事情。正是为了共和国的安全——被理解为确保自由或稳定——共和制政府必须为一个权能强大的执行官(当然,必须补充说,还有一个负责的参议院和一个独立的司法部门)留出发挥的空间。共和国的人民必须把共和国的形式理解为一种方法,它不仅是为了找出罪犯和确定惩罚,更是为了给那些理应获得连选连任、获得地位和长久名声的人提供这种奖励。马基雅维里的惩罚优先被颠倒过来了。名望最适合于那些“有足够的勇气和胸襟为人民的利益服务而不惜引起人民的不快”的人，然而只有美国宪法，通过把这种名望纳入宪政而使其变成共和政体的名望，才使它成为可能。

在《联邦党人文集》第 72 篇讨论了最高贵的精神的统治欲之后，帕布利乌斯在《联邦党人文集》第 73 篇又变得十分实际，讨论了权能的第三个要素，即适当的薪酬。“坚毅的品质只在极少数土地上生长”，他说。大多数总统仍然需要一定的薪酬，以保证他们在坚持独立意志时不受立法机关的操纵。这一考虑导出了权能的最后一个要素，“胜任职务的权力”。他讨论了总统的六种宪法权力，虽然它们都不能被视为首要的执行职能——执行法律。 271

第一种也是最重要的权力，即总统的(受到限制的)否决权，按字典的定义根本不是一种执行权。执行官的否决权大概是宪法中最明显的反共和主义特征，它源于英国国王阻挠立法机构的权力。但是帕布利乌斯首先认为，它是权力分立所必需的，是政治学的一项共和主义发明，旨在使立法机构不能染指于执行自己的法律。他再次利用这个机会，教导共和主义者记住一个共和政体的教训，或是重申一个早先的教训。麦迪逊(作为帕布利乌斯)在《联邦党人文集》第 51 篇断言，要想让分立的权力保持分立，它们就必须是独立的，而它们要想保持独立，必须拥有自卫的宪法手段，尤其是对抗立法机构的手段，后者往往能够左右共和制政府。他特别提到了需要一个“得到强化的”执行官。汉密尔顿在这里表明，必须用一种权力强化执行官，它既不是立法权，也不是执行权。这种否决权，正如大卫·艾泼斯坦指出的，是一种旨在让政府行动放慢速度的“权能”因素[47]，这与前面为一个强大的执行官提供正当理由的紧急行动的必要性相反。这种否决权受到限制，它可以被国会三分之二的多数票推翻，汉密尔顿认为这反而强化了这种权力，因为它可以比英国国王的绝对否决更多地得到运用。

然而，这种否决权还有进一步的用途，它不仅是执行官的一件盔甲，而且是“阻止实施不正当法律的辅助性保障”。[48]帕布利乌斯把这种用途称为对能够让执行官捍卫自身的权力的“补充”，他否认这是转而依靠“一种想像中的超乎一般的智慧或品质”。但是，他从作为共和政体立法机构的典型表现的立法中发现，有理由认为执行官往往会比立法机构表现出更多“适当的审慎”。他的官职要求其拥有者表现出有品质的行为——这种有品质的行为无论过去还是现在，是附属于他的人格中的品质，或是需要他具有这种品质。

在较低的层面，譬如涉及到否决权的“基本”用途的情况，这个官职的拥有者对自己的官职权力有着直接的利益，它有可能十分不同于他的个人利益，这种利益将激励他的“坚毅品格”（《联邦党人文集》73）。甚至强调总统的正式官职与其实际行为
272 之间的差别的纽斯塔特也说：“坐在他这个位子上的，再无第二个人。”[49]换言之，你如何部分地依靠你的官位采取行动。《联邦党人文集》典型的并且理由充分的观点是，它把这种较低级的利益作为“基本”利益提出来，把“更高级的”优秀品质置于“次要”位置。反其道而行之的做法将意味着要去辨别具有更高品质的一类人，而不是允许他们作为个人，通过共和国的选择过程而崛起。帕布利乌斯让过程优先于实质，从宪法的形式化规定的角度讨论总统制：这个官职的选举方式、人数、任期和各种权力。他没有试图解释“执行的行为”是什么。

如果有更高品质的人成了这一官职的拥有者，卫士们仍会

反对任何一个这样的总统:他“有时可能受到诱惑,为了他的利益而牺牲他的职责,这种诱惑必须具有极崇高的品质始能抵抗”(《联邦党人文集》75)。帕布利乌斯在讨论由总统和参议院分享的缔结条约的权力时,谈到了这种可能性。他说,总统在四年任期的官职上,不会像世袭制的君主那样,有足够的兴趣去争取获得缔结条约的全权。这种权力涉及主权者之间的条约,所以从性质上说既不是执行权,也不是立法权,虽然它看起来更像是后者。但是,外交谈判需要执行官的“素质”。此外,由于责任十分重大(而且较之国内事务不那么容易分辨),也由于条约是作为法律发生效力的,所以要求立法机构或其中一部分人参与。可见,在把制衡功能视为一种正面贡献的同时,对于品质,仍然是从官职中的利益这个角度来认识的。[50]

宪政共和体制是建立在私利上,但其实必须补充说,是建立在正确理解的私利上。这种政府形式依靠人民的利益,而不是他们的经过教化而产生的优秀品质,因为他们的利益使他们认为,最好是把自己局限于选择或选举统治者,而他们的优秀品质却有可能使他们产生按照原始的、前宪政的共和主义,亲自进行统治的欲望。在《联邦党人文集》第 10 篇和第 51 篇,帕布利乌斯把直接从“人性”中推导出来的利益,同人为培养的、对任何特定政体都不可靠的优秀品质对立起来。这导致一些人说,根据《联邦党人文集》,宪法是建立在被理解为人性中最低级的因素的自利上。但是,我们切不可误解政治必然性中的教训,它们是 273
专门为了原始的或“古典的”共和主义者、为了整个政治科学而提出来的。作为一个自治体系的美国宪政,是以人们能够超越他们的最低品质为前提的。《联邦党人文集》第 30 篇中说,美国的宪政是立基于一个“光荣的决定……把我们的一切政治实验建立在人类自治的能力之上”。如何才能做到这一点呢?

人性中最低级的因素，不仅包括利欲和安全的需要，也包括自由的欲望(《联邦党人文集》10)。把这后一种低级欲望(因为自由仅仅意味着你过自己的日子而已)提升到自治所必需的水平，需要做出高尚的决断，因为成功并非确定无疑，人们在这样做时必须拿自己的荣誉冒险。但是，宪政共和政体即使不能确保成功，也能使它变为可能，它能够创设或“塑造”(model)[51]一个执行官的职位，它具有“持久的可能性”(《联邦党人文集》68)或“公平的开价”(《联邦党人文集》73—77)，让能力高强的人来担任此职。这种可能性来自于同这一官职的数量联系在一起的质量——它的与“任何多人团体”的性格相对立的一个人的统一性(《联邦党人文集》72)，以及它的吸引追求名望和权力者的任期长度(《联邦党人文集》72)。在美国宪法中，优秀品质不以自身的名义出现，而是出现在任职资格的规定中。人民的利益是选举而不是统治，他们必须具备欣赏优秀品质的智慧和给予它信任的判断力。但是，当他们选举宪法所规定的官员时，他们的优秀品质不是——或在他们看来不是——听从更伟大的优秀品质的品质。他们通过寻找有资格担任官职的人[52]，在他们的公民同胞中发现优秀品质——最初是在总统选举中，发现有资格当选的人；现在则是发现合格的总统候选人。同时，这些官职候选人声明具备必要的资格，而不是拥有更高的优秀品质。这些资格在宪法中没有正式规定，也不可能做出正式规定；然而正像《联邦党人文集》所做的那样，它们必须从纯粹的数量、通过参照整体计划推导出来。能否找到具备必要资格的人，在一定程度上取决于我们；他们能否成功，在一定程度上取决于他们自己。宪法起草人通过把执行官纳入共和政体，试图保证没有任何人使这个职务有过分的资格要求。他们的成功可以由一个事实加以证实：以往的共和国都害怕伟人，而美国人却为他们的“伟大

总统"而骄傲。 274

帕西费库斯和爱尔维迪乌斯的宪政论战

亚里士多德的具有优秀品质的王权,作为一种形式上的可能性,仍然存在于宪法之中。它不包含阻碍这样一个国王出现的因素,只有其他方面那些阻挠亚里士多德的国王的实践问题除外。宪法采用了排斥王权的安排,以便设立一个共和国的执行官,而不是一个国王;然而,应付必然性的广泛的宪法权力,也有可能强大到足以满足优秀品质的需要。马基雅维里的通过运用"virtù"预期必然性的原则,可以被解释为符合优秀品质的利益。人民可以选举而不是亲自统治,同样,有杰出品质的人也可以为当选而竞争,在宪法的限制内行动而不是统治。在十分罕见的情况下,这个人可以通过这些约束进行统治,也就是说,可以成功地利用它们服务于自己的优秀品质。被亚里士多德理解为政体中的利益的因素,即每个体政体中的党派倾向,对它的维护维系着整体的生存,按《联邦党人文集》的说法,是美国共和主义精神之所在。这种共和主义精神既是约束优秀品质的安全阀,它本身也是一种优秀品质;"共和主义的优秀品质"(今天人们时有所闻的说法)首先是针对出类拔萃的优秀品质,并且经常被用来对抗这种品质。然而具备这种出类拔萃的优秀品质的少数人,大概会接受这种限制,因为他们所拥有的这部宪法中的总统制,如《联邦党人文集》所解释的,有时允许他们的优秀品质以"利益"这种含蓄的名义,摆脱共和主义优秀品质的戒备。

美国宪法使优秀品质(共和主义或超共和主义的优秀品质)的暧昧性形式化了,这种暧昧性就体现在"帕布利乌斯"——从一个拯救了罗马共和国的杰出人物那儿借来的名字——这个人身上。但是，软弱的执行官和强大的执行官仅仅从理论上说是同一个人。在实践中，这个官职的形式为党派解释留出了空间，它将使这两种执行官在具体的时刻占上风。因此，当1793年乔治·华盛顿总统宣布在英法战争中保持中立时，汉密尔顿和麦迪逊，以帕布利乌斯的名字写文章的两员大将，便发生了分歧。他
275 们在另一些问题上已经有过冲突，但是这一次，在这场著名的论战中，以用笔名"帕西费库斯"写作的汉密尔顿，为华盛顿的声明辩护，而采用"爱尔维迪乌斯"这个笔名的麦迪逊则抨击这一声明。

这是一场典型的美国式的宪政论战。当一种亚里士多德式的政体在文字上被形式化，就像美国宪法那样，它的统治者所提出的正义主张，就变成了由对立党派提出的宪法之恰当性的主张。能够提出对立的宪政主张，是因为宪法在规定权力时所采取的形式化规定，它为实际关系留出了一定的空间，他们之间的争论便保持着这种形式的性质。一场宪政之争赋予了它判例的意义，这个判例以后有可能缠住一派或两派不放。例如，一个强大的执行官可以变得对共和主义者有益，对联邦主义者有害。宪法政治以它的党派政治中的自相矛盾——例如它们获取它们过去所反对的官职，或面对它们过去差不多已经克服的困难——为代价，获得它的长远眼光和灵活性。但是汉密尔顿和麦迪逊并不是宪法优势的抢夺者。作为帕布利乌斯，他们一起解释共和体制中的执行官的暧昧地位；在有关这一官职的各项权力的辩论中，他们又分别是两派的创始人。

汉密尔顿认为，既然华盛顿的声明既不是立法行为，也不是司法行为，那么它"必然"是执行的行为。他这里指的是政治上而非逻辑上的必然。汉密尔顿的意思是，既然政府必须能够有所作为，假如有三个分支部门中的两个不拥有一项权力，那么它

必须存在于第三个部门之中。它便是根据宪法第二条拥有“执行权”而不是拥有宪法第一条列明的各项立法权的部门。对单数的执行权可以做出具体的解释,却不能一一列举,因为它举不胜举。所以执行权不像立法权,它不单纯是自身各部分的总和。其原因不完全在于各种偶然事件无法预见,而在于“美国同外国打交道的机构”是执行部门,而不是立法部门。[53]因此,执行权必须是一个整体,因为它是作为一个与其他整体打交道的整体而采取行动。参议院批准条约和认可任命的权力,以及国会的宣战权,是执行权中的例外,因此应当做出严格的规定——即越少越好。 276

在这里,汉密尔顿不同于帕布利乌斯,他很少关注共和主义精神的敏感性或防范野心的必要性。相反,他强调每个部门履行职责时当下的权威(concurrent authority)。我们因此学到了一件帕布利乌斯没有传授过的事情——执行包括解释。“执行法律的人,”汉密尔顿说,“必须先为自己判断法律的含义。”[54]大概仅仅只有这一次,汉密尔顿是从处理外交事务的权力,即洛克所谓联合的权力中,引伸出执行权。与帕布利乌斯不同,他明确表示,维护联邦是执行官的工作(参见《联邦党人文集》23)。执行权于是变成了一个捍卫国民、服务于宪法目的的整体,因为难以限定,所以也难以限制。在宪法所建立的结构的形式中,它的位置是由它对这一目的的责任决定的。

在论战的麦迪逊一方,立场截然相反:执行部门的目的,是由它在结构中的位置决定的。“执行官理所当然的职权范围是执行法律,”他说,“因此,他的一切行动,如果是正当的执行行动,就必须以存在着有待执行的法律为前提。”[55]麦迪逊愤然驳斥了一种“奇谈怪论”,它主张开战和缔约的权力从本质上说是执行权。然而,即使条约不是地地道道的法律,它也具有法律的效力，应当由执行官去贯彻落实。缔约不属于执行权“理所当然的职权范围”，虽然宪法把它授予了执行部门；麦迪逊参照《联邦党人文集》第75篇（汉密尔顿所写）的内容，旗帜鲜明地指出了这一点。宣战是立法行为，因为它代表主权。正是由于执行官在从事战争时不是在执行法律，所以应对它的战时权力做出严格的限定。执行官其实有着好战倾向，必须使它受到制约。

自称“帕西费库斯”* 的汉密尔顿，想到的是“中立声明”的目的，他把国会同宣战联系在一起，把总统与维护和平联系在一起。麦迪逊对于执行官在战时得到的权力，则表现出共和主义者的怀疑，他以爱尔维迪乌斯** 之名所写的第一篇文章，正是要激发这种共和主义情感，而他以笔名帕布利乌斯写文章时，却是要冷却这种情感的。他说，“只有外国人，以及我们中间那些痛恨我们的共和制政府的堕落的公民，才会怀着愉快和赞许的心
277 情”，阅读帕西费库斯的文章。[56]麦迪逊阐明了共和主义精神、共和政体的利益，它需要一个软弱的执行部门，要把它恰当地限制在它的“理所当然的职权范围”之内。他否认执行官有任何自由裁量权，甚至——或者说，尤其是——在外交事务上也没有；他惟一的责任，就是不计后果地忠实执行法律。[57]

当汉密尔顿大谈执行部门的性质，而麦迪逊对它理所当然的职权范围轻描淡写时，我们才明白了帕布利乌斯为何避免谈及这个有争议的问题。不仅《联邦党人文集》，而且包括宪法，都避免一一列明各项执行权——更不用说给执行权一个定义了。在沉默不语的宪法的唆使之下，爱德华·考文特别指出，宪法“是

---

* “帕西费库斯”（Pacificus）的字面含义是“和平主义者”。——译注

** “爱尔维迪乌斯”（Helvidius）的字面意思是“瑞士人”，有“共和主义者”的潜在含义。——译注

在鼓励为美国外交政策的支配权而战”。[58]他说，事件将使流行的意见烟消云散。然而也可以补充说，竞争者的能力也将决定由谁来决策。鼓励竞争，就是鼓励出人头地。执行权的性质这个问题，是必然要在实践中提出来的，汉密尔顿和麦迪逊之间的辩论，不但是众多辩论中最出色的辩论，而且是它们的原型。美国宪政体制中的执行官一职，允许甚至鼓励人们不断就执行权的性质展开辩论。

每个总统都要为自己定义这一官职，并要面对其党派诋毁者的定义。可见，对于那些根据宪法行使统治权的人，宪法并没有规定他们的行为，并且也不打算这样做。一部运行起来无懈可击的宪法，不是一部运转良好的宪法，因为它没有给参与者的优秀品质留下任何空间。1793 年以来的美国历史，揭示了许多有关执行权论题的可能变化，有一些比另一些更出色，然而它们全是有争议的。缺少一个正式的定义，使每位总统变得只对自己负责。当执行权被纳入立宪政体和共和政体时，它在一定程度上保留了君主的机动性和灵活性，从而为马基雅维里的必然性留出了适当的位置。然而它在这样做时，以最佳情况而论，并
未放弃以优秀品质采取行动的责任。 278

十
结语:形式和目的

执行权,作为政府的一个正式的基本特点,逐渐得到了承认,人们的所有行为方式都对它趋之若鹜。不但各种类型的新思想家,而且实干家——思考自己做什么的真正执行官——都在使用和发展这个由马基雅维里发明的概念。以主要的思想家而论,有托克维尔、黑格尔、马克思、尼采和韦伯。突出的实干家包括罗伯斯庇尔、拿破仑、安德鲁·杰克逊、亚伯拉罕·林肯、伍德罗·威尔逊、列宁、希特勒、富兰克林·罗斯福和温斯顿·丘吉尔。

在二十世纪,权极主义政府兴起,处决了数以百万计的人,它们宣称这是为了执行人民的意志。马基雅维里做梦都不敢想的新形式的罪恶,借助于他的政治科学变成了现实。我们看到,执行权从一开始就被有意视为中立的,与君主政体和共和政体的区分无关。它是中立的,因为马基雅维里认为,他的新学说将给人带来更多的荣耀和安全,无论他们拥有什么样的政体。这种相对于形式而言的中立性,使马基雅维里的执行官能够被缔造现代主权的人(博丹和霍布斯)、宪政主义者(洛克和孟德斯鸠)和美国的立宪共和主义者所利用和改造。中立的执行官当然也可以被民主化,这或许是为了造福,说不定也是为了作恶。

在美国,帕布利乌斯对共和政体和民主政体的区分已经烟消云散,虽然建立在这一区分上的宪法仍然有效。帕布利乌斯
279 把执行权理解为一种非共和主义的装置,旨在为共和国带来活

力,从而使其免于民主政体的软弱和分裂。我们现在看到,这个作为领袖的执行官,是从民主的因素中汲取力量,又反过来强化这种因素。在《联邦党人文集》中,推出一个强大的执行官,是为了与人民对抗,而在我们这里,他的强大与人民同在,而且是为了人民而存在。这种变化也许是有益的,并且无论如何也是难以逆转的。但是,现代极权主义对这个强大执行官的利用,使人们难免对原始概念的中立性产生了根本的怀疑。对于一种逃避宪政和共和政体的约束,且已被证明对自由有史以来所遇到的最恶劣的死敌十分有用的学说,难道我们现在不应给予重新评估吗?

因为我们现在知道,马基雅维里是错误的:宗教不是自由的死敌。马基雅维里从他最险恶的敌人那儿盗取了执行的概念,试图把它用于增进人类的自由。他从基督教徒或神职人员的谎言中,即他们自称仅仅作为神的意志的执行人统治人们的说法中,发现了这个概念。他盗用了这个概念,用人类的必然性取代神的意志,以便它可以为世俗权力所用。然而我们已经知道,这种必然性能够为罪恶提供激励和借口,它比马基雅维里在宗教中看到的罪恶还要严重。因为现代执行权不同于那些声称是在执行神的意志、不考虑特定政体需要的人,它在政治上不是中立的。它也不像对任何地方都能看到的政体成分——尤其是慎思和裁决的成分——进行分析的亚里士多德政治科学那样,在理论上是中立的。其实,没有什么东西可以保证一个统治者有出色的慎思与裁决。做到这一点的人便是好人。无论这种观点存在多少问题(回想一下有关好人和好公民的问题吧),在这个方面亚里士多德更加令人信服。

但是,马基雅维里的中立性有一种邪恶的倾向,因为很难想像一个好人会娴熟地运用他推荐的那些恶毒诡计。相反,亚里士多德的混合政体有着启迪的作用；它所教给我们的中立性，使我们放松自己的党派依附的约束，允许我们对其进行改进。马基雅维里的精明审慎不过是狡诈而已，他的君主政体或共和政体（它们都是这种政体的混合），如果精明地加以理解，鼓励它的君主或公民不计党派地放弃所有忠诚，只保留对他们自己的忠
280 诚。对马基雅维里来说，好的执行官必须是一个坏人。他的罪恶，即使因为他的必然性而得到谅解，仍然是罪恶。这些必然性是真的存在呢，还是对既有可能变成也有可能不变成必然性的因素的有争议的提前干预呢？为这种罪恶找到的借口，是不可避免地来自于非人为的必然性呢，还是来自于马基雅维里本人——这个魔鬼的代言人呢？可见，有某种罪恶狡诈地附着在中立性上，这使马基雅维里的执行官有可能在自由主义宪政中得到利用。

正如我在第九章所说，反映在美国宪政体制中的追求官职的野心，能够把优秀品质召唤出来，然而即使果真如此，野心或利益的名声还是会妨碍优秀品质的作为。品质的光芒被这些名称所遮蔽，一种低俗的精神得到了原谅，罪恶的可能性也被小心地掩盖起来。在用野心制衡野心时，更难以谴责——虽然仍有必要——煽动家。随着时间的推移，马基雅维里的凶险的中立性，已经出现在专业政治科学家的价值中立的行为主义之中，他们的范畴甚至不允许他们承认煽动家，更不用说谴责这种人了。他们的科学遵循着霍布斯的榜样，把马基雅维里的君主的残暴行为普遍化和民主化，甚至做了消毒处理。但是，假如他们受到压迫，那么他们也许不得不承认，对于他们从天真地分析一些忠厚老实的美国总统中得出的模式，恶人能够比好人做出更有效的解释。

也许，现代极权主义政体提供了有关现代执行官的最具启

发性的观点。在这些政体中，马基雅维里的中立观变成了实际
的现实，于是我们可以按它本身的标准去判断它成功与否。我
们在这里看到了执行的形式主义和不讲形式的最恶劣的表现。
这种形式主义表现为一种麻木的、无所用心的官僚制度。乍一
看，它好像受到规则的约束，没有任何原因，也不针对任何明确
的目的，采取了一种令人想到卡夫卡的方式——但是后来的经
验证明，它是为了一个统治党的利益而进行的压迫。就像孟德
斯鸠所说的专制政体的臣仆一样，极权主义的官僚部门把领袖
的暴政原封不动地变成了小官吏的专横，他们利用规则使自己
变成了小太上皇。这种形式主义，并不真正尊重阻止专横统治
的形式和形式化规定，相反，它把它们作为暴政的工具加以操
纵。极权制度中的官僚非但不遵守马基雅维里的原则——“侵
害宜一举完成，施惠要细水长流”，反而延长它所施加的痛苦，逼 281
其臣民在望不到头的队伍里等候，有时使其遭受痛苦的折磨。

因此，在极权主义领袖身上，看到执行的行为不讲规矩，恶劣至极，这与它最恶劣的形式主义是十分一致的。这个领袖培养出他的一种革命意志的品质，他代表人民行动。在典型的情况下，这个领袖有自己的超凡魅力，就像希特勒一样。但是，当这种制度陷入繁文缛节，领袖也变成纯粹的工具时，它就只能依靠某个死人的意志的激励了。关于非人格的历史动力的科学，很容易变成一种个人崇拜。

极权主义政体的形式主义和不讲形式是两种性质的中立，它声称这表明没有人在进行统治。官僚部门属于国家，而国家是党的非人格的臣民。党宣布它所代表的利益不仅高于当前任职者的利益，而且高于他们作为统治者所推崇的优秀品质。无论是纳粹还是其他的意识形态，都没有像《联邦党人文集》那样表现出对野心家阶层的重视。它们只关心种族意识或物质利

益,它们的分析缺少为宪政体制提供依据的政治科学的自省精神。官僚是想入非非的美学家也好,还是——这更有可能——热中于要特权的人也罢,他们的意识形态都用非人格化的空洞保证和不可信的普遍性主张,回避谁在统治的问题。

极权主义领袖的不讲形式,是对非人格化的官僚体制的反应和回击,不过这种不讲形式也有自身的中立性。领袖为一个结构提供了意志,据说它没有自身的意志,即使它具有意志,也不过是抵制变化的意志。领袖提供一种缺了他就不会出现的党派基调和方向——党的路线。但是,他为此而受到颂扬的强大意志,却要服务于他当时无可逃避的使命。因为就像所有其他个人一样,领袖是比人类更伟大的历史动力的执行者,这不是因为这种动力是神,而是因为它比任何一个人或团体都更强大。领袖代表人民,或代表将使人类得到新生的阶级。从这个意义
282 上说,他的意志所获得的形式来自于外部,没有真正的内在方向:不管他可能多么好战,就他自称历史的代表而言,从本质上说他是个软弱的执行官。作为历史的执行人,极权主义的领袖与官僚无异,只能走向为他指定的地方。他的胜利其实不是他的胜利,而是他的人民或他的阶级的胜利。他没有正视自己的必然性,而仅仅是历史必然性的帮手,所以他绝不会赢得马基雅维里的君主那样的荣耀。他所得到的承认,取决于他的继承人的需要,后者有可能把他扔进历史垃圾堆——完全是为了有物质原因的利益。

两种类型的中立性,即形式主义的和不讲形式的中立性,在拒绝承认对已发生的事情的责任上是一致的。官僚机构仅仅是没有目的的形式;而提供目的的领袖仅仅是在传达他从历史那儿得到的指示。他们都不是负责任地进行统治,都试图以自己典型的不负责任去弥补对方的不负责任。所以我们看到滔天罪

行，有时甚至看到坦率的承认，却绝对看不到这样的主张——这不是因为人类有给予原谅的嗜好，而恰恰是因为极权主义的教条不允许原谅。“这既不是事故，也不是失误。”苏联的发言人在谈到击落一架民航飞机时说。这种政体的原则不允许事故或错误。极权主义的罪恶并非没有恶意，然而它要伪装成不受恶意的左右。它的中立性统领着超人力量的强权，然而这种政体缺少人类的利益和传统专制政体偶然表现出的庄严。它的不负责任因此变得更为冷酷。

极权主义执行官带来了马基雅维里的学说试图回避的罪恶责任的问题。但是在它本身的中立性机制中——在领袖和官僚的互动中——我们也发现了今天大多数人在自由民主政体中看到的执行问题。在大众对“政客”的鄙视中，仍然残留着对煽动家的某种厌恶态度，然而我们已经不再像帕布利乌斯时代那样谴责煽动家了。如今我们谴责“官僚机构”。在我们看来，执行的问题不在于有需求的人民易于受到煽动家的奉承，而是一个懒惰的、不负责任的官僚集团。这个执行官必须推动政府前进，这样它才能有所用心。为此，他必须具备“超凡魅力”。

超凡魅力是从德语输入的一个社会科学专业概念，如今却变成了一个最常听到的称赞美国执行官的用语。“干练的”执行官已经消失了很久。确实，具有超凡魅力的领袖，姑不论他同暴 283
君的区别，是很难同煽动家区分开的。但是，尽管有这种社会科学的趋势，任何民主政体仍然需要辨认并谴责煽动家和暴君——因为他们仍是它的敌人。马基雅维里思想的长远后果是，它已经导致辨别力的相当严重的丧失。作为他的隐蔽动机的X光片的中立性，已经变成了所谓的科学的客观性，它被处心积虑地用来模糊宪政主义政治必不可少的区分。

“超凡魅力”是马克斯·韦伯本着尼采反叛理性主义的精神

发明出来的一个概念。它的流行反映着一种马基雅维里式嗜好的无意识回归,这就是对感官因素的嗜好,它与帕布利乌斯所承诺的宪政主义行政的可靠益处完全相反。民主的人民在追求超凡魅力时易于受到愚弄,他们事先便为领袖的轻率和不负责任提供了理由。作为一个概念,超凡魅力在科学上是中立的,它寻找来自于任何方向的刺激——不在乎它来自于何方。结果却是提供刺激的执行官,即煽动家,受到了偏爱。

马基雅维里打算用他的中立的执行官完成什么呢?人们逐渐满足于令他们愉快的安排,即反映他们的党派愿望和欲求的秩序和现有的统治形式。马基雅维里的执行官的目的,是提醒人们别忘了他们的恐惧。突如其来、令人惊恐的执行[处决],让人们记住这种舒适秩序的来源以及它们的目的,即提供安全,对抗他们的恐惧对象。这种执行[处决]使他们窥见到统治的必然性,以及一幅不服从之后果的生动画面。在这种真正的马基雅维里时刻,政府的形式又在产物或后果这个意义上回到了它的目的,并且是根据这个目的加以评判的。一切党派形式的统治,必须通过这个中立的检验:它保障我的安全吗?

但是,各种模仿美国宪政建设的民主化运动,也有着直接诉诸民众感情的意图。在这个宪政主义的共和国,已经找了把政府交还给人民的方式;按照这种政府的形式,它最初是要从人民手里收回统治权。不过这种诉求不是用清醒的马基雅维里式方
284 式唤醒人民的畏惧感。相反,早期的民主化模式包含着这样的政党,它们要表达人民对自治的共和主义的自豪感——诉诸民众的情感,而不是公共理性,这正是帕布利乌斯在《联邦党人文集》第 49 篇警告过的事情。后来,这种趋势日益加快,性质也发生了变化。它不是诉诸民众的自豪感,而是要唤醒和激励那些消极依附、对投票兴趣索然的人民的热情。于是便有人呼吁用

超凡魅力去刺激人民；于是便有了借助于舆论调查、电视和总统初选大会的事情，以便为人民说出他们好像没有能力自己表达的话。受到帕布利乌斯轻蔑的“哗众取宠的雕虫小技”（《联邦党人文集》68），获得了科学的地位，发挥着给人民解释政府和他们自身的功能。

无论热情与否，民主化模式已经侵入这个地盘，干扰了宪法设立的官职所要维护的冷静态度。在这件事上，托克维尔的远见卓识，要比我们的事后聪明更出色：

> 生活在民主时代的人，不容易理解形式的功用，他们对形式有一种本能的轻视……形式使他们反感，而且往往使他们憎恨。他们通常只向往容易得到的眼前的享乐，所以急不可耐地冲向他们所追求的每一个享乐对象，稍有挫折即表示失望。把这种性格带进政治生活以后，便对时常拖延或阻止他们实现某些计划的形式产生敌对情绪。
>
> 但是，民主国家的人对于形式所感到的这种不便，正是形式有利于自由的地方，因为形式的主要功用在于在强者和弱者之间、统治者和被统治者之间，设立一道屏障，阻止强者或统治者随意做出决定，使弱者或被统治者有时间再好好想一想对策。随着统治者更加积极和强大，个人日益消沉和变弱，形式更为必要。因此，民主国家的人民本来比其他国家的人民更需要形式，但他们又很自然地不太尊重形式。（托克维尔，《美国的民主》II. iv. 7）

这种重目的或欲望对象而轻形式的民主习性，正是美国的立国之父打算用宪法，尤其是他们纳入共和政体的执行官加以包容的东西。美国总统要维护宪政，使其不受人民和立法机构

的狂热情绪的侵害。是他,而不是他们,将掌握紧急状态下的权
285 力,他的长远事业将从人民那儿得到持久的赞同,所以他不太会屈从于他们轻率的愤怒。

相反,对形式的不耐烦,恰恰是马基雅维里打算用他的可怕的执行[处决]行为释放出来的情绪。通过集中体现于“超凡魅力”这个词中的执行官的民主化,我们似乎又回到了马基雅维里的君主,虽然他的权宜性的“善于运用残酷”已不复存在。今天的政府似乎分成了两类,一是没有能力运用残酷的政府,一是除了残酷一无所长的政府。它们都不能算是马基雅维里式的政府。我们对自己的宪政体制似乎有所怀疑,却不愿意接受“只看目的”这个马基雅维里的结论(《君主论》18)。这样看来,现代执行权学说也许有些问题。为了搞清楚我们现在的处境,我们需要评价我们过去的处境。在做出这种评价时,我将提出形式与目的之间的关系这个问题,它是执行权的本质所在。

现代执行权学说以对抗亚里士多德的王权学说作为起点。后者的核心观念是人类承担着统治的责任。统治是通过某种秩序或政府形式完成的,这种形式有它自身的目标,或是向着这个目标前进。例如,民主的形式推动其公民过民主的生活。但是,除非人们天然地适应这种生活,真正的民主政体是不可能实现的。就像实际发生的情况那样,假如他们的天性中既有民主政体的因素,又有寡头政体的因素,那么单纯的民主政体是不会让他们满意的,没有得到回应的要求依然存在。只有最杰出的人,他既是民主派又是寡头派,同时又优于两者,他的要求才能完全得到满足;因此,只有在这个最杰出者的王权政体中,政府的形式才能达到它的目的。

但是,在得出了类似于柏拉图哲学王的王权政体或贵族政体的结论后,亚里士多德又从这里撤退了。考虑到这种王权之

道的实际困难，他在混合政体中为他找到一个实用的替代品。他在这里采取了一种现代意义上的宪政主义观点，要找出禁止形式向其不可避免的党派目的前进的办法——托克维尔意义上的“屏障”。但是，这位政治哲学家的王权政体，其实仍处于幕后，总是吸引或指导着把不完美政体改造为最佳政体的改革。因此，妥协的方向是进取的。负责任的统治者接受人类的不完 286
美，认为它是有用的，但他又盯着高贵的境界，并不承认每一种不完美都是一成不变的。对亚里士多德来说，自然允许人类的优秀品质获胜，虽然没有为它提供保障；因此，自然引导并强迫我们亲自承担责任，让她那令人迷惑的承诺结出果实。

在马基雅维里看来，自然不是人类优秀品质的朋友。她送给我们的不是礼品，而是必然性，对于这种必然性，必须用一种经过改造的优秀品质进行管理。马基雅维里的“virtù”(品质)立志于追求荣耀，但是它也通过使国家振兴的执行[处决]行为，让人们记住他们的首要目的，即安全的需要。马基雅维里劝告我们，不要承担完善自我的责任，更不要承担完善自然的责任。这种责任经过基督教的解释，通过强迫人们变成神意的执行人，使他们遭受奴役。马基雅维里告诉我们如何为我们自己的、人类的必然性承担起责任。君主利用他的执行[处决]行为，因为“人类的必然性”是每个人的必然性，因此不是统治者的责任。执行的暧昧性即存在于这种既接受又避免责任的行为之中。

这些人类的必然性在霍布斯那儿变成了代议制政府的基础，驯化君主就是从这里开始的。霍布斯把君主形式化了。他没有像马基雅维里那样，为君主的实际行动提供范例，而是描绘了一幅自然状态的画面，一种在实际经验中难以看到但是很容易从这种经验中推导出来的状态。自然状态向每个人表明，从形式上说他们都是自己的君主，因为我们能够利用我们的想像

力,不必在实际上像君主那样行动。人人都是自己的君主这条原则,被形式化为自我保存的自然权利,这是对马基雅维里的获
287 得论的一种防卫性的、温和的、普适性的和理论上的重申。因此,当主权是由每个人的自然权利授予时,政府的形式是根据这一目的建立的,并处在它的管束之下。对马基雅维里的君主所建立的政府,也可以这样说,不过霍布斯的方案较少不确定性,或者较为科学,因为它不依赖实际的执行[处决]行为及其所要求的精明审慎。在这里,形式的优点伴随着形式主义的缺点,即始终存在于霍布斯的政治科学中的形式与实质之间的断裂。对他来说形式和目的是一体的,但也仅仅在形式上是一体的。现实中的主权者能够遵循霍布斯的所有原则,但仍会归于失败。换言之,权力的正当性并不能保证成功。但是,霍布斯之后的宪政主义的执行权观点,恰恰是一种通过权力正当性来保障正确性的尝试。假如执行的官职能够在法律或理论上受到适当的限制,那么它也要求履行职责所要求的能力——同时限制那些对于它来说太大的能力。

霍布斯试图用目的去规范形式的努力,又被洛克接了过去并使之得到加强。洛克赋予主权以一定的结构,即一种“宪政体制”,从而对霍布斯[对主权者]的授权做了改进。采用分权结构,政府的形式不再仅仅是一个形式化的君主或暴君。由于形式不再仅仅是繁文缛节,建立政府的行动便获得了一种在霍布斯的政治科学中不具备的尊严。形式成为目的的一部分;导致安全的自由选择,变成了安全的标准或特征。洛克保留了安全这个目的,把它作为从两方面检验形式的标准:一是人民改变、消灭一种政府形式或建立新的政府形式的超宪法的权利;二是执行官的自由裁量的特权。因此在这种宪政体制中,形式和目的处于紧张的关系之中,而不像亚里士多德所说的那样有着和

谐的关系。政府的形式是建立法治制度的立法权；目的则是由“在规则之外谋求公益”的特权来代表。洛克的执行官（和我们的执行官）的地位是暧昧的，因为他既为形式效力，也服务于目的。作为立法权的臣仆，他是下属，作为批评者，他又是平等的一员或是上级。

孟德斯鸠不满足于把形式和目的分离的形式主义。自由的宪政体制需要一个自由的社会，不然它就会腐化变质，被滥用于非自由的目的。其实，正如孟德斯鸠对古人的共和主义优秀品 288
质的敏锐批判所示，一个自由共和国自身的形式（它的“性质”）将同它的目的（或“原则”）发生矛盾。在那些现代哲学家看来，主权者的正当性（霍布斯）或宪政体制的尊严（洛克），是依靠专制政体的恐惧原则来维持的。必须寻求形式和目的的相互调整，而这种调整的一个基本的方面，就是一个没有刑事惩罚权的执行官，使政府和社会能够遵照发言权的规定生活在一起。当社会的各派人相互对话时，他们通过政府的各部门展开辩论，围绕着立法权和执行权形成党派。这些党派分别代表意志和本性，或形式和目的。但是，尽管有孟德斯鸠的调整，他并没有成功地把形式和目的统一起来。他的自由宪政体制是一个无尽头的调整过程。

按帕布利乌斯的观点，美国宪法把它自身的形式置于它所服务的目的之前，因为形式就是目的的一部分。这也是洛克的宪政悖论。宪政体制为了服务于人民，必须控制人民的统治欲。为了做到这一点，它必须成为某种意义上的主子。只有当人民不漠视宪法的限制，不强迫政府轻率地迎合他们的欲望目标——因为人民把宪政体制的结构形式、程序和权利置于他们自身的目的之前，虽然他们也把后者视为宪政体制的目的——只有这样，政府才能够依照宪法进行统治。为了做到这一点，人民必须把宪政体制当作目的给予爱护或“崇敬”，认为值得致力于维护这种宪政。

令人困惑的是，当人民把宪政仅仅视为自己的工具时，它不能很好地服务于人民。少数人颠覆或推翻宪政当然是可能的，但是帕布利乌斯提醒他的同胞说，在人民的政府中，这并不是主要的危险。主要危险来自于内部，也就是说，来自于人民自身的多数派；因为从事颠覆活动的少数人，最有可能因为人民的支持而成为煽动家。帕布利乌斯没有因为人民不是积极而直接地进行统治，就免除人民照料自己事务的责任。人民要对很好地选择他们的统治者负责，要对允许并要求他们以共和国的形式进
289 行统治负责。他们对宪政体制的崇敬，将鼓励他们的一种可称为主动节制统治欲的行为，而且很容易把它同冷漠或顺从区分开。为人们提供许多官职的联邦制，允许相当数量的少数人进行统治。因此任何坚持亲自统治的人，都不必约束自己这样做。但是所有的人都要承担起遵照宪法进行统治的责任。

美国的宪政体制是洛克式的，但是它比洛克的宪政体制更温和，因为它符合孟德斯鸠的分权，即把司法权从执行权中分离出来。这种宪政体制的所有部门都来自于人民，因此它依靠的是人民的自豪感，而不是他们的恐惧或一个君王的威严。它是可以修正的，但必须从宪法上遵循它自身的形式。从理论上说，如果享有主权的人民愿意，它也可以被废除，但是随着时间的推移，享有主权的人民已经选择了认可宪法并依靠宪法生活，他们变成了宪政主义的人民。人民的目的不再处于宪政体制之外，对它的命运漠不关心。人民可能放弃宪政体制变成了难以想像的事情，因为一旦建立起这种宪政体制，人民也是被它所塑造的。这种宪政不仅把必然性的命令带入宪政形式，它的目的还发挥着提醒人们做出杰出的表现、接受维护它的挑战等作用。

形式和目的就像在亚里士多德的政体中那样,被联系在一起,至少部分如此:宪政的形式以它自身作为目的。因此,节制统治的欲望也变成了一种统治类型。人民是宪政体制的裁决者,然而他们是经过了宪政体制的塑造,才成为它的杰出的裁决者。

这种可喜的发展,无论它在美国的历史中实现了多少,却受到直接诉求于人民这种做法的威胁,这种现象在当代政治中变得越来越明显。这种直接诉诸人民的做法,来自于民主的慌乱和左右两派助长急躁心情的信条。这种直接诉诸人民的做法在极权主义政府中最为明显,当它声称为民造福时,它不必费心征得(或服从于)他们的同意。极权主义政府谎称它们比任何政府都更接近人民;所以它们不需要宪法上的条条框框。然而这种谎言的结果是,它们是举世所知最能撒谎的政府。虽然献身于真理,它们撒起谎来却比所有的政府更放肆。它们对自己的科学充满了荒谬的自豪感,声称它能改造人类;它们比现代宪政体 290
制立志击败的神权政府更自负。

但是,在今天的立宪民主政体中,可以看到为了目的而牺牲形式的相同趋势。美国的宪法权利经常是根据它们的行使后果加以解释,如"结果平等"这个臭名昭著的说法所表明的,却不考虑产生这种结果的宪法手段或程序。在美国政府中,所有三个部门,而不仅是它所属的执行部门,都可以看到积极作为的现象。仿佛强大执行官的精神已经避开了宪法约束,所有三个部门都想得到在规则之外为公众造福的特权。在大家的举止都像执行官的地方,宪法所规定的执行官在争夺特权上似乎占有优势。但是,他支配的地盘越大,越能超出立法和司法部门、达到法律所不能及的地方,他就越容易受到另两个分支的侵扰。当各个分支部门和政党就宪法权利和限制进行辩论时,尽管他们有党派倾向,如果他们同意定义的必要性,他们便共同生活在宪法之下，遵循它的精神。但是，当各个政党不接受定义或解释的必要性时，宪法便开始失去权威。

假如宪政体制没有规定我们的责任，这也许无关紧要。但是它确实做了规定：我们通过宪法中规定的权力和义务，知道对我们的政府和我们自身应当有何期待。所有的部门，甚至所有的公民，都拥有某种权力，却没有人承担责任，因为谁也没有规定的责任。宪法规定的缺失导致了责任的缺失。宪法既不能规定得太多，也不能规定得太少。然而问题正是出在它对执行权这种最抵制定义的权力的定义上。对于采用宪政体制的人民来说，最困难的也是最有必要的事情，莫过于对执行权是什么做出一个规定。

假如执行官和他为之服务的人民有能力负责任地采取行动，那么我们就需要一种有能力分清责任的政治科学。这种政治科学从本质上说是亚里士多德式的，它同发明了现代执行官的马基雅维里的政治科学是对立的。讲责任的政治科学把政府的形式与它的目的结合在一起，使它能够看到形式的成绩是好是坏。就像面对问题的负责任的人一样，它是“透过目的看问
291 题”。它不满足于价值中立的描述，让人民随波逐流，它也不会不计后果地做出价值定位。

最佳的、惟一真实的政治科学是为后果负责的，不过它在这样做时遵循一条原则。它承认必然性，但它并不一味服从。甚至当它看到人们要同自然的必然性打交道时，它也要从他们如何打交道中寻找人类的选择。亚里士多德式的政治科学寻求自然与选择（或形式与目的）之间的协调，而不是寻求马基雅维里式的主宰自然，到头来反而变为屈从于必然性。只有这种协调能使人负起责任。假如他们的选择违逆自然，他们总是能够虚张声势地沉痛宣布，这种结果是命中注定的，从而推卸对自己的

行动的责任。我们要民主，但我们必须接受专制——这不是我们的过错！

因此，政治科学家必须成为哲学家，成为责任的教诲者。教导别人负责，与自己承担责任是大不相同的。为了进行这种教导，一个人必须为别人主张自己的应得物、做出自己的选择留出空间。教师不可以包办一切，不给学生留下任何努力的余地。他可以表明优秀品质的主张导致王权，但他本人不可以试图变成君王。和亚里士多德一样，他必须允许自己，一个品质卓越的人，被民主的贝壳流放制度逐出政治。美国的立国之父就用他们的宪法做了类似的事情，因为他们想让它属于美国人民。有些人认为，立国之父建立了一个利益体系，因为他们害怕让别人为他们自己负责，然而事实上他们允许利益代表优秀品质，因为他们希望鼓励责任心。这是惟一负责任的做法。既然一个人不能亲自统治一切——像亚历山大大帝那样直接统治，或通过一种机制进行间接统治——那么不给别人留出责任，就是不负责任的。

亚里士多德和马基雅维里都不想让哲学家在政治中出风头。亚里士多德认为，苏格拉底的哲学王对于亚里士多德授予统治权的绅士来说，是过于可怕了。马基雅维里相信，任何哲学表演，即使是发生在同政治保持相当距离的沉思生活之中，都会打断他所钟爱的君主对世俗事务的专注。所以他要拯救他们；
他教给他们——和我们——如何逃避改善政治的责任。我们将 292
学会如何把我们的选择伪装成必然性，把我们自己装扮成必然性的执行人，以此来掩盖我们的选择。但是马基雅维里要比他的后学更加无畏，他们对于他的见识既感激又害怕。从一个角度说，他们把他的必然性的政治观发展成了科学和认识论，从而强化了他的思想；从另一个角度说，他们采取了驯化君主的措施,为他的粗鲁装上了刹车。他们这种策略中的后一个因素,可以被解释为向亚里士多德的责任心的回归。

这个过程始于霍布斯,他使哲学或科学具有了开放性。他看到亚里士多德的哲学披着经院派的外衣变成了公共哲学,他认为必须用一种新的科学代替它。然而危险在于,主权者似乎会变成科学家的执行人,霍布斯试图通过攻击专业人士的政治干预,尽量减少这种危险。他在攻击别人的火力的掩护下,让自己躲到画面之外。洛克保留了公共政治科学的观点,但对它做了修正,把捍卫自由纳入其中,这样一来,自由的人民将感激他,却不必服从他。然而,他把一种“完美的自由”置于实践之中(《政府论》),又从理论上否定了它(《人类理解力研究》)。孟德斯鸠虽然对这两方面更加寡言少语,但大体上也是如此。讨论政治自由——在我们今天它是真实的——的现代哲学家,没有为他们那种理论上悲凉的自由观承担起责任。他们很难提供必然与选择之间的必要协调。所以他们在自由不足(现实主义)和自由过多(理想主义)之间摇摆不定。

在实践中,只有从执行官的领导中才能看到政治责任。现代人把亚里士多德的慎思功能区分为立法和执行的做法并不成功;它使立法机构远离行动的领域,不清楚为了立法需要知道什么。在美国以外的任何地方,立法职能都已落入执行部门;在美国,国会为了维持其不太平等的地位,只好利用它的各种委员会及其工作班子侵入执行官的领地。人们注意到,在私营部门,任何商业活动都没有发现把执行和立法的职能分离是有益的。分权不起作用并不意味着应当放弃分权,或美国混合职能的方式
293 应当换成英国的方式。但是,洛克打算提出的责任划分,即普适性的法律和自由裁量权的运用之间的划分,已经被克服了,受过马基雅维里熏陶的人,对此不会感到惊奇;这有利于更易采取行

动的权力。作为这种普遍趋势的一个标志，可以指出，采用“领导权”(leadership)这个概念，而又不让人觉得是在支持君主政体，是十分可能的。在执行官的领导权中，过去的君主政体党派不拥有他们曾经要求的任何东西，但他们拥有足以让自己感到满足的东西，现代共和主义者已经不自觉地承认君主制中有不少真理存在。

为了获得成功，执行官的领导必须讲原则。因为只有某种原则能让一个执行官安然渡过必定出现的厄运，而如果他惟一的标准就是成功，这种厄运必然会让他栽跟头。“千万要挺住”，最近一位美国总统在事态的进展对他不太妙时，对自己的党徒这样说。这就是诉诸优秀品质的行为，而不是个人利益的算计：事事落空之际——这是可能的——要保持优秀品质。当实用主义失败时，优秀品质是实用主义者的最后诉求。

这就是亚里士多德的责任统治的现代版，它只能由一种亚里士多德政治科学的现代版揭示出来。执行官的领导，例如里根革命，展示了美国政府意味着什么。它们把形式和目的统一起来，使统治者不但能够为他们的理念或行为负责，而且能够为这两者的结合负责任。例如，里根革命的承诺是带来一个美国，它由具有某种优秀品质的美国人组成，而不仅仅是让这个美国生活得更好或更安全。当然，在我们这个时代，所有这些“宏大而艰巨的事业”的产生，必须受到“追求幸福”的约束。它们在现代民主国家的人民所坚持的安全和自由这个大主题下表现各异。对忍耐、牺牲精神或高贵品质的诉求被统统取消，除非是在最严重最明确的紧急时刻。甚至亚西比德*也无法说服一个现代执行官去从事他劝说雅典人进行的西西里远征。就此而言，

---

* 亚西比德(Alcibiades)是古希腊著名将领，苏格拉底的朋友。——译注

每个现代执行官都是软弱的。但是追求幸福也反映着优秀品质,我们以其党派名称,分别称为自由主义、保守主义、激进主义和反动品质。因此,它们是对优秀品质的要求,也能根据采用了王权和混合政体的亚里士多德政治科学加以分析。谁是由新政造就的自由主义者,能够成为统治一切君王呢?假如不能,必须
294 把哪些素质与他混合在一起,才能塑造出完美的品质呢?如何能在政治上做到这一点呢?仍有必要提出这些问题,而且有可能找出答案——即使不采用这种陈旧过时的语言。我把这项发现适当用语的任务,留给别人或另一个时机。

最后,我要用政治科学家应当记取的几条教诲和给执行官的一条忠告作结。

首先,政治科学家要对他们的问题的来源心中有数。他们需要知道,自己所研究的现象是政治中的自然现象,即同政治并生从而不可避免的现象,还是为某种目的发明出来的人为现象,因而是可以改变的。我们已经知道,执行权是发明出来的;然而它在君主政体中却有自然的基础,它既反映着这种政体,又试图压制它。要想评估政治科学影响政治的能力,政治科学家必须了解他们这个学科的历史:在实践中,他们必须搞清楚对政治有着十分出色而冷静的观察力的希腊人,同更勇敢、更有创新精神的现代人之间的差别。今天的政治科学家来到他们认为问题终结的地方,错误地以为他们的起点就是人类科学的最高峰。他们根据今天美国总统的行为去研究"执行官"。就普遍性的特定属性而言,他们是正确的:美国总统是有批判精神的执行官。假如他们不那么眼界狭小,他们也会认识到,他们只是偶然撞上了一条真理。

第二,政治科学家应当像亚里士多德建议的那样,通过政治党派的主张去研究政治。当然,作为言辞,这些主张是模棱两可

的。它们往往带有欺骗性，或是自欺欺人；它们通常难以解释，所以对它们的含义也许不可能取得共识。但是，为了理解政治转而去观察行动，希望找到一条独立于不可信不可靠的言辞之外的明确无误的标准，无异于捕风捉影。这种不自觉的马基雅维里式的做法，作为所有类型的行为主义者的特点，是不会感动马基雅维里的。他清楚行为本身不会说话，只有让必然性同它们挂钩，才能让它们产生意义。我们的行为主义者在谈论“利益”和“理性选择”或编造任何价值中立的概念时，他们是在模仿这种挂钩的做法。然而必然性是个词，所以它的变体也是词。把这个词用于政治活动家的行为，要比评价从他们嘴里听到的词更带有任意性，因为这种做法是把必然性和选择混为一谈，从而也是故意剥夺它们的意义。这条教诲并没有否认一个常识， 295
即根据行为去判断言辞，由此了解说出它们的人是否当真。这种从方法论上忽视政治主张的做法，是大可商榷的。

第三，假如言辞关系重大，政治科学家就应当关注他们在政治中看到的措辞，不要假设它们是精于措辞者的惟一言辞。（我已经提到过他们对“执行”一词的忽略。）这些措辞可能是由以往的政治科学家引入的，这有可能使它们获得敬重；或流行话语会迷上某个名称，因为它揭示出政治景观中令人感兴趣的特点。今天的政治科学家，尽管如此偏爱民主政体，居然会认为普通人的政治语言对于理解政治没有价值，这颇值得玩味。例如，在听到执行官获得了“魅力超凡”的赞扬时，这不仅是一种需要解释的现象，也是一种需要进行评估的感觉。

第四，政治科学家不应当高估形式分析的可能性。执行官的一个顽固的本质就是非正式的权力，它比任何定义所能预见或加以条理化的权力都要大，研究这种现象可以成为治愈行为主义或其他方法论痼疾的一剂良药（不过最好是病人知道自己有病)。就一个君主和他的荣耀而言,并没有多少东西可以让计量专家清点出来。执行行为的寥寥无几的规则,恰恰因为它们是体系化的,所以只适用于相互竞争中的平庸表现。在现代政治中,执行官代表着独一无二的、个性化的和特殊的因素。凡是不承认这些性质,一味坚持清点、合计和形式化的科学,都不可能理解执行权。

最后,政治科学家不应相信民主政体是惟一的政体。做一个有头脑的民主派,必须能够拿它的优劣同另一些政体的优劣进行比较。引用温斯顿·丘吉尔的妙语——民主是一切政体中最不坏的政体——是不会让政治科学家满足的,这尤其是因为丘吉尔本人思考过这个问题。只有通过实际比较各种政体,才能认识到现代民主政体在多大程度上是一种打了折扣的民主,是一种混合政体。尤其是在存在着执行权的情况下,政治科学不应当对蒙昧时代君主政体受到的崇敬大惊小怪,也不应当对
296 它出没于我们中间感到诧异。

一个执行官想有出色的表现,是应当受到科学的训练,还是应当在"励志学校"里学习,数年前这仍然是个问题。如今已经很清楚,胜出的是商学院及其手法:执行官已经专业化了。专业化意味着集团化。今天的执行官是由顾问包装、由官僚机构包围着的,所以他渴望重温旧梦,按自己的想法亲自做点儿什么。这是藏在他灵魂中的马基雅维里。他要单打独斗——既然他是位于顶峰的总统。在这顶峰之上,总统一枝独秀,是因为他孤身一人;他孤身一人,是因为他一枝独秀。换言之,把孤身一人混同于独特性,把独特性混同于优秀,是一种幻觉。孤身一人的欲望能被误解为获得超凡魅力的欲望——后者其实恰恰是它的对立面:是获得大众追捧的欲望。但是,假如我们的研究有一个清楚的结论,那么这个结论就是:对执行权的得到公认的需要,等

于认可了对优秀品质的需要。这方面的所有权威都证实,不依靠一个至少部分地处在法律之外、不被体制的解释所左右的执行官,任何法律或体制都不能确保它所要求的行为。不会自动执行的因素不管是什么,它只存在于优秀品质的王国。那么,优秀品质是什么?你们会问。它大概是灵魂的完美——如今这是个不轻松的想法,然而也是个能够激励人心、振作精神、恢复健康的想法。 297

注　　释

前言

[1]对这个概念的讨论，见第七章 187 页；第九章 255 页（译按：指原书页码，见本书边码，下同）。

[2]马基雅维里的思想也被马克思主义所使用，参见葛兰西的著作，尤其是 Antonio Gramsci, *Note sul Machiavelli*（Turin:G. Einaudi, 1974）。

[3]J. G. A. Pocock, *The Machiavellian Moment*（Princeton, NJ: Princeton University Press, 1975）; Queentin Skinner, *The Foundations of Modern Political Thought*, 2 vols.（Cambridge: Cambridge University Press, 1978）.

[4]不那么简单的是，既作为手段也作为目的的优秀品质，与只作为手段的优秀品质，这两者之间是有区别的，见 Aristotle, *Politics*, 1310a12—22；1337a10—23；1338a9—12。

[5]Pocock, *Machiavellian Moment*, pp. vii—ix, 524—526, 544—545.

[6]斯金纳认为，现代政治思想的基本发现是现代国家，他参照马克斯·韦伯而不是马基雅维里对它作了定义；Skinner, *The Foundations of Modern Political Thought*, I. x, II. 358。

导论：执行权的暧昧性

[1]第 2 条第 3 款。

[2]Kant, *Metaphysick der Sitten*, *Rechtslehre*, II. 45.

[3]*Pacifcus*, no. 1（June 29, 1793）; *The Papers of Alexander Hamilton*, Harold C. Syrett, ed. 26 vols.（New York: Columbia University Press,

1961—1979),XV. 33—43;*Ferderalist* 70.

[4]见 Richard M. Pious, *The American Presidency* (New York:Basic Books, 1979),p.45。

[5]Kant,*Metaphysick*,II.48:这个执行官在三段论中是一个"人",作为同 299
位格,他又是一个"道德人"。执行权问题为康德的政治和道德哲学提供了一个有益的入口。

[6]切斯特·巴纳德对这个概念的用法也是不得要领的。在他看来,"执行过程"是谈论执行官的整体组织意识的惟一方式。这个过程是"非逻辑的",但又是合作的而非专横的。巴纳德的执行官是一个温和的、组织中的执行官,不过"整体意识"要求他保留决定性行动的可能性。Chester Barnard, *The Functions of the executive* (Cambridge, MA: Harvard University Press,1938),ch. 16. 在霍布斯把慎思定义为对嗜好和厌恶的替代时,人们也可以看到"执行过程"一词;但是最后的嗜好被称为"意志",它是一种比巴纳德的执行更果断也更怪诞的执行;Thomas Hobbes, *Leviathan*, W. G. Pogson Smith, ed. (Oxford: Clarendon Press,1909), ch. 6, pp. 46—47。另一个例子见 Paul H. Appleby, *Morality and Administration* (Baton Rouge, La: Louisiana State University Press,1952),p.87。

[7]另见 Clinton Rossiter, *The American Presidency* (New York: Harcourt, Brace and World,1956)。

[8]普里彻特也是如此,见 C. Herman Pritchett,"The President's Constitutional Position", in Thomas E. Cronin and Rexford G. Tugwell, eds., *The Presidency Reappraised*, 2nd ed. (New York:Praeger,1977),pp.3—23。另见 Joseph Bessette and Jeffrey Tulis, eds., *The Presidency in the Constitutional Order* (Baton Rouge, LA: Louisiana State University Press, 1981);Pious, *American Presidency*。"字面理论"一词来自白哲皓(Walter Bagehot),为威尔逊(Woodrow Wilson, *Congressional Government*, New York,1956,p.30)所引用,纽斯塔特也用过它。Richard Neustadt, *Presidential Power* (New York:John Wiley & Sons,1962),p.43;见下面

的注[14]。

[9]Corwin, *The President*: *Offices and Powers* 1787—1957, 4th ed. (New York: New York University Press, 1957), p. 291. 参见 Corwin, "The Progress of Constitutional Theory Between the Declaration of Independence and the Meeting of Philadelphia Convention", *American Historical Review*, vol. 30 (1925), p. 521。

[10]Arthur M. Schlesinger, Jr., *The Imperial Presidency* (New York: Popular Library, 1973), p. 169; Theodore J. Lowi, *The Personal President* (Ithaca, NY: Cornell University Press, 1985), p. 211.

[11]Corwin, *The President*, p. 307.

[12]Neustadt, *Presidential Power*, pp. 7, 9—10, 179, 183. 杰斐逊在第一任总统就职演讲中说:总统一职是"所有[官职]中最大的",是惟一"把握
300 全局"的人。

[13]同上, pp. 31, 198n1。

[14]同上, pp. 33, 43。如果"字面理论"的意思是,总统仅仅是字典意义上的执行人,那么对于宪法的形式来说,它就是不适当的。不过可以参见《联邦党人文集》第 47 篇的字面理论。在 1976 年版的《总统权力》一书中,纽斯塔特再次接近于承认我的观点:"讨价还价的必要,是把正式权力在不同机构之间进行分配的宪政体制的产物。"(p. 12)

[15]1960 年首次出版的纽斯塔特著作,在创建克罗宁所谓"教科书式总统制"方面,被公认为是最形式主义的,它证明了甚至现实主义也可以(其实是必须)在一种学说中被形式化。Cronin, *The State of the Presidency* (Boston, MA: Little Brown, 1975), ch. 2. 洛维把纽斯塔特的著作明确地当作 "一种新的政府学说"。Lowi, *Personal President*, p. 57.

[16]Neustadt, *Presidential Power*, pp. 38, 46.

[17]确实非常需要对总统风格的比较研究,文献中却严重缺少这种研究。

[18]同[16], pp. 9—10。

[19]Fred I. Greenstein, *The Hidden-Hand Presidency* (New York: Basic Books, 1982), pp. 5, 121n, 234—235.

[20]Pious, *American Presidency*, p. 422.

[21]同上, p. 333。pp. 41—46 提出的"宪法建构的原则",在哲学文本的学者看来,可以充当十分出色的过度阐释的教义。

[22]"总统权力之不可简约的核心,是这个官职的宪法特权。"同上, p. 63。

[23]皮奥斯指出,总统派和国会派源于费城的制宪会议。同上, pp. 26—27, 213。Montesquieu, *The Spirit of Laws*, XIX, 27;另参见本书第八章。

[24]Pious, *American Presidency*, p. 38.

[25]同上, pp. 15—17。

[26]James D. Barber, *The Presidential Character: Predicting Performance in the White House* (Englewood Cliffs, NJ: Prentice-Hall, 1972).

[27]同上, p. 11; Erwin C. Hargrove, *Presidential Leadership: Personality and Political Style* (New York: Macmillan, 1966), p. 3。这个有着暧昧地位的典型特点的主动—肯定型的执行官,经常突破这个矩阵——在这个矩阵之内,他不过是那四种可能性之一——成为对所有执行官做出评判的标准。参见 James H. Qualls, "Barber's Typological Analysis of Political Leaders", *American Political Science Review*, vol. 71, no. 1 (March 1977), p. 192; Lowi, *Personal President*, pp. 136—137。 301

[28]Hargrove, *Presidential Leadership*, p. 72.

[29]参见 Erwin C. Hargrove, "What Manner of Man?" in James D. Barber, ed., *Choosing the President* (Englewood, Cliffs, NJ: Prentice-Hall, 1974), p. 18。

[30]Harold D. Lasswell, *Power and Personality* (New York: Viking, 1948), p. 54. 参见亚里士多德的类似阐述, *Politics* 1325a34—37。

[31]Lasswell, *Power and Personality*, p. 108.

[32]同上, pp. 9—16, 174, 181。注意此书中对权力的讨论是如何从提供和接受暗示转向更具有刑罚意味的因素。

[33]同上, pp. 58—89。不应忽略他把 X、Y 和 Z 法官作为爱国者的生动刻画,见 pp. 64—87。

[34]Hargrove, *Presidential Leadership*, p. 153.

[35]M. J. C. Vile, *Constitutionalism and the Separation of Powers* (Oxford:Oxford University Press,1967),pp.2,17,33—34,101,135,143;W. B. Gwyn, *The Meaning of the Separation of Powers*, "Tulane Studies in Political Science," vol. IX (New Orleans,1965),pp.26,37,108.

[36]正如斯托林所说,"行政原则既要求执行官的独立性,同时也表明执行官服从立法机关。另一方面,政治原则意味着执行官在宪法架构内的平等地位(当然不是上级)。美国总统制的智慧的起点,在于认识到它既包含着这些原则,又对它们复杂而微妙的关系做了反思。"Storing, Intorduction to Charles C. Thach, Jr., *The Creation of the Presidency 1775—1789* (rev. ed., Baltimore: Johns Hopkins University Press, 1969),introduction,p. vii. 另见吉恩斯:"分析性的问题是,不仅要理解总统在哪儿过于强大,也要理解他在哪儿过于软弱;要澄清'强大'和'软弱'是什么意思,并描述两者之间的奇妙关系。"Doris Kearns,"Lyndon Johnson's Political Personality", in Cronin and Tugwell, *Presidency Reappraised*, p. 131. 另见 Edward S. Corwin,"Some Aspects of the Presidency", *Annals of the American Academy of Political and Social Sciences*, vol. 218 (1941),pp.122—131.

[37]*History of the Decline and Fall of the Roman Empire*, 6 vols. (New York:Everyman ed. n.d),I.1;参见 I.370,IV.131。

[38]在罗斯福与塔夫托有关执行权的十分著名的交锋中,罗斯福针对其对手的观点说,"每个执行官……都是人民的管家,有义务积极主动地尽力为人民做事,不能满足于消极的美德,用餐巾纸保持自己的才华纯洁无瑕。"Theodore Roosevelt, *Autobiography* (New York: Macmillan,
302 1913),p.389. 但是,"人民的管家"这种说法,除了指用餐巾纸保持西奥多·罗斯福的才华纯洁无瑕,使他能够运用这些才华以外,还能是什么意思呢? 它并不比塔夫托的总统是人民的"首席代理"(chief agent)这一说法更大胆。William Howard Taft, *Our Chief Magistrate and His Powers* (New York: Columbia University Press, 1916), pp. 139—144, 157. 罗斯福和塔夫托之间的分歧,用塔夫托的话来说就是,总统不能

"行使无法被溯及某种具体授权行为的权力"。但是,宪法中的具体授权是很宽泛的,也许比西奥多·罗斯福的未加限定的主张更宽泛,在我们今天,它有可能使他变成民意调查的囚徒。

[39]参见皮奥斯讨论"内政纲领的创议权"一章;Pious, *American Presidency*, pp. 147—175。

[40] Sheldon S. Wolin, *Politics and Vision* (Boston, MA: Little Brown, 1960), pp. 221—224.

[41]关于统治和代表的区分,见 Harvey C. Mansfield, Jr., "Hobbes and the Science of Indirect Government", *American Political Science Review*, vol. 65 (971), pp. 97—110; 和 Harvey C. Mansfield, Jr., and Robert Scigliano, *Representation: The Perennial Issues*, pamphlet published by the American Political Science Association, 1978, pp. 15—23。

[42]Thomas E. Cronin, "The Presidency and its Paradoxes", Cronin and tugwell, *Presidency Reappraised*, pp. 69—85.

[43]Neustadt, *Presidential Power*, p. vii.

[44]Plato, *Crito*, 50d—51c.

[45] *Federalist* 78. 关于作为"执行权"的司法权,见 John Locke, *Two Treatises of Government*, II. 130; Montesquieu, *Spirit of Laws*, XI. 6。

一 亚里士多德:作为王权的执行权

[1]Plato, *Laws* 871d—e, 872b—c. 被定罪的杀人犯如果从流放中返回,遇害者的亲戚、他碰到的第一个公民或审判他的统治者,都可以把他处死。除了杀人的奴隶,不存在执行处决的官职,这意味着公共刽子手本人是一个奴隶(872b8)。

[2]*Laws* 853b2—c3;或者,"是在某个方面",即在承担人类责任这个方面,是"可耻的"?

[3]*Laws* 875c—d;另见 876c—d, 914a, 925e—926b, 962d。 303

[4]Xenophon, *Cyropaideia* III. 1. 27, 29("因你的赦免而逃脱惩罚的人的感激,要比你曾宠爱的人的感激,更值得信赖。"); III. 3. 56("进言者要为

怯懦的进言承担责任”);V.4.20(“动用你的全部资源进行战斗”);V.4.51(“攻击弱者以威慑强者”);VIII.2.27(“让有可能受到审判的人选择他们的法官”)。

[5]有益的学术综述见 Renato Laurenti, *Genesi e formazione della "Politica" di Aristotle* (Padova: Cedam, 1965), pp. 5—42。罗宾逊说:“事实上,《政治学》很可能是由长文和短评组成的一本文集,但被伪装成了一部专著。”Richard Robinson, *Aristotle's Politics, Books III and IV*, ed. by Richard Robinson (Oxford: Clarendon Press, 1962), p. ix. 参见 Jean Aubonnet, ed., Aristotle, *Politique* (Paris: Les Belles-Lettres, 1971), II. 4; C. H. Rowe, "Aims and Methods in Aristotle's Politics", *classical Quarterly*, vol. 27 (1977), p. 160; Carnes, Lord, "The Character and Composition of Aristotle's Politics", *Political Theory*, vol. 9 (1981), pp. 459—78。巴克也把《政治学》“是不同文章组成的一本文集或合集,而不是一部专著”视为一个“事实”,但是他警告说,“语调和重点的差别……也许仅仅是不同背景下的差别。”Baker, trans., *The Politics of Aristotle* (New York: Oxford University Press, 1962), pp. xxxvii, xlvi. W. D. Ross, *Aristotle* (London: Longman's, 1923), p. 236; W. L. Newman, *The Politics of Aristotle*, 4 vols. (Oxford: Oxford University Press, 1902), II xxix—xxxii.

[6]关于《政治学》第三卷,见 Leo Strauss, *The City and Man* (Chicago: Rand McNally, 1964), ch. 1; Harry V. Jaffa, "Aristotle", in Leo Strauss and Joseph Cropsey, eds., *History of Political Philosophy*, 2nd ed. (Chicago: Rand McNally, 1972), pp. 64—129; Delba Winthrop, "Aristotle and Political Responsibility", *Political Theory*, vol. 3 (1975), pp. 406—422, and "Aristotle on Participatroy Democracy", *Polity*, vol. 11 (1978), pp. 151—171; Egon Braun, "Das dritte Buch der aristotlelischen 'Politik': Interpretation", *Sitzungsberichte der Österreichischen Akademie der Wissenschaften*, philos-hist, Kl., 247.4 (1965)。

[7]这是前苏格拉底时代的错误,见亚里士多德《政治学》第三卷提到的苏

格拉底的“第二次旅行”(1284b19)。

[8]假如我们是自然的财产(*Politics* 1254a12—17),那么人人都是自然的奴隶;假如自然归我们所有(*Politics* 1256b20—22),人就可以不受限制地自由获取。可见,奴役和获取是第一卷中的两个反映着亚里士多德目的论的暧昧性的主题。

[9]Aristotle, *Metaphysics* 1012b34—1013a24.

[10]参见 *Politics* 1301a29—30,第五卷开头部分。这里强调了民主政体 304
和寡头政体的主张的绝对性。

[11]Politics 1275a35. 近来的讨论见 Robert A. Dahl, *Dilemmas of Pluralist Democracy* (New Haven, CT: Yale University Press, 1982), p. 98。

[12]或许好人也会对此感到奇怪,除非他是处在一个他能够成为政治家的政体中。他的职业是对付必然因素。他的处境,假如是由别人统治,可以比作赚钱糊口者的处境。注意,亚里士多德在讨论赚钱糊口者以后,又重申了有关好人和好公民的结论。*Politics* 1273b1—5. Harry V. Jaffa, "Aristotle", in Strauss and Cropsey, *History of Political Philosophy*, p. 100.

[13]亚里士多德接下来以自由为根据,对正确的政体和偏离正道的政体做了区分,由此表明他对民主派反对意见的赞赏。正确的政体致力于共同福祉,只谋求统治者好处的政体则是专制政体;城邦是一个自由的共同体。我们从教练和领航员的例子看到,共同福祉不需要民主。*Politics* 1278a1—28; Strauss, *City and Man*, pp. 35—37.

[14]在下一节,亚里士多德把财富和建立在商业契约上的寡头制城邦与品质加以对比,而此前他是把自由与品质加以对比。*Politics* 1280a26—1281a9,参见 1278a10。

[15]参见 Harvey C. Mansfield, Jr., "Constitutionalism and the Rule of Law", *Harvard Journal of Law and Public Policy*, vol. 8 (1985), pp. 323—326; R. G. Mulgan, *Aristotle's Political Theory* (Oxford: Clarendon Press, 1977), pp. 82—88。

[16]*Politics* 1283a16, 1283b29—31。反对另一个党派的主张是一种统治

一切的主张，在明确了这一点之后亚里士多德用这个动词代替了“主张”。

[17]*Politics* 1285a7—15. Delba Winthrop, *Aristotle: Democracy and Political Science* (unpublished doctoral dissertation: Harvard University, 1974), pp. 341—343.

[18]*Politics* 1286a10—16，参见 1287a17，34；1269a18—25。这个例子指的是极端保守的埃及的一项与技艺有关的法律，它允许医生可以在四天后改变自己的疗法；但这一法律是不能更改的。

[19]*Politics* 1286a16—20；另见 1286b3，1287a15—16。

[20]*Politics* 1286b2—4，1282a39。在这里，群体因为形式上的制度对它的分割而变得温和。

[21]*Politics* 1287a10. 在这里，法律的修订应被否定。

305 [22]参见 W. R. Newell，“Superlative Virtue: The Problem of Monarchy in Aristotle's Politics”, *Western Political Quarterly*, vol. 40 (1987), pp. 175—176。

[23]*Politics* 1287a33; *De Anima* 414b2—3，432b3—7；参见 433a23—27。另见 P. A. Vander Waerdt，“Kingship and Philosophy in Aristotle's Best Regime”, *Phronesis*, vol. 30 (1985), p. 260。

[24]在对王权的研究中，可以看到这种迟疑不决的态度，见 1282b23，1284a4，1284a37，1284b17，1284b38，1286a21，1286b8，1286b34，1287b37，1288a5，1288a32。

二　亚里士多德：在混合政体中缺席的执行官

[1]Vile, *Constitutionalism and the Separation of Powers*, p. 22. 另见 Barber, *The Politics of Aristotle* (New York: Oxford University Press, 1962), p. 193n的警告；和 Newman, *The Politics of Aristotle*, IV. 236—238 的讨论；以及 Eckar Schutrumpf, *Die Analyse der Polis durch Aristotles* (Amsterdam: Gruner, 1980), p. 240n4。

[2]关于专制政体的前两种形式，即蛮族和古希腊的形式，亚里士多德只

提到不负责任(unaccountability)作为专制政体的标准;在第三种形式即现代形式中,他又补充上了不顾被统治者的利益。因此,他对当时的自由人抵抗专制表示赞赏,同时也阐明了一点:必须去奉承人们,因为即使他们比别人低劣时,他们也会认为自己同样出色或更加出色。

[3]*Politics* 1295a3;1293b29。我在翻译 1295a3 时遵循了柏拉图主义者托马斯·泰勒的观点。专制除了是一种政体之外,也是政体的一种成分。

[4]这是体操教练或政治科学家的一种关切(1288b16),他们试图改造训练对象的欲望,使其接受适合于他们的东西。

[5]他刚刚解释了斯巴达混合政体的失败,*Politics* 1294b12—39。

[6]参见 Plato, *Laws* 757b—3。那个雅典的陌生人一番祈祷之后,勉强接受了抽签的必然性,没有保留人类反抗的立场。

[7]在我们今天,这种民主态度由罗尔斯做了表达:"任何人都不应得到更大的自然禀赋,也不应得到在社会中更优越的位置。"John Rawls, *A Theory of Justice* (Cambridge, MA: Harvard University Press, 1971), p. 102. 那么,一个人怎么就应当得到他的运气呢?按这种观点,作为一个整体的"人类"的权利,取决于人在自然中的优越地位,肯定是不应得的。 306

[8]对于统治是理性的灵魂的一部分,存在着某种怀疑,因为如我们所知,它是同非理性的灵魂中的"thumos"(精神)联系在一起的。

[9]以下对第四卷的分析,更详尽的版本见 Harvey C. Mansfield, Jr.,"The Absent Executive in Aristotle's Politics", in T. B. Silver and P. W. Schramm, eds., *Natural Right and Political Right* (Durham, NC: Carolina Academic Press, 1984), pp. 169—196。

[10]这个灵魂更像是一种成分,而不是一个整体(1291a24),因为它是若干可能整体的一部分。另见 1278b8。

[11]在前面的第四卷(1291a27—31),亚里士多德把慎思和裁决作为灵魂的成分而不是统治加以讨论。他在这里又把它们作为统治而不是灵魂的成分,同官职放在一起加以讨论。

[12]1291a27—31 表明,慎思和裁决可以在城邦的不同成分,或在一个成

分内进行，但它不见于官职这个政体的要素之中。在插入的论证中，亚里士多德说明了混合的必要性，以及如何做到这一点。

[13] *Politics* 1297b38. 正如巴克所说(Barker, *Politics of Aristotle*, p. 188n)，亚里士多德由此完成了他在第四卷一开始(1289b13—26)提出的纲领的倒数第二项任务。参见 Newman, *Politics of Aristotle*, IV. 235。

[14]见 Pierre Aubenque, *La prudence chez Aristotle*, 3rd ed. (Paris: Presses Univeritaires de France, 1986), pp. 26, 111—117; 以及 Larry Arnhart, *Aristotle on Political reasoning* (Dealb, Ill.: Northern Illinois University Press, 1981), pp. 55—57, 71—75。

[15]研究亚里士多德的列表，一定要有正确翻译，并且要特别留意建立背景的前置词和连接词。亚里士多德说："关于战争和和平以及结盟和解除盟约，以及关于法律，关于死刑和流放，和没收，和审计，慎思是至高无上的。"(1289a4—7)三个"关于"提供了三个背景；"和"以及感觉提供了五个背景；一共九条。"法律"是每一条的核心。

[16]*Politics* 1291a28，这里的背景暗示着必然性和高贵因素的加入。

[17]特别参见 *De Anima* 426b8—427a15, 432a16; *Metaphysics* 990a24, 995b2—4, 1008b2—1009a5; *Nicomachean Ethics* 1118a28, 1134a31, 1165a34; *Politics* 1289b11, 1291a40, 1321a30。

[18]一般而言，人们不能仅仅利用一种可能性进行统治。这一发现由亚
里士多德在前面第四卷列出的各种民主政体、寡头政体、贵族政体和
城邦政体所证实。这些列出的政体表明，不同的民主政体和寡头政体
可以被理解为全是民主政体或全是寡头政体，这取决于判断它们所采
307 用的标准。正如在每一个政体中都可以发现所有的政体一样，在所有
的政体中也可以发现每一种政体。见 1291b30—1292b10, 1292b10—
1293a35。

[19]见 *Politics* 1294b11, 1273a18, 1317b21。霍布斯也认为，抽签(从长嗣继承抽签的观点看)是贵族政体的一条原则。Hobbes, *De Cive*, III 18。见前面的注[7]。

[20]亚里士多德在这一节结束时表明,他的讨论是为了给慎思和至高无上划定界限。*Politics* 1299a2—3;另见 Nicomachean Ethics 1112b33。

[21]关于神职人员,见 *Politics* 1276b5,1309b18,1328b11,1329a27,1331b5;关于合唱班主持人(chorus-sponsors),见 1276b5,1309a19。亚里士多德没有解释为何神职人员等不是统治者(Aubonnet,*Politique* II.326n3;Newman,*The Politics of Aristotle*,IV.256),因为这是个十分微妙的问题。

[22]亚里士多德将这种没有结论的讨论导向一种"推理性的探索"(dianoetic inquiry)。见 *Eudemian Ethics* 1249b10—17;*Metaphysics* 982a18,1072b2—14;*Physics* 184a15。

[23]因此亚里士多德接下来便讨论了贵族政体中的官职,*Politics* 1300a4—6。

[24]*Federalist* 72.

[25]*Plato*,*Republics* 557d.

[26]*Politics* 1300a20;参见 1294a35—1294b40。另见 G. J. D. Aalders,"Die Mischverfassung und ihre historische Dokumentation in den Politika des Aristotles",Fondatin Hardt,*Entretiens sur l'Antiquité Classique*,vol. 11 (1965),p.209。

[27]这种补充反映在亚里士多德补充上民主模式和寡头模式的做法之中。他说:"这样一来,模式就变成了同两种综合体相分离的十二个。"可以用这把钥匙清点出这十二种模式:1)全体人,2)某些人,3)来自于全体人,4)来自于某些人,5)投票,6)抽签,7)轮流统治。由此得出:135,136,145,146,175,176;235,236,245,246,275,276。没有提供145,146和276,但应当被算在内:全体人是来自某些人,而某些人反过来又是来自一个部类。两个"综合体"即:a)轮流统治的某些人和来自全体的某些人,以及 b)由投票产生的某些人和由抽签产生的某些人,反映着被选者和选择者的两种观点:民主政体和寡头政体。它们被分离开,因为它们的分离是在贵族政体中得到克服的。

[28]Newman,*Politics of Aristotle*,IV.269.

[29]另见 *Politics* 1281b31—1282a24, 1287a10—26; *Nicomachean Ethics* 1112b32,1141b34; John Locke, *Two Treatise of Government*, II. 7—13。

[30] *De Anima* 926b8—927a15; *Metaphysics* 995b2—4, 1008b2—1009a5; *Rhetoric* 1354a36—b8. Winthrop, "Aristotle on Participatory Democracy", p. 170.

308 [31]灵魂之美和肉体之美是分不开的。所以亚里士多德才带着理解的语气说,"不易看到"灵魂之美。*Politics* 1254b39.

[32]他提供的最后两个原因是获利和荣誉,不过他指出获利要与另一些原因加以比较,也就是说,当它是一个荣誉问题时。*Politics* 1302a32—1302b2.

[33]论民主政体,见 *Politics* 1317a11—1320b17;论寡头政体,见 1320b17—1321b3;亚里士多德没有提到来自于"中层公民"并建立了民主政体的梭伦这个例子,1296a19。参见 *Athen Constitution* 12—13。

[34]从字面上看,是指一天、两天或三天——也许是在和柏拉图的对话中? *Politics* 1319b33—37。

[35]*Politics* 1321a36—40;参见 1318b17。请注意,这种品质导致第二种必要的官职,维护可能倒塌的房屋;1321b20。有意思的是,众神并不维护他们自己的房屋,第十二种官职除了另一些职责外,也必须给他安排这一职责。

[36]*Politics* 1321b8:"oikeisthai"的意思是管理自己的事务;这是热爱荣誉者的私人事务。它也可以指"迁入新居"。

[37]Politics 1321b41—1322a2. 这几乎是最必要也是最艰巨的官职,因为假如从最广义上把"市场"理解为人类同所有事物的交流,对第一种官职就可以如此认为。

[38] *Politics* 1322a7; *Nicomachean Ethics* 1180a21. Newman (*Politics of Aristotle*, IV. 557)参考了 Plato, *Crito*, 50b。

[39]亚里士多德在第七卷说,法官是城邦的必要任务中最必要的任务;1328b13。

[40]*Politics* 1322a10;参见 1322a1。这个古怪的类别可以包括那些就更高

意义上的“archai”从事写作的人；因为在从事有关自然和人的初始原则的写作时，就像亚里士多德能够把自己等同于隐晦写作一样，他们很难避免把自己等同于众神。

[41]*Politics* 1284b31. 这里的第十一种官职是照料众神的人，但并不执行他们的命令。

[42]*Politics* 1322a23—26. 卑鄙小人能从看管犯人中获得巨大的利益，假如在这样做时能够进行统治的话，1322a3。关于卑鄙小人，见 1254b1。虽然蒙田比亚里士多德更坦率，他在下面这段极尽冷嘲热讽之能事的话里，尽管语调不同，却把握住了他的精神。请注意，就蒙田的现实主义而言，他没有背叛马基雅维里式的把卑鄙小人和君子混为一谈的做法：“每个政府都有一些必要的官职，不仅卑鄙，而且邪恶；种种罪恶各得其所，被用来维护我们的团结，就像维护我们健康的毒药一样。既 309
然它们满足着我们的需要，共同的必要性抹煞了它们真正的品质，从而使它们变得可以原谅，所以必须允许强壮而勇敢的公民去发挥这种作用，他们为自己的国家而牺牲自己的荣誉和良知，就像另一些长者牺牲自己的生命一样。我们这些较软弱的人，还是去担任那些较为轻松的职务吧。公共利益需要人们背叛、说谎和杀人；让我们把这项使命交给那些人吧。”（Montaigne, *Essays* III. 1）

[43]Tocqueville, *Democracy in America* II; IV. 7; Harvey C. Mansfield, Jr., “The Forms of Liberty”, in Fred E. Baumann, ed., *Democratic Capitalism? Essays in Search of a Concept* (Charlottesville, VA: University of Virginia, 1986), pp. 1—21.

三 原始形态的执行官

[1]从修昔底德和柏拉图那儿可以看到对早期雅典暴君的遮遮掩掩的赞扬。Thucydides, I. 20; VI. 54—55; Leo Strauss, “On the Minos”, *in Liberalism Ancient and Modern* (New York: Basic Books, 1968), pp. 74—75.

[2] 见 Pierre Manent, *Histoire intellectuelle du Libéralisme: dix Leçon* (Paris: Calmann-Levy, 1987), pp. 18—19。

[3]“一个自动制约体系”,F. W. Walbank, *Polybius* (Berkeley, CA: University of California Press, 1972), p. 150;另见 Kurt von Fritz, *The Theory of the Mixed Constitution in Antiquity* (New York: Columbia Univeristy Press, 1954), pp. 183, 219; Polybius, *Histories* VI. 11—18。不过也应参看 VI. 10. 6,波里比乌斯在这里提到,利库尔戈斯的混合政体中存在着一个各种品质的混合体。

[4]Polybius, I. 2. 8, 35. 9; III. 47. 8; VI5. 2; IX. 2. 4; XII. 25e1, 27a1; XXX. 17. 1; XXXIX, 1. 4. 参见 Walbank, Polybius, pp. 56—57, 66—73; Walbank, *A Historical Commentary on Polybius* (Oxford: Clarendon Press, 1957), pp. 6—16; Paul Pédech, *La Méthode historique de Polybe* (Paris: 1964, pp. 25—29; von Fritz, *Mixed Constitution*, pp. 40—44。

[5]马基雅维里借用了波里比乌斯,但有严重的篡改,见 Machiavelli, *Discourses on Livy* I. 2;参见 Harvey C. Mansfield, Jr., *Machiavelli's New Modes and Orders* (Ithaca, NY: Cornell University Press, 1979), pp. 32—41。Montesquieu, *Spirit of Laws*, IV. 8;另见 *Oeuvres completes de Montesquieu*, Andre Masson, ed., 3 vols. (Paris: Nagel, 1950) II. 493, III.
310 1218。

[6]Polybius, I. 1—2, 4, 11; VI. 2. 8—9. 参见 Walbank, Polybius, p. 28; Pédech, *La Méthode*, p. 30。

[7]Polybius, VI. 5. 1—4. 这一承认并没有使波里比乌斯免于我们时代的指责,说他没有直接了解柏拉图的著作,或根本就不拿它当回儿事;参见 Walbank, *Commentary*, pp. 2, 645, 650, 657; *Polybius*, pp. 32—33。

[8]*Caput civilis prudentiae*; Cicero, *Republics* II. 25. 45.

[9]波里比乌斯提到了天生的有害之物,如铁器的锈和树木的蠹虫:自然的优点以及来自于这种优点的自然的退化;VI. 10. 3。

[10]Polybius, VI. 10. 6, 13—14;参见 Aristotle, *Politics* 1324b5—10。

[11]关于波里比乌斯的混合政体,见 von Fritz, *Mixed Constitution*, chs. 4, 8; Walbank, *Polybius*, pp. 144—150。

[12]见 Polybius, I. 1. 5, 3. 4, 4. 1—2 (参见 I. 63. 9); VI. 2. 3。

[13]波里比乌斯所理解的“kata physin”经常被错误地理解为现代意义上具有必然性或决定性的“自然法”。参见 VI. 10. 12—14,57. 1。Walbank,*Polybius*, pp. 142,145—146;von Fritz,*Mixed Constitution*, p. 84。“自然之必然性”(tes physeos ananke,VI. 57. 1)是衰败和变化,但是循环的规律性虽然可以被政治家所预见,却不是(现代)科学家能够预测的。循环的变化“自然而必然地”(anankaios kai physikos,VI. 10. 2)出现,这个事实对波里比斯来说,并不意味着必然的就是自然的。

[14]关于斯巴达,见 Polybius,VI. 48. 2—3,但是他没有评论罗马的教育。参见 Cicero,*Republic* IV. 3:年轻人的教育是“我们的客人波里比乌斯谴责我们的制度忽略的事情”。

[15]波里比乌斯不像亚里士多德,而是像柏拉图那样,并没有从现实政体中寻找最佳政体。因此,罗马政体中的三种成分,不能像亚里士多德《政治学》第四卷所说的那样,对应于个人灵魂的三种功能。参见 Polybius,VI. 48. 3,这里讨论了立法和利库尔戈斯的远见卓识。

[16]Cicero,*Republic* II. 16. 30,21. 37.

[17]参见 Walbank,*Polybius*, p. 149,他对这种“考古学”持一种敏锐的怀疑论观点,波里比乌斯并没有这样说过,它是今天的学者根据寥寥无几的“可怜遗迹”想像出来的(Pédech,*La Méthode*, p. 313)。西塞罗有时承认波里比乌斯的帮助,所以人们设想他对罗马早期历史的解释(Republic II. 1—37)是以波里比乌斯著作为基础,虽然对此西塞罗本人非但不承认,还予以否认(II. 1. 3,11. 21)。西塞罗不承认借用,这正可用来填充波里比乌斯没有明言的考古学!这就是在确定一个文本时,用 311
精巧的设计取代反思文本时发生的事情。

[18]Polybius,VI. 19—42,论军队,比较 VI. 11—18 的论政体。

[19]“波里比乌斯有着把成功等同于道德价值的倾向。”Walbank,*Polybius*, p. 178.

[20]波里比乌斯对斯巴达和克里特做了比较(VI. 45—47),把罗马和迦太基做了比较(VI. 52—56),但是没有拿斯巴达和罗马进行比较。

[21]马基雅维里在借用波里比乌斯但做了篡改的一段话(*Discourses on*

Livy I.2)中说,一个国家很难安然度过循环的变化,因为它很快就会成为一个秩序更好的邻邦,即一个为了获取而组织起来的邻邦的牺牲品。

[22]Rousseau,*On the Social Contract* IV 6;Marx,*The Civil War in France*,intro.,III;*Critique of the Gotha Program*,IV;letter to Joseph Weydemeyer,March 5,1852.

[23]见 Herbert J. Storing,*The Complete Anti-Federalist*,7 vols.(Chicago:University of Chicago Press,1981)参考文献中的"独裁"条。

[24]Karl Schmitt,*Die Diktatur*,3rd ed.(Berlin:Duncker und Humblot,1964),pp.6—13.

[25]罗马的独裁官有希腊人的"aisymnetai"作为他的前辈,亚里士多德曾把它作为选举产生的暴君加以讨论(*Politics*1285a29—42,1295a11—17)。他似乎反对这些人,将其作为"古代希腊"的特点,所以它是过时的,类似于在野蛮人中间看到的君主政体,后者实行奴隶制,并且愿意忍受不负责任的统治。我们已经知道,亚里士多德本人持有一种更微妙的观点,他考虑到了所有统治中的专制政体因素,但他拒绝以任何方式去规范或鼓励这种因素。

[26]"单独一人"这个概念,见 Machiavelli,*Discourses on Livy* I.9,33。博丹的引文见 Richard Knolles 的英译本(1606)。Jean Bodin,*The Six Books of a Commonweale*,K. McRae,ed.(Cambridge,MA:Harvard University Press,1962),p.716. 法文原文不太符合我们的目的:"faire"(法文:做)而不是"执行","un personnage"(法文:一个人)而不是"单独一人"。

[27]塔西佗的原文见 *Annals* I.6(我要感谢 Eve Adler 为我指出了出处)。在塔西佗的书中,这段话涉及的不是伟大事业,而是卑鄙的谋杀;不是一个独裁官,而是皇帝。并且它不是以塔西佗的名义,而是以一个自私的律师的名义说的。对于利用环境中的恐惧和仇恨犯下的"这个新君主国的头号罪行",塔西佗表达了他的蔑视,而这正是马基雅维里可
312 能会加以利用的环境。

[28]波里比乌斯的第六卷的不完整性,并没有减少这里删除独裁官的重

大意义。

[29]Livy, II. 18, 30; III. 20. 8; IV. 17. 8, 26. 6, 56. 8; VI. 38. 3; VIII. 32. 3.

[30]另见普鲁塔克在描述独裁者时说的"一个强健的头脑", *Life of Camillus*, 18.6。

[31]《罗马人书》13. 4, KJV。《新约》中的希腊人用来表示"臣仆"的"Dikonos"一词,亚里士多德是用来指卑贱的侍从, *Politics* 1333a8。

[32]Ernst H. Kantorowicz, *The King's Two Bodies* (Princeton, NJ: Princeton University Press, 1957), pp. 89—93, 456, 对它的解释见 Manent, *Libéralisme*, p. 29n。

[33]"一个罗马人的皇帝这一概念,是教皇设立一个全面的助手、一支执行其计划的强大军队的手段。"Walter Ullman, *A History of Political Thought: the Middle Ages* (London: Penguin Books, 1965), p. 95.

[34]同上, pp. 32, 45—47。Walter Ullmann, *The Growth of Papal Government in the Middle Ages*, 3rd ed. (London: Methuen, 1970), pp. 31—36. Norman H. Baynes, *Byzantine Studies and Other Essays* (London: The Athlone Press, 1955), pp. 48—50, 55, 168—172.

[35]Ullmann, *History*, pp. 65, 93—95, 39; *Papal Government*, p. 1. Robert Folz, *L'idée d'empire en Occident du Ve au XIVe Siècle* (Paris: Auber, 1953), pp. 17—18, 29.

[36]Ullmann, *History*, pp. 60—63; Folz, *L'idée d'empire*, pp. 19—22.

[37]*Papa a nemine judicatur*, Ullmann, *History*, pp. 29, 106, *Papal Government*, p. 48

[38]Machiavelli, *Florentine Histories* I. 11, 参见 I. 9。尽管马基雅维里的嘲讽和批评,他对教皇制度还是十分尊重的。其实可以说,他是用自己的批评去掩盖自己的尊重。参见 *Prince*, 11。

四 神学政治学的执行官

[1]以下阐述大大受益于 Ernest L. Fortin, "Natural Law and Social Justice", *The American Journal of Jurisprudence*, vol. 30 (1985), pp. 1—

20。

[2]在 *Summa Theologica* 中(Ia IIae 94.3),自然法与优秀品质既联系在一起,又有区别。

[3]I. T. Eschmann 在《论王权》一书的导言中,把它的写作时间定在 1260—1265 年之间,见 St. Thomas Aquinas, *On Kingship*, G. B. Phelan trans. (Toronto: The Pontifical Institute of Medieval Studies, 1949),

313 introduction, p. xxx。

[4]阿奎那本人也属于开创者的类型。他写了一本书,他在《论王权》的献辞中运用自己的能力(ingenium)说话,而他的著作从起始到展开直到完成,都依靠神的帮助。

[5]R. W. and A. J. Carlyle, *A History of Medieval Political Theory in the West*, 6 vols. (London: Blackwood, 1903), V. 348—354. Thomas Aquinas, *Summa Theologica* IIa IIae 60.6.3.

[6]见 Ullmann, *History of Political Thought*, p. 110。

[7]Ernest L. Fortin, *Dissidence et philosophie au Moyen-Age* (Paris: Vrin, 1981), pp. 98—99;关于两把剑的学说,见 Dante, *Monarchy* III.9。

[8]这是对《论君主政体》第三卷提出的论题的第九条论证。它是来自于理性的论证,而这种理性暴露出两种权威——即教皇和皇帝——必然混淆实质性的形式和偶然的形式;因此,仅仅求助于理性,既不能维护也不能推翻任何特定的权威。

[9]参见 Fortin, *Dissidence*, ch. 5,以及其中提到的文献。

[10]Fortin, *Dissidence*, p. 126.

[11]注意但丁用来指帝国统治的新词:"imperiatus",见 *Monarchy* III. 11;参见 Fortin, *Dissidence*, pp. 99—100; Kantorowicz, *Two Bodies*, p. 458。

[12]参见 Larry Peterman, "Dante's Monarchia and Aristotle's Political Thought", *Studies in Medieval and Renaissance History*, vol. 10 (1973), pp. 3—4。

[13]注意 *Monarchy* I. 2 中"typo"的用法;在 I. 3,形式被表述为目的的结果。

[14]参见 Etienne Gilson, *Dante the Philosopher* (London: Sheed and Ward, 1948), p. 178。

[15]阿奎那也如此认为,见 Thomas Aquinas, *Summa Theologica* Ia 79.11。

[16]但丁在 *Monarchy* I. 3 提到了阿威罗伊对亚里士多德《动物学》的评论,不过他本人超越了在哲学家群体中落实智力品质的做法,而是在政治群体中同时落实智力品质和道德品质。关于但丁《论君主政体》中的阿威罗伊主义,参见 Fortin, *Dissidence*, pp. 99—102; Gilson, *Dante*, pp. 168—71; Bruno Nardi, *Saggi di filosofia dantesca*, 2nd ed. (Flornce: La Nuova Italia, 1967), p. 229—244;以及十四世纪但丁的反对者 Guido Vernani, *De reprobatione Monarchiae* (1327)。

[17]这个问题是以稍有不同的措辞指出的。但丁宣布,他在第一卷的目的是要说明世俗君主“对于现世利益是必要的”(I. 2),在他提供的十一条证据中,有十条重复了一个教条或说法,即君主政体对于现世的利益“看来是必要的”(I. 9)或“对于现世的最佳利益”是必要的(I. 11, 314
13)。但是在涉及需要在两个君主之间做出判断的第六条(中间的一条)证据中,我们仅仅发现君主对于现世是必要的。是否像但丁的教义所表示的那样,人类的品质是自然之善的成果,所以要感谢自然呢?或者,我们是否可以从中间那条证据得出自己的线索,设想人类的品质对于这个世界是必要的,所以自然要感谢人类之善呢?

在后一种可能性中,强加于人类的自然“原则”被颠倒了过来,变成了人类自由和自治的原则。就像亚里士多德的论述一样,自我统治的手段是人类建立秩序的能力;形式原因的重要性(与亚里士多德的《政治学》相反,在但丁的《论君主政体》中这种重要被降低了),被谨慎地——不那么醒目地,以防它意味着太多的自由——引入但丁的论证。完整的研究必须解释从第二条论证(*Monarchy*, I. 6)——形式在这里表现为最终原因的结果(同 I. 3 中所说一样)——走向有关统治的第九条论证(I. 13)——代理人在这里要展现他本人的面貌(参见 I. 8, III. 15)——的过程。但丁的十一条论证并不是各自独立、互无关联的;存在着一个对这些论证的论证。

[18]见 *Monarchy* III. 8 对"omnia"的含义的讨论。

[19]在《论君主政体》中,但丁对政府的指导很少谈到自然法。与我们今天倾向于认为的不同,自然法与其说是凌驾于人类法之上的权威,不如说是保护着人法不受神法的入侵。见 *Monarchy* II.7,III.13,这里对自然法和神法做了区分;在 I.14 提到的共同法,没有被称为自然法。

[20]Fortin,*Dissidence*,pp.100—101.

[21]我们从 *Monarchy* II. 3 了解到,贵族身份部分地是一种约定;从 III.4 了解到,权威绝不等于它的来源;从 III.12 知道了"父亲"是一种偶然的形式。

[22]注意 *Monarchy* III. 16 中仓促宣布的由天命规定的人的两个目的。在这里,但丁的自然目的论是根据对传统权威的需要而做了重申。

[23]但丁从未给教皇讨要过马基雅维里在解释"彻头彻尾的恶"(见 *Discourses on Livy*,I. 27)时所要求的那种威严。Fortin,*Dissidence*,p.176;参见 Marsilius of Padua,*Defender of the Peace* II.28.29。关于但丁同马基雅维里的关系,见 Larry Peterman,"Dante and the Setting for Machiavellianism", *American Political Science Review*, vol. 76 (1982), pp. 630—644。

[24]John P. Gibbons, *Marsilius of Padua's Defender of the Peace* (Unpub-
315 lished doctoral dissertation,Harvard University,1981),p.53;我从这项出色的研究中受益匪浅。当马西利乌斯在《和平的捍卫者》I.4.3 引用亚里士多德的人人都有天生的政治冲动(1253a29)这一结论时,他很接近于引用亚里士多德对人的定义。但是亚里士多德接下来立刻表明,这种天生的冲动是不够的,因为必须有人去组织城邦。参见 Antonio Toscano, *Marsilio da Padova e Niccolò Machiavelli* (Ravenna: Lungo ed.,1981),p.49;Alan Gewirth,*Marsilius of Padua*,2 vols. (New York: Columbia University Press,1951),I 90;Georges de Lagarde,*La Naissance de l'esprit laique au déclin du Moyen-Âge*, 5 vols. (Paris: Beatrice-Nauwelaerts, 1956—1970), III 323; Marino Damiata, *Plentitudo Pottes-*

tutis e Universitas Civium in Marsilio da Padova (Florence: Studi Francescani, 1983), pp. 148—149。

[25]Thomas Aquinas, *Summa Theologica* IIa IIae. 50. 1 ad 1; 85. 1 ad 5; 60. 1 ad 4.

[26]Thomas Aquinas, *Commentary on Aristotle's Ethics* VI. 7, 1197—1199; 参见 Aristotle, *Nicomachean Ethics* 1141b24—27。

[27]Hervaeus Natalis, *De iurisdictione* (Munich: Max Hueler, 1959), p. 15; Brian Tierney, *Religion, Law, and the Growth of Constitutional Thought, 1150—1650* (Cambridge: Cambridge University Press, 1982), p. 45.

[28]Gewirth, Marsilius I. 232—234, 这里引用了 Giles of Rome, *De ecclesiastica potestae* II. 5; James of Viterbo, *De regimine Christiano* II. 8, 10; Augustinus Triumphus, *Summa de ecclesiastica potestate* I. 1, 7; Alvarus Pelagius, *De planctu ecclesiae* I. 13。

[29]关于"*pars valentior*"(更有分量的成分), 见 Gewirth, *Marsilius* I. 182—199; Lagarde, *Naissance* III. 141—145; Damiata, *Plenitudo*, pp. 166—169; Jeannine Quillet, *La philosophie politique de Marsile de Padoue* (Paris: Vrin, 1970), pp. 93—99; Strauss, *Liberalism*, p. 191。

[30]见 Gewirth, *Marsilius* I. 3—6 的引文; Eesty Lewis, "The 'Positivism' of Marsiglio of Padua", *Speculum*, vol. 38 (1963), pp. 541—582。

[31]按亚里士多德的观点,神职人员是城邦的一部分,但不是作为教师; *Politics* 1328b11。另见 Strauss, *Liberalism*, p. 187。

[32]注意施特劳斯重复了若干次的"在政治哲学的界限之内"这个说法, Strauss, *Liberalism*, pp. 185—201。

[33]*Defender of the Peace* II. 16. 17, 对它的评论见 Strauss, *Liberalism*, p. 201n8。"教派"在《和平的捍卫者》中出现了十三次。

[34]*Defender of the Peace* I. 5. 13; II. 11; Gibbons, *Marsilius*, p. 78.

[35]*Defender of the Peace* I. 17. 10 可以作为但丁的参考文献;至少马西利乌斯提到的战争和传染病的功效,清楚地表明了直截了当和迂回方式

316 之间的差别。见 Gewirth, *Marsilius* I. 127。

[36]见 *Defender of the Peace* I.5.9,在这里获得物被称为财宝,即维护而不是获得,没有提到奴隶。

[37]见 *Defender of the Peace* I.5.8 对亚里士多德的错误引述;注意,I.3.3—4,7.1 没有提到奴隶制,而在 I.4.1 提到了"野兽和奴隶",仿佛奴隶是亚人种。Gewirth, *Marsilius* I. 177—178.

[38]参见 mario Grignaschi,"Le rôle de l'aristotélisme dans le Defensor Pacis de Marsile de Padoue", *Revue d'Histoire et de Philosophie religieuse*, vol. 35 (1955), pp. 310—311。

[39]见注[24]; *Defender of the Peace* I.1.6。

[40] *Defender of the Peace* I.9.5.

[41]关于这两个用来表示权力的词,见本书第六章,171—172 页。霍布斯始终如一地把"potestas"等同于"potencia"。

[42]参见 Carlo Pincin, *Marsilio* (Turin: Glappichelli, 1967), p. 75。亚里士多德说,这个叫泰奥庞普的国王是两个同时统治着斯巴达的国王之一(*Politics* 1313a25);因此泰奥庞普从一开始就没有"全权"。马西利乌斯说到这个叫泰奥庞普的国王,表明他读过亚里士多德,以及是如何读亚里士多德的:他注意到了名字和细节。关于如何解读马西利乌斯,见他的伟大荷兰对手 Albertus Pighius, *Hierarchia ecclesiastica* (1538), 是他说出了这一正确的评价:"Fuit homo Aristotelicus magis quam Christianus"。Gibbons, *Marsilius*, p. 19; Gregorio Piaia, *Marsilio da Padova nella Riforma e nella Controriforma* (Padua: Atenore, 1977), p. 294.

[43] *Defender of the Peace* I.6.9 中所谈论的"灵魂"构成出自身体的防卫。

[44]他们未必是与那些被称为审慎精明的有闲人士(*Defender of the Peace* 1.12.2)相同的人。

[45]关于 *Defender of the Peace* I.14,见 Gibbons, *Marsilius*, ch. 3。

[46] *Defender of the Peace* I.14.10. 因此,马西利乌斯不理解亚里士多德的困境:是精明审慎的人更可取,还是一个担任官职的具有道德品质

的人更可取？（*Politics* 1309a33）见 Gibbons, *Marsilius*, p.175。

[47] *Defender of the Peace* I.16.7,21. I.16.21 这里包含着七条西塞罗引文的第四条，还有一次提到执政官西塞罗，I.14.3。参见马基雅维里对西塞罗的批评，*Discourses on Livy* I. 52。另见 Toscano, *Marsilio*, pp.93—94。

[48] Gibbons, *Marsilius*, p.75. 317

[49] 或是指在求知和统治之间的——在学习政治科学这个意义上的——裁决？*Defender of the Peace* II.2.8. 与第一篇相比，在第二篇中法官比立法者更突出，这同自然和自然正义在第二篇中有着更显著的地位相一致。

[50] 注意，马西利乌斯在这里没有提到最杰出者的品质或知识；参见 *Defender of the Peace* I.9.7,15.3;II.8.6。

[51] Skinner, *Foundations of Modern Political Thought* I.18—22,52—65. 在斯金纳看来，马西利乌斯为意大利各共和国提供了"意识形态支持"(I.18)。奇怪的是，他没有评论马西利乌斯同巴伐利亚国王路德维希的关系。

五 马基雅维里和现代执行官

[1] Leo Strauss, *Thoughts on Machiavelli* (Clencoe Ill.: The Fress Press, 1958). 对该书的评论，见 Harvey C. Mansfield, Jr., "Strauss's Machiavelli", *Political Theory*, vol. 3 (1975), pp. 372—405。当波科克在1975年出版他的著作(Pocock, *The Machiavellian Moment*)时，他尚不能参考施特劳斯的任何著作，但是就斯金纳而言，比较一下他的《现代政治思想的基础》(Skinner, *Foundations of Modern Political Thought*, 1978)和《马基雅维里》(Skinner, *Machiavelli*, New York: Hill and Wang, 1981)，即可看到施特劳斯的影响的显著增长：前者只有一次提到施特劳斯，而后者却既以施特劳斯为始，也以他为终。在前一本著作中，斯金纳先是把施特劳斯庸俗化，继之又指责施特劳斯"庸俗化"。后一本著作更为严肃地看待施特劳斯，虽然没有在书目中推荐他的著作。第

一位严肃评价施特劳斯这部著作的学者是勒福(Claude Lefort, *Le Travail de l'oeuvre Machiavelli* (Paris:Gallimard,1972),pp.259—305。

[2] Machiavelli, *D* II. 5; *FH* V. 1. 参见 Harvey C. Mansfield, Jr., *Machiavelli's New Modes and Order*, *A Study of the Discourses on Livy* (Ithaca,NY:Cornell University Press,1979),pp. 55—56,60—61,202—206,299—300;"Machiavelli's Political Science", *The American Political Science Review*, vol. 75 (1981),pp.301—302。马基雅维里的著作引用时略为 *P*[*The Prince*(《君主论》)];*D*[*Discourses on Livy*(《论李维》)];*FH*[*Florntine Histories*(《佛罗伦萨史》)];*AW*[*The Art of War*(《兵法》)]。所注页码的版本是 Niccolò Machiavelli, *Tutte le Opere* (Florence:G. Barbèra,1929)。

[3]St. Augustine, *City of God* I.1,7; *Letters* 137,138. Ernest Fortin,"St. Augustine", in Strauss and Cropsey, *History of Political Philosophy*, 3rd ed., pp.198—203.

[4]马基雅维里的意思是,布鲁图斯做出这种牺牲是为了自己的私利,但
318 丁则说他这样做是为了公益。Dante, *Monarchy* II.5;参见 Mansfields, *Machiavelli's New Modes and Orders*, pp.309—312。关于马基雅维里的凶残,见 Conor Cruise O'Brien,"The Ferocious Wisdom of Machiavelli", in O'Brien, *The Suspecting Glance* (London:Faber and Faber,1972)一书中的有益提醒。

[5]Mansfield, *Machiavelli's New Modes and Orders*, p.400.

[6]阿方索·托斯塔多语,恩斯特·尼斯引用,见 James Scott, ed., *De Indis et De lure Belli Relectiones of Francisco de Vitoria* (Washington, DC: Carnegie Endowment for International Peace,1917),p.17。

[7]Henry Higuera, *The Empire of Love*: *The Problem of Christian Politics in Don Quixote*, unpublished doctoral dissertation, University of Toronto, 1982. 下文对维多利亚的解释,我也要感谢 Higuera。

[8]Victoria, *De Indis*, pp.166—175. 参见 Skinner, *Foundations of Modern Political Thought*, II.16—73; J. H. Parry, *The Spanish Theory of Em-*

pire in the Sixteen Century (Cambridge: Cambridge University Press, 1940), pp. 19—26; Lewis Hanke, *The Spanish Struggle for Justice* (Philadelphia: University of Pennsylvania Press, 1949), pp. 31—36; J. A. Bernandeez-Santamaria, *The State, War and Peace: Spanish Political Thought in the Renaissance*, 1516—1559 (Cambridge: Cambridge University Press, 1977), pp. 58—119。

[9]见 *P* 15; *D* I.2. 另见 Strauss, *Thoughts on Machiavelli*, pp. 13, 30, 59, 222, 236, 290; Claude Lefort, *Le travail de l'oeuvre Machiavel*, p. 301; Gennaro Sasso, *Studi su Machiavelli* (Naples: Norano, 1967), pp. 50—65。

[10]马基雅维里在 *D* I.56 谈到"自然的品质"(natural virtues)。这些品质可能属于"冥冥之中的神明",通过发出警示和征兆保护人类。见 Mansfield, *Machiavelli's New Modes and Orders*, pp. 164—166。

[11]参见 Harold D. Lasswell 所说的"安全、收入和防卫", *Politics, Who Gets What, When, How* (New York: Meridian, 1958), pp. 13ff。

[12]这是我的说法,这并不是说马基雅维里曾经从科学或学术的角度运用过这个概念,所以不会引起歧义,而是建议应当对他所偏爱的用语进行研究。

[13]亚里士多德要让神职人员处于"第五级"而不是"第一级", *Politics* 1322b20—21; 1328b11。

[14]马西利乌斯和马基雅维里的反教权主义与如下事实全然没有矛盾:他们两人都把神职人员作为自己的首要听众。在他们看来,政治可以通过使它受到感染的渠道加以治疗。见 Mansfield, *Machiavelli's New Modes and Orders*, pp. 295, 394—395。 319

[15]马基雅维里把类似的享乐主义结论改造成了一个政治信条。见 Leo Strauss, "Notes on Lucretius", in *Liberalism Ancient and Modern* (New York: Basic Books, 1968), p. 105。

[16]Mansfield, *Machiavelli's New Modes and Orders*, pp. 299—305; Pocock, *Machiavellian Moment*, p. 167.

[17]比较 *F* II.13 中贝拉的自愿流放和七章以后但丁的被迫流放。他们两人的处境与法伯利齐奥相同;两人都不知道如何像马基雅维里那样解决这个问题。

[18]但肯定是因为"受到委托",见马基雅维里在 *D* II.33 对罗马元老院在不可思议的昔米尼安森林之役中授予法比乌斯"极大权力"的赞扬。Strauss, *Thoughts on Machiavelli*, pp.106—107; Mansfield, *Machiavelli's New Modes and Orders*, pp.293—296.

[19]马基雅维里也在"执行"的意义上使用"seguire"(例如 *FH* II.20)和"mandare ad effetto"(*FH* I.24, II.10, VII.23, VIII.5, 23)。

[20]参见 Aristotle, *Politics* 1285b1—4。

[21]见 Schmitt, *Die Diktatur*, pp.7—13。

[22]现代政治科学用"结盟"(coalition)一词既指公民的集合体,也指多个国家结成的集团,可以作为隐蔽的或不自觉的马基雅维里主义的一个例证。

[23]Plato, *Laws* 690a—c; Aristotle, *Politics* 1280a8—23, 1283a23—b35.

[24]波科克和斯金纳在他们对马基雅维里和共和主义的研究中,都没有谈到这个根本问题。他们似乎没有接受亚里士多德对城邦(polis)和它的政体(politeia)的区分。因此在描述共和主义品质时,他们忽略了与城邦有所不同的政体的利益。Pocock, *Machiavellian Moment*, pp.212, 306; Skinner, *Foundations of Modern Political Thought*, I.165, 176, 180; *Machiavelli* (New York: Hill and Wang, 1981), pp.52, 64.

[25] 所以,并非如施米特所言,马基雅维里把独裁官理解为委任的,又把君主理解为主权者,这两者之间存在着矛盾。委任的主权者是执行行为之暧昧性的本质。施米特引用过 *D* I.3,但没有引用 *D* III.1. Schmitt, *Die Diktatur*, pp.6—9。

[26]参见 Plato, *Apology* 37a—b。

[27]但丁也谈到"solus"(决断)的需要,然而这是对正义而言,是为了赋予正义更大的力量。*Monarchy* I.11.

[28]请比较马西利乌斯笔下的泰奥庞普(*Defender of the Peace* I.11.8)和

马基雅维里笔下的布鲁图斯(*D* III.2—3);马基雅维里不接受"自愿贫困"(*Defender of the Peace* II.12—14)的地位。 320

六 霍布斯和权力的政治科学

[1]见"麦当娜·卡特琳娜"的不同寻常的事例,她选择了事业而不是家人。Machiavelli,*D* III.6;*P* 20;*FH* VIII.34.

[2]Jean Bodin, *Methodus ad Facilem Historiarum Cognitionem* VI (beg.). 博丹无视马基雅维里在《君主论》和《论李维》献辞中的声明,指责马基雅维里说,假如他对古代哲学家和历史学家的著述有更多的了解,他也许能做得更好。

[3]Jean Bodin, *Six Livres de la République*, 1576 ed., 6 vols. (Paris: Fayard,1986),I. pref. 12. 参见博丹为捍卫塔西佗而对他受到的不虔诚的指责进行的反驳; *Methodus*, IV; 另见 Girolamo Cotroneo, "Le Quatrière Chapitre de la Methodus", in Horst Denzer, ed., *Jean Bodin* (Munich:Beck,1973),pp.101—103。关于博丹和马基雅维里,见 Pierre Mesnard, *L'Essor de la philosophie politique au XVIe siècle* (Paris:Boivin, 1936),pp.475,538—542;William F. Church, *Richelieu and Reason of State* (Princeton,NJ:Princeton University Press,1972),pp.47—51,59; G. Cardascia, "Machiavel et Jean Bodin", *Bibliothèque d'Humanisme et Renaissance*, vol. 14 (1943),pp.129—162。卡达齐亚说,"博丹有着反马基雅维里的意图,却是个不自觉的马基雅维里主义者。切不可相信他把自己装扮成贬低马基雅维里的人这种外表,但要同意他确实是出于诚意。这种聪明做法对一个君主是有用的:这种得到普鲁士的腓特烈的正确或错误信任的态度,除了一个国家首脑外,也许无人能够理解。"(p.151)然而博丹在前言中说,处在他这种位置上的人,必须帮助这个国家的首脑(I.前言 9;另见 II.4.111,7.189),卡达齐亚本人敏锐地指出(p.152),马基雅维里主义在原则上比在行动上更令人讨厌。假如思想史不放弃每个作家都是真诚的这个幼稚的假设,它想必仍会处于黑暗年代。博丹对马基雅维里的理解的性质,可以根据他对马基

雅维里把博尔吉亚捧上天的做法所做的评论,进行判断。

[4]见 Mesnard, *L'Essor*, p. 483; J. W. Allen, *A History of Political Thought in the Sixteenth Century* (London: Methuen, 1960), p. 414; Nannerl O. Keohane, *Philosophy and the State in France* (Princeton, NJ: Princeton University Press, 1980), p. 67。

321 [5]参见第三章注[26]:当博丹把"单独一人"这个说法归因于塔西佗时,他是赞成它的;当他把它归因于马基雅维里时,他却称它为暴政(VI. 4. 148)。关于主权者的人格这个难题可以在如下事实中看到:博丹同霍布斯相反,他没有谈到主权者的官职:主权者本身高于一切官职。

[6]Skinner, *Foundations of Modern Political Thought*, II. 290—293; Julian H. Franklin, *Jean Bodin and the Rise of Absolutist Theory* (Cambridge: Cambridge University Press, 1973), p. 108; Janine Chanteur, "L'idée de la loi naturelle dans la République de Jean Bodin," in Denzer, *Jean Bodin*, pp. 210—212.

[7]Friedrich Meinecke, *Die Idee der Staatsräson* (Munich: R. Oldenbourg, 1957), pp. 210—212.

[8]Bodin, *Methodus*, VI.

[9]"教会莫名其妙地不见于让·博丹的著作", Chanteur, "L'Idée", p. 209。

[10]参见 Skinner, *Foundation of Modern Political Thought*, II. 291—292。斯金纳对博丹的十分有益的讨论,是以分析博丹的整部著作为起点。我同意他对其中的论证的两个部分的论述,但是我会把它们的顺序颠倒一下:对合法主权的定位,先于对实际主权者的归纳。

[11]参见 R. W. K. Hinton, "Bodin and the Retreat into Legalism", in Denzer, *Jean Bodin*, pp. 303—313。

[12]Church, *Richelieu*, 前言。

[13]Skinner, *Foundation of Modern Political Thought*, II. 301.

[14]Meinecke, *Staatsräson*, p. 78. 马基雅维里本人有时也沉醉于马基雅维里主义,把自己给庸俗化了。参见 *P* 22。

[15] Giovanni Botero, *Della Ragion di Stato* (Bologna: Cappelli, 1930),

pp. 67—70. 参见培根所言：勇敢“对于议事是坏事，对于执行则是好事”，Francis Bacon, *Essays*, XII, “Of Boldness”。

[16]Botero, *Ragion*, p. 9.

[17]Locke, *Two Treatises of Government* II. 159; Montesquieu, *Spirit of the Laws* XI. 5—6.

[18]见 Francis D. Wormuth, *The Origins of Modern Constitutionalism* (New York: Harper, 1959); Gwyn, *Meaning of the Separation of Powers*, chs. 3, 4; Vile, *Constitutionalism and the Separation of Powers*, chs. 2, 3。

[19]John Milton, *Eikonoklastes*, in Don M. Wolfe, ed., *The Complete Prose Works of John Milton*, 8 vols. (New Haven, CT: Yale University Press, 1962), III. 413. 322

[20]John Sadler, *Rights of the Kingdom* (London, 1649), p. 86; Vile, *Constitutionalism*, pp. 31—32.

[21]Philip Hunton, *A Treatise of Monarchie* (London, 1643), pp. 5, 9, 26, 44. Vile, *Constitutionalism*, pp. 40—42.

[22][Marchamont Nedham,] The Excellencie of a Free State (London, 1656), pp. 212—213. 参见 Vile, *Constitutionalism*, p. 29; Gwyn, *Meaning*, pp. 32—33.

[23][Nedham,] *A True State of the Case of the Commonwealth* (London, 1654), p. 9; Vile, *Constitutionalism*, pp. 49—50.

[24]转引自 Vile, *Constitutionalism*, p. 44; 另参见 Gwyn, *Meaning*, pp. 37—51。

[25]Isaac Penington, *A Word for the Commonweale* (London, 1650), pp. 8—10; Gwyn, Meaning, pp. 52—53, 56—63.

[26]Gwyn, *Meaning*, p. 27.

[27]转引自 Vile, *Constitutionalism*, p. 42。

[28]George Lawson, *An Examination of the Political Part of Mr. Hobbs his Leviathan* (London, 1657), pp. 8, 30—34, 113—114. 从现代意义上把

司法权从执行权中分离开，是始于孟德斯鸠，或者也许是始于博林布鲁克，这时司法机构的独立性已经得到确立。参见 Vile, *Constitutionalism*, pp. 55—56。

[29][Charles dallison,] *The Royalists Defence* (London, 1648), p. 99. 这里不妨引用一段朱利安·富兰克林的出色评论："现代的分权观念，取决于一种相当微妙、看上去十分古怪的思想：执行权可以同时具有独立和服从的双重品格。"

[30]Thomas Hobbes, *De Cive*, VI. 8, p. 178, in the edition of Bernard Gert, *Man and Citizen* (New York: Doubleday, 1972).

[31] Hobbes, *Leviathan*, W. G. Pogson Smith, ed. (Oxford: Clarendon Press, 1909), Rev. and concl., p. 550; Locke, *Two Treatises of Government*, II. 137, 139.

[32]Hobbes, *A Dialogue between a Philosopher and a Student of the Common Laws of England*. Joseph Cropsey, ed. (Chicago: University of Chicago Press, 1971). 科罗普赛的导言对我的研究大有裨益。括号中的页码是指此书的第一版。

[33]*Dialogue*, p. [15]; 另见 p. 21, Introduction。

[34]见科罗普赛的导言中关于霍布斯利用培根的论证的讨论，*Dialogue*, Introduction, pp. 12—15。

[35]*Dialogue*, p. [21]; 参见 Hobbes, *De Homine*, XIV. 9, p. 76, Gert ed.; *De Cive*, XII. 12, p. 253。

323 [36]*De Cive*, pref., pp. 105—6; *Leviathan*, Rev. and Concl., p. 557.

[37]Hobbes, *The Elements of Law*. F. Tonnies, ed., 2nd ed. (New York: Barnes and Noble, 1969), II. 1. 16.

[38]*Elements* II. 8—9 包含着关于同主权原则相结合的统治技艺的指导。另见 II. 10. 10。

[39]*De Cive* II. 1—2, pp. 121—22. 关于缺少统治技艺的问题，见前言，pp. 98, 103, and XIII. 7, p. 257—270; 但是，注意霍布斯提到了"每个政府的政治实践", XIII. 1, p. 258, 以及"政治幻觉", XIII. 7, p. 261。《法

学要义》对正确理性的否定见 *Elements*, p. 188。

[40] *De Cive*, 献辞, p. 90; 前言, p. 105; XII. 12, p. 253。

[41]除非主权者出于精明审慎而有意玩忽职守。参见他对精明审慎的有趣的承认, *De Cive* VI. 13, p. 181n。

[42]见《利维坦》第九章中的科学图表,政治科学在这里出现了两次,一次是作为哲学的原始分支,另一次是作为自然哲学的最后一部分。

[43] *Leviathan* III, p. 33. 这不是什么新观点,而是一种决定:把这个字眼留给那些对它有太多要求而滥用它的人。

[44] *Leviathan* III, p. 22; IV, p. 28; V, 37—38; 另见 Harvey C. Mansfield, Jr., "Hobbes and the Science of Indirect Government", *American Political Science Review*, vol. 5 (1971), p. 105。

[45]以下讨论受惠于 Leo Strauss, *Natural Right and History* (Chicago: University of Chicago Press, 1953), pp. 194—196。

[46] Aristotle, *Metaphysics* 1046a36—1046b29; 1048a10—11. 在托马斯·阿奎那的《神学大全》(III. 31)中,当阿奎那根据亚里士多德的区分谈到各种合理的权力时,也出现了从 potentia 向 potestas 的转化。但是在他对这个段落的评论中,阿奎那始终都用 potentia。见 *Metaphysicam* IX. 2. 1789。

[47] Leo Strauss, *The Political Philosophy of Hobbes* (Chicago: University of Chicago Press, 1952), pp. 113—114.

[48] Spinoza, *Political Treatise* I. 4; IV. 4; V. 7; VII. 2, 5; VIII. 20—5; X. 1, 8—9.

[49]关于主权者能够代表的超常权力,见 *Elements* II. 9. 6。

七 执行权的宪政化

[1] James Harrington, *The Commonwealth of Oceana*, in J. G. A. Pocock, ed., *The Political Works of James Harrington* (Cambridge: Cambridge University Press, 1977), pp. 161—162; 参见 341, 423。 324

[2] Zera S. Fink, *The Classical Republicans*. 2nd ed. (Evanston, IL: North-

western University Press,1962),pp.66—67.

[3]Charles Blitzer, *An Immortal Commonwealth* (New Haven, CT: Yale University Press,1960),pp.296—297.

[4]哈灵顿所期待的结果是"cuius divisio, alterius electio"(甲方分,乙方选)。但是,正如他同时代的批评者马修·沃伦的刻薄评论所言,"更强壮的姑娘给另一个姑娘一块蛋糕,让她去取水,以便在吃完后饮用。"转引自 Pocock, Introduction to *Political Works*, p.87,另见 pp.415—419。J. A. W. Gunn, *Politics and the Public Interest in the Seventeenth Century* (London: Routledge and Kegan Paul, 1969), p. 124; Blitzer, *Immortal Commonwealth*, pp.149—152.

[5]见 Blitzer, *Immortal Commonwealth*, pp. 155—158; Fink, *Classical Republicans*, p.56。

[6]洛克没有用讨论政府的"成功"而是用"论政府的解散"一章来结束他的《政府论》。在这一章里,他有些轻率地鼓励人民为了避免奴役和维护自身而抵抗政府(II.220,222,239)。参见 Nathan Tarcov, "Locke's Second Treatise and the Best Fence Against Rebellion", *Review of Politics* 43 (1981),pp.198—217;Harvey C. Mansfield,Jr., *Spirit of Liberalism*, pp.78—80,86。

[7]施特劳斯说,"洛克要比人们通常所说或所认为的情况更接近于马基雅维里。"Strauss, *What is Political Philosophy*? (Glencoe, IL: Free Press, 1959),p.218。拉斯莱特说,洛克"大概可以被视为一个马基雅维里式的哲学家"。Introduction to Locke, *Two Treatises of Government* (New York: Mentor,1960),pp.100—101. 另见塔可夫对洛克的教育学中的马基雅维里式统治技艺的研究,Tarcov, *Locke's Education for Liberty* (Chicago: University of Chicago Press,1984),p.6 and passim。

[8]关于洛克和执行行为,见 Martin Seliger, *The Liberal Politics of John Locke* (London: Allen and Unwin, 1979), pp. 324—372; John Dunn, *The Political Thought of John Locke* (Cambridge: Cambridge University Press, 1969),pp.148—164;Richard H. Cox, *Locke on War and Peace* (Oxford:

Clarendon Press, 1960), pp. 82—84, 118, 123—130; Vile, *Constitutionalism*, pp. 60—67; Gwyn, *Meaning*, pp. 69—81。

[9]拉斯莱特:"《政府论》是一本排除派的小册子。" *Two Treatises of Government*,导言。对他的批评见 Dunn, *Political Thought of John Locke*, pp. 47—57; Michael P. Zuckert, "The Recent Literature on Locke's Politi- 325
cal Philosophy", *The Political Science Review*, V (1975), pp. 293—298。

[10]按阿奎那的观点,不允许私人杀死有罪的人。Aquinas, *Summa Theologica* II. II. 64, 3. 格劳秀斯则说允许任何人这样做,不过他又把允许的范围局限于好人或聪明人,并否认(与洛克相反)自然宣布了谁可以进行惩罚, Grotius, *De lure Belli ac Pacis*, II. 20. 3, 7, 9。尽管有这些分歧,尽管格劳秀斯没有对自然状态下定义,理查德·塔克还是断定,格劳秀斯的意见"当然是与洛克的十分奇怪的学说相一致", Richard Tuck, *Natural Rights Theories* (Cambridge: Cambridge University Press, 1979), pp. 62—63, 173。参见 Samuel Pufendorf, *De Jurae Naturae et Centium*, V. 13. 10; 另见 Leo Strauss, *Natural Right and History*, p. 222n; Peter Laslett, Introduction, p. 110—111。

[11]洛克说,人是"他自己的人格的绝对主人"(*Two Treatises*, II. 123)和"他自己的生命的主人"(II. 172),他能"自由支配"自己的人格(II. 190)。但是他也否认人对自己享有绝对的任意的权力,"能够随意脱离自己的地位"(II. 6, 23, 135, 168, 172, 194)。人们可以怀疑,自杀对于洛克来说,就像今天的存在主义一样,是一个问题,除非存在可以被理解为自杀的危险(参见 II. 139)。洛克承认自杀的权力,几乎认为它是一种权利。

[12]见*Two Treatises* II. 56, 这里把神的手艺作品类比为父母的手艺作品。

[13]在洛克对理性和神启讨论中,一个一再出现的例子涉及吃肉的权利,它来自于自我保存的权利,然而在《圣经》中,这种权利是在约柜前被否定了的。比较洛克明确提到这条戒律的《政府论》I. 39 和 II. 15,在这里,当他主张理性与神启的一致性时,显然没有理会这一戒律。相

关的讨论和文献见 Cox, *Locke on War and Peace*, pp. 56—57。

[14]施特劳斯在谈到《政府论》时认为(Strauss, *Natural Right and History*, p. 223n84),洛克提到了《圣经》中允许死刑,却没有提《圣经》随后列出的理由,人是按神的样子造的。既然是这样被造出来,洛克的“手艺作品的论证”就必然反对自杀,因为一切创造物都是神的手艺作用。其实,洛克在 I. 30 确实提到了人有着上帝的形貌,用来证明人对低级生物的支配权。

326 [15]在《政府论》中出现的“利益”一词是“正当利益”(proper interest),法律向自由而有理性的人指出的就是这种利益。不过,“利益”并没有经常出现在《政府论》一书中。见 Nathan Tarcov, “A Non-Lockean Locke and the Character of Liberalism”, in D. Maclean and C. Mills, *Liberalism Reconsidered* (London: Rowman and Allenheld, 1983), pp. 133—134。

[16]可见,“运用同样的能力”的平等,并不意味着正确运用这些能力的平等。*Two Treatises*, II. 4;参见 II. 59。

[17]洛克大概是在《政府论》II. 107 摊牌了,他在这里讨论原始的君主政体时,预见到了“通过把政府权力放在不同的人手里,对它们进行制衡”的需要。

[18]格温说:“他写于革命前十年的对这个(分配特权的)问题的过时观点,相当奇怪的是,竟与失败的国王及其追随者更合拍。”(Gwyn, *Meaning*, p. 8)洛克同意这种特权,大概是拉斯莱特的最大障碍,他主张洛克的政治学就是沙夫茨伯里的辉格党的政治学;见前注[9]。

[19]关于研究自然法的极端重要性,见 Strauss, *Natural Right and History*, pp. 225—226。

[20]Patrick Riley, *Will and Political Legitimacy* (Cambridge, MA: Harvard University Press, 1982), ch. 3; John Yolton, *Locke and the Compass of Human Understanding* (Cambridge: Cambridge University Press, 1970), pp. 164—180; Laslett, *Two Treatise*, Introduction, pp. 92—105; Raymond Polin, *La Politique morale de John Locke* (Paris: Presses Universitaires de France, 1970), ch. 3; Strauss, *Natural Law and History*, pp. 202—251,

What is Political Philosophy? pp. 197—220; W. von Leyden, Introduction to John Locke, *Essays on the Law of Nature*, 2nd ed. (Oxford: Clarendon Press, 1958), pp. 1—87. 我十分感谢肯宁顿对洛克著作中的自然法问题的分析。

[21] *Essays on the Law of Nature*(《自然法论文集》),一部完成于 1664 年的早期著作,洛克没有发表。

[22]肯宁顿发明了"分界线问题"一词,用来表示出入于《人类理解力研究》和《政府论》之间的困难。

[23]见 Harvey C. Mansfield, Jr., "On the Political Character of Property in Locke", in A. Kontos, ed., *Powers, Possessions and Freedom* (Toronto: University of Toronto Press, 1979), pp. 23—38。

[24]以下讨论参见 Manent, *Histoire intellectuelle du Libéralisme*, pp. 113—117。 327

八 执行权的中庸化

[1] David Hume, *Essays Moral, Political and Literary*, Eugene F. Miller, ed. (Indianapolis: Liberty Classics, 1985), Part I, Essay 6, p. 44; Part II, Essay 16, p. 524.

[2]然而,休谟在他的乌托邦文章"完美共和国的观念"("Idea of a Perfect Commonwealth")中,设想了一种在结构中处于弱势的执行官——不只一人,并且是经立法机关选举产生,但是授予他在外交事务上的绝对权力。

[3] Henry St. John Bolingbroke, *Remarks on the History fo England*, in *The Works of Lord Bolingbroke*, 4 vols. (Philadelphia: Carey and Hart, 1841), I. 331—333; *Dissertation Upon Parties*, II. 117—119; *Idea of a Patriot King*, II. 381—382, 396—397, 401. 参见 Vile, *Constitutionalism and The Separation of Powers*, pp. 72—75; Gwyn, *Meaning of the Separation of Powers*, pp. 93—94; Kurt Kluxen, *Das Probloem der Politischen Opposition* (Freiburg: Verlag K. Alber, 1956), pp. 224—232。

[4]Robert Shackleton,"Montesquieu,Bolingbroke,and the Separation of Powers", *Frence Studies*, III (1948), 25—38; Robert Shackleton, *Montesquieu:A Critical Biography* (Oxford:Oxford University Press,1961), pp.298—301;另见 Isaac Krammnick, *Bolingbroke and His circle* (Cambridge,MA:Harvard Univeristy Press,1968),pp.144—150。

[5]孟德斯鸠说,他的书中包含着"无以计数的事情",即它是未完成的,需要在实践中完成。但是作为一部著作(ourvrage) 它已经完成了,并且是有设计的(《论法的精神》前言)。

[6]见 *Spirit of Laws* XXII. 11,13;另见 Montesquieu,*Pensées*,184。

[7]Montesquieu,*Défense de l'Esprit des Lois*,I.1.

[8]洛温泰尔指出,孟德斯鸠在 I.1 的讨论中,先是提到天使,然后又放弃了;"Book I of Montesquieu's *The Spirit of Laws*", *American Political Review*, 53 (1959), 488—489; 另见 Thomas L. Pangle, *Montesquieu's Philosophy of Liberalism* (Chicago: University of Chicago Press, 1973), pp.25—26。

[9] 见 Judith N. Shklar, *Montesquieu* (Oxford: Oxford University Press, 1987),pp.81—84。

[10]以下对古典时代优秀品质的讨论,我要感谢皮埃尔·马奈;另参见 David Lowenthal,"Montesquieu and the Classics: Republican Government in the *Spirit of Laws*", in Joseph Cropsey, ed., *Ancients and Moderns* (New York:Basic Books,1964),pp.258—287。

328 [11] Pangle, *Montesquieu's Philosophy of Liberalism*, pp. 48—49; Paul Verniere, *Montesquieu et l'Esprit des lois ou la Raison impure* (Paris: Sedes,1977),pp.66—68.

[12]Pangle,*Montesquieu's Philosophy of Liberalism*,pp.96—103.

[13]在论政府的性质和原则的七章中,V.10 是关键一章的关键一节。它所提到的"世界上最美妙的君主政体",是理性的君主政体,而不是法国的君主政体。

[14]对自由的这两种不同的表述,是出现在赋予自由九种不同的含义

之后。

[15]正如马奈所说,孟德斯鸠只谈到了权力的掌握者:“每个拥有权力的人都会滥用它”(XI.4);Manent, *Histoire intellectuelle du libéralisme*, p. 124。

[16]我在这一点上要感谢马奈。

[17]William Kristol, “The Problem of the Separation of Powers: Federalist 47—51”, in Charles R. Kesler, *Saving the Revolution* (New York: Free Press, 1987), p. 104.

[18]柏克也没有称赞1688年革命中的老辉格党是创建者,不过他确实不需要这些人作为创建者,因为他拥有他大加赞美的孟德斯鸠著作。Edmund Burke, *An Appeal from the New to the Old Whigs* (1791), in *Works of Edmund Burke*, 8 vols. (London: Bohn Library, 1855), III. 44—56, 113.

[19]孟德斯鸠说的是“executrice”(执行)而不是今天所说的“executive”,这两个词在十八世纪是通用的。见 Robert Derathé 的注, Montesquieu, *De l'Esprit des Lois*, 2 vols. Robert Derathé, ed. (Paris: Garnier, 1973), I. 478。

[20]Alexis de Tocqueville, *Democracy in America*, I. 2. 8. 托克维尔强调审判权和法律职业之间的关系,而这是孟德斯鸠所否认的。

[21]见 Mark Hulliung, *Montesquieu and the Old Regime* (Berkeley, CA: University of California Press, 1976), pp. 219—220。

[22]William Blackstone, *Commentaries on the Law of England*, I. 154; *Federalist* 47. 洛克反对因人民侵犯国王的特权而指控人民; *Two Treatises*, II. 163。

[23]孟德斯鸠在这里为一种马基雅维里式的可能性留出了空间:立法者也有可能是“单独 一人”。另见 V. 10。

[24]Machiavelli, *Discourses on Livy*, I. 53.

[25]Manent, *Histoire intellectuelle du libéralisme*, pp. 137—139.

[26]对洛克来说,劳动价值学说来自于人对自然界的“几乎毫无价值的物 329

质"之占用(*Two Treatises*,II.43;参见 41),而在孟德斯鸠看来,自然奖励劳动这个事实,表明了"自然对人的公正"(*Spirit of Laws*,XIII.2)。

[27]洛克当然也希望走向一个自由社会,然而他是分别讨论自由主义政治的原理(在《政府论》中)和自由主义的教育原理(在《对教育的若干思考》中)。见 Tarcov,*Locke's Education for Liberty*,导言。

[28]孟德斯鸠也有相反的陈述,公民可以是自由的,而政体是不自由的:儒雅的专制政体在一定时间内有这种可能。

[29]《论法的精神》XII.4 中破坏宗教、风俗和安宁的罪名,与 I.1 中上帝、哲学家和立法者的法律相符。列入第四款的安全是孟德斯鸠的贡献。

[30]见《论法的精神》V. 16 有关君主政体和专制政体的"权力转移"的讨论。安全作为一项原则是"君主政体的",因为它保留的权力要多于它的权力;它保持自己的尊严,不受言论或思想的侵犯(XII.11,12)。

[31]见 Manent,*Montesquieu's Philosophy of Liberalism*,pp.133—136。

[32]Machiavelli,*Discourses on Livy*,I. 4—8;Mansfield,*Machiavelli's New Modes and Orders*,ad loc.

九 执行权的共和化

[1]Athanasios Moulakis,"Leonardo Bruni's Constitution of Florence",*Rinascimento* XXVI (1986),153.

[2]Max Farrand, ed., *The Records of the Federal Convertion of 1787*, 4 vols., rev. ed. (New Haven, CT: Yale University Press, 1966), I. 66, II. 35; Ruth and Stephen Grant, "The Madisonian Presidency," in J. Bessette and J. Tulis, eds., *The Presidency in the Constitutional Order* (Baton Rouge, LA: Louisana State University Press, 1981), pp. 31, 60n. 参见 Jeffrey L. Sedgwick, "James Madison and the Problem of Executive Character", *Polity*, XXI (1988), pp. 11—13。

[3]一位历史学家对该问题的详细讨论,见 Jack N. Rakove,"The Great Compromise: Ideas, Interests and the Politics of Constitution-Making", *The William and Mary Quarterly*, XLIV (1987), 424—427。

[4] William T. Hutchinson et al., eds., *The Papers of James Madison* (Chicago and Charlottesville, VA: University of Chicago Press and University of Virginia Press, 1962—), X. 208—209; Farrand, *Records*, I. 138—139. 有关这种困境的文献见 Philip B. Kurland and Ralph Lerner, *The* 330
Founders' Constitution, 5 vols. (Chicago: University of Chicago Press, 1987), I. 147—183, 250—251, 301—335; III. 486—534; Ralph Ketcham, *Presidents Above Party* (Chapel Hill, NC: University of North Carolina Press, 1984), pp. 5—8。

[5]迟至 1787 年 8 月 24 日,制宪会议才就国会选举总统一事进行表决。Farrand, *Records* I. 21, 64—69; II. 500—503, 572—575.

[6]另见汉密尔顿在制宪会议的评论, Farrand, *Records*, I. 289, 310; Harold G. Syrett, ed., *The Papers of Alexander Hamilton*, 26 vols. (New York: Columbia University Press, 1962), IV. 186。

[7] Charles C. Thach, Jr., *The Creation of the Presidency, 1775—1789* (rev. ed., Baltimore: Johns Hopkins University Press, 1969), chs. 1—3; Gordon S. Wood, *The Creation of the American Republic, 1776—1787* (Chapel Hill, NC: Univeristy of North Carolina Press, 1969), pp. 134—143, 432—436; Forrest McDonald, *Novus Ordo Seclorum; The Intellectual Origins of the Constitution* (Lawrence, KS: University Press of Kansas, 1985), pp. 86, 176—183.

[8]1786 年 12 月 14 日杰伊致杰斐逊函,见 *The Correspondence and Public Papers of John Jay*, Hugh Johnston ed., 4 vols. (New York: G. P. Putnam, 1890—1893), III. 223。另见 1787 年 3 月 19 日麦迪逊致杰斐逊函, *Papers* IX. 319—321; 以及 *Federalist* 64。这里我要感谢塔可夫。麦迪逊对弗吉尼亚宪法中的软弱的执行官,也持严厉批评的态度;见他致华莱士函, *Papers*, VIII. 352:"我们的执行部门是一部坏宪法中最坏的成分。" *Papers* VIII. 352。

[9]见 Murray Dry, "Anti-Federalism in the Federalist", in Charles R. Kesler, ed., *Saving the Revolution* (New York: Free Press, 1987), p. 55。

[10]Gerald Stourzh, *Alexander Hamilton and the Idea of Republican Government* (Stanford, CA: Stanford University Press, 1970), p. 96; Gwyn, *Meaning of the Separation of Powers*, p. 22.

[11]参见 Thach, *Creation of the Presidency*, pp. 18, 27, 52—54;他无视共和理论和美国共和主义对这一创设的作用。因此,他虽然强调这个过程及其结果的美国特性,对它作为一项成就却估计不足。

[12]这种良性的马基雅维里主义的另一个例子,见 Walter Moyle, *An Essay upon the Constitution of the Roman Government* (c. 1699), in C. Robbins, ed., *Two English Republican Tracts* (Cambridge: Cambridge University Press, 1969), pp. 253—254。另见 Isaac Kramnick, *Bolingbroke and His Circle* (Cambridge, MA: Harvard University Press, 1968),
331 pp. 236—260。

[13]指《纽约报》(*New York Journal*)中的"卡托",见 Herbert J. Storing, ed., *The Complete Anti-Federalist*, 7 vols. (Chicago: University of Chicago Press, 1981), 2.6.37。

[14]Farrand, *Records* I. 66;它得到了本杰明·富兰克林(I. 83)和威廉·帕特森(I. 287)的同意;被威尔逊否定(I. 66)。见 McDonald, *Novus Ordo*, pp. 201—203。

[15]Storing, ed., *The Complete Anti-Federalist*, 2.4.86.

[16]Storing, ed., *The Complete Anti-Federalist*, 2.6.31, 5.11.6;另见"一个老辉格党人", 3.3.31;"无党派的评判者", 5.14.40;"科尼利乌斯", 4.10.21;"乡下人", 6.6.28。Gordon S. Wood, *Creation of the American Republic*, pp. 521, 561.

[17]Storing, ed., *The Complete Anti-Federalist*, 5.10.4.

[18]同上, 2.8.178. 参见斯多林在注 102 的评论,以及他为 Thach, *Creation of the Presidency* 一书所作的序(pp. ix—x)。斯多林指出,在需要皇室的威严这一点上,布莱克斯通也有类似的语言;Blackstone, *Commentaries on the Law of England*, 4 vols., 5th ed. (Oxford: Clarendon Press, 1773), I. 241。但是,布莱克斯通不同于"联邦派的农场主",他不

是共和主义者。布莱克斯通的立场后来又见于 Jean De Lolme, *The Constitution of England* (1775),Bk II,ch.2。

[19]托马斯·潘恩在《论人权》(1792)第二部分同时持这两种观点。他说,"我要让那些廷臣去解释,把君权称为执行权是什么意思。"但几页之后,他又对美国宪法中的总统制表示赞同。Thomas Paine, *Rights of Man* (Baltimore,MD:Penguin Books,1969),pp.221,226。

[20]在反联邦党人中间,可以看到对参议院也有与此相似的混乱观点:共和制的贵族政体是必然的吗?怎样能够为它辩护?联邦派农场主的观点见 Storing, *Complete Anti-Federalist*, 2.8.97—100;布鲁图斯的观点见上书,2.9.42—49,201。这里要感谢维尔斯的指点。

[21]这就是《联邦党人文集》为何"没有对少数专制的危险表现出太多担忧"的原因。Robert A. Dahl, *A Preface to Democratic Theory*(Chicago: University of Chicago Press,1956),p.9. 帕布利乌斯关心的是"使共和制政府的优点得以保留、使它的缺陷得以减少或避免的……手段"。*Federalist* 9。

[22]帕布利乌斯在《联邦党人文集》第39篇问道,新宪法是不是"严格的共和制宪法",然而他把共和制定义为"来自人民的政府",而不是直接由人民统治的政府——由此给人的印象是,"严格的共和制"几乎不可能是这后一种政府。然而帕布利乌斯基于思考表示,严格的共和制是完全的共和制;宪法已经达到了共和政体的极限;比传统的共和政体在通过选择建立政府时走得还要远。参见 Farrand, *Records* I.300,III. 332
397—398;汉密尔顿在这里所说的"严格的共和制",也是从防卫的含义来使用的。

[23]见 William Kristol,"The Problem of the Separation of Powers: Federalist 47—51", in Kesler, *Saving the Revolution*, pp.113—117。

[24]如果说,执行权使共和主义的选择面向未来,那么司法审查便是让它与过去保持一致。参见詹姆斯·塞西尔对总统的紧急状态职能和决策职责的区分,James W. Ceaser,"In Defense of Separation of Powers", in Robert A. Goldwin and Art Kaufman, eds., *Separation of Powers—Does*

It Still Work? (Washington: American Enterprise Institute, 1986), pp. 174—177。

[25]请比较洛克的两种态度:他在谈到人民反抗暴政时的崇敬是轻率的,但他显然相信对良好宪政的崇敬可以视为理所当然。*Two Treatises*, II. 220,223—226,230,235。

[26]布莱克斯通让执行权处于宪政体制内,因为如他所说,执行官的紧急监禁措施,是通过议会暂停人身保护法而得到授权的:"我们宪政体制的美妙之处在于,它不让执行权去决定国家在何时面临巨大的危险,必须采取这种权宜之计的措施";*Commentaries*, I. 136。但布莱克斯通不是共和主义者,他相信执行权只能由对皇室威严的敬重而非人民的选举来维持;同上, I. 239—241, 336—337。另参见埃德蒙·柏克的意见,他认为,至少在英国和法国,共和政体的因素必须为君主政体的基础提供补充,而不是相反;Edmund Burke, *Appeal from the New to the Old Whigs*, *Works*(Bohn ed.), II. 36—7。

[27]"必要而适当的"这一条款使这点得到澄清。见 David Epstein, *The Political Theory of Federalist* (Chicago: University of Chicago Press, 1984), pp. 43—44。麦迪逊在署名"爱尔维迪乌斯"的第一封信(1793年8月24日)中指出,洛克"讨论特权的一章表明,这位哲学家的理性被英国人的保皇主义严重遮蔽了"。我把这视为对洛克的谅解,而不是对他的谴责。

[28]Blackstone, *Commentaries* I. 155.

[29]见 Kristol, "The Problem of the Separation of Powers"; Epstein, *Political Theory of the Federalist*, ch. 3(论《联邦党人文集》第10篇)。

[30]Kristol,同上, p. 109。

[31]Kristol,同上, p. 121。在理查德·纽斯塔特对分权的描述中——"分享权力的分立的机构"——慎思与裁决相对立的问题完全消失了;见 *Presidential Power*, p. 33。

333 [32]1797年10月31日亚当斯致皮克林函:"人类内心的竞争欲,造成了人、城市和民族之间的对抗,造成了人类生活中几乎所有的善,也造成了几乎所有的恶。……伟大的技艺便在于管理这种竞争欲。……应当让立法权和执行权的竞争欲相互钳制。"转引自 Kurland and Lerner, *Founders' Constitution*, II. 519。另见 Ceaser, "In Defense of Separation of Powers", p. 184,他把制衡解释为"野心与野心的竞争"。

[33]麦迪逊"美国政治体制的缺陷"(1787 年 4 月)一文:"改进共和制形式的附带愿望是建立一种选举程序,它将确定无疑地从社会大众中遴选出最纯洁最高尚的人。"*Papers*, IX. 357。

[34]对《联邦党人文集》第 67—77 篇较为简略的研究,见 Lynton K. Caldwell, *The Administrative Theories of Hamilton and Jefferson* (Chicago: University of Chicago Press, 1944), pp. 24—30; Leonard D. White, *The Federalists* (New York: Macmillan, 1948), pp. 90—96。不过,使我的研究受益甚多的最权威的论述,是 Esptein, *Political Theory of the Federalist*, pp. 171—185。

[35]Farrand, Records II. 52—58;另见 William H. Riker, "The Heresthetics of Constitution-Making", *American Political Science Review*, vol. 78 (1984), pp. 6—8。

[36]约翰·罗切强调了妥协性,选举团利用这种妥协性使各州、人民和代表机构都有所获益——但没有强调一个要点:选择执行官的方式是为了使他具有独立性;John Roche, "The Founding Fathers: A Reform Caucus in Action", *American Political Science Review*, vol. 55 (1961), 810—811。另见 Thach, *Creation of the Presidency*, chs. 4—6; Richard M. Pious, *The American Presidency* (New York: Basic Books, 1979), ch. 1。以"帕布利乌斯"笔名写作的汉密尔顿,没有提到汉密尔顿本人在 1787 年 9 月提交的关于在总统选举中限制性的财产资格的议案。Hamilton, *Papers*, IV. 259。

[37]Riker, "The Heresthetics of Constitution-Making", p. 13.

[38]注意,帕布利乌斯说的是道德的确定性,而不是机械的必然性。道德的确定性表示人类性格中可以信赖的因素。

[39]Stourzh, Alexander Hamilton, pp. 35—36, 113—114, 171.

[40]Epstein, *Political Theory of the Federalist*, pp. 35—36, 113—114, 171.

[41]布莱克斯通似乎用“权能”来描述“影响力”这个权力来源，它有别于国王的特权；*Commentaries* I. 336。参见 Epstein, *Political Theory of Federalist*, p. 204n3。

334 [42]正如艾泼斯坦所说：“任期短暂的共和主义精神以及人手众多，搞得你看不见一个人。”*Political Theory of the Federalist*, p. 183; Stourzh, *Alexander Hamilton*, p. 185; James Wilson, *Lecture on Law* (1790—1791), in R. G. McCloskey, ed., *The Works of James Wilson*, 2 vols. (Cambridge, MA: Harvard University Press, 1967), I. 295.

[43]另见 *Federalist* 74; Epstein, *Political Theory of the Federalist*, pp. 174—175。

[44]关于利益的模糊性，见麦迪逊 1786 年 10 月 5 日的信，*Papers*, IX. 141，和 Stourzh, *Alesander Hamilton*, pp. 80—87, 90—94。

[45]马文·迈耶尔斯把这个说法追溯到塔西佗对瑞士人的描述，麦迪逊后来在同汉密尔顿的帕西费库斯对抗时，拿它们的名字作为自己的笔名；见 Marvin Meyers, ed., *The Mind of the Founder* (Hanover, NH: University Press of New England, 1981), p. 200。参见汉密尔顿在 1780 年 9 月讨论“我们现行体制的缺陷”的信中所说的“最自负的人”。Hamilton, *Papers*, II. 405.

[46] Douglass Adair, *Fame and the Founding Fathers*, T. Colbourn, ed. (New York: W. W. Norton, 1974), p. 257; Stourzh, *Alexander Hamilton*, pp. 180—185; Epstein, *Political Theory of the Federalist*, pp. 179—184.

[47]Epstein, *Political Theory of the Federalist*, p. 175.

[48]同上, pp. 140—141, 175—1788。另见詹姆斯·威尔逊在制宪会议上的发言，Farrand, *Records*, 1. 140；和麦迪逊的发言，同上，II. 587。

[49]Neustadt, *Presidential Power*, pp. 7, 9, 179, 183.

[50]见 Jack N. Rakove, “Solving a Constitutional Puzzle: The Treaty-Making Clause as a Case Study”, *Perspectives in American History*, vol. 1

(1984),254—255。

[51]关于一部"模范"宪法(《联邦党人文集》23)的重要性,见 Epstein,*Political Theory of the Federalist*,p.45。关于"新的模范"宪法,见《联邦党人文集》14。帕布利乌斯在这里借用了十七世纪英国的共和主义革命派的语言,同时又宣称美国已经"完成了一场人类社会史无前例的革命"。

[52]"委托权力的制度,意味着在人类中间存在一定的优秀品质和荣誉感,它可以成为信任的合理基础。"*Federalist* 76。另参见 Martin Diamond,"The Federalist" ,in L. Strauss and J. Cropsey, eds. , *History of Political Philosophy* (2nd ed. ,Chicago: Rand McNally, 1972), pp. 645—646.

[53]Hamilton, *Papers* XV. 37—39.

[54]同上,XV. 43。

[55]G. Hunt, ed. , *The Writings of James Madison* ,8 vols. (New York: Putnam, 1901—1910), VI. 145. 335

[56]同上,VI. 138—139。见 Robert Scigliano,"The War Powers Resolution and the War Powers", in Bessette and Tulis, *Presidency in the Constitutional Order*, pp. 127—133。

[57]同上,VI. 160。麦迪逊十分警惕,这使他不会绝对支持这种推理。作为总统,他允许自己占有西佛罗里达,并且确实认可了 1787 年制宪会议制定新宪法时所依靠的反常事态(*Federalist* 40)。但是他着眼于维护法治,所以与汉密尔顿的公然声明相反,他愿意审慎地运用自由裁量权。

[58]Corwin, *The President: Office and Powers*, p. 171. 336

参考文献

Aalders, G. J. D., "Die Mischverfassung und ihre historische Dokumentation in den *Politika* des Aristoteles." Fondation Hardt, *Entretiens sur l'Antiquité Classique*, vol. 11 (1965).

Adair, Douglass, *Fame and the Founding Fathers*, T. Colbourn, ed. New York: W. W. Norton, 1974.

Allen, J. W., *A History of Political Thought in the Sixteenth Century*. London: Methuen, 1960.

Appleby, Paul H., *Morality and Administration*. Baton Rouge, LA: Louisiana State University Press, 1952.

Arnhart, Larry, *Aristotle on Political Reasoning*. Dekalb, IL: Northern Illinois University Press, 1981.

Aubenque, Pierre, *La prudence chez Aristote*, 3rd ed. Paris: Presses Universitaires de France, 1986.

Aubonnet, Jean, ed., Aristote, *Politique*. Paris: Les Belles-Lettres, 1971.

Barber, James D., *The Presidential Character: Predicting Performance in the White House*. Englewood Cliffs, NJ: Prentice-Hall, 1972.

Barker, Ernest, trans., *The Politics of Aristotle*. New York: Oxford University Press, 1962.

Barnard, Chester I., *The Functions of the Executive*. Cambridge, MA: Harvard University Press, 1938.

Baynes, Norman H., *Byzantine Studies and Other Essays*. London: The Athlone Press, 1955.

Bessette, Joseph and Jeffrey Tulis, eds., *The Presidency in the Constitutional Order*. Baton Rouge, LA: Louisiana State University Press, 1981.

Blitzer, Charles, *An Immortal Commonwealth*. New Haven, CT: Yale University Press, 1960.

Braun, Egon, "Das dritte Buch der aristotelischen Politik: Interpretaion." *Sitzungsberichte der Österreichischen Akademie der Wissenschaften*, philos-hist. K1., 247.4 (1965).

Caldwell, Lynton K., *The Administrative Theories of Hamilton and Jefferson*. Chicago: University of Chicago Press, 1944.

Cardascia, G., "Machiavel et Jean Bodin." *Bibliothéque d'Humanisme et Renaissance*, vol. 14 (1943), pp. 129—162.

Carlyle, R. W., and A. J., *A History of Medieval Political Theory in the West*. 6 vols. London: Blackwood, 1903.

Ceaser, James W., "In Defense of Separation of Powers." In Robert A. Goldwin and Art Kaufman, eds., *Separation of Powers—Does It Still Work?* Washington, D. C.: American Enterprise Institute, 1986.

Chanteur, Janine. "L'Idée de la loi naturelle dans la *République* de Jean Bodin." In Horst Denzer, ed., *Jean Bodin*. Munich: Beck, 1973, pp. 210—212.

Church, William F., *Richelieu and Reason of State*. Princeton, NJ: Princeton University Press, 1972.

Corwin, Edward S., *The President: Offices and Powers 1787—1957*, New York: New York University Press, 1957.

——. "Some Aspects of the Presidency." *Annals of the American Academy of Political and Social Science* (1941), pp. 122—131.

——. "The Progress of Constitutional Theory between the Declaration of Independence and the Meeting of the Philadelphia Convention." American Historical Review, vol. 30 (1925).

Cotroneo, Girolamo, "Le Quatrième Chapitre de al Methodus." In Horst Denzer, ed., *Jean Bodin*. Munich: Beck, 1973, pp. 101—103.

Cox, Richard H., *Locke on War and Peace*. Oxford: Clarendon Press, 1960.

Cronin, Thomas E., *The State of the Presidency*. Boston, MA: Brown, 1975.

——. "The Presidency and its Paradoxes." In Thomas E. Cronin and Rexford G. Tugwell, eds., *The Presidency Reappraised*, 2nd ed. New York: Praeger, 1977, pp. 69—85.

Dahl, Robert A., *Dilemmas of Pluralist Democracy*. New Haven, CT: Yale University Press, 1982.

——. *A Preface to Democratic Theory* Chicago: University of Chicago Press, 1956.

Damiata, Marino, *Plenitudo Potestatis e Universitas Civium in Marsilio da Padova*. Florence: Studi Francescani, 1983.

Diamond, Martin, "The Federalist." In L. Strauss and J. Cropsey, eds., *History of Political Philosophy*. 3rd ed. Chicago: Rand McNally, 1972, pp. 659—679.

Dry, Murray, "Anti-Federalism in The Federalist." In Charles R. Kesler, ed., *Saving the Revolution*. New York: The Free Press, 1987.

Dunn, John, *The Political Thought of John Locke*. Cambridge: Cambridge University Press, 1969.

Epstein, David, *The Political Theory of the Federalist*. Chicago, IL: University of Chicago Press, 1984.

Fernandes-Santamaria, J. A., *The State, War and Peace: Spanish Political Thought in the Renaissance, 1516—1559*. Cambridge: Cambridge University Press, *1977*.

Fink, Zera S., *The Classical Republicans*, *2*nd ed. Evanston, IL: Northwestern University Press, *1962*.

Folz, Robert, *L'idèe d'empire en Occident du Ve au XIV*[e] *Siècle*. Paris: Aubier, *1953*.

Fortin, Ernest L., *Dissidence et philosophie au Moyen-Âge*. Paris: Vrin, *1981*.

——. "Natural Law and Social Justice." *The American Journal of Jurisprudence*, vol. *30* (*1985*), pp. *1—20*.

——. "St. Augustine." In Strauss and Cropsey, *History of Political Philosophy*, *3*rd ed., pp. *176—205*.

Franklin, Julian H., *Jean Bodin and the Rise of Absolutist Theory*. Cambridge: Cambridge University Press, *1973*.

Gewirth, Alan, *Marsilius of Padua*. *2* vols. New York: Columbia University Press, *1951*.

Gibbons, John P., *Marsilius of Padua's Defender of the Peace*. Unpublished doctoral dissertation, Harvard University, *1981*.

Gilson, Etienne, *Dante the Philosopher*. London: Sheed and Ward, *1948*.

Gramsci, Antonio. *Note sul Machiavelli*. Turin: G. Einaudi, *1974*.

Grant, Ruth and Stephen, "The Madisonian Presidency." In J. Bessette and J. Tulis, eds., *The Presidency in the Constitutional Order*. Baton Rouge, LA: Louisiana State University Press, *1981*.

Greenstein, Fred I., *The Hidden-Hand Presidency*. New York: Basic Books, *1982*.

Grignaschi, Mario, "Le rôle de l'aristotélisme dans le *Defensor Pacis* de Marsile de Padoue." *Revue d'Histoire et de Philosophie religieuse*, vol. *35* (*1955*), pp. *310—311*.

Gunn, J. A. W., *Politics and the Public Interest in the Seventeenth Century*. London: Routledge and Kegan Paul, *1969*.

Gwyn, W. B., *The Meaning of the Separation of Powers*, "Tulane Studies in Political Science," vol. IX, New Orleans, *1965*.

Hanke, Lewis, *The Spanish Struggle for Justice*. Philadelphia: University of Pennsylvania Press, *1949*.

Hargrove, Erwin C., *Presidential Leadership: Personality and Political Style*. New York: Macmillan, *1966*.

——. "What Manner of Man?" In James D. Barber, ed., *Choosing the Presi-*

dent. Englewood Cliffs, NJ: Prentice-Hall, *1974*.

Harrington, James, The Commonwealth of Oceana. In J. G. A. Pocock, ed., *The Political Works of James Harrington*. Cambridge: Cambridge University Press, *1977*.

Higuera, Henry, *The Empire of Love: The Problem of Christian Politics in Don Quixote*. Unpublished doctoral dissertation, University of Toronto, *1982*.

Hinton, R. W. K., "Bodin and the Retreat into Legalism." In Horst Denzer, ed., *Jean Bodin*. Munich: Beck, *1973*, pp. *303—313*.

Hulliung, Mark. *Montesquieu and the Old Regime*. Berkeley, CA: University of California Press, *1976*.

Jaffa, Harry V., "Aristotle." In Leo Strauss and Joseph Cropsey, eds., *History of Political Philosophy*. *2*nd ed. Chicago: Rand McNally, *1972*, pp. *64—129*.

Kantorowicz, Ernst H., *The King's Two Bodies*. Princeton, NJ: Princeton University Press, *1957*.

Kearns, Doris, "Lyndon Johnson's Political Personality." In Thomas E. Cronin and Rexford G. Tugwell, ed., *The Presidency Reappraised*. *2*nd ed. New York: Praeger, *1977*.

Keohane, Nannerl O., *Philosophy and the State in France*. Princeton, NJ: Princeton University Press, *1980*.

Ketcham, Ralph, *Presidents Above Party*. Chapel Hill, NC: University of North Carolina Press, *1984*.

Kluxen, Kurt, *Das Problem der Politischen Opposition*. Freiburg: K. Alber, *1956*.

Kramnick, Isaac, *Bolingbroke and His Circle*. Cambridge, MA: Harvard University Press, *1968*.

Kristol, William, "The Problem of the Separation of Powers: Federalist *47—51*." In Charles R. Kesler, *Saving the Revolution*. New York: The Free

Press, 1987, pp. 100—130.

Kurland, Phillip B. and Ralph Lerner, *The Founders' Constitution*, 5 vols. Chicago, IL: University of Chicago Press, 1987.

Lagarde, Georges De. *La Naissance de l'espirit laÏque au déclin du Moyen-Âge*, 5 vols. Paris: Beatrice-Nauwelaerts, 1956—1970.

Laslett, Peter, Introduction to his edition of John Locke, *Two Treatises of Government*. New York: Mentor, 1969.

Lasswell, Harold, *Politics: Who Gets What, When, How*. New York: Meridian, 1958.

——. *Power and Personality*. New York: Viking, 1948.

Laurenti, Renato, *Genesie formazione della "Politica" di Aristotele*. Padova: Cedam, 1965.

Lefort, Claude. *Le travail de l'oeuvre Machiavel*. Paris: Gallimard, 1972.

Lewis, Ewart, "The Positivism of Marsiglio of Padua." *Speculum*, vol. 38 (1963), pp. 541—582.

Lord, Carnes, "The Character and Composition of Aristotle's Politics." *Political Theory*, vol. 9 (1981), pp. 459—478.

Lowenthal, David, "Book I of Montesquieu's The Spirit of the Laws." *American Political Science Review*, 53 (1959), 485—498.

——. "Montesquieu and the Classics: Republican Government in The Spirit of the Laws." In Joseph Cropsey, ed., *Ancients and Moderns*. New York: Basic Books, 1964, pp. 258—287.

Lowi, Theodore J., *The Personal President*. Ithaca, NY: Cornell University Press, 1985.

Machiavelli, Niccolò. *Tutte le Opere*. Florence: G. Barbèra, 1929.

Manent, Pierre, Histoire intellectuelle du libéralisme: dix leçons. Paris: Calmann-Levy, 1987.

Mansfield, Harvey C. Jr., *Machiavelli's New Modes and Orders*. Ithaca, NY: Cornell University Press, 1979.

——. *The Spirit of Liberalism*. Cambridge, MA: Harvard University Press, 1978.
——. "Constitutionalism and the Rule of Law." *Harvard Journal of Law and Public Policy*, vol. 8 (1985), pp. 323—326.
——. "Hobbes and the Science of Indirect Government." *American Political Science Review*, vol. 65 (1971), pp. 97—110.
——. "Machiavelli's Political Science." *American Political Science Review*, vol. 75 (1981), pp. 293—306.
——. "On the Political Character of Property in Locke." In Kontos, ed., *Powers, Possessions, and Freedom*. Toronto: University of Toronto Press, 1979, pp. 23—38.
——. "Strauss's Machiavelli." *Political Theory*, vol. 3 (1975), pp. 372—405.
——. "The Absent Executive in Aristotle's Politics." In T. B. Silver and P. W. Schramm, eds *Natural Right and Political Right*. Durham, NC: Carolina Academic Press, 1984, pp. 169—196.
——. "The Forms of Liberty." In Fred E. Baumann, ed. *Democratic Capitalism? Essays in Search of a Concept*. Charlottesville, VA: University of Virginia, 1986, pp. 1—21.
——. and Robert Scigliano. *Representation: The Perennial Issues*, pamphlet published by the American Political Science Association (1978).
Masson, Andre, ed., *Oeuvres complètes de Montesquieu*, 3 vols. Paris: Nagel, 1950.
McDonald, Forest. *Novus Ordo Seclorum; The Intellectual Origins of Constitution*. Lawrence, KS: University Press of Kansas, 1985.
Meinecke, Friedrich, *Die Idee der Staatsräson*. Munich: R. Oldenbou 1957.
Mesnard, Pierre. *L'essor de la philosophie politique au XVIe Siècle*. Paris: Boivin, 1936.
Meyers, Marvin, ed. *The Mind of the Founder*. Hanover, NH: University

Press of New England, *1981*.

Moulakis, Athanasios, "Leonardo Bruni's Constitution of Florence." *Rinasimento*, XXVI (*1986*).

Mulagan, R. G., *Aristotle's Political Theory*. Oxford: Clarendon Press, *1977*.

Nardi, Bruno, *Saggi di filosofia dantesca*. *2*nd ed. Florence: La Nuova Italia, *1967*.

Neustadt, Richard, *Presidential Power*. New York: John Wiley & Sons, *1962*.

Newell, W. R., "Superlative Virtue: The Problem of Monarchy in Aristotle's Politics." *Western Political Quarterly* vol. *40* (*1987*), pp. *159—178*.

O'Brien, Conor Cruise, "The Ferocious Wisdom of Machiavelli." In O'Brien, *The Suspecting Glance*. London: Faber and Faber, *1972*.

Pangle, Thomas L., *Montesquieu's Philosophy of Liberalism*. Chicago, IL: University of Chicago Press, *1973*.

Parry, J. H., *The Spanish Theory of Empire in the Sixteenth Century*. Cambridge: Cambridge University Press, *1940*.

Pédech, Paul, *La Méthode historique de Polybe*. Paris: *1964*.

Peterman, Larry, "Dante and the Setting for Machiavellianism." *American Political Science Review*, vol. *76* (*1982*), pp. *630—644*.

——. "Dante's Monarchia and Aristotle's Political Thought." *Studies in Medieval and Renaissance History*, vol. *10* (*1973*), pp. *3—40*.

Piaia, Gregorio. *Marsilio da Padova nella Riforma e nella Controriforma*. Padua: Atenore, *1977*.

Pincin, Carlo, *Marsilio*. Turin: Giappichelli, *1967*.

Pious, Richard M., *The American Presidency*. New York: Basic Books, *1979*.

Pocock, J. G. A., *The Machiavellian Moment*. Princeton, NJ: Princeton University Press, *1975*.

Polin, Raymond, *La Politique morale de John Locke*. Paris: Presses Universitaires de France, *1970*.

Pritchett, C. Herman, "The President's Constitutional Position." In Thomas E. Cronin and Rexford G. Tugwell, eds. *The Presidency Reappraised*. 2nd ed. New York: Praeger, 1977, pp. 3—23.

Qualls, James H., "Barber's Typological Analysis of Political Leaders." *American Political Science Review*, vol. 71 (1977), pp. 182—211.

Quillet, Jeanine, *La philosophie politique de Marsile de Padoue*. Paris: Vrin, 1970.

Rakove, Jack N. "Solving a Constitutional Puzzle: The Treatymaking Clause as a Case Study." *Perspectives in American History*, vol. I (1984), 223—281.

——. "The Great Compromise: Ideas, Interests and the Politics of Constitution-Making." *The William and Mary Quarterly*, XLIV (1987), 424—457.

Rawls, John, *A Theory of Justice*. Cambridge, MA: Harvard University Press, 1971.

Riker, William H., "The Heresthetics of Constitution-Making." *American Political Science Review*, vol. 78 (1984), pp. 1—16.

Riley, Patrick, *Will and Political Legitimacy*. Cambridge, MA: Harvard University Press, 1982.

Robinson, Richard, ed., *Aristotle's Politics*, Books III and IV. Oxford: Clarendon Press, 1962.

Roche, John, "The Founding Fathers: A Reform Caucus in Action." *American Political Science Review*, vol. 55 (1961), 799—816.

Ross, W. D., *Aristotle*. London: Longman's, 1923.

Rossiter, Clinton, *The American Presidency*. New York: Harcourt, Brace and World, 1956.

Rowe, C. H., "Aims and Methods in Aristotle's Politics." *Classical Quarterly*, vol. 27 (1977), p. 160.

Sasso, Gennaro, *Studi su Machiavelli*. Naples: Morano, *1967*.

Schlesinger, Arthur M., Jr., *The Imperial Presidency*. New York: Popular Library, *1973*.

Schmitt, Carl, Die *Diktatur*. *3*rd ed. Berlin: Duncker und Humblot, *1964*.

Schutrumpf, Eckart, *Die Analyse der Polis durch Aristoteles*. Amsterdam: Gruner, *1980*.

Scigliano, Robert, "The War Powers Resolution and the War Powers." In Joseph Bessette and Jeffrey Tulis, eds., *The Presidency in the Constitutional Order*. Baton Rouge, LA: Louisiana State University Press, *1981*, pp. *115—153*.

Sedgwick, Jeffrey L., "James Madison and the Problem of Executive Character." *Polity*, XXI (*1988*), pp. *3—24*.

Seliger, Martin. *The Liberal Politics of John Locke*. London: Allen and Unwin, *1979*.

Shackleton, Robert, *Montesquieu: A Critical Biography*. Oxford: Oxford University Press, *1961*.

——. "Montesquieu, Bolingbroke, and the Separation of Powers." *French Studies*, III (*1948*), pp. *25—38*.

Shklar, Judith, *Montesquieu*. Oxford: Oxford University Press, *1987*.

Skinner, Quentin, *The Foundations of Modern Political Thought*. *2* vols. Cambridge: Cambridge University Press, *1978*.

——. *Machiavelli*. New York: Hill and Wang, *1981*.

Storing, Herbert J., *The Complete Anti-Federalist*, *7* vols. Chicago, IL: University of Chicago Press, *1981*.

Stourzh, Gerald, *Alexander Hamilton and the Idea of Republican Government*. Stanford, CA: Stanford University Press, *1970*.

Strauss, Leo, *Natural Right and History*. Chicago, IL: University of Chicago Press, *1953*.

——. *The City and Man*. Chicago: Rand McNally, *1964*.

——. *The Political Philosophy of Hobbes*. Chicago, IL: University of Chicago Press, *1952*.

——. *Thoughts on Machiavelli*. Glencoe, IL: The Free Press, *1958*.

——. *What is Political Philosophy*? Glencoe, IL: The Free Press, *1959*.

——. "Notes on Lucretius." In *Liberalism Ancient and Modern*. New York: Basic Books, *1968*.

——. "On the Minos." In *Liberalism Ancient and Modern*. New York: Basic Books, *1968*.

Tarcov, Nathan, *Locke's Education for Liberty*. Chicago: University of Chicago Press, *1984*.

——. "Locke's Second Treatise and 'The Best Fence Against Rebellion.'" *Review of Politics 43* (*1981*), pp. *198—217*.

——. "A Non-Lockean Locke and the Character of Liberalism." In D. MacLean and C. Mills, *Liberalism Reconsidered*. London: Rowman and Allenheld, *1983*. pp. *130—140*.

Thach, Charles C., Jr., *The Creation of the Presidency*, *1775—1789*. Rev. ed. Baltimore: Johns Hopkins Press, *1969*.

Tierney, Brian, *Religion, Law, and the Growth of Constitutional Thought*, *1150—1650*. Cambridge: Cambridge University Press, *1982*.

Toscano, Antonio, *Marsilio da Padova e Niccolò Machiavelli*. Ravenna: Lungo Ed., *1981*.

Tuck, Richard, *Natural Rights Theories*. Cambridge: Cambridge University Press, *1979*.

Ullmann, Walter, *A History of Political Thought: the Middle Ages*. London: Penguin Books, *1965*.

——. *The Growth of Papal Government in the Middle Ages*. *3*rd ed. London: Methuen, *1970*.

Vanderwaerdt, P. A., "Kingship and Philosophy in Aristotle's Best Regime." *Phronesis*, vol. *30* (*1985*).

Verniere, Paul, *Montesquieu et L'espirit des Lois ou la Raison impure*. Paris: Sedes, *1977*.

Vile, M. J. C., *Constitutionalism and the Separation of Powers*. Oxford: Oxford University Press, *1967*.

von Fritz, Kurt, *The Theory of the Mixed Constitution in Antiquity*. New York: Columbia University Press, *1954*.

von Leyden, W., Introduction to John Locke *Essays on the Law of Nature*. *2*nd ed. Oxford: Clarendon Press, *1958*.

Walbank, F. W., *A Historical Commentary on Polybius*. Oxford: Clarendon Press, *1957*.

——. *Polybius*. Berkeley, CA: University of California Press, *1972*.

White, Leonard D., The *Federalists*. New York: Macmillan, *1948*.

Winthrop, Delba, *Aristotle: Democracy and Political Science*. Unpublished doctoral dissertation: Harvard University, *1974*.

——. "Aristotle and Political Responsibility." *Political Theory*, vol. *3* (*1975*), pp. *406—422*.

——. "Aristotle on Participatory Democracy." *Polity*, vol. *11* (*1978*), pp. *151—171*.

Wolin, Sheldon S., *Politics and Vision*. Boston, MA: Little, Brown, *1960*.

Wood, Gordon S., *The Creation of the American Republic*, *1776—1787*. Chapel Hill, NC: The University of North Carolina Press, 1969.

Wormuth, Francis D., *The Origins of Modern Constitutionalism*. New York: Harper, 1959.

Yolton, John, *Locke and the Compass of Human Understanding*. Cambridge: Cambridge University Press, 1970.

Zuckert, Michael P., "The Recent Literature on Locke's Political Philosophy." *The Political Science Reviewer*, V. (1975), pp. 293—298.

索　　引

（条目后的页码指原书页码，见本书边码）

人文与社会译丛

第一批书目

1.《政治自由主义》(增订版),[美]J. 罗尔斯著,万俊人译 118.00元
2.《文化的解释》,[美]C. 格尔茨著,韩莉译 89.00元
3.《技术与时间:1. 爱比米修斯的过失》,[法]B. 斯蒂格勒著,裴程译 62.00元
4.《依附性积累与不发达》,[德]A. G. 弗兰克著,高铦等译 13.60元
5.《身处欧美的波兰农民》,[美]F. 兹纳涅茨基、W. I. 托马斯著,张友云译 9.20元
6.《现代性的后果》,[英]A. 吉登斯著,田禾译 45.00元
7.《消费文化与后现代主义》,[英]M. 费瑟斯通著,刘精明译 14.20元
8.《英国工人阶级的形成》(上、下册),[英]E. P. 汤普森著,钱乘旦等译 168.00元
9.《知识人的社会角色》,[美]F. 兹纳涅茨基著,郏斌祥译 49.00元

第二批书目

10.《文化生产:媒体与都市艺术》,[美]D. 克兰著,赵国新译 49.00元
11.《现代社会中的法律》,[美]R. M. 昂格尔著,吴玉章等译 39.00元
12.《后形而上学思想》,[德]J. 哈贝马斯著,曹卫东等译 58.00元
13.《自由主义与正义的局限》,[美]M. 桑德尔著,万俊人等译 30.00元

14.《临床医学的诞生》,[法]M. 福柯著,刘北成译　　55.00 元
15.《农民的道义经济学》,[美]J. C. 斯科特著,程立显等译　　42.00 元
16.《俄国思想家》,[英]I. 伯林著,彭淮栋译　　35.00 元
17.《自我的根源:现代认同的形成》,[加]C. 泰勒著,韩震等译
128.00 元
18.《霍布斯的政治哲学》,[美]L. 施特劳斯著,申彤译　　49.00 元
19.《现代性与大屠杀》,[英]Z. 鲍曼著,杨渝东等译　　59.00 元

第三批书目

20.《新功能主义及其后》,[美]J. C. 亚历山大著,彭牧等译　　15.80 元
21.《自由史论》,[英]J. 阿克顿著,胡传胜等译　　89.00 元
22.《伯林谈话录》,[伊朗]R. 贾汉贝格鲁等著,杨祯钦译　　48.00 元
23.《阶级斗争》,[法]R. 阿隆著,周以光译　　13.50 元
24.《正义诸领域:为多元主义与平等一辩》,[美]M. 沃尔泽著,
褚松燕等译　　24.80 元
25.《大萧条的孩子们》,[美]G. H. 埃尔德著,田禾等译　　27.30 元
26.《黑格尔》,[加]C. 泰勒著,张国清等译　　135.00 元
27.《反潮流》,[英]I. 伯林著,冯克利译　　48.00 元
28.《统治阶级》,[意]G. 莫斯卡著,贾鹤鹏译　　98.00 元
29.《现代性的哲学话语》,[德]J. 哈贝马斯著,曹卫东等译　　78.00 元

第四批书目

30.《自由论》(修订版),[英]I. 伯林著,胡传胜译　　69.00 元
31.《保守主义》,[德]K. 曼海姆著,李朝晖、牟建君译　　58.00 元
32.《科学的反革命》(修订版),[英]F. 哈耶克著,冯克利译　　68.00 元

33.《实践感》,[法]P. 布迪厄著,蒋梓骅译 75.00 元
34.《风险社会:新的现代性之路》,[德]U. 贝克著,张文杰等译 58.00 元
35.《社会行动的结构》,[美]T. 帕森斯著,彭刚等译 80.00 元
36.《个体的社会》,[德]N. 埃利亚斯著,翟三江、陆兴华译 15.30 元
37.《传统的发明》,[英]E. 霍布斯鲍姆等著,顾杭、庞冠群译 68.00 元
38.《关于马基雅维里的思考》,[美]L. 施特劳斯著,申彤译 78.00 元
39.《追寻美德》,[美]A. 麦金太尔著,宋继杰译 68.00 元

第五批书目

40.《现实感》,[英]I. 伯林著,潘荣荣、林茂、魏钊凌译 78.00 元
41.《启蒙的时代》,[英]I. 伯林著,孙尚扬、杨深译 35.00 元
42.《元史学》,[美]H. 怀特著,陈新译 89.00 元
43.《意识形态与现代文化》,[英]J. B. 汤普森著,高铦等译 68.00 元
44.《美国大城市的死与生》,[加]J. 雅各布斯著,金衡山译 78.00 元
45.《社会理论和社会结构》,[美]R. K. 默顿著,唐少杰等译 128.00 元
46.《黑皮肤,白面具》,[法]F. 法农著,万冰译 58.00 元
47.《德国的历史观》,[美]G. 伊格尔斯著,彭刚、顾杭译 58.00 元
48.《全世界受苦的人》,[法]F. 法农著,万冰译 17.80 元
49.《知识分子的鸦片》,[法]R. 阿隆著,吕一民、顾杭译 59.00 元

第六批书目

50.《驯化君主》,[美]H. C. 曼斯菲尔德著,冯克利译 88.00 元
51.《黑格尔导读》,[法]A. 科耶夫著,姜志辉译 98.00 元
52.《象征交换与死亡》,[法]J. 波德里亚著,车槿山译 68.00 元
53.《自由及其背叛》,[英]I. 伯林著,赵国新译 48.00 元

54.《启蒙的三个批评者》,[英]I. 伯林著,马寅卯、郑想译 48.00 元
55.《运动中的力量》,[美]S. 塔罗著,吴庆宏译 23.50 元
56.《斗争的动力》,[美]D. 麦克亚当、S. 塔罗、C. 蒂利著,李义中等译 31.50 元
57.《善的脆弱性》,[美]M. 纳斯鲍姆著,徐向东、陆萌译 55.00 元
58.《弱者的武器》,[美]J. C. 斯科特著,郑广怀等译 82.00 元
59.《图绘》,[美]S. 弗里德曼著,陈丽译 49.00 元

第七批书目

60.《现代悲剧》,[英]R. 威廉斯著,丁尔苏译 45.00 元
61.《论革命》,[美]H. 阿伦特著,陈周旺译 59.00 元
62.《美国精神的封闭》,[美]A. 布卢姆著,战旭英译,冯克利校 89.00 元
63.《浪漫主义的根源》,[英]I. 伯林著,吕梁等译 49.00 元
64.《扭曲的人性之材》,[英]I. 伯林著,岳秀坤译 69.00 元
65.《民族主义思想与殖民地世界》,[美]P. 查特吉著,范慕尤、杨曦译 18.00 元
66.《现代性社会学》,[法]D. 马尔图切利著,姜志辉译 32.00 元
67.《社会政治理论的重构》,[美]R. J. 伯恩斯坦著,黄瑞祺译 72.00 元
68.《以色列与启示》,[美]E. 沃格林著,霍伟岸、叶颖译 128.00 元
69.《城邦的世界》,[美]E. 沃格林著,陈周旺译 85.00 元
70.《历史主义的兴起》,[德]F. 梅尼克著,陆月宏译 48.00 元

第八批书目

71.《环境与历史》,[英]W. 贝纳特、P. 科茨著,包茂红译 25.00 元
72.《人类与自然世界》,[英]K. 托马斯著,宋丽丽译 35.00 元

73.《卢梭问题》,[德]E. 卡西勒著,王春华译 39.00 元
74.《男性气概》,[美]H. C. 曼斯菲尔德著,刘玮译 28.00 元
75.《战争与和平的权利》,[美]R. 塔克著,罗炯等译 25.00 元
76.《谁统治美国》,[美]W. 多姆霍夫著,吕鹏、闻翔译 35.00 元
77.《健康与社会》,[法]M. 德吕勒著,王鲲译 35.00 元
78.《读柏拉图》,[德]T. A. 斯勒扎克著,程炜译 68.00 元
79.《苏联的心灵》,[英]I. 伯林著,潘永强、刘北成译 59.00 元
80.《个人印象》,[英]I. 伯林著,覃学岚译 88.00 元

第九批书目

81.《技术与时间:2. 迷失方向》,[法]B. 斯蒂格勒著,
赵和平、印螺译 59.00 元
82.《抗争政治》,[美]C. 蒂利、S. 塔罗著,李义中译 28.00 元
83.《亚当·斯密的政治学》,[英]D. 温奇著,褚平译 21.00 元
84.《怀旧的未来》,[美]S. 博伊姆著,杨德友译 85.00 元
85.《妇女在经济发展中的角色》,[丹]E. 博斯拉普著,陈慧平译 30.00 元
86.《风景与认同》,[美]W. J. 达比著,张箭飞、赵红英译 68.00 元
87.《过去与未来之间》,[美]H. 阿伦特著,王寅丽、张立立译 58.00 元
88.《大西洋的跨越》,[美]D. T. 罗杰斯著,吴万伟译 108.00 元
89.《资本主义的新精神》,[法]L. 博尔坦斯基、E. 希亚佩洛著,
高铦译 58.00 元
90.《比较的幽灵》,[美]B. 安德森著,甘会斌译 79.00 元

第十批书目

91.《灾异手记》,[美]E. 科尔伯特著,何恬译 25.00 元

92.《技术与时间:3. 电影的时间与存在之痛的问题》,
[法]B. 斯蒂格勒著,方尔平译 65.00 元
93.《马克思主义与历史学》,[英]S. H. 里格比著,吴英译 78.00 元
94.《学做工》,[英]P. 威利斯著,秘舒、凌旻华译 68.00 元
95.《哲学与治术:1572—1651》,[美]R. 塔克著,韩潮译 45.00 元
96.《认同伦理学》,[美]K. A. 阿皮亚著,张容南译 45.00 元
97.《风景与记忆》,[英]S. 沙玛著,胡淑陈、冯樨译 78.00 元
98.《马基雅维里时刻》,[英]J. G. A. 波考克著,冯克利、傅乾译 108.00 元
99.《未完的对话》,[英]I. 伯林、[波]B. P. -塞古尔斯卡著,
杨德友译 65.00 元
100.《后殖民理性批判》,[印]G. C. 斯皮瓦克著,严蓓雯译 79.00 元

第十一批书目

101.《现代社会想象》,[加]C. 泰勒著,林曼红译 45.00 元
102.《柏拉图与亚里士多德》,[美]E. 沃格林著,刘曙辉译 78.00 元
103.《论个体主义》,[法]L. 迪蒙著,桂裕芳译 30.00 元
104.《根本恶》,[美]R. J. 伯恩斯坦著,王钦、朱康译 78.00 元
105.《这受难的国度》,[美]D. G. 福斯特著,孙宏哲、张聚国译 39.00 元
106.《公民的激情》,[美]S. 克劳斯著,谭安奎译 49.00 元
107.《美国生活中的同化》,[美]M. M. 戈登著,马戎译 58.00 元
108.《风景与权力》,[美]W. J. T. 米切尔著,杨丽、万信琼译 78.00 元
109.《第二人称观点》,[美]S. 达沃尔著,章晟译 69.00 元
110.《性的起源》,[英] F. 达伯霍瓦拉著,杨朗译 85.00 元

第十二批书目

111.《希腊民主的问题》,[法]J. 罗米伊著,高煜译 48.00元
112.《论人权》,[英]J. 格里芬著,徐向东、刘明译 75.00元
113.《柏拉图的伦理学》,[英]T. 埃尔文著,陈玮、刘玮译 118.00元
114.《自由主义与荣誉》,[美]S. 克劳斯著,林垚译 62.00元
115.《法国大革命的文化起源》,[法]R. 夏蒂埃著,洪庆明译 38.00元
116.《对知识的恐惧》,[美]P. 博格西昂著,刘鹏博译 38.00元
117.《修辞术的诞生》,[英]R. 沃迪著,何博超译 48.00元
118.《历史表现中的真理、意义和指称》,[荷]F. 安克斯密特著,周建漳译 58.00元
119.《天下时代》,[美]E. 沃格林著,叶颖译 78.00元
120.《求索秩序》,[美]E. 沃格林著,徐志跃译 48.00元

第十三批书目

121.《美德伦理学》,[新西兰]R. 赫斯特豪斯著,李义天译 68.00元
122.《同情的启蒙》,[美]M. 弗雷泽著,胡靖译 48.00元
123.《图绘暹罗》,[美]T. 威尼差恭著,袁剑译 58.00元
124.《道德的演化》,[新西兰]R. 乔伊斯著,刘鹏博、黄素珍译 65.00元
125.《大屠杀与集体记忆》,[美]P. 诺维克著,王志华译 78.00元
126.《帝国之眼》,[美]M. L. 普拉特著,方杰、方宸译 68.00元
127.《帝国之河》,[美]D. 沃斯特著,侯深译 76.00元
128.《从道德到美德》,[美]M. 斯洛特著,周亮译 58.00元
129.《源自动机的道德》,[美]M. 斯洛特著,韩辰锴译 58.00元
130.《理解海德格尔:范式的转变》,[美]T. 希恩著,邓定译 89.00元

第十四批书目

131.《城邦与灵魂:费拉里〈理想国〉论集》,[美]G. R. F. 费拉里著,刘玮编译 58.00 元
132.《人民主权与德国宪法危机》,[美]P. C. 考威尔著,曹晗蓉、虞维华译 58.00 元
133.《16 和 17 世纪英格兰大众信仰研究》,[英]K. 托马斯著,芮传明、梅剑华译 168.00 元
134.《民族认同》,[英]A. D. 史密斯著,王娟译 55.00 元
135.《世俗主义之乐:我们当下如何生活》,[英]G. 莱文编,赵元译 58.00 元
136.《国王或人民》,[美]R. 本迪克斯著,褚平译(即出)
137.《自由意志、能动性与生命的意义》,[美] D. 佩里布姆著,张可译 68.00 元
138.《自由与多元论:以赛亚·伯林思想研究》,[英]G. 克劳德著,应奇等译 58.00 元
139.《暴力:思无所限》,[美]R. J. 伯恩斯坦著,李元来译 59.00 元
140.《中心与边缘:宏观社会学论集》,[美]E. 希尔斯著,甘会斌、余昕译 88.00 元

第十五批书目

141.《自足的世俗社会》,[美]P. 朱克曼著,杨靖译 58.00 元
142.《历史与记忆》,[英]G. 丘比特著,王晨凤译 59.00 元
143.《媒体、国家与民族》,[英]P. 施莱辛格著,林玮译 68.00 元
144.《道德错误论:历史、批判、辩护》,

[瑞典]J. 奥尔松著,周奕李译　58.00 元

145.《废墟上的未来:联合国教科文组织、世界遗产与和平之梦》,[澳]L. 梅斯克尔著,王丹阳、胡牧译　88.00 元

146.《为历史而战》,[法]L. 费弗尔著,高煜译　98.00 元

147.《语言动物:人类语言能力概览》,[加]C. 泰勒著,赵清丽译(即出)

148.《我们中的我:承认理论研究》,[德]A. 霍耐特著,张曦、孙逸凡译　62.00 元

149.《人文学科与公共生活》,[美]P. 布鲁克斯、H. 杰维特编,余婉卉译　52.00 元

150.《美国生活中的反智主义》,[美]R. 霍夫施塔特著,何博超译　68.00 元

第十六批书目

151.《关怀伦理与移情》,[美]M. 斯洛特著,韩玉胜译　48.00 元

152.《形象与象征》,[罗]M. 伊利亚德著,沈珂译　48.00 元

153.《艾希曼审判》,[美]D. 利普斯塔特著,刘颖洁译　49.00 元

154.《现代主义观念论:黑格尔式变奏》,[美]R. B. 皮平著,郭东辉译(即出)

155.《文化绝望的政治:日耳曼意识形态崛起研究》,[美]F. R. 斯特恩著,杨靖译　98.00 元

156.《作为文化现实的未来:全球现状论集》,[印]A. 阿帕杜莱著,周云水、马建福译(即出)

157.《一种思想及其时代:以赛亚·伯林政治思想的发展》,[美]J. L. 彻尼斯著,寿天艺、宋文佳译　88.00 元

158.《人类的领土性:理论与历史》,[美]R. B. 萨克著,袁剑译(即出)

159. 《理想的暴政：多元社会中的正义》，[美]G. 高斯著，范震亚译（即出）

160. 《荒原：一部历史》，[美]V. D. 帕尔马著，梅雪芹译（即出）

第十七批书目

161. 《浪漫派为什么重要》，[美]P. 盖伊著，王燕秋译　　49.00 元

162. 《欧美思想中的自治》，[美]J. T. 克洛彭伯格著，褚平译（即出）

163. 《冲突中的族群》，[美]D. 霍洛维茨著，魏英杰、段海燕译（即出）

164. 《八个欧洲中心主义历史学家》，[美]J. M. 布劳特著，杨卫东译（即出）

165. 《记忆之地，悼念之地》，[美]J. 温特著，王红利译（即出）

166. 《20 世纪的战争与纪念》，[美]J. 温特著，吴霞译（即出）

167. 《病态社会》，[美]R. B. 埃杰顿著，杨靖、杨依依译（即出）

168. 《种族与文化的少数群体》，[美]G. E. 辛普森、J. M. 英格尔著，马戎、王凡妹等译（即出）

169. 《美国城市新主张》，R. H. 普拉特著，周允程译（即出）

170. 《五种官能》，[美]M. 塞尔著，徐明译（即出）